U0840678

# 我的身体就像一座旅馆

## ——西川演讲访谈录

西川 著

·桂林·

# 我的身体就像一座旅馆：西川演讲访谈录

WO DE SHENTI JIU XIANG YI ZUO LÜGUAN：XICHUAN YANJIANG FANGTANLU

**图书在版编目（CIP）数据**

我的身体就像一座旅馆 ：西川演讲访谈录 / 西川
著. --桂林 ：广西师范大学出版社，2023.8
ISBN 978-7-5598-6180-1

Ⅰ. ①我… Ⅱ. ①西… Ⅲ. ①西川－访问记
Ⅳ. ①K825.6

中国国家版本馆 CIP 数据核字（2023）第 121600 号

广西师范大学出版社出版发行
广西桂林市五里店路 9 号　邮政编码：541004
网址：http://www.bbtpress.com
出版人：黄轩庄
全国新华书店经销
广西民族印刷包装集团有限公司印刷
南宁市高新区高新三路 1 号　邮政编码：530007
开本：880 mm × 1 230 mm　1/32
印张：18.75　字数：410 千
2023 年 8 月第 1 版　2023 年 8 月第 1 次印刷
印数：0 001~6 000 册　定价：86.00 元

# 自 序

每个人的精神结构、世界观都不一样。我曾说过我是一个 50% 的诗人，除了写诗，我也做翻译，也做中国古代文学、古代绘画研究，也拍纪录片，也做一些批评工作。我的批评工作包括了文学批评和文化批评。我的批评通向思想探讨，很少在当代文学或者诗歌范围内就事论事地指名道姓。如果读者愿意把这种略过视作一种骄傲，我也没有意见。没有人会知道自己生来该扮演什么角色，于是有了我的跨界。

对我的写作来说，批评工作具有特殊意义。20 世纪初法国诗人保尔·瓦雷里说过，现代诗歌有一个品质，就是把批评引入诗歌写作当中来。在诗歌写作和批评工作之间来回切换，我并不觉得有什么不自然之处。我既会在诗歌创作里容纳批评因素，也会给批评加入诗歌因素。但我谨防带有抒情色彩的印象式批评写作。我要求我的批评工作多少带有一点货真价实的学术色彩，它应该硬一点，应该包含信息量。所谓抒情的印象式的批评在我看来是批评的无能。

曾有朋友问我，批评、思考会否妨碍我的诗歌创作。我对他的建议是：去读我的诗歌！当然如果他以19世纪西方和俄国浪漫主义的文学趣味、20世纪30年代中国文学青年的趣味、20世纪50年代到70年代的文学趣味、纯粹的唐诗宋词趣味来读我的诗歌，他一定会读得一头雾水，摸不着头脑，甚至愤怒或者不屑。

诗歌写作带给了我发现世界、感受世界、整理自己、归纳自己、比较自己与他人的好处，我把这些东西带入了我的批评。它们有时有点像随笔。而“随笔”，当然，从来不是随便写下来的东西。严格意义上的“随笔”不是“小品文”。

我对“诗意”的看法很宽泛。我理解的诗意与很多人理解的现成的、陈旧的、不变的、保守的、单向度的、文雅的诗意不同。不光中国古人对诗意有很多现成的说法，但仅就中国古人来说，刘勰、钟嵘、陆机、司空图、严羽等，都提出过划时代的看法。这其中，唐代司空图在《二十四诗品》中列举过诗意的各个方面，例如雄浑、冲淡、纤秾、沉着、高古、典雅、洗炼、劲健、绮丽、自然等等。这种归类和划分，塑造了我们的诗歌意识，感受世界和表达自我，甚至是表达无我的方式，但我不得不说，在今天，在这样一种社会、历史环境中，它们也限制了我们的文学拓展。尽管我对古体诗写作并非一无所知，并非毫无感觉，但我不是一个只认古体诗的人：诗意对我来说，是一种有再生之感的东西。在我看来，有时候，一个残酷的东西里也有诗意，一个破烂的东西里也有诗意，一个丑陋的东西里也有诗意；当然，一个优美的东西，自然会传递出优美的诗意。

一旦拥有了与真正的、活生生的世界（而不是教条中的、成语中的、古体诗中的、现成概念中的世界）发生关系的文字能力，我就不需要专门去寻找所谓的“诗意”了（那往往是别人的诗意）。“诗意”无处不在。在我的理解中，诗意中包含着反讽和当下性。举个例子：我曾在贵州凯里走访过一座封闭的种植园，种植园大门的上方有几个水泥大字“幸福家园”，但在门口的一侧挂着个木牌，上书四字“禁止入内”，于是我脱口而出“幸福家园禁止入内”！经我这么一说，同行的朋友们全乐了：这是反讽的诗意。

西川

2022 年 10 月 28 日

# 目 录

我的身体就像一座旅馆

# 我的诗歌革命①

对于做今天这个演讲，我在从北京到上海来的飞机上一直都觉着心里有一点忐忑。因为我实际上不知道自己会跟什么样的朋友见面，这就使得我有一点儿犹豫。诗人和诗人之间谈话会比较简单，因为我们可能有相似的阅读经验，或者类似的生活经验。但是对完全陌生的朋友讲话，我就有点心里边没底，因为我对你们没什么了解。

我自己对于诗歌在当代生活中的位置的印象可能跟大家是相反的。通常报纸、杂志上说到中国诗歌的时候就是中国诗歌已经边缘化。我曾在北京参加一个活动，主持人说中国当代诗歌读者已经少到不能再少了，我立刻反驳说中国诗歌现在所取得的成就超过了“五四”以来的任何时候——当然我有点故意挑衅。

另外一个问题：大众所熟知的几位所谓著名诗人可能在诗人圈子里不受认可，因为我们知道他们写得太差了。有一次在某人家我碰到一位所谓著名诗人，他提议我们大家以院子里的秋千来命题写诗，被

---

① 2010年12月19日在上海图书馆第24期复兴论坛上的演讲。

我当场拒绝了。这样的即兴吟诗与当代诗歌的创作方式有些相悖，我认为这是小文人做的事情。

## 从自己的经历谈中国当代诗歌的兴起

中国当代诗歌面对着很多批评，大概有几个方面，我都知道。比如说现在的诗人写得不如徐志摩“挥一挥手，不带走一片云彩”那么动人、上口、好记——你们当代诗歌不打动人，这是一种批评。另外就是批评中国当代诗歌一味向西方看齐，不继承传统。这些批评对诗人来说是有意义的，但这些批评比较初级，对于诗人来讲太简单了，因为我们面对的问题太多。所以我今天的题目就是“我的诗歌革命”，首先要说一说我自己的写作经验。

20 世纪 80 年代初我开始写新诗，正好赶上中国的思想解放。国门一打开，我们发现自己无论向哪个方向走都会迎来全新的世界。连向过去走，过去都是新的。我觉得自己非常幸运，正好赶上了“五四”之后的这么一个文化交替。有一件事我很难忘掉：那时我还在北大读书，经常在未名湖边上看见朱光潜先生。他是个小老头，一开始拄着拐杖在湖边溜达，然后过了些日子他已经坐在轮椅里了，怀里抱着拐杖，后边一个人推着他在湖边上溜达。再过些日子，他坐在轮椅里，拐杖也快抱不住了。再过些日子他就撒手人间了。这就是我看到的新文化的终结。我没能赶上新文化运动的开端，我赶上了它的终结时刻。我是北大英文系出来的。英文系有一位老先生叫温德（Robert Winter），他是闻一多的朋友。据说是闻一多把他招到中国来的。他从美国来中国后一直待在北大，一辈子单身。老温德死前，我和同学们在医院里轮流陪护。记得有天晚上我陪老温德的时候，他要我给他读英文版的《阿凡提的故事》。这可能令人难以想象，但这就是事实，是我的亲身经历。我有一首名叫《医院》的短诗写的就是这件事。我看到这些曾经活跃在旧时代的文化人怎样走向生命的终点。

与此同时 80 年代开始开放。对我来讲最重要的就是阅读的开放，可以读到各种各样的书。我拿着西方文学、西方现代主义文学的书疯狂地阅读。一边阅读一边自己写，当时觉得内心有一点儿多愁善感，就顺理成章地变成了一个诗人。当时我基本上在几年的时间里就把外国 19 世纪中叶以后的，波德莱尔以来的西方的现代主义的诗歌全读过一遍。象征主义、超现实主义、意象派、表现主义、未来派、垮掉派，这些东西全看了一遍。但是经过这个过程以后，我后来发现，其实我这种阅读经验跟西方人自己的阅读经验是不一样的。西方人的阅读经验是有序的：浪漫主义，现代主义，再到后现代主义，但我们不是按照这样一个时间顺序接受他们的文学的。那时，我今天读的是浪漫派，明天读的是超现实主义，后天可能读的是古典主义，然后再后天读的又是后现代主义。所以我们脑子里所形成的对于世界文学的认识是复杂的，一方面，作为知识它们都被掌握了，可另一方面，脑子里有一种排除不掉的混乱。这种混乱，也反映到我自己的诗歌创作当中。那时我对于不同世界观的理解混乱一团。

## 在模仿和迷茫中走过的中国诗歌

有段时间，我的作品经常遭到别人的批评，就是因为读西方的东西太多了，连语言方式都受到翻译文体的影响。而且不仅仅是语言的问题，还有情感方式的问题。比如说，即使在现在，一个中国诗人，当他想谈论他的痛苦时，也愿意借助一个什么东西来谈论，他有可能谈的不完全是他本人的痛苦，他有可能是按照艾略特的方式来看世界，把世界看成一个“荒原”。

另一方面，我们的诗人，包括我自己，在20世纪80年代时觉得自己现代化了，同时却缺少一种警醒，即自己的现代主义其实是别人的现代主义。从别人那里我们学会了很多看问题的方法，比如曼德尔施塔姆对语言、对韵脚、对节奏、对于诗歌的形式的信仰简直就像宗教一般。比如说描述一个女人，德语作家里尔克对于少女那种描述我们会认为那就是榜样，会努力地要写得像里尔克。其实不同的人有不同的写法，叶芝也写女人，里尔克也写女人，这两个人写起女人来，里尔克写的全是少女，而叶芝写的全是成熟的女人。当想写女人的时候，我可能一写少女就变成了里尔克式，我一写妇女就成了叶芝式，现在自己才发现这个有问题。因为我们对国外现代主义诗歌的学习，那些表达方式已经变成了我们诗歌里的套路化修辞，甚至是陈词滥调。最近我整理海子的诗全集，海子的一首诗里边有一个版本写到了“少女”这个词，另一稿里边写成了“妇女”。我在编这本书的时候，使用了“妇女”，马上有人写文章说“我认为少女这个词更美”，但对我来讲这就是陈词滥调，我之所以会选择“妇女”这个词，是因为我对海子的早期状态和晚期状态有通盘的理解。

对一个词的这种理解其实都能折射出我们以前的阅读经验，就是对于主义的接受，对于别人观察世界的方法，还包括别人对语言的态度的这种接受。当时没有考虑到中文和其他语言的差异，我后来写过一篇文章，试着比较中文和英语等其他语言，我发现实际上不同语言的真理观是不一样的。拼音文字的语言跟中文很大的不同就是它本身是有逻辑性的。西方语言里从句特别多，它这种逻辑，包括时态的变化、单复数的变化，可以说这个语言是有上升状态的，可以上升也可以下降。而中文不是从句套从句的语言，中文的句子长度能长到什么程度，这个使用语言的人都知道。比如毛主席的语言其实句子已经很长了，比如"领导我们事业的核心力量是中国共产党，指导我们思想的理论基础是马克思列宁主义"，但在中国的古代诗歌里，能够容纳的长度，就是七言，然后到了戏剧里可以到九言和十几言。句子在现代汉语里继续发展到一个更长的长度，但是不能无限地长。这是汉语本身对句子长度的天然规定。英国的雪莱写过一首十四行诗，叫作《奥西曼德斯》，整个一首诗就是一句话，但中文做不到。我的体会就是中文和西方语言的诗歌在表达方式上差异很大。有一次我读托马斯·阿奎那的《神学大全》的英文版本，我发现托马斯·阿奎那能够把语言的逻辑性做到针插不进、水泼不进，无懈可击。他用这样一种方式来论述上帝是存在的，你不接受也得接受。这在中文里是做不到的，而中文能够做到的是给出语言的空间，享受语言的跳跃，所以在中文里边很容易产生的一种真理是跟顿悟有关系的，不是推导出来的，不是逻辑出来的。

回想 20 世纪 80 年代读西方诗歌的时候，这些区别我都没能看到。在 1989 年年末我读到一本书，是法国的普鲁斯特写的《追忆似水年华》，当时的感觉就是这个书写得太好了，可是跟我一点关系也没有！我第一次感觉到这么伟大的一个文学作品跟我没关系。意识到这个问题的时候，我忽然觉得很失望，是对自己的失望，当然也包含了对某一种文学的失望。1989 年海子、骆一禾去世，还有那么重大的历史事件，对我的精神造成了巨大的震撼，具有摧毁的性质。我的这种状态一直延续到1991年、1992年，甚至1993年。这在我生活当中是一个非常特殊的阶段。我觉得我所感受到的那些事件的强度已经超出了自己已然掌握的诗歌本领所能表达的界限：首先是对死亡的感受，我已无力表达。所以也就不写了。20世纪80年代的时候，我一年不知道写多少诗，然后到了90年代初，我写作的速度一下子就放慢了。

中国社会大转型也让我措手不及。这种不知所措，包括我在生活当中感觉到的那种尴尬，生命体验的尴尬，文化身份的尴尬，等等，这些感觉没法描述。自己还是个诗人，可是自己的文学已经不能够面对这个时代了，而自己依然还说自己是个诗人，多尴尬！于是我心里边就有了崩塌的感觉：以往那种对美的认识崩塌了，对好文学的认识垮掉了。

我刚给北大出版社编完一本我的论文集，这个论文集我取了一个名字叫作《大河拐大弯》。这实际上是我一首诗里边的句子，是我早年旅行的时候感受到的，比如长江、黄河，你在地图上看，都是拐了大弯子的。尽管我们说“一江春水向东流”，但是河流都是要拐大弯的。20世纪80年代末90年代初，我的这样一种外在的拐大弯的感觉和一种内在的对于命运的感受结合在一起，这让我觉得难以把握。首先就是没有榜样了，当自己走到一个程度，发现靠不上任何人，举头一看就是自己，内心深处走到一个无人之境，有如忽然丧失了一种文学上的安全感。这时候我想没有榜样的话只能自己创新才能继续走下去，但是创新说起来容易做起来就太难了，超现实主义、未来主义、垮掉派，哪个主义都被人走过了，给咱们留下的能够找到自己的声音的可能性非常之小。多少人讲创新，全是陈词滥调那种大言不惭的创新，不触及灵魂深处。

## 诗歌革命的三个出发点

我们也知道要“日日新”，但是做起来太难，但如果不找到自己的方式，那就别写了，因为没有意义。我从几个方面来谈一谈这个创新需要包含什么。

首先我觉得就是现实感。现实感不仅仅是诗歌写作当中的现实感，任何一个行当都需要现实感。在艺术上，好的艺术家是一个有艺术上的现实感的人。我的朋友、作曲家郭文景创作了一首第二号竹笛协奏曲《野火》，在听演出的时候我发现那曲子已经跟过去我们熟知的中国笛子悠扬的曲调完全不一样了。他说自己写这首曲子的时候也就是富士康员工跳楼的时候，自己在创作时就融入了那种紧张感。

好的音乐家，好的学人，好的知识分子全有现实感，它是你对现实的感受。现实的重量、强度远远超过你的承受能力。我们每一个人都只能描述你的现实感。我在比较长的一段时间里充分地感觉到，中国整个的现实是一个巨大的矛盾修辞，矛盾修辞无处不在。中国社会的这个状态，包括很多问题，包括对于少数民族问题的认识。西方人认为应该是多元化，而费孝通提出来，中国是“多元一体”——多元，又是一体，这就是个矛盾修辞。种种这样的社会性的矛盾修辞，西方人完全不懂。任何一种试图从单一方向理解这个社会的思想、思维方式都会失效。所以我在《大河拐大弯》这本书的序言里说，我面对的选择经常不是 A 还是 B 的选择，而是 ACBY 和 BCAZ 的选择——互相渗透，这完全是矛盾修辞给你带来的一个态度。

在这样一种现实当中，我发现我原先学来的西方各种主义都不够用了，我只好直接从我的生活中提炼矛盾修辞。这是我当下语言方式的主要来源。我这个语言不是从别人那儿学来的，我通过感受、思考生活本身与时代本身而得来一些语言形式上的结论。有了这样一个语言，我就可以开始写一些我真正要表达的东西。我们知道，任何一个作家，他写作的时候实际上都不完全是自己在写，而是同时也面对着别人。可一旦我开始进入这样一个状态，就发现所有过去哲学家所陈述下来的那样一种"我和你"的关系、"我和他"的关系，已经不足以描述我的世界了：在我的世界里又多出来一重关系，就是"我和我"的关系。这就涉及我们如何看待"我"这个概念。瑞士的一个精神分析学的学者叫方迪，写过一本书叫《微精神分析学》，这本书说"对不起，没有我认为"，其观点是人主观认为的事情其实是受到他人"认为"的影响，这构成一个关联。

这个时候我发现了"我和我"的关系，可能是跟海子、骆一禾的去世有关系。我觉得在朋友们去世后，你这个"我"就不再是你自己，你这个"我"就成了一个旅馆，这些朋友们住在这儿，这些人和你熟悉的作家每一个人有一个不同的观点，然后他们之间有友谊，有辩驳。这个时候我发现自己是一个自相矛盾的人，我们所有的教育都是告诉我们成为一个什么样的人，但是从没有一种教育告诉你成为一个自相矛盾的人。"因为我是人，所以我自相矛盾"——这是惠特曼说的。所以在面对中国的这样一种情况的时候，我意识到"我和我"之间的关系，我所有内心的挣扎、内心的矛盾、内心的黑暗全在这里。

一般一个作家会说自己文学写作多么强有力，有力地展示了这个时代，但没有任何一个作家敢对自己说，我想写一写无力感，我展示不了这个时代、这种矛盾感。其实我相信每一个人的脑子里都充满了这种无力感，而这种东西如果不被我们的文学所处理，这个文学就什么都不是。想到这一点其实是挺痛苦的事，但一个作家应该忠实于什么呢？一个作家恐怕首先要忠实于自己的困境，忠实于你自己的生存。这个时候，对自己的诚实，对文学写作的诚实，它们和写作里的创新是结合在一起的。不是说一个人在语言上玩花样这个人就不诚实了，他依然可以是一个诚实的作家。一个作家也有可能是非常老实地在写作，但这个作家可能极不诚实，因为他没有焦虑感。那么这个时候，也许你能够发现一点你自己真正的感受，这就是现实感。

创新的第二点，我要先从个人灵魂和历史灵魂的对称来谈。就是说，一个作家应该反映生活，这是指个人灵魂和时代灵魂之间的对称关系。我前面所说的“大河拐大弯”，它里边蕴含着那样一种泥沙俱下的力量，蕴含着那种黑暗，那种说不清道不明的东西，蕴含着种种矛盾，而我们的文学应该与之对称，就是这个意思。另一方面，是一个人和历史的关系。比如在上海，就是上海这座城市的发展，发展的过程当中所蕴含的所有的问题，这座城市的资本主义和这座城市以前留下来的革命传统，所有的问题全部搅在一起。这些东西是西方作家做梦都梦不到的东西，这就是个人和历史之间的关系。一个诗人要处理历史的时候，有没有一种历史观至关重要。而真正的历史观，中国作家几乎都没有，这是一个特别大的问题。

第三点就是在我们考虑过这些问题之后，诗歌会为我们带来一种新的品质，只有诗歌是可以给我们带来诗歌思想的，和一般我们读到的那些思想家、哲学家所给出的东西不同。哲学家用一种逻辑的方式来表述他们的思想，逻辑是不给个人的脸面留下任何位置的，强大的逻辑没有个人的存在，而诗歌思想是建立在对于世界的观察、体验和想象之上的；如果说哲学思想是弥平所有的思想的裂缝的话，那么诗歌思想则打开这些裂缝，使我们看到事物的秘密，看到任何一个东西里边都有思想。海子说，“如果你热爱大自然，你就必须热爱大自然的肮脏”，了不起吧？米沃什说，“竞争是大自然物竞天择在人类社会的延伸部分”，很对。上海这座商业城市充满了竞争，而充满了竞争的这种关系，和大自然当中的物竞天择是同一个结构，这就是诗歌思想，是多少哲学家都没有发现的思想。我要的就是包含了诗歌思想观念的、对于现实有足够的反应能力的、有足够的力量的诗歌，我就要这种东西。

## 诗歌的创作者和读者都需要开阔眼界和心灵

我想在这个意义上，中国当代诗歌的成就，已经超过了“五四”以来任何一个时期的诗人对于诗歌所做出的贡献，即使今天这个社会认识不到这一点，50 年后的人们也会认识到。我们这一辈诗人已经开始感受到一些创造力的秘密，我相信中国诗歌会取得伟大的成就。最突出的表现就是对于个人存在的体验，对于时代生活的观察，它们会牵带着我们对于文学资源的看法的改变。现在我们面对西方诗歌的时候已经可以区分出好坏，而在我们开始读的时候是分辨不出的，然后由于我们的现实经验，我们获得了这样一种区分的能力。这个时候我们开始可以对西方诗歌进行评价了，以前不敢这么说。其实普遍理解的世界诗歌不是真正的世界诗歌，是西方诗歌，其实这个世界上还有几个区域的诗人写得非常好，像巴勒斯坦诗人、叙利亚诗人、土耳其诗人、印度诗人、埃及诗人、尼日利亚诗人…… 这才是世界诗歌。很多人没有读过这些国家的诗歌却自以为了解世界诗歌，这正体现出我们自己文化里边的“文化势利眼”现象，这种文化势利眼在中国无处不在。比如在今天，在中国，一个诗人的经济处境和一个电影导演的经济处境简直是天壤之别，因为电影是工业，没有谁愿意投资给诗人，于是诗歌的价值就不被理解。

读了那么多西欧的诗歌，我认为当下东欧的诗歌是全世界最好的诗歌。米沃什只是其中的一分子，像波兰的赫伯特，都是最好的。波兰诗人中我最喜欢的就是赫伯特。还有像捷克的米洛斯拉夫·赫鲁伯，他有一首诗是这样写的：很多人在希腊国王面前说，“陛下，我为你发明了一个御座”，陛下说，“很好，奖赏他”，然后另外一个人说，“陛下，我为你的御座发明了一对翅膀”，陛下很高兴，说，“奖赏他”，然后又一个人说，“陛下，我还为您发明了一种噩梦驱逐器，夜里可以不做噩梦”，国王非常高兴，说，“给他奖赏”，最后有一个人站出来说，“陛下，今年我什么都没干成，全是失败”，最后一行说，“原来这个人是阿基米德”。只有阿基米德懂得失败的含义，剩下的那些成功的发明家们，在阿基米德这样一个失败者面前只不过是一群阿谀奉承的傻瓜。赫鲁伯的诗能够达到这样一个深度，充分体现了他对于人的处境、历史处境的理解。

## 当代诗歌和传统诗歌的关系

其实横向看我觉得中国当代诗歌也挺好，尽管我们还没有到那个位置，因为我已经听到一些国外的诗人对中国当代诗歌的看法。另外我们的现实感会刺激我们重新来看待我们自己的传统，我经常听到别人的批评：比较中国古诗和现代诗，认为现代作品质量低下，能引用的只有“黑夜给了我黑色的眼睛，我却用它来寻找光明”。我就会跟他讲，中国当代诗歌和古代诗歌不完全是同一种东西，中国古代诗歌是一种类型化的诗歌，中国当代诗歌不是类型化的诗歌。类型化的诗歌就是不同的题材有不同的写法，写山水、写送别、写官场、写空房独守都有一套写法。中国当代诗歌是一种强调个人创造的诗歌，尽量地摆脱类型化。我们对于中国古代诗歌还有一个巨大的误会，因为《唐诗三百首》只是从全部约5万首唐诗中选出的，2300多个诗人创作的有问题的作品都没有被收录进去，而《全唐诗》包含了唐诗所有的问题，所有的陈词滥调全在里边。另外就是该如何看待唐诗，从唐诗本身看不出来什么问题，但是中国思想史到了唐朝基本是空白的，唐朝没有大思想家是不争的事实。这个话是放在唐人与战国诸子、汉人、六朝人、宋人、明人的比较中说的。你非说唐人中有大思想家我也没办法。这就像你非说当代中国有思想家，但不以孟子、庄子、荀子、朱熹、王阳明那样的思想家为标准，我也没办法。从这个意义上说，唐诗放在今天就力度不够，在中国社会这么一个大河拐大弯的历史进程当中，你只是说喝酒——“落日欲没岘山西，倒著接篱花下迷”，这是李白的诗——在今天写这样的诗是不够的，作为一个文学，整体上的感受力和思想力不够。唐朝最有思想的人是韩愈，但韩愈的思想却有点浅薄。他只是要恢复一个道统，可见唐朝人思想力不够。唐人拙于闻道。也许那个时代的人不需要像今天的人一样思想，他们不曾像我们一样不得不面对这样一段近现代史——社会转型及近代以来的世界格局所带动的文化权力的调整和再分配。所以我说，唐诗伟大，但拿到今天来依样画葫芦不完全合适，这就是突破点。

现在还有一种文化现象我管它叫“晚世趣味”，就是喜欢晚唐、晚世的情怀。这种晚世情怀其实是挺容易讨好读者的一种写作思路。在当下，当大家都急于回到传统的时候，这种写作是讨好的，我管它叫寻章摘句式的写作，现在变成了一种风气。这种东西是不能建立起一种历史观来的。历史观建立不起来，顶多是把别人玩过多少遍的东西你再玩一遍。

对我来讲，这样的写作和我的现实感是不对称的，我要寻找我的资源。我不认为中国当代诗歌和中国古代诗歌有一种完完全全吻合在一起的继承关系，而有可能是一种错位的关系。极端一点说，也可能一个当代诗人跟中国古代诗人没什么关系，但是他有可能跟司马迁有关系，这也是一种思路。我们的思维需要活跃起来，活跃起来的思维所认出的可能是一种错位的关系，但又充满发现。继承传统的话我们说得太多了，90% 都是废话。如果我们不能与传统形成真正的对话关系，我们就连传统的边儿都没沾上。我不敢说我就沾上边儿了，但希望自己能够沾上点边儿。目下我想要借用的资源中有一些是笔记文、诸子著作和中国的历史著作。去年我在加拿大的一所大学里教了一学期的课，我就是带着一套书去的，是两个版本的《史记》。读下来发现，和我们现在所进行的写作相比，中国古人曾经达到过那样一个高度和广度，我们还离得远。

## 中国诗歌应该用特有的方式体现文化的复兴

这个论坛叫“复兴论坛”。我们谈“复兴”，可以尝试在文化上复兴到司马迁的高度。司马迁描述的整个历史进程，包含历史的多种细节，现在谁又能写出那样的东西来呢？司马迁在《伯夷叔齐列传》里所达到的那种思想强度，一点都不亚于《圣经·旧约》里边的《约伯记》所达到的强度。曾经有一个年轻诗人问我怎么看中国文学对中国古代文化的传承，比如对唐诗宋词的看法。我说唐诗宋词当然非常重要，但是你从来没想过吧，诸子百家也是中国文学当中最重要的东西。因为从汉代往回说，汉代的思想家都是结构性的思想家，尽管那时的思想我们今天看起来已经有些陈旧，但在当时却是前卫的。再往前回溯，在汉代之前是诸子百家，诸子百家那种思想之间的斗争、辩驳，是多么令人神往。那是中国文化、思想、道德、政治的根。诸子的学问是乱世的学问，既不同于古希腊的学问，也不同于古印度的学问。这是我们必须注意到的。还有，从文学角度看，他们的写作曾经达到过那样一个状态。比如韩非子的语言传达出一种排山倒海的力量，相比当下，我们的文学太弱了。再比如庄子，庄子是我最热爱的一个人，他对于语言的那种自觉性，在写作上的自由，对于死亡的认识的深刻性，这些东西是可以让我们大树底下好乘凉的，我们的精神可以依托在他的身上，就像西方人可以依托在但丁身上。

如果我们内心知道中国古人曾经达到过那样一个高度，这就直接赋予了“复兴”这个词以实际的内容，要复兴文化到怎样的地步就很明确了。中国人究竟要干什么，中国人曾经干过什么，中国人就应该干什么。中国人曾经干过什么呢？诸子百家对天下的想象——实际上历朝历代中国最好的文人们全都在做这个事情。那么，一个诗人，我不想象世界，我不想象天下，你想象什么？中国古人们想象过月亮，观察过月亮，而我们现在感受月亮的方式就是古人的方式，“少小不识月，呼作白玉盘”，就是古人的方式，那是李白的想象，李白做到了。

上个月我到南京，想去雨花台望长江，因为我读过明代高启的一首诗叫《登金陵雨花台望大江》，“大江来从万山中，山势尽与江流东。钟山如龙独西上，欲破巨浪乘长风”，我说我一定要从那个角度看一看长江，但是南京的朋友们说，现在长江改道了，从那儿看不见长江了。我说那好吧，那就去另外一个地方看。我们就登了一个新盖起来的楼，叫阅江楼。在那里，我立刻想到的又是清代龚贤的诗：“与尔倾杯酒，闲登山上台。台高出城阙，一望大江开。日入牛羊下，天空鸿雁来。六朝无废址，满地是苍苔。”诗里面描述的景色已经没有了，放眼全都是高楼。我的意思就是，中国古人想象了这个世界，描写了这个世界，这就是他们对世界的贡献。而中国当代的诗人们也应该做这样的事情，中国当代的诗人们做这样的事情，中国当代的艺术家做那样的事情，中国当代的电影人拍那样的电影，中国的学术变成另外一种什么样的学术，都应植根于我们的现实感，这样，我们也许就能够创造出一种与我们的存在相对称的文化来。

# 怎么能既怀疑自己又怀疑世界[①]

## ——革命、传统与诗歌写作

### 自述

我是在“文革”期间长大的。我父亲是个军人，所以我上的是一所海军办的小学——我父亲在海军工作——然后我通过考试，被一所在当时非常特殊的学校录取，这所学校名叫北京外国语学院附属外国语学校。那时还是在“文革”期间，大部分中国学校的教学都停止了，

① 2013 年 12 月西川赴印度新德里参加第 7 届 *Almost Island*（《准岛屿》）对话。对话者包括印度思想家阿什斯 · 南地（Ashis Nandy）、小说家莎米沙 · 莫汉提（Sharmistha Mohanty）、诗人维瓦克 · 纳拉亚南（Vivek Narayanan）、诗人阿尔温德 · 克里希纳 · 梅赫罗特拉（Arvind Krishna Mehrotra）、匈牙利小说家布克奖得主克拉斯诺霍尔卡伊 · 拉斯洛（László Krasznahorkai）等。本文系西川在这次对话活动上的专场英文长谈，由《准岛屿》编辑部整理，后以《同时怀疑自己和世界》（“Doubting Yourself and the World at Once”）为题发表于 2014 年第 11 期的《准岛屿》网刊。这个题目来自西川诗作《写在三十岁》。中译文题目恢复为西川本来的诗句，并加上了后缀标题。中文译稿中的部分谈话内容在结构上较英文文本有所调整，但整个谈话没有任何内容上的增删。小标题为译者所加。

学生们出门去闹革命了。但北京还剩下两所学校没有关门，教学还在继续，而我的学校就是其中之一。这是因为，即使在革命时期，中国政府也需要外交官。我的一些同学们后来真成了外交官，比如说我的入团介绍人。这个女孩后来为香港回归做了很多工作，回归之后她就辞掉了工作，成为一名商人。所以这是一所非常特殊的学校。

我的同学们来自不同的阶级或者社会阶层。我是军队家庭出身，而我的同学们，有的来自农民家庭，有的来自工人家庭，还有些是来自知识分子——红色知识分子——家庭的。毛主席的外孙也在这所学校就读。所以说，还是一个孩子的时候，我就看到了当时中国社会的整个结构。我有一个同学曾经写过一篇作文，是关于他外祖父的。他写到一位姓周的爷爷曾经去他家做客，这个“周爷爷”，就是周恩来总理！这让我们同学感到很惊讶！从那时起，我就意识到社会结构的存在，虽然那是在一个非常特殊的时期，一个革命的时代。

毛主席于 1976 年 9 月去世。我很幸运地被选为中学生代表之一，去天安门广场参加了毛泽东追悼大会。100 万人聚集在天安门广场和周边地区。之后，“文革”结束。可以说我目睹了“文革”的结束。

然后我成了北京大学的学生。北大是中国数一数二的大学。我们当时有几位非常优秀的教授，他们是属于 20 世纪三四十年代的学者。我记得几位，其中一位是在中日战争期间——通常我们称之为“抗日战争”——从美国来到中国的温德教授，他是由闻名遐迩的诗人闻一多介绍到中国来的。他在现代中国的英语教学和英美文学教学中发挥过重要作用。我写过一首小诗，题为《医院》，就是写他的。他在中国待了很多年，没结过婚。他生病的时候……去世之前，是我和同学们在医院里照顾的他。所以我写道：“我曾在那里，在那里，给一个垂

死的人 / 朗读阿凡提的故事”——阿凡提的故事是些维吾尔人的智慧故事。我提到的“垂死的人”就是温德教授。我还写道：“(他不时咳嗽 / 有时昏昏欲睡)；我曾在那里，在那里 / 努力逗一个垂死的人笑出声来”——这就是我在医院里做的。所以当温德教授去世的时候，我觉得一个比“文化大革命”更大的文化时代结束了。

当然还有其他教授。我感觉我是生活在一个非常特殊的时期。然后是 20 世纪 80 年代。中国的 80 年代被称作“启蒙的十年”。中国向世界敞开了大门。作为学生，我们发现自己对世界一无所知。所以我和我的同学们疯狂地阅读，能读多少读多少。我们几乎读了当时所有从世界各国，尤其是从西方，翻译成中文的东西。我们北大宿舍，一个房间住 6 个学生，每人有 8 张借书卡，所以每周我们一起去图书馆借 48 本书回来——那是一大堆书啊！所以那是一个非常特殊的时期。许多新的思想、新的思潮被引介到中国来——它们可能是旧思想，但对我们来说，都是新的——读尼采，读让-保罗·萨特，读法兰克福学派，我们读了很多。作为一个学生，我也读了很多翻译成中文的西方诗歌。我有一位美国教授，叫赫伯特·斯特恩（Herbert Stern）。他的妻子是一位诗人。斯特恩教授向我介绍了罗伯特·勃莱的诗歌和埃兹拉·庞德的诗歌。我对庞德的诗歌尤其感兴趣。他与中国文化有着某种关联。

那时发生了很多政治新鲜事。例如，在 80 年代初——我不记得是 1980 年还是 1981 年——人们第一次投票选举社区人民代表。那是一种非常低级别的选举，但令当时的知识分子们感到很兴奋，因为那是第一次。之后又发生了很多事，就到了 1989 年。对我来说这是个极特殊的年份——我是在“文革”中长大的，所以“文革”对我来说是自然而然的。我没有 20 世纪三四十年代的生活经验，不了解外国人的生活、他们的生活方式，所以我不能在当时中国人的生活与别人的生活之间做对比。但 1989 年不一样，因为那是 80 年代末期，我们已经读了很多书，觉得自己已经学到了很多东西，而且我在写作方面已经有了很多改变。此前我曾试着根据我读过的诗写一些“好”诗。那时我的写作标准来自西方——大部分来自西方——因为我要成为一个现代人。实际上，中国的现代化在当时很多人指的就是西化。所以说在 80 年代，我曾试图使自己现代化，这就意味着我试图西化我自己。后来我终于意识到当时我的所学是不够的。我无法用我从保尔·瓦雷里或里尔克等巨人那里学到的写法写下自己的感受。所以我…… 我实际上是不知所措了。历史使我在 1989 年感到无比茫然。

然后市场经济来到中国。1992 年邓小平在深圳发表讲话，开启了市场经济。大约在 5 年之后，你就可以感受到社会上的消费主义气息了。那是 1997 年或 1998 年，你感到这个社会已经改变了。早先人们更关心政治事务，到这时人似乎觉得赚钱更重要了。整个气氛就变了。在 20 世纪 80 年代，北岛等诗人被视为英雄——诗人英雄。那时成为一名诗人，意味着成为一名英雄。但是到 90 年代中期，诗人们变得边缘化了。你有了更多的自由，但与此同时，你被边缘化了，没人再关心你…… 所以我和我的朋友们自然而然地就会问自己，既然你不再能成为英雄，写诗还有意义吗？但是，当然，我调整了自己，我一直在写。

这只是一个简单的自我介绍。

## 革命与传统

在美国逛书店，如果他们有中国历史和文化专柜，你就可以找到几类有关中国的书籍。其中一类是关于“文革”的痛苦经验——当然还有其他类。但如果这是一本关于“文革”的书，那我敢肯定书中的故事悲惨。不过对我来说，“文革”稍有不同。当时我父亲是个年轻军人，不是知识分子，也不是高级领导干部，所以他没有受到迫害。倒是我有一个住对门的邻居被逮捕了。我看到他被士兵带走。但“文革”中我父亲很安全。

我上着学，有我的日常生活。今年3月，在普林斯顿大学，我遇到一位来自南非的诗人，她跟我谈到种族隔离时期的日常生活。通常人们说到南非时总会谈论种族隔离。可她说：“但我确实有我的日常生活。”在“文革”中，我不得不说，我也有我的日常生活。但从现在的角度看，“文革”充满了荒诞。比如刚才午餐的时候拉胡尔问我：“你当时要背诵毛泽东语录吗？”我说：“是啊，你每天早上到教室，都得朝挂在黑板上方的毛主席画像鞠躬，你还得背诵毛主席语录和诗词。”直到现在我还可以大量背诵他的诗词和语录。我现在50岁了，回想起来，觉得挺荒谬。但我不得不说，我生长于这个时间段。我认为“文革”是20世纪中国激进革命的一部分。

今天早上听着拉斯洛（克拉斯诺霍尔卡伊）讲话时，我并没打盹——我脑子里翻腾的是一场寂静的风暴。当拉斯洛谈到匈牙利共产党时，我试图比较中国共产党和匈牙利共产党之间的差别。我曾读过一位波兰思想家的文章，他是波兰工人运动的大思想家之一，名叫亚当·米奇尼克。两三年前他访问了中国。他曾比较中国共产党与波兰共产党之间的差别，其看法挺有意思。

那么今天早上我试着问自己，为什么革命会带出如此这般的混乱？我得到一个答案，不知正确与否：我发现其他革命，通常只有一个目标，一个目的——推翻一个权力。但在我看来，当初中国共产党同时面对两个革命目标。毛泽东曾经这样界定现代中国的性质，即中国是一个半殖民地半封建的社会。这就是说，中国共产党努力与西方——帝国主义——和中国的封建主义——古王朝的余绪，同时展开斗争。而如果我们把清朝之后的军阀混战时代视作传统文化的一部分，那就意味着中国共产党人也在与传统做斗争。一般情况是，如果你努力要打倒西方势力，那么你需要有一个斗争主体。这个主体需要来自传统的支持。但与此同时，如果你还有另一个斗争目标，你要反对传统，那么这就意味着你一无所有。当你一无所有地反对别的东西时，所有的问题就都来了。这就像你伸出拳头打人，而这个拳头本身是不合法的，有问题的，被批判被怀疑的。我想，所有问题的出现可能正源于此。当时西方是敌人，而你又缺乏一套来自传统的理论上的支持。怎么办呢？于是一个替代性的西方出现了，那就是苏联。苏联是一个替代性的西方——它不是完全意义上的西方，而是一个替代——然后就形成了另一套传统。中国人从苏联那里学到了很多东西。

关于传统的问题，中国国民党的蒋介石自称是传统的代言人，他是中国共产党要打倒的对象。而共产党唯一可以动用的传统是大众文化传统，不是精英传统。所以共产党要扫除传统精英文化是顺理成章的。但民歌、民间传说留存了下来。而民歌和民间传说，我不得不说，它们也是传统的一部分，或者说是一种被改造了的传统，但仍是传统的一部分。而现在，“文革”结束30多年以后，人们意识到，传统和西方，两者我们确实都需要。

这很有趣。昨天我们谈到北京拆除旧胡同和四合院的事——北京为此遭到外界激烈和尖锐的批评，说你们正在破坏你们的文化。这意见部分正确。但如果你去北京，你会发现二环路以内一些胡同和院落还在那儿，老北京的一些象征符号并没有消失。有一次，我在北京参加一个由联合国教科文组织举办的研讨会，一个法国人严厉批评北京人道：你们摧毁了所有的老东西，这是你们的耻辱！我当时就觉得这种批评挺荒谬的：法国人到北京时想看到的是博物馆，但德国人去北京时想卖他们的汽车。如果他们想卖车，胡同就需要扩大，那胡同也就不能保存了。所以总有矛盾。

有些中国人觉得现在正是收藏古董的好时机。我自己深爱所有的老古董、老东西。但在古代，中国人其实并没有博物馆意识。现在中国人意识到需要保护自己的老东西，其根据却是西方的博物馆意识——这很有意思！这问题非常复杂。而且更复杂的是，人们想搬进新楼房。大多数老百姓并不关心老房子是否该保存。所以今天早上当拉斯洛谈到“无聊者”（boring people）时，我问他：那些“无聊者”是些什么角色？我这样问其实是有更深层的含义的，但我不得不说，拉斯洛并没有回答我。

所以通常，当有人想代表人民说话时，他或她就使用“沉默的大多数”这个词。但当我们谈论新建筑之类的问题时，我们从不考虑沉默的大多数，我们遵从的是精英文化品位。这是我们自己的矛盾。沉默的大多数，他们并不关心拆毁老房子，这是一方面，但另一方面，他们又批评当代诗歌和当代艺术，说只有中国传统绘画是艺术，所有实验的东西都来自西方，它们不属于我们的传统。至于当代诗人，如果你的作品具有实验色彩，人们就会说这不是诗，因为我们有唐代的伟大诗篇。人们评价诗歌的标准来自 1300 多年前的唐代。所以我们不能简单地说人们是否在保存传统，或者爱护传统。这问题很复杂。

现在中国人正努力发展国家。人们口袋里有些钱后，就要求更高的生活水准。所以老百姓需要传统。为此我们就必须培养起西方的博物馆意识。这样一来，很多呈现出来的东西看起来老旧，但实际上是新的。它们是赝品，是伪传统。我认为伪传统甚至比传统本身在生活中扮演的角色更重要，伪传统是时尚的一部分。这是个很大的麻烦。作为一个生活在此时的诗人，面对所有这些矛盾，所有这些悖论，所有这些赝品、伪作，你不得不具有实验性，你不能只跟着外国人写，跟着其他文化的诗人或者早先时代的诗人写。你需要有所发明。

我们谈到了“发明传统”。我感觉要回到中国传统是有困难的。所有的古书都在，但我发现我已经丢失了阅读这些书的方法。我没有受过这方面的训练，没有背诵过古书——我的阅读方式是现代人的。比如说，孔子的《论语》，我不确定我跟清朝人或者明朝人读的是不是同一本书，因为我有一个现代人的头脑。那么这就提出一个问题，就是说，你是否需要发明一种方法来阅读这些古书。所以，发明过去，这是个活儿。人们现在正这么干。当然还有别的事要干，就是说，也许你需要找到一种阅读古书的方法，我的意思是指语言——我不能肯定前辈们是否也这样使用语言。我觉得诗人、作家们进行文学艺术实验或许并不是为了成为什么大人物，但是你不得不与环境形成一种对称关系。

一般说来，作为一个诗人，我需要…… 呃，我们每个人都需要推进我们的工作。在20多岁的时候，你根据自己的天赋写作。那么到30岁，40岁，50岁，也许有一天你会意识到自己并不是天才。在我们20多岁的时候，我们都觉得自己是天才，但在40多岁的时候，我们就会有更多的比较，更加相对，这就是说，这世上确有天才，但我们自己也许不是。所以，既然你有可能不是天才，而你又想继续你的写作，那么你就会发现你身后有一些东西在推着你往前走。这可能是…… 所以在这里，我就意识到了一个人的创造意识——通常我们说创造性写作。但我不得不说，大多数艺术家或作家，虽然他们称自己的作品为“创造”，但他们并不那么有创造力。所谓创造，就是要把东西做得真正有意思，这很难，真要与别人不同，这很困难。

所以我认为，为了具备创造性，你至少要与周围环境相对称。你或许能从前辈作家那里获得语言，但也许还存在另外的可能——这也就是说，你可以从现实本身、社会本身获得语言。几年前我写过一篇文章，谈到中国的矛盾修辞，是社会生活的矛盾修辞。我说从前当我想成为一个新诗人的时候，我试图成为一个超现实主义者、象征主义者或者未来派，但现在我不再关心这些术语了。我觉得我需要诚实地面对我自己，诚实地面对社会生活带给我的困惑和尴尬。而你一旦承认了自己的尴尬，也许，也许你就可以继续写作了……

## 中国古人的写作

普通话的发音与唐代的发音有所不同，所以当我背诵中国古诗时，我不确定这就是唐人用来读这首诗的方式。但我对此无能为力。当我在北京给学生们上课的时候，例如当我讲到战国时期的文学时——那是秦始皇统一中国之前——当我把注意力集中在那个时代，我讲的是那个时代的思想家们。我试图把我的学生们带回到那个时代。这意味着我要他们设法成为，比如说孟子的同时代人。如果你是一个当代人，那么你离孟子很远。我认为理解孟子的唯一途径就是去理解孟子和他的时代，以及你和你的时代。这里面有一个相同的结构。你不是真能得到孟子，你是得到了这个结构，然后你就可以通过理解自己而理解别人，反之亦然。再比如柏拉图，柏拉图和他的时代。如果我们试图理解柏拉图，那就不仅是要理解柏拉图，也要理解他与当时希腊的关系。我们可以从这个结构中猜测出一些东西——不仅是从柏拉图猜，也是从这个结构猜。所以，每当我们读到什么东西的时候，我觉得重新回到那个时间段真的很重要，比如说你是一个当代人，你想理解孔子，那你就想象自己是孔子的门徒，在现场聆听孔子的教诲，这种感觉会很不一样。

昨天我提到我有一个同学邀请我去参加庆祝她的瑜伽俱乐部创立8周年的仪式。我去了那里，我们做了瑜伽——不管这是不是如阿尔温德（梅赫罗特拉）所说由当年在印度的英国人发明的——我和其他人一起做了瑜伽。当时有一位印度瑜伽师站在我们面前的高台上，带领我们向太阳祈祷。我不是修炼者，做着做着我感到非常疲惫，出了好多汗。于是我停下来，趴在垫子上。但突然我意识到，中国学问的起源与印度学问的起源有很大的不同。他们有《吠陀经》和《奥义书》，书中的思想是印度古人得自大自然，得自他们理解的宇宙结构…… 我不知道我说的是否正确。但中国人最早的学问却源自乱世。孔子是战国之前时代的人，当时的中国社会，虽然规模小，却已是混乱迭出。于是孔子给人以教诲，说要坚守一些美德……这就意味着当时缺乏那些美德。孔子的坚守和关注，显现出那个时代的危机。这就是中国古代学问或观念或思想的起源。我之所以对那个时间段如此感兴趣，是因为我觉得我们所有的学问都来自一个麻烦不断的时代。而来自麻烦时代的思想可能会有助于我思考我的时代，因为当代中国也遇到了很多麻烦……

但是老子、庄子、孟子、荀子、韩非子等人，他们都不想成为诗人或者小说家，他们是不得不面对自己时代的人，他们写作是为了解决问题。这意味着他们不是真正的文学人物，成为作家并不是他们的志向所在。他们是想解决问题。所以，他们每一个人，都是业余作家。早先，我曾努力要成为一名专业作家，成为一名合格的作家，但后来我觉得，也许我可以从这个位置后退，成为一个业余作家。

这是我对中国古籍的态度。我对唐诗的态度与此相仿。每当中国人谈到诗歌，脑子里首先蹦出来的就是唐代。在美国也是如此：当我的朋友们谈论中国文化的时候，他们总是谈起李白、杜甫、寒山、王维这些诗人，他们都是唐代诗人。在中国，我们有一部大名鼎鼎的唐代诗歌选集，是由一个清朝人编辑的，名叫《唐诗三百首》。人们奉之为经典。所以如果你想对唐诗有所了解，那么这是本入门书。但实际上，还有一本大得多的书叫作《全唐诗》。《全唐诗》收诗约5万首，所收诗人有2300多位。所以我建议我的诗人朋友们或者批评家朋友们，如果你们想对唐代有所了解，你们就需要忘记《唐诗三百首》，而回到《全唐诗》，因为在这部大书里，你们可能会发现其中有些诗写得不太好，我们姑且说，它们不算差，但却是一般水平的诗。通过阅读这些诗歌，关于唐代的写作，我想我可以得到一些信息…… 它们是有缺点的，那为什么它们会有这些缺点…… 所以我总是建议我的朋友们去读《全唐诗》。这是一方面的认识。

我的另一方面认识是，每当你成就辉煌的时候，就意味着你牺牲掉了一些东西。那么唐代诗人，他们为诗歌写作牺牲掉了什么呢？后来我发现，与其他朝代比如汉朝和宋代相比，整个唐代都没有出现过一个真正意义上的思想家。可以说唐代的诗人们，他们不关心思想，他们只关心政治，还有更重要的：生活方式——如何娱乐自己，如何表达自己的感受。他们有很多忧郁或感伤…… 他们写下了伟大的诗篇。但是与此同时，他们在思考问题方面少有精彩表现。宋代有一位著名诗人——宋代大约开始于1000年前——名叫苏轼，苏轼说，唐代诗人们缺乏对“道”的了解（“拙于闻道”）。所以我觉得，这是唐代诗人们付出的代价——他们写出了精彩的诗篇，但他们忽略了“道”。

于是在我这儿就形成了一个问题：我是否可以仅用唐代的方式写诗？而我确实在乎这个“道”——或者用一般的想法——我需要结合诗歌和思想，或者，结合诗意与非诗意。我需要结合所有这些东西。但是当我这样做的时候，人们当然会说这不是诗歌。他们有唐代的标准。我非常尊重传统，但是我对传统的理解与其他中国人有点不同，所以我在中国受到批评，被认为不是一个优秀的传统主义者…… 但实际上我觉得我需要知道一些新东西，从历史中获得一些不是人们习见的东西…… 这意味着你将有新的标准来判断唐代诗人。我举个韩愈的例子——这是一位唐代诗人——韩愈不被认为是一流的诗人。他被批评用写散文的方式写诗。人们通常认为有一套特殊的作诗准则，而他用写散文的方式写诗，所以他不是伟大的诗人。但是现在，由于我自己的实践，由于我自己的忧心，我觉得我需要，或者说中国人——至少是教授们——需要对韩愈的作品有一个新的认识。

我记得博尔赫斯曾经说过，每当一位强大的诗人出现的时候，历史就会由于这个人的出现而有所调整。所以…… 这事我做不到，但我能理解。

维瓦克·纳拉亚南朗读了西川论文《传统在此时此刻》中的一段话（该文作为代后记收在西川英文诗集《蚊子志：西川诗选》中）：

已经看到了戴着“互文性”高帽而缺乏真正的历史观的“寻章摘句”式的所谓现代诗；已经看到了能将古诗、古文倒背如流（也能将汉译莎士比亚、拜伦倒背如流）而又将新诗写得一塌糊涂的所谓诗人；已经看到了站在古诗一边并且完全不在乎自己对现代诗写作一无所知的事实而对现代诗创作横加指责的嘴脸；已经看到了为古代文化大唱赞歌而其实对自己所歌唱的东西仅有点点常识性了解的闹剧表演者；已经看到了文学中对性情、语词、感觉、故事、事物、人物的“晚世风格”的细腻把玩，这把玩牺牲掉了文学在当下所应该蕴藏的精神和思想；已经看到了电影、电视剧中的真假古文化卖点；已经看到了一脸古风的矫情和酸腐；已经看到了孔子、庄子的娱乐化；已经看到了生意人胸有成竹地将孔子、庄子，再加上孙子，变成了自己的生意经；已经看到了某种程度上的国家社会思想意识形态上的慌张，好像古人能够提供全部的价值观；已经看到了天安门广场东侧历史博物馆北边那个本不该表达创作者艺术个性的笑眯眯的像个方盒子似的孔子塑像。对传统的神圣化于此可见一斑。传统既变成了权力，也变成了时尚。那么何谓传统呢？

我不得不说，我非常尊重传统。但每当我看到那尊孔子塑像时……艺术家们在做孔子塑像时，肯定不能把自己的风格带进去。如果你带进了自己的风格，那就意味着你觉得自己比孔子还高大。我真是无法容忍那座微笑的孔子像！那是消费主义的孔子像……那是流行文化或者什么东西。

有一些中国老板，他们发了财以后，觉得有必要回头读点古书。在北京，离我学校不远的地方有一个居民小区。我去到那里。是有人请我去的。小区的建设者——资本家，专门留出了一套房子作为俱乐部，供人们去那里读古书，当然是圣贤书。那里的人问我能不能给他们搞一场关于中国古代文化的讲座，而我却有些茫然，不知道该对这些人说些什么。然后我看到门上贴着一张纸，上面规定着俱乐部成员的举止规范，其中有一条是："谈吐要文雅。"这把我搞得有点烦。我就对那儿的人说："现在我知道可以讲什么了。我可以讲讲中国古代的黄色小说，这也是传统的一部分。"——我理解的传统非常丰富。我不喜欢对传统的简单解读。

在当代中国，传统有时候搞得像西来的东西，因为传统和西方文化都来自远方。还有，真正传统的生活方式，至少在北京，比如像住个四合院…… 那是非常昂贵的。所以人们觉得，中国传统文化主要是指精英传统。所以为了享受这个精英传统，你需要发财，你需要有钱。但实际上，他们已经失去了与传统事物的关联。这好比：他们去传统风格的老房子享用卡布奇诺咖啡。然后大家都满意，西方人和中国人。中国人觉得现在他们正在享受一杯卡布奇诺，西方人觉得"哇，这是一个大屋顶"——每个人都很开心。但是，这是传统的真正含义吗？

我认为只有那些对社会、对历史本身心存疑问的人……是问题把人们引向真正的传统。如果人们只图享受，玩得高兴，那他们很有可能靠向假货、假传统。不过，假东西有时候可能也挺有趣，我不得不说。

还有一点，人们对传统会持有不同的态度。比如说，外国人去中国的时候，通常要游览古寺庙，对吧？去看古老的佛像。但实际上，真正的信徒们并不在乎那佛像是老是新。他们只在乎那里得有一个佛像。所以，如果一座庙还在使用，还有香火，人们一般倾向于看到新塑像。这说明人们总向庙里捐钱供养，所以庙上才能够总是“再塑金身”。但是知识分子和外国人，他们是游客，他们只想寻访古老的庙宇、看到古老的塑像。所以这下你就可以区分谁是真正的信徒，谁是真正的旅游者了。他们完全不同。别人告诉我如何去判断一座寺庙是否灵验，是否古老，不是去看塑像和建筑，唯一可据以做出判断的是庙里的树木。如果院子里的树是老的，那就意味着这是一座真正古老的寺庙。因为好寺庙总是不缺钱，总能得到修缮……

所以这就是信徒和游客之间的差别。我觉得在中国，有时当人们谈论传统的时候，很多人选择做游客。他们选择成为游客，以感受传统。我就是在这个意义上说有时候假东西在生活中扮演着更大的角色。

## 我的写作与不饱和观念

今天早上你们谈到了美。在中国，要成就美——这太好了。但美是困难的……这是埃兹拉·庞德在《诗章》里说的，我想这原本是柏拉图的话，说美是难于达到的。所以我总是提醒自己，要写出一些真正美的东西确实很难，很困难。通常所谓美丽的东西只是些陈词滥调而已，所以努力写出些精彩或美丽的东西，这是个累活儿。我也记得一位美国商人的话，他有一个很好的说法——我读的是中译文，但意思是这样的："优秀是伟大的敌人。"

这真的很有趣。一步一步，你被训练成一个艺术家。比如说，在我的学校，我的学生们，他们画素描，他们努力成为好画家，这样他们就可以把人画得很像。他们可以是非常好的肖像画家，但其实那与伟大的绘画无关……我在意大利曾经有过这么个经验……在梵蒂冈我去了有米开朗琪罗天顶壁画的小教堂，教堂四面墙上装饰着波提切利的画。当你在书中读到波提切利时，你发现波提切利画了些非常美丽的作品，但当你走进教堂的时候，你不会去看波提切利的壁画。仿佛那里唯一存在的就是米开朗琪罗。所以在这种情况下，米开朗琪罗和波提切利似乎是敌人。那就是，伟大的艺术家和优秀的艺术家，伟大的艺术和优秀的艺术，他（它）们是不同的。

我想大多数的中国读者，都在期望诗歌来安慰自己，他们从不读朝他们挥拳打来的诗歌或文本。我认为在中国，艺术家和作家们总是面临着一个选择：是取得成功还是搞出点儿新东西？我认为大多数作家会选择谋求成功，特别是在时尚和媒体的时代，想要出名这是很自然的事。但是我认为仍有一些人，一些艺术家，想弄出点儿新东西……即使能够找到个新词或者新的表达方式，也比仅仅是去安慰读者强。

我现在的写作介乎诗歌和其他东西之间，也许是诗歌和历史之间。最近一直在写 2011 这一年，是诗但不是抒情诗。我还没有完成。

我写到我在埃及的经历，我一直在写这些。我落地在埃及正好赶上埃及革命的开始。所以我试图在诗歌和历史之间、诗歌和思想之间、诗歌和其他事物之间展开我的写作。我正在尝试就事物的之间性写点东西。这不是完全的诗歌。我只是称之为文本。一个文本，通过写它，我可以感受到我的精神成长依然在持续。身体的长个停止之后，我精神的长个还在继续。每当我发现什么有意思的东西时——比如今天早上，我意识到中国革命的双重目标，一切混乱也许都源于此——我就觉得我又长个了。当然，我无法用我的写作来直接处理这个想法。但我确实需要，需要一些东西可以对称于这样的历史，比如梦或者噩梦，这样，我就可以做到对称。而且，我不知道，也许是…… 对称于两个目标。不知道，我喜欢梦……

我写了一组关于晚清的诗歌。还没有把它们收到集子里，我还没有最终完成，但已经发表了 17 首。我写到当年那些占领紫禁城的人。他们是农民，他们来自社会底层。通常，或者传统的感觉是，他们的身份不配推翻帝制。但他们做到了。而且这似乎没有历史因果。那些农民去了紫禁城。他们为什么那样做，他们为什么成功了，我没有明确的答案，但我试图讨论这个问题。

我也写到普通人…… 我们总是谈论历史上那些做出牺牲的英雄。但我们从不谈论老百姓的牺牲，我们从来没有注意到他们为历史付出了什么。所以在这组诗中——中文叫《万寿》，如果翻译成英文，那意思是“万年长命”——我试图这样做。

不知道我是否可以被称为知识分子。我确实想成为知识分子，但我觉得在很多情况下，我做不到。

而且对于下面这个问题我也没有答案：人们谈论自由。自由是伟大的。但我不知道自由是否基于个人、个体，我不知道是否能说得明白。当我试图去思考个体，我不能想当然地认为我是一个个人。曾有一位美国诗人，他的儿子去了日本。我在希腊遇到这位诗人，他谈到他儿子在日本的经历，他提到儿子在日本有了新的自我。然后我对他说："我不确定你儿子在日本是否仅仅获得了新的自我，因为在日本…… 你谈到你儿子住在那里，但你却从没谈到你儿子的邻居。你儿子在日本和邻居的关系不会没有意义，但你忽略了这一点。"有一位日本哲学家——他的名字我忘了——发明了一个词，叫作 inter-being（互存）。这说的是人与人之间的关系。为了理解一个人，你不能单单理解这个人，你需要理解他 / 她与他人的关系。这是一种亚洲人的思维方式。所以每当我想到"个体"这个词的时候，总会有一个尾巴在，那就是我是否需要关心你和你邻居之间的关系。

我说不好……我和西方朋友讨论问题时有时会感到尴尬。我们讨论自由主义，自由主义是以市场经济和个人主义为基础的。我觉得，如果我想成为一个完全意义上的自由主义者，我会感到尴尬。我们有这么多的概念，比如自由、正义，所有这些词，正义、爱情……这些概念，大部分来自西方。而在中国……这么说吧，我看过一部由贾樟柯导演的关于三峡的电影。一个男人去找他的女人——其实这个女人是被人拐卖给他做老婆的。后来那个女人逃走了。他们有了一个孩子，这女人带着孩子一起逃跑了。所以男人去了女人的家乡寻找这个女人和孩子……我不能说这个男人和那个女人的关系是一种爱，但是如果我说那里面没有爱，那为什么男人还要去找那个女人？对他们这种关系，我没有现成的词，没有一个概念来表述。所以我就发明了一个词，叫"不饱和的爱"（quasi-love），不是完全意义上的爱。

在中国的社会生活中，存在许多“不饱和”的东西。例如，有些事情究竟是合法的还是非法的，都很难说清楚。要区分这是坏的那是好的当然挺简单。但这不是生活，这不是“无聊者”的生活，这不是“沉默的大多数”的生活。这真的很难讲……因此，对诗人或作家来讲，写这类事，真是个大活儿。这里有风险，如果你想处理这些“不饱和”的事情，那就意味着你不可能总是政治正确，这是个风险……做一个中国或者类似国家的诗人或者作家，会遇到很多尴尬，但我认为，做一个真正的作家，你不能只写别人期望你写的东西。写作并取得成功，那太简单了。我们需要面对所有的复杂性……这是个累活儿。尴尬的，尴尬的写作。

（顾歌　译）

# 学会欣赏思想之美

## ——答马铃薯兄弟问

**马铃薯兄弟**（以下简称“马”）：在当代知名诗人中，你是写作时限比较长，而且其间没有明显中断的诗人，你的涉猎范围也很广，诗歌，散文，翻译，乃至理论文章，都有佳作产生，这为很多诗人朋友所不及。近几年，你又参与民间诗歌奖“中坤国际诗歌奖”的组织和实施，这个奖虽然只做了两届，但已经产生了自己的影响力。近年来，国内不乏一些官方、民间机构在做诗歌的评奖活动。对诗歌和诗人来说，这是好现象，值得鼓励和赞许，但我们也遗憾地看到，中国至今还没有出现一个真正具有普遍公信力和广泛影响力的诗歌奖，也包括整个的文学奖。你觉得问题出在哪里？“中坤国际诗歌奖”的主办初衷是什么？它具体的诞生过程是怎样的？它具体的运作方式是什么？评奖的标准又是什么？和其他许多大小诗歌奖相比，它的定位或者说它的特色是什么呢？

**西川**：“中坤国际诗歌奖”的两次评选我都参与了。我是2004年秋天因受邀参加由中坤投资集团和中国诗歌学会组织的“帕米尔诗歌之旅”而认识的中坤老总黄怒波。他写诗，对诗歌满怀热情并富有见解。他的笔名叫骆英。但2004年那一次“诗歌之旅”他们请来的外国诗人不是来自巴基斯坦、阿富汗，就是来自吉尔吉斯斯坦、塔吉克斯坦。我对黄怒波说你们请来的外国诗人都太有区域性了。他说他们不认识什么外国诗人，这几个诗人都是通过我国驻外使馆请的。我说那我来给你们请吧。这是我参与中坤事务的开始。以后“帕米尔诗歌之旅”又搞了几回，我帮他们请来的诗人包括丹麦皇家学院院士彼得·劳格森，美国重要诗人艾略特·温伯格、弗瑞斯特·甘德，美国艺术科学学院院士C.D.赖特。2008年最后一次“帕米尔诗歌之旅”，我一口气请来了美国普利策奖得主、桂冠诗人罗伯特·哈斯，威廉·卡洛斯·威廉斯奖得主布伦达·希尔曼，第二代垮掉派领袖安妮·沃尔德曼，纽约派第二代重要诗人荣·佩吉特，欧洲当代最主要的几个诗人之一、斯洛文尼亚的托马什·沙拉门，加拿大总督文学奖获得者蒂姆·柳本，等等。国内这边参加这一次活动的有：欧阳江河、于坚、王家新、蓝蓝、宋琳等。赵振江教授、树才、田原曾在历次活动中帮助请来过一些西班牙、法国和日本的诗人。我曾打算在2006年邀请俄国女诗人、欧洲文学奖获得者奥尔加·希达科娃（上一任教皇，即约翰·保罗二世最爱读的三个诗人是：波兰的赫伯特、米沃什、俄国的希达科娃），但因那一年夏天我在意大利，国内这边跟希达科娃联系不畅，只好作罢。我认识一些国外的重要诗人。我希望把他们统统介绍到国内来。我希望他们能为我们带来新的信息、新的思想。国内对外国诗歌的阅读一般滞后外国诗歌现状30—40年。如果有机会，中国诗人们当然应该多在世界上走走，但与此相比，我觉得把外国诗人请进来对我们好处更大，也更方便。2007 年，在第一届“中坤国际诗歌奖”颁奖典礼之前，我们举行了帕米尔文化艺术研究院的成立仪式。唐晓渡任院长，欧阳江河和我任副院长。此前黄怒波已决定向中国诗歌界捐款 3000 万元，其中 1000 万元捐给帕米尔研究院。帕米尔研究院之所以取名“帕米尔”，是因为整个事情的缘起跟我们的帕米尔之行有关。另外，《穆天子传》中说周穆王曾巡行至帕米尔（书中称帕米尔高原为“春山”），在瑶池（传说即现在的卡拉库里湖）会见了西王母。我迷恋这个故事。所以，“帕米尔”对我们来说有海拔和交流、友谊的意思。研究院成立之前，我们几人就决定用怒波的这笔钱创办一份《当代国际诗坛》杂志，出版一些书，整合国内外文化资源，并且只做高端交流（因为国内低端的活动到处都是）。于是我们设立了“中坤国际诗歌奖”，每两年颁发一次。奖金每人 8 万元，按 2007 年的汇率约合 1 万美元。在世界各国的诗歌奖中，这个钱数不算多也不算少。我们考虑这是一个适宜的、体面的额度，既不寒酸，也不暴发户。为这个奖我们成立了组委会、初评委、终评委。我想我们照顾到了不同评委的不同趣味。评委的因素很重要，有什么样的评委就会评出什么样的奖。这个奖分 A 奖即国内诗人奖、B 奖即国际诗人奖、C 奖即翻译和文化推动奖。之所以要这么干，是因为我们对国内大大小小的文学奖、诗歌奖颇不以为然。第一，已有的文学奖受制于评委的文化修为、文化视野和文化前瞻性。第二，我们希望这个奖能够推动中国当代诗歌成为世界当代诗歌文化的一部分。第三，应该向那些诗歌翻译家们、诗歌文化推动者们致敬。中国当代文化中存在着许多结构性问题：例如没有健康的、活跃的、独立的知识分子生活；例如在一些活动中，需要内行出面说话时，大家看到的往往是占据着行政资源和资本资源的外行把着话筒；例如官方机构的公信力受到怀疑；例如把真正的文化掘进工作与时尚传播混为一谈。第二届中坤奖评奖结果颁布的时候，我曾对媒体说："文学内在的深度、密度和持续的创造性需要长时段的检验。"尽管诗人中确有兰波那样的神童，但那是极个别的现象。奈保尔说："文学不相信神童。"国内并不缺少颇具才华的诗人，但基本上都是折腾两三年、三五年就没劲儿了。我们不奖励这样的人。国际上有一个说法，你得在风口浪尖上驰骋10年以上才算数。两届评过以后，我对外国获奖诗人的评选结果并不满意。我希望这个奖更多关注当下世界上最年富力强、最有创造力的诗人，而不是那些已经功成名就、德高望重、不稀罕再多得几个奖的老诗人。但由于这个奖才开始评，我们只好屈服于我国的诗歌翻译状况，并且要努力确立这个奖的权威性，所以有了这样的结果。我感到我们在诗歌咨询方面存在不少问题。我们大多数人只知道那些外国的老诗人（其中很多已经过世）。可惜他们几乎不代表当下世界诗坛最活跃的部分。但在评委会中我只有一票，没办法。

**马：**我注意到，在经过了长途诗歌跋涉以后，你在进入中年以后开始了一次对自己、对已往诗歌观念和诗歌追求的怀疑和反叛。你认为再写那种经典意义上的诗没有多大意义，认为它对文学本身，对文学的可能性，对于表达没有什么意义了。你要找到一个表达的新的途径。你试图寻找的东西，究竟该怎么描述呢？诗歌存在的意义和价值，仅仅是在比较中存在的吗？创新一定是要推倒重建，一定是要在废墟上重建才堪称创新，还是也可以在既有的基础上进行完善并进行更有限度的创造呢？否定既往，把自己置于无退路的境地，这种壮烈，却也可能是导向一种虚无，甚至是诗歌的取消主义？

**西川**：我刚刚写完关于昌耀的论文《昌耀诗的相反相成和两个偏离》，交给了《青海湖》编辑部。在这篇论文中，我结合昌耀诗的滞涩古语特征和散文化现象谈到了他创作历程中的两个“偏离”，即对“新诗”的偏离和对诗本身的偏离。我认同昌耀的偏离（所以我并不是取消一切的人）。谈诗歌不能脱离开我们的文化现状和历史背景。如果我是个俄国人，我也许会像曼德尔施塔姆一样讲究音节和韵脚，如果我是个法国人，我也许会像圣-琼·佩斯一样对格律不耐烦。每个国家的诗歌都有其不得不面对的读者和历史文化条件，这两者既构成了可能性，也构成了限制。身为一个中国人，用汉语写作，你首先得认下你的命，然后看看可以做些什么，发展什么，改变什么，在多大范围里改变，在多大程度上改变。所以并不存在简单的“取消主义”（但你提到的“虚无”是另一个问题。没有“虚无感”的人基本上不了解生命和世界的深渊。歌德在《浮士德》第二部第一幕第二场中讨论过这个问题）。我的工作并不是空穴来风，是有上下文的。中国的“新诗”是个什么玩意儿呢？我在谈昌耀的文章里提到：它是语言上的“我手写我口”、诗思模式上“诗言志”的浪漫主义化。所谓“新诗”基本上是属于文学青年的（所以我们才有这样一个迷信：诗歌是属于青年人的。这是犯了一个张冠李戴的错误：把“新诗”和一般意义上的诗歌混为一谈）。从“五四”到“文革”结束，它只产生了极少几位体面的诗人。朦胧诗以来，不断有文学青年顶着“前卫”“先锋”的帽子理直气壮地回到“我手写我口”（有时候是有意义的）。这样的诗歌对我来说太简单了。我们今天所写的诗歌，的确是从“新诗”中来，但已不是从“五四”到1949年的“新诗”，更不是20世纪50年代到70年代末的民歌加古典的“新诗”，而是“现代汉语诗歌”。从“新诗”到“现代汉语诗歌”，我们的诗歌所对应的是20世纪中国社会的四次底朝天的变革，即辛亥革命推翻清政府、五四运动清理旧文化、共产党赶走国民党建立新中国、社会主义市场经济取代社会主义计划经济。在文化领域，我们的主流意识形态继承了五四运动“打倒孔家店”的口号，一直在“移风易俗”。像中国这样重大和集中的历史文化剧变，在20世纪的世界上，可以说是独一无二的。小说家余华曾经在意大利对听众说：“我活40年相当于你们活100年。”历史对文学肯定有所期待：想想西方的现代主义文学是应着怎样的历史期待而出现的，我们就能够明白“新诗”的不足。这还仅仅是从历史和文学的互动关系来看待我们的写作。另一方面，诗歌写作面临着一些非常具体的问题，不在此道者根本无从理解。作为一种文学形态，诗歌在任何时候都不是孤立存在的。在古代，它与书写格式（竖行，从右往左）、书写工具、书法、音乐、题写习惯、诵诗习惯、诵诗场合、官场社交、山林冥想等等，紧密地纠缠在一起；那么在今天，诗歌也是与书写格式（横写，从左往右）、书写工具、简体字、杂志和书籍的印刷、平面设计、朗诵会等等因素密切相关。笼统地谈论中国古代和今天的诗歌，我们会遇到许多盲点，例如毛笔书法很难表现现代诗、现代音乐很难直接把现代诗拿来做歌词等等。可以说我们的现代汉语诗歌是现代生活的产物，它在功能上与古代诗歌有很大的差别；现代诗人的社会角色与古代诗人的社会角色也有很大不同。现代诗人至少不仅仅是“文人”了，也和当代国家的官僚体制无关，他的角色中多多少少已经融入了现代知识分子概念——不论你承认不承认。这些因素都要求我们通过各种尝试，找到诗歌在今天的妥帖表达形式和呈现形式。再一方面，从“新诗”时代以来，我们的许多诗歌观念均与我们对外国（主要是西方）现当代诗歌的认识有关——连我们对印度泰戈尔、黎巴嫩纪伯伦的了解也是绕道西方和英语。在这一方面，我个人心有不甘。这既对不起我们身上的文明因子，也对不起我们的社会主义经验，也不能呼应我们的基本生存状态。我觉得我们真的有必要半发明性地找到自己的声音。你从徐志摩那儿找吗？你找到的是19世纪晚期的英国诗歌。你从戴望舒那儿找吗？你找到的是法国象征主义诗歌里面的二流写作。你从卞之琳、穆旦那儿找吗？你找到的是大大弱化了的T.S.艾略特和W.H.奥登。以上谈到的三个方面——历史对文学的期待、诗歌写作作为大文化的一部分、中国现代诗与西方诗歌观念和写作实践的关系——我都是从“我们”的角度来谈的；要从“我”的角度来谈，势必涉及这些年来我的生活经验、思想转变、作为一个诗人的社会文化处境等等。我并不想推倒谁。我只是希望能够写出与自己灵魂相当的东西，或者从相反的方向说，我希望自己所写出来的东西能够给出一个我认可的灵魂，并且也能够被这个世界上我尊敬的灵魂们所认可。“小诗一首”这样的东西与我无关。关于我具体的诗歌写作观念和方法我们找机会再谈，我希望我们说点内行话，否则就是浪费时间。不过，这么没完没了地谈论诗歌也够贫的。

**马：**新诗诞生快100年了。对一种文学体裁的发育和成长而言，100年时间不算长，但它已经取得了对传统格律诗的决定性的胜利。这很了不起。但是，对它的否定一直存在。有人至今认为新诗是一场失败。批评者喜欢拿它和几千年的中国诗歌传统对比，在我看来，这种对比既不对称，也不公平。尽管如此，我也领悟到新诗本身存在的问题，比如自由而无法度。但谁能给新诗建立法度？这个法度（形式）又会有哪个诗人（写作者）愿意接受？那么新诗作为一种宽泛的诗体，它要立足并发展，你认为最重要的是要具备哪些元素？或者说，要具备哪些元素，才能使这种缺少格律框架的文字区别于散文？

**西川：**给新诗建立法度？这“法度”指的是什么？是格律吗？还是诗歌的内在品质？它真的“自由”吗？首先我要说，如果一个诗人在内心根本没有对自由表达的需要，“自由”根本无从谈起。我在这里所说的“自由”还不是政治哲学中所说的自由（这是另一个话题），仅仅是诗歌中“自由表达”的自由。在近百年来的新诗作品中，我还很少看到真正自由的作品。即使那些呼吁政治自由的诗歌，在表达上也不是那么自由；即使那些喜欢玩点儿邪门歪道的诗歌，也是拘谨于邪门歪道的。说到底，自由与创造力密切相关，创造力越大的人对自由的要求越高，遇到的障碍也越多。那么什么是“创造力”呢？在诗歌写作方面，它包括了诗人对语词、语气、节奏、旋律、意象、明喻、隐喻、转喻、寓意、反讽、象征、空间形式、智力形态、空白、清晰、直截了当、缠绕、错位、写作边界、越界、控制力、失控状态等等的发现；这种要发现新事物的努力由文学的冒险精神所推动；它不会被一点点俗世的成功、声誉、掌声，以及诗人所获得的文学势力、话语权所中断；它的内在动力来自诗人对于自身、他人和世界的不可遏止的好奇心，对于驾驭语言快马、慢马、烈马、怪马的愿望，联通心灵与世界的赌博心态，联通诗歌与文明的暗自窃喜，以及为世界发明思维模型的不可告人的孩子气的小秘密。诗人挣扎于语言对情感状态的表达、对真理和歪理的发现；诗人体验满足感，然后陷于更大的不满足感，这是常有的事。而那些胡打乱闹的诗，我不认为它们是自由的，它们像那些一本正经的诗歌一样不自由。它们都是小小心灵小小情绪的小玩耍；这些小玩耍可能是聪明的，呈现出来的东西可能是好玩儿的，甚至是意味深长的，但不是自由的。我们反倒可以在讲究格律的古典诗歌中看到"自由"。在多数情况下李白反倒比我们今天的诗人更自由。他敢自由地依托在孔子身上，说："我志在删述，垂辉映千春。希圣如有立，绝笔于获麟。"——这样的话我们是不敢说的。我们敢说的是"妹妹你大胆地往前走"——走到哪儿，不知道。但关于"自由"与"创造力"的问题很复杂也很神秘，例如一个人可能在这一方面是自由的、开放的、左派的、有创造力的，而在那一方面却是拘谨的、守成的、儒雅的、右派的。这是个阴和阳的问题。马雅可夫斯基所说的"向左，再向左"的艺术家其实根本不存在。而现代中国诗歌史上老是嚷嚷着要为"新诗"立规矩的人，他们还到不了向左还是向右、或左右兼顾的层面。他们大多是一些创造力匮乏、趣味良好、富有责任感的好心人。他们多以 19 世纪以前的西方诗歌为参考系，弄出些音步或音尺，这没什么太大的意思。将"为什么我的眼中常含泪水"划分为"为什么 / 我的 / 眼中 / 常含 / 泪水"五个音步，或者"为什么我的眼中 / 常含泪水"两个音步，这没什么太大的意思。难道五个音步就比两个音步更经典吗？就该让大家仿效吗？仿效完了又怎样？不是老有人写"诗人幸会更无前"这样的"平平仄仄仄平平"的七言句子吗？他们或者觉得中国自初唐以来的诗是有格律的，新诗没个格律不成其为“诗”。但这势必把屈原摆在了非诗人的位置上。现代汉语诗歌当然有它内在的根由，有它的音乐性、它的轻重缓急、它的绵密和疏松、它的亮堂和幽暗、它的简约和故意的饶舌、它的余音、它的戛然而止、它的文从字顺、它的疙疙瘩瘩、它的常态、它的反常，所有这一切，是使用语言的人绕不过去的。不论中外，文学史上的每一次形式主义回潮，都是以“托古改制”为模式的，但中国“新诗”无古可托。它只能往前走，走到它自己的巅峰时刻，后辈人就可以“托古”了。诗歌与散文的不同不仅仅是分行与不分行的不同（中国古诗四言、五言、七言，可并不分行，分行是西来的做法）、押韵与不押韵的不同，其最基本的区别可能还是瓦雷里说的那句话：“诗歌是舞蹈，而散文是走路。”——走路有走路的目的地，而舞蹈，它的每一个动作都是它的目的。当然，舞蹈和舞蹈也不同，芭蕾舞、秧歌舞、忠字舞、迪斯科、探戈、弗拉明戈、肚皮舞、杰克逊的太空步、皮纳·鲍什的现代舞、街舞等等，而T台上模特的走路已经近乎舞蹈了。最后说一句：我批评了中国“新诗”的许多毛病，但我愿意通过自己的努力来捍卫“新诗”或“现代汉语诗歌”的合法性。“新诗”取代古典诗歌是历史的必然。古典诗歌走到晚清时气数已尽。我所任教的中央美术学院有一个倡导读古诗写对联的学生社团。有一次他们请我做个讲座。我一上来就问他们：“你们难道想复辟吗？”但话又说回来，捍卫“新诗”的合法性并不意味着要在接受、理解、体会古诗方面变成一个白痴。我父亲有一回把他一位朋友写的古体诗拿给我看，被我大加奚落了一回。那古体诗写得太差，别以为我不知道杜甫曾经达到过怎样的高度。“新诗”也应该向“鱼龙寂寞秋江冷”“关塞极天唯鸟道”这样的诗歌看齐。

**马**：汉语诗歌的传统，几千年，很博大，但有时候又会让人觉出某种单调，其中有大量的重复、仿造、因袭。在你看来，汉语诗歌的传统是什么，你从传统汉诗里汲取了什么有益于创造的养分？

**西川**：2007 年我曾在纽约大学的东亚系做过一学期的附属访问教授，在那里教“翻译中的 20 世纪中国文学”（20th Century Chinese Literature in Translation）这门课。纽约大学在曼哈顿岛上，我的办公室在百老汇街上，我的住处在东村。常常，从住处到办公室的路上，我会一边走一边反复背诵中国古诗，尤其是杜甫的《秋兴八首》。每一次在国外，我的中国人的身份感就会加强一些。我能背一些中国古诗，在国内也背。自己开车的时候，我会在车里大声背诵。可能因为我上大学时学的是英语文学，诗写的又不是国内常见的“生活流”“口语诗”，一些人就想当然地把我往西方文学那边推（把“生活流”“口语诗”当成中国当代诗的标本，而对我诗歌中的“散点透视”不理解，于是就把它说成是西方的）。我当然受益于西方文学，而且受益良多，但我同时也热爱中国古典文学。除了诗歌，我还读过大量的笔记文，特别是六朝和六朝以前的笔记文。诸子著作我也下过不少功夫。2009 年我在加拿大维多利亚大学写作系任教一学期。这期间我把《史记》通读了一遍。到我现在这个年龄，一些当代小说、当代诗歌，读起来觉得怪没劲，这时我觉得，幸亏老祖宗还为我们留下了《史记》这样的书。中国古典文学的一切，我都把它们当成诗歌来读。我们的正史、野史、赋、骈文、散文，对我来说都是诗歌。而具体到中国古诗，我觉得我年龄越大，对它们的理解越深，对它们的长处与短处看得越清楚。当你能看到它们的短处时，你觉得你是真的和它们贴近了。它们不再仅仅是神圣的，高不可攀的。那里面也有许多问题。在这一点上我不同意当今许多人看待古诗的态度：这些人一味地将古诗神圣化，这是还没有读透，在精神上还没能与古诗接通。古诗中的确如你所说，充满了重复、因袭，比如《全唐诗》中，大约 70% 都是应酬之作——任何人都不是永远处于灵感状态之中的。但这个问题不能完全用今天的眼光来看待，因为中国古诗是一种类型化的诗歌，与今天强调个性、创造力的诗歌不完全是同一种东西。但是，撇开这些因素，我们还是能够感受到古人的伟大。我注意到李白和韩愈在谈到他们前辈时的口吻。李白的《古风》第一首，在说完了“正声何微茫，哀怨起骚人”之后，他继续说：“扬马激颓波，开流荡无垠。废兴虽万变，宪章亦已沦。自从建安来，绮丽不足珍。”韩愈在《荐士》这首诗中，从周诗三百篇一直说到他的好朋友孟郊，其中说到唐以前的诗人：“建安能者七，卓荦变风操。逶迤抵晋宋，气象日凋耗。”然后他又说：“齐梁及陈隋，众作等蝉噪。”——敢这么说，说明这些人都知道自己在做什么。真的了不起！中国古代诗人，不同的人对我有不同的意义。比如李白，他的想象力的方式不同于唐朝大多数诗人的想象力方式，所以他瞧不上王维（当然王维也瞧不上他）。他的想象力与道教想象力有关，而陈寅恪说：“道教起源于滨海地区。”所以《梦游天姥吟留别》中的“青冥浩荡不见底，日月照耀金银台”不是从土地而来，而是从海市蜃楼而来。韩愈对我另有意涵。我在《鉴史三十三章》中的《唐朝所没有的》这篇作品中写到过韩愈的怪想法。韩愈作为一个诗人，总是在涉险，在语言上（“横空盘硬语”，用仄韵），在对意象的趣味上（“下床畏蛇食畏药，海气湿蛰熏腥臊”）。他涉险的原因之一是，通过涉险来应对李杜的影响。而他是李杜之后最早看出此二人之伟大的人。有这样的见识、判断力，不枉苏轼说他“文起八代之衰”。他的诗虽然当不起“诗起八代之衰”，但也够得上称“非同凡响”了。此外，他以文为诗，也让我着迷。韩愈是个大诗人，虽然思想深度不够，但完全不可取代。宋人严羽认为孟郊的诗写得比韩愈好，因为前者的“妙悟”是韩愈所缺乏的——可严羽也不想想，韩愈是“妙悟”这把小尺子能量得出来的吗？我觉得我们的文学史应该给韩愈更高的评价——这只是拿韩愈和李白做两个例子。我在别的地方还谈到过屈原、贾谊、曹植、《世说新语》、陶渊明、《春江花月夜》、杜甫等。我对陶渊明也有一些想法，例如，通过打乱固有的《陶渊明集》的编排方式，我们也许能够得到一个全新的陶渊明。中国古诗对大多数人来讲，是他们教养的一部分，但对我来说，更重要的是，应该重新激活蕴含在其中的创造力。中国古代的诗人们曾经达到过那样的辉煌，我们得能够认出他们的辉煌才行。

**马**：你似乎有一种倾向，是冲破诗歌的边界，将对语言的发现拓展向所有文字。但这样的冲决，是否会让诗歌从我们创造的中心退却？很多问题，一旦看穿，其意义会打折扣。你说你 1992 年前是努力要当一个好诗人，之后是不拒绝当一个烂诗人，这种心态和标准的调整，是怎么发生的呢？

**西川**：我不明白你说的“很多问题，一旦看穿，其意义会打折扣”在这里是什么意思。我们能看穿什么呢？当我要冲破一些边界的时候，我觉得我是想冲破卞之琳或戴望舒的边界，一些特定诗人（包括一些我们习惯上视作榜样的西方诗人）所给出的边界，作为迷信的边界。经常，在我们谈到诗歌的时候，我们真正谈到的其实是某某人的诗歌、他的写作实践、他给诗歌下出的定义。我想，说到底，驾驭着我的是诗歌的精神而不是散文的精神，但我真觉得我们能从 20 世纪 30 年代、40 年代、60 年代的中国诗人们那里接到手上的东西不够用。也就是说，那些东西不够我用来忠实于我今天的困境——文学上的、文化上的、政治上的、伦理上的。庞德曾经要求诗歌获得小说的力量，我想他大概遇到过同样的问题。但他并没有把他的诗歌（无论多么古怪，多么不合常理）写成小说。所以我想，这里面也不存在你所说的“让诗歌从我们创造的中心退却”的意思。我修正一下这个说法：至少在我的天地里，我要让那些创造力有限而自以为趣味良好的诗人们退到一边——这只是在我的天地里。同时我依然尊重这些过往的诗人，因为我牢记着博尔赫斯的教诲：在所有二流诗人身上都有闪光的东西。当然，在我认为的过去那些“二流诗人”那里，人家也许把我当“三流诗人”看待。我说不拒绝当一个“烂诗人”，是相对于“好诗人”说的。我不在乎那些“好诗人”的小家碧玉般的良好趣味，永远不能抵达创造秘密的良好教养，窄小的开合度，正好够用的才华，正好可以被读者接受的高度，持续太久的自我满足之感，一边酒肉穿肠过一边佛祖心中留的潇洒走一回。我们并不缺少“好诗人”。我们的学者们到今天依然热衷于从那些被遗忘了的诗人中打捞出“好诗人”。例如前几年，我们又听说了一个据说“活下来就会成为诗歌界的钱锺书”的吴兴华。我买回了吴兴华的两卷诗文集，看来看去，看到的就是一个“好诗人”而已，甚至到不了“好诗人”的程度——他中国的东西没吃透，西方的东西也没吃透，创造力又是有点有限，对“美”的认识远未达到柏拉图所说的“困难”的程度。我想我充分理解学者们的学术良心和对发掘一个过往诗人的精神快感。遗憾的是他们对古往今来真正的创造力所在没有这么大的兴趣。他们不理解“烂诗人”是怎么一回事。简单地说，我所谓的“烂诗人”是越过了“好诗人”这个横栏的、在心中为失败预留下位置的“傻瓜”。使我产生这种想法的是1989年到1992年乃至更后来我灵魂深处的脱胎换骨，是“死”过一次或数次的经验折射。

**马：**这九十几年的新诗发展历程，你怎么给它分段？相比之下，你更看重哪一时段的整体成就？其标志性的诗人是哪些？

**西川：**九十几年新诗发展的整体成就就是确定了以现代汉语作为诗歌语言。但“分段”我说不上。我当然知道文学史家们的分段——不论他们怎么分我都同意！每一个诗人都有他的贡献。有的人贡献大一些，有的人贡献小一些；有的人毛病多一些，有的人毛病少一些，而且荷载在他们身上的失败同样不是毫无意义的。20世纪朦胧诗以前的，至今对我依然有意义的诗人我可以举出一些：鲁迅的《野草》；冯至的《十四行》；郭沫若横跨诗歌、小说、戏剧、书法、历史研究、甲骨文研究的才情及其最终创造力的丧失；作为南方人的艾青对北方的感受；抗日战争中晋察冀边区武工队青年队员、诗人陈辉的灵气；穆旦的非共左派的中国表述及其未完成的现代性；郑敏谈论死亡的口吻；牛汉的噩梦意识；昌耀的孤独灵魂、封闭性和广阔性；跑到台湾地区后来又跑到加拿大的痖弦的本土现代主义；洛夫早期诗歌中活跃和密集的意象；商禽的现代寓言；等等。

**马：**我们都曾经历了20世纪80年代，那时有一场关于朦胧诗的讨论，我个人的偏见吧，一直以为那是一场和诗歌无关的讨论，是一场水准非常低的闹剧。或者一次常识的普及？可能偏颇了。我之所以有这些“偏见”，是基于个人对那个时期文章的阅读，在我看来，那个时期的论证参与者，尤其是“朦胧诗”的反对者，几乎丝毫没提供出对诗歌有建设性的意见。是否可以把那次论战看成是一个分水岭，即，从此，诗歌的主流终于告别了多少年的人为的扭曲？你怎么看朦胧诗和关于朦胧诗的论争？

**西川：**关于朦胧诗我以前在不同地方谈过多次。我就抄两段我从前表达过的看法给你。2005年4月我去广州参加第二届“珠江国际诗歌节”之前，我曾对《羊城晚报》的记者谈到过朦胧诗。我是这样说的：“早在‘文革’当中，一些诗人就已经开始了所谓的‘现代主义诗歌’的写作。这些诗人或作为个人或作为文学小团体（地下沙龙）的成员存在于北京、上海、山西、内蒙古、贵州、云南等地。他们的诗歌既是对于那个时代中国政治、文化生活的直接回应，也是西方现代主义文学秘密影响中国青年诗人的产物（例如在北京，青年诗人们通过一些地下渠道，可以接触到一些在当时内部出版的西方和苏联文学作品。这些内部读物被称作‘黄皮书’和‘灰皮书’）。‘文革’后这批诗人英雄般的浮出地表，以诗人北岛为首创办了《今天》文学杂志。他们的作品冲击了广大读者的阅读习惯，被认为‘朦胧’‘读不懂’，因而有了‘朦胧诗’之名（《今天》的诗人们自己称自己为‘今天派’）。诗人王小妮说，北岛《回答》一诗中的‘我不相信’的说法，是当时一代人的心声。我认为当时诗歌中的政治因素比较强，这也是诗歌能够在那样的社会历史条件下迅速蹿红的主要原因。从政治和道德两个方面看，诗人们的基本姿态是：拒绝。”此外，2001 年 9 月到次年 4 月我曾为北京一份名为《今日艺术》的月刊主持过《今日诗歌》的专栏。那时我每月一篇连续发表了《诗人怎样活命》《民刊：中国诗歌小传统》《诗朗诵：一种文化？一种仪式？》《从 Poetess 到 Woman Poet》《诗歌汉译英》等短文。在其中的《民刊：中国诗歌小传统》一文中我说道：“《今天》为中国的青年诗人们，特别是比《今天》元老年轻一辈的青年诗人们树立了一个榜样。诗人们看出，在诗歌出版不畅的情况下，自办刊物是一种可行的替代办法。自办刊物可以团结一批同仁，这比单枪匹马地打斗更容易引人注目；自办刊物可以自由地展示诗人的美学主张；自办刊物是参与中国新诗建设和思想解放的有效手段。可以说《今天》的出版形式为中国诗歌写作开了一个小传统。从此一部分青年诗人们对赢得官方或国家出版物的赞许失去了兴趣。有一段时间诗人们甚至私下认为，要出名就得在民刊上出名，在官办刊物上出名不算数。那时民间诗坛的权力在某些诗人看来的确大于官方诗坛的权力。”2008 年 12 月，我应邀赴香港参加《今天》杂志创刊 30 周年的庆祝活动。活动期间，主办方要求每一位到场的人都为《今天》杂志写一句话。我写的是：“《今天》使可能成为兄弟姐妹的人成了兄弟姐妹。”当时很多人读了这句话都非常感动。这是我的真挚的想法，是从《今天》内部来说《今天》。以不同于主流文学意识形态的方式从事文学写作而结识其他可以与你分享思想、情感的人，并结下兄弟之情、姐妹之情，这是让人感慨的事。我们今天的文学、艺术天空是北岛他们那一代人开拓出来的，我对那一代人心存感激和敬意。至于那些当年贬损朦胧诗的人，我对他们的写作的评价是："那种将马克思主义与孔孟之道混为一谈的诗歌写作，虽然使用的也是白话（即现代汉语），但由于它既受益于体制也受制于体制，因而呈现出一派丢人现眼的平庸景象。"这句话见于我 2000 年写的《答西班牙〈虚构〉杂志四问》。这篇答问在网上可以搜到。

**马：**朦胧诗之后，有过一个很火热的大学生诗歌的潮头，回头来看，你怎么评价那个时代的大学生诗歌写作？那时，台湾的校园歌曲深入大陆的大学校园，大学生诗歌中也有鲜明的校园色彩，在你看来，那仅仅是一个校园诗歌运动吗？由于当时这个潮流实在是很汹涌澎湃，所以今天研究界对这个现象的漠视或忽略，让人感到一丝不安。你怎么看呢？

**西川：**最好不怀旧。再过些年怀旧也不迟。当年的大学生诗人们现在都正处于年富力强的时候，大家忙乎在各个领域，身上的负担和责任一大堆，现在可能根本没工夫怀旧。等到这些人老了，其中会有人写写那个时候的校园。我认为只怀旧也不行，应该发展出一种历史眼光。那是理想主义又一次开花的时候，让人产生"有风自南，翼彼新苗"的感觉。那是第一波思想解放运动的直接可见的效果。它孕育了后来的许多可能性。学生们真的是中国最可爱的一群人。"五四"时期如此，20 世纪 80 年代也如此。当然大学生诗歌也有它的问题：那种学生腔的现代主义、那种穿着理想主义—浪漫主义大号拖鞋的幼稚病、那种美不滋滋、那种次垮掉派三等的垮掉姿态等等。但不管怎么说，那时的大学校园是朝气蓬勃的，所有的幼稚都是成熟的第一个台阶。而且，当时的大学生诗人基本上都卷入了“第三代”诗歌，可以将他们纳入“第三代”的范畴来讨论。

**马：**你被当作第三代诗歌的代表人物之一。第三代诗歌继朦胧诗后而起。它的成军和命名非常成功，所谓第三代，当时被列入其中的诗人之间，有过什么默契和协调行动吗？请你谈谈你所了解的第三代运动的早期情景。

**西川：**我参加了1986年那一次《诗歌报》和《深圳青年报》联合举办的“中国现代主义诗歌大展”。稀里糊涂地我就成了“第三代”。我想我不是典型的第三代。在我的印象中，韩东—于坚的《他们》群落、周伦佑等人的《非非》群落、四川的莽汉主义、翟永明—唐亚平的女性诗歌、上海的孟浪—默默一帮、杭州的梁晓明—余刚一帮，还有东北的几帮人，还有分布在各高校的一些大学生诗人，他们构成了“第三代”的主体。在北京，骆一禾、海子和我，我们对诗歌的要求要大于流行概念中的“第三代”对诗歌的要求（尽管骆一禾也使用过“第三代人”的说法）。我们既不“诗到语言为止”，也不“反文化”（我们可以有语言姿态、政治姿态，但没有什么文化可反）。我想，当时的欧阳江河也大于第三代，陈东东也不同于“第三代”的主流语言模式，甚至周伦佑也不是“第三代”的概念能框得住的。但不管怎么说，尽管当时大家的写法不一样，大家依然都是朋友（不像“盘峰”以后的几年）——大家有的见过面，有的没见过面。我跟陈东东到1987年《诗刊》举办第七届“青春诗会”时才第一次见面，那以前我们已经通过几年的信了。我跟韩东和于坚反倒见得更早，因为他们和我有共同的朋友老木（本名刘卫国，1985 年“北京大学五四文学社未名湖丛书”内部印刷的两卷本《新诗潮诗集》的实际编者，北大中文系 80 级学生，后来的《文艺报》编辑）。孟浪曾经到北京找过我。梁晓明、余刚，我是在“第三代”已经成为老皇历之后才见到的，但他们在 1985 年编《十种感觉》时就用过我的诗。我当时在北京有两拨朋友：北大校内的骆一禾、海子，还有我们班的几个同学：李东、陶宁、张凤华、傅浩。傅浩现在已是学者和翻译家，翻译过约翰·堂恩、W.B. 叶芝、耶胡达·阿米亥等人的作品。1995 年我在荷兰“鹿特丹国际诗歌节”上遇到阿米亥，他还曾要我问候我这位同学。另一拨是校外的：镂克、田宇、李杰等。镂克和田宇办过一本名叫《朔漠》的油印刊物，我也在上面发诗。北京还有一帮人是黑大春、雪迪、大仙、刑天他们。我也见过他们。他们的团体叫“圆明园诗社”，他们的社长叫戴杰。有一次我去找他们玩儿，忘了那是谁的家，里外屋。里屋正谈着一笔沥青买卖，外屋烟雾缭绕，我们几个谈诗。外屋从屋顶垂下来的灯被拉得很低，低到戴杰的藤椅前。戴杰抱着双腿坐在藤椅上，忽然站起来，走到桌子那边拉出一个抽屉，从中抽出一沓人民币，有 1000 来块的样子，“啪”地扔到桌子上，对我说：“你看，这是我们的活动经费！”这戴杰后来去安徽某地经营了一家养鱼场。我去雪迪家参加过他们的朗诵会。去的人很多，全坐地上，一人站着，一手拿啤酒瓶一手拿诗，朗诵。那时朗诵诗不叫“朗诵诗”，而叫“浪诗”。我好像也“浪”过，但没拿啤酒瓶，因为我不能喝酒。我感到那时候，也不知是哪一级的上头，对诗人们一直是提防的，不信任的。有一回我们要在北京宣武区（北京市原市辖区）图书馆搞一场朗诵会。我到了那里，发现图书馆的大门被上了锁。以我年轻的老革命的经验，我预感到有麻烦。到场的人全撤了。我和几个人坐到路边一个饭馆里。过了会儿看见一个从图书馆方向走来的朋友，将他拉进饭馆问他图书馆那边的情况。他说两排武警已经把胡同口给封锁了——现在想来觉得那些人真够可笑的。不过这也挺好玩儿是不是？可这就是20世纪80年代。就我所知，“第三代”这个词有两个来源。一般人知道的是四川诗人们给出的命名。这件事记载在赵野的回忆文章《自述：第三代诗人的那点事》中。文章发在《星星·诗歌理论（半月刊）》2009年第3期上。四川诗人们的意思是：1949年前的诗人不算，1949年到“文革”前是第一代，北岛们的朦胧诗是第二代，我们是第三代。赵野文章里没说的是，他们这个划分其实与20世纪50年代的美国国会议员（后来成了国务卿）的杜勒斯有点关系。1957年4月23日，杜勒斯在纽约发表演说，明确提出了和平演变社会主义的六项政策。同年6月，他又在旧金山发表演说，明确提出要将中国和平演变的希望寄托在中国的第三代或第四代身上（有人说杜勒斯实际上指的是中国第三代、第四代领导人）。毛主席在1958年批驳过杜勒斯。所以我们这个年龄的人都记得“第三代、第四代”的说法。诗歌中“第三代”命名的另一个来源是骆一禾。他当时在北大主持编辑一份名为《大学生文学作品选》的杂志。我印象中这份杂志只在1982年出过一次。杂志中有一个骆一禾命名的栏目，就叫《第三代人》。所收作品多来自北大中文系79级和80级的学生，主要有：何拓宇、沈群、丁枚、熊国胜、骆一禾、刘卫国等。杂志中有一篇对这些人的短评，作者署名“欣拾”。“欣拾”是骆一禾的笔名。但短文中并未给出“第三代人”的定义。

**马：**下面我们来回到一个基础的问题，请你谈谈你的诗歌起步。你什么时候意识到自己可以写诗？你多大的时候写下了第一首诗？第一首发表的诗是什么？发表在哪里？

**西川：**这是个老问题了。再回答一次吧，最后一次。关于我最早想当个画家，学写《水浒传》中“有诗为证”那样的古体诗，后来在北大开始写新诗的老皇历，我在别的地方已经谈过。可以看看我 2009 年 4 月份在北大与徐钺的对谈。这篇对谈的题目是《骆一禾、海子、我自己以及一些更广阔的东西》，发表在《诗林》2009 年第 5 期上，网上也能搜到。可以谈谈我的第一首诗。我现在已经说不好哪一首算我的第一首诗了。我从 1982 年左右开始写“新诗”。这一年我在前面说到过的《大学生文学作品选》上发表过几篇作品，1984 年 4 月和 11月，我在未名湖第二届、第三届诗歌朗诵会上两次获得创作一等奖。两次的作品分别是《秋声》和《人说……》。都写得极其幼稚，现在看来真见不得人。1984 年 10 月，五四文学社为我油印了一本诗集，名为《星柏之路》。收在这本诗集中的诗大概没有一首收入后来由人民文学出版社出版的《西川的诗》。为了回答你的问题，我把这些我早年的东西翻腾出来，发现我居然也写过“三叔在灶前 / 抽一管旱烟 / 牛棚那边 / 夜睡得香甜”这样的句子，很像海子的《熟了麦子》。那时我还说不上有什么风格，一会儿写得像谣曲，一会儿写得像八流艾青。但 1985 年我又在《未名湖》上发表了一首名为《雨季》的 200 多行的诗，这首诗的风格竟然是杨周翰译维吉尔与汉译和合本《圣经》的混合。后来骆一禾把《雨季》正式发表在了 1987 年第 1 期的《十月》上。这首诗在 1988 年得了“《十月》文学奖”。1985 年 5 月或者

6 月，我几乎同时在河北的《小荷》还有《广西文学》上公开发表了作品。《小荷》是一份河北文学刊物，好像早就停办了。因为一时找不到这份刊物，我无法确定发我作品的是哪一期。当时该杂志的诗歌编辑名叫白德成，他发了我的《南国的马》和《雨夜·路》。《广西文学》当时正在搞“大学生文学创作评比”活动。我投了一首名为《鸽子》的诗（写于 1983 年），发在那一年的 6 月号上，还得了个诗歌组第一名。当时《广西文学》的诗歌编辑是杨克。他把这首诗拿给一个叫林白薇的人看，林白薇就以这首诗的发表为引子写了一个短篇小说《二十七岁意象》，发在《南方文学》杂志 1986 年第 6 期上。后来这个林白薇就成了写《一个人的战争》的小说家林白。我对杨克一直怀着感激之情。1987 年我们一起参加“青春诗会”时，我逢人就说是杨克发了我的第一首诗。但到 1999 年“盘峰诗会”之前、之中和之后，我对杨克在那场所谓“知识分子”与“民间写作”的争吵中所持的立场和所扮演的角色不敢苟同。

**马：**拥有被广泛认可的代表作，对诗人来说是一种成熟和成功的标志，但有时也是一种限制，甚至是对诗人其他作品的遮蔽。受制于他人的趣味、偶然的或必然的选择，这是诗人和所有文字写手都必须承受的宿命吧？选家选你的诗，自觉不自觉都会注意到你的《在哈尔盖仰望星空》，它在被广泛选择的过程中已经成为名篇，而你恰恰不愿意承认这首诗是你的代表作，就像你不认为《面朝大海，春暖花开》是海子的代表作一样。那么，如果让你自己来选择自己中意的代表作，你会推荐哪几首？

**西川：**《在哈尔盖仰望星空》是我22岁时写的。现在，作为一个中年人，我对这首诗感到不好意思。它代表了我青年时代对文字之美的片面理解、多愁善感、煞有介事、矫情和浪漫主义。它幸好有一个小小的优点，使我还承认那是我写的，那就是，当时的我居然领略到了在自然和历史的长夜中个人的渺小。但不幸的是，我又把这种具有神秘主义色彩的渺小感引向了一种当时我只是沉浸其中而没有力量对它进行更多思考的宗教感。同样是处理西部的自然景观，2004年我写过一首名为《南疆笔记》的诗。这首诗要丰富得多，随意得多，但具有更大的力量。在诗的起首我说，"零或者无穷，一个意思"；在诗的末尾我试着接触到一个以塔什库尔干为意象的乌托邦。我注意到在2007年2月号的《书城》杂志上，一个叫王威廉的朋友发表过一篇关于我的《深浅》一书的书评。文中称这首《南疆笔记》与西部的自然景观有一种"高度呼应"，并且超出了当代诗的范畴。因为不认识这位王先生，我在此要说一声"谢谢"。其实从选家们对《哈尔盖》的兴趣，我更多看出的是我们这个时代多数人的诗歌趣味和对诗歌的判断能力。而我对此有自己的看法。那些选家们努力把我留在20世纪80年代，可我已经身在21世纪了。不过还是要谢谢那些选家们，他们大概认为那时我写的是"真正的"诗歌，可我早已不再是那个夜里披着衣服，从哈尔盖火车站旁的小旅馆房间里走到星光下撒尿的青年，尽管回味那段旅行对我来说依然温暖。要我自己来选择我的"代表作"有些困难，有些窘迫。我写了好多诗，有好有不好。2004年我曾经在回答谭克修的提问时提到过我的《致敬》和《鹰的话语》，但那都是长诗。我今年1月份发在《诗歌月刊》上半月号上的那9首短诗似乎可以看看。

**马**：海子的《面朝大海，春暖花开》已经在反复的述说中形成真正耳熟能详的当代诗歌经典，但你对这首诗在海子诗歌中的地位有自己的看法。那么，你最看重海子的哪些作品？能否在这里举出一些篇名并略做阐述？

**西川**：海子的写作在1987年完成长诗《土地》之前和之后，有过很大的转变。我们可以称其此前的写作为早期写作，此后的写作为晚期写作。两个时期他都有一些很好的作品。他的长诗《土地》、诗剧《弑》都是了不起的。他之所以写土地，是因为他认为人类历史上虽然产生过挪威作家汉姆生的《大地的成长》、美国作家梭罗的《瓦尔登湖》，但还缺乏一部真正的“土地之书”。从他这个想法，我们就能看出，海子不时会有一种和过往经典作家较量一番的冲动（这可能意味着，他觉得与当代作家较量没什么太大的劲。我也这样觉得）。在他身后留下的一张纸上，我曾读到这样一句话：“要和韩波赛一赛。”“韩波”就是“兰波”，两种译法。海子的《土地》神完气足，不像他的多数长诗处于未完成状态。在这首长诗中他处理了农业文明中的一些核心问题，例如关于土地的欲望和死亡，关于饥饿，等等。长诗的第十一章《土地的处境与宿命》是一首叙事诗，写得格外精彩、出人意料和绵绵不绝——“婆罗门女儿 / 嫁与梵志子”，他使用利索到家、毫不含糊、朴素而又直截了当的语言说出了一个关于命运、离散、死亡的寓言。要说起来，这部长诗差点丢了。是骆一禾从不同的人（包括杨炼）那里追回了海子散出去的手稿，重新把它拼了出来。海子写《弑》这部诗剧的灵感来自“文革”中林彪集团阴谋加害毛泽东的事，但他把场景移到了巴比伦，并且把林彪因素改变了性质，一劈为四，变成了四个角色：青草、宝剑、吉卜赛、红。但这四个人并没能刺杀巴比伦王，是巴比伦王自己死的。诗剧中还提到巴比伦的诗歌竞赛，这显然是对“文革”中河北小靳庄赛诗会之事的挪用。在运用历史并将其转化为某种文学原型这方面，海子技能高强。海子最强有力的是他的语言——别人不怕复杂，敢在复杂中显身手，海子不怕简洁，将简洁等同于单刀直入，并能将简洁的语言瞬间生长成诗意的、富有冲击力的无厘头，像“远在远方的风比远方更远”就是。短诗方面，如果我们不是从研究海子生涯，而仅仅是从艺术的角度清理其诗歌遗产的话，我想他早期的好诗有《亚洲铜》《阿尔的太阳》《主人》《浑曲》《熟了麦子》《麦地》《抱着白虎走过海洋》《九月》，晚期的有《献给韩波：诗歌的烈士》《汉俳》《秋》《远方》《黑翅膀》《七百年前》《大风》《日记》《叙事诗》《四姐妹》《最后一夜和第一日的献诗》《黑夜的献诗——献给黑夜的女儿》等。像《抱着白虎走过海洋》，够超现实，但已经把法国和西班牙的超现实主义诗歌一脚踢开。你不知道他究竟在说些什么，即使你知道青龙白虎朱雀玄武的掌故你也可以对它们忽略不计。这就是一团气，一段音乐，来自土地，来自母亲，来自死亡。像海子不太起眼的《大风》这首诗，“想她头发飘飘 / 面颊微微发凉 /……黄昏幽暗降临 / 大风刮过天空 / 万风之王起舞 / 化为树木受伤”——这是现代汉语所能产生的最好的抒情诗。它没来由的、突然站立起来的美，不让于中国古代任何一首如此短小形制的诗。其控制、奔突、简洁、单纯、本质和元素感让人想起《诗经》的质量。虽然海子有些短诗名气很大，也足够明亮或幽暗，像《面朝大海》和《十个海子》，但我觉得单就诗歌艺术而论，不如上面这些。其实我们可以听听海子自己的意见。可以看看收在《海子诗全集》里他的三篇日记中的第一篇，写于1986年8月。至于一首一首地讨论海子的诗，我觉得应该有人比我更合适。我能够提醒读者的一句话是：海子比目前大家普遍接受的他要大许多。

**马**：诗人的公众印象，是诗人和公众、媒体、研究者共同合谋创造的。这种印象一旦创造出来，就可能甚至外在于诗人，逐渐淹没诗人的真实的人的一面，极致就是神。这些年海子死后的故事，就是一个普通的生命在公众中逐渐变为神的故事，作为同样普通而卑微的诗人，我为海子获得人们赋予他的追认般的荣誉高兴，他也的确值得这种尊敬。但对海子的诗歌评价问题，似乎也存在着不同的看法，比如顾彬先生，他对海子诗歌有着别样的解读。那么在你看来，如果你来写这几十年的诗歌史，你会给海子一个什么样的历史定位?

**西川**：顾彬教授早年学的是神学，后来转为汉学研究。他在多数时候是个严肃的人，甚至是忧郁的。他的城市知识分子的趣味与海子来自农业文明的对谣曲和单纯抒情诗的趣味不同。但我尊敬顾彬教授的严肃（他有时也开点玩笑）、眼睛里揉不进沙子的认真劲儿、看问题的深入、工作起来的忘我。他在批评中国当代小说的同时表扬过中国当代诗歌（媒体更多关注的是他对中国当代小说的批评）；在他表扬过的几位诗人中也有我。谢谢他。说来有趣，与顾彬文学趣味不同、行事方式也不同的荷兰汉学家、被荷兰报纸称作“摇滚教授”的柯雷，一开始也不喜欢海子。后来他在写《精神与金钱时代的中国诗歌》（*Chinese Poetry in Times of Mind, Mayhem and Money*）这本书时又重新研读海子，发现海子还是一个很有意思的诗人。柯雷可能受过美国奚密教授的影响，后者曾主要以海子为研究对象，写过一篇讨论中国诗人的“诗歌崇拜”的论文（有崇拜的就有反崇拜的，已经在诗歌阵营里划线了），在国内的专业读者中颇有影响。一个挺有意味的现象：在国外，喜欢我的诗人或学者，一般对海子就没什么兴趣；可能同样，喜欢海子的学者或诗人，大概也不太喜欢我的诗。海子在国外并非没有知音：仅在美国，我知道就有三个人在不约而同地翻译海子，一个是丹·墨菲（Dan Murphy），一个是阿龙·克里潘（Aaron Crippen，他也是顾城的译者），还有一个中国女孩，叫叶春。很明显海子和我在许多方面是处在两极上的：他抒情，我也抒情但没他那么抒情。他感性，我也感性但没他那么感性。我理解悖论、混沌、存在的灰色地带，但海子更理解血的红色。他是农业的，我不是农业的。他写他那样的长诗，我写我这样的长诗，不一样。他去世时差几天 25 岁，自他去世到今天我又度过了 20 多年。他和骆一禾在长诗写作方面有更多的近似处（但两人实际上也不一样，骆一禾也没有海子那么农业，其诗歌更是正反社会主义经验和现代文明的产物）。我知道有些人乐于拿我和海子相比，说我们一个是感性的、一个是理性的，一个是天才的、一个是后天修成的——我不具体评价这种观点。但我们两人，除了早年的诗（我也写过谣曲，但读者基本上没见过），其实没什么可比性。1989 年他的离世更加大了我们的不同。但我又深深地理解海子的卓越。从我这一极到他那一极的距离可能比从他那一极附近的地方到他那一极的距离还要近。我在这个世界上张扬他从来不是为了我自己，因为为了我自己我可以不张扬他——这一次我希望我能把话说明白。我不想具体评价海子诗歌的得与失——尽管我看得很明白，但具体评价他不是我的事。我把他列入20世纪中国最重要的10个诗人的行列。

**马：你曾在一次演讲中提到过“匿名性”的概念，非常新鲜，请你略做阐释。**

**西川：**其实“匿名性”的概念我已经提到好几次了，在与徐钺的对谈中，在回答安琪的提问时。我曾想就此问题写一篇文章，而且连提纲都列好了，但后来我不知道把这份提纲掖到哪里去了。“匿名”品质是相对于“署名”品质而言的。让我姑且绕道视觉艺术谈一谈我的看法。匿名的视觉艺术，在西方，主要存在于文艺复兴之前。也就是说它是一个前现代的东西。文艺复兴以后，魔鬼来了，人文主义变成了人道主义然后长驱直入地变成了个人主义——很难想象中世纪骑士精神中能够容纳太多的个人主义。进入文艺复兴的“现代”以后，人们不再认识匿名的东西、匿名的美。我在西方的博物馆里，总会认真观看中世纪和中世纪以前的展品。我理解到，蕴含在其中的手艺和感染力，是师傅传徒弟的，是匿名的，是让出了自己的，是谦逊的，是人类的不是个人的，有时甚至是神秘的。从匿名的艺术，我们可以找到艺术的样式、类型、时尚、标准和惰性（所谓“大众文化”的说法并不侧重样式和类型概念，也不讨论谦逊的品质）；从这里我们可以摸到时代精神。“时代精神”是一个有趣的东西——与其说它主要蕴含在一个时代最卓越的艺术家的作品中，不如说它更主要地蕴含在这个时代二流或三流艺术家的作品中，因为最卓越的艺术家总有他超越时代的部分（他也许包容的是其他时代的匿名文化因素），而二三流人物身上则充满了本时代的惰性；从他们身上更容易辨认出一个时代的普遍精神（不论好坏）。我曾经与我们学校做中国艺术史研究的老师交流过这个看法，他们认为我的看法是有道理的。在诗歌方面，我不相信李白的精神状态是唐朝大多数文人的精神状态，长安时代来往于王子和公主之间的王维的诗肯定更讨好一些，也就是更二流一些。这仅仅是从辨认时代精神的角度来谈论这个问题。中国艺术中的署名行为开始得很早。据说在兵马俑身上我们已能找到当时工匠的签名；甚至更早，在战国青铜器的铭文中（所谓“物勒工名，以考其诚”）。但我想，那种签名依然是匿名性的，因为签名的目的是为作品的质量负责任，而不是彰显个性。一个人彰显个性的时候，匿名性就少了。屈原的《离骚》是署名性的作品，而其《九歌》绝对是匿名性的写作。从这一点上看，我不能肯定《九歌》是否可以完全归在屈原名下。但“匿名性”的复杂之处在于，它可以层层累积在一种艺术传统之中，它可以叠加在一个人身上。换句话说，一个艺术家，如果他足够聪慧，他可以运用前代或异地的“匿名”因素来扩大他在本时代的存在。海子身上就拥有这种品质。他包容了中国古代、异域古代的匿名文化因素、中国乡村的匿名文化因素，从而使他的写作个性不同于当代其他人的写作个性，从而使他的作品包容更多“人类”和“类型化”的东西，甚至包容了某种神秘的因素。一个人屈服于本时代的匿名文化，和接纳本时代的匿名文化，结果会很不一样。你可能不得不接纳你所处时代的匿名文化，但你接纳得太多，你就是屈服于这个时代了，你就是放弃了成为一个更遒健之人的可能性。当然这是一个个人选择的问题，也是一个接纳能力的问题（比如一个人也许只有接纳本时代匿名文化的能力）。从艺术史上我们可以观察到，一个艺术家通过接纳其他时代、其他地域的匿名文化因素而为自己的时代开辟未来，从而走到时代的前面。毕加索接纳非洲艺术就是一个例子。为什么不是接纳其他时代的署名艺术呢？接纳署名艺术，你就容易死在那署名艺术上。也就是你署你的名字，实际上署的是另一个人的名字。在一个署名的时代，这是没办法的事。

**马：**你说过，一个诗人应该拥有两个以上的我，在我看来，你用一个量化的概念来谈的是一个诗人超越现实的问题，即既是属于时下的，又是超越时下的。这是时间的，也是空间的，其实，一个人不仅应该拥有两个以上的我，他应该是超越时代的，但超越，应该在现实的泥土之上。早些年，我们的诗歌因为对写作者个人特质的遏制，提倡所谓“大我”，把诗歌逼上了虚假和非人的死胡同，造成了新时期有一个张扬“小我”的时期，让“我”理直气壮地走上了前台，这有进步的意义；但是，一个诗人仅仅有“小我”是不够的，仅有当下是不够的，仅有身体也是不够的，还要有精神和灵魂的律动。但同时，又必须看到，这些当下的、身体的、物质的元素却不是可有可无，没有它们，仅仅靠精神的繁殖，可能也会造成诗歌和当下性之间的断档，而可惜了这个如此丰富的时代所可能带给我们的精神的淬炼的机遇。但将那种沉溺“小我”称为时代性的轻浮，我觉得起码部分是有道理的。

**西川：**你总是比我更“正确”，既能看到20世纪80年代张扬小我的历史必要性，也看到了它的不足。关于“我”和当下性的关系，我想，顺着“当下性”是一种和当下性的关系，逆着“当下性”也是和当下性的关系。我们知道有些人是逆着时代风尚来写作的：苏轼和辛弃疾的词、庞德的《诗章》，甚至但丁的《神曲》对于他那个时代、他那个文化的“圣母崇拜”的冒犯。你说“超越，应该从现实的泥土”出发，我完全同意你这个观点。聂鲁达在其回忆录《我承认我曾历尽沧桑》中说：“一切文学终归都是现实主义的。”但“现实的泥土”是一个有很多层次的东西，不是只有吃喝拉撒睡才是“现实”，而且即使是吃喝拉撒睡也有附着于吃喝拉撒睡上的更有趣的东西。你提到了“小我”和“大我”——咱们姑且把“大我”搁一边吧，咱们姑且顺应一下当下性，只看看“小我”——哎哟哟我的小小的我嘢！这个“小小的我”是个什么呢？——花钱的我、没钱花的我、泡上了妞的我、没泡上妞的我、带把儿的我、不带把儿的我、苦闷的我、无聊的我、发疯的我、high 的我、high 不起来的我、打工的我、做老板的我、小人物的我、流浪的我、反潮流的我、跟上了仁波切的我、喝咖啡的我……让我来帮助帮助这些“小小的我”：花钱的我——钱是你的吗？没钱花的我——你真正理解了贫穷是怎么一回事吗？泡上了妞的我——你敢保证你不会对她施以暴力吗？没泡上妞的我——妞不理解你，你自己理解你自己吗？带把儿的我——你有几个把儿可以替换着用？不带把儿的我——告诉我一个人既新潮又传统是怎么一回事？苦闷的我——你不为你的苦闷而感到慌张吗？无聊的我——上帝也无聊吗？发疯的我——假的吧？high 的我——high 完之后你就不存在了吗？high 不起来的我——接受了你与生俱来的无能吗？打工的我——是什么把你送上了打工之路？做老板的我——承认你随大流的庸俗心态吗？小人物的我——所有意识到“小人物”身份的人都不想当小人物。流浪的我——请假去流浪不算流浪。反潮流的我——最好不是实在没事儿干了才出来反潮流。跟上了仁波切的我——那你还要“我”干什么？喝咖啡的我——你不想喝点白开水吗？……最后，我想提醒一句：在意识到可以有几个“我”一起存在的同时，我们也许还需要知道，在某些艺术家那里，“我”，是一个可以被擦抹去的对象。我正在校一篇别人的译稿，是美国艺术家马克·罗斯科的演讲笔记。他就特别强调“擦掉自我”的必要性；当然这与他对“死亡”的预见有关。回到我们自己的问题：在当下，我们只强调“我”的在场，说明我们的艺术意识依然处于一种比较简单和初级的状态。

**马：**你觉得诗歌和日常生活是什么样的关系，在你的一些论述中，诗歌和日常生活的关系被你故意做了绝缘的处理，日常生活和诗意是天然抵触的吗？或者，日常生活经验，必然会制约诗歌飞翔的高度吗？另外，诗歌和政治的问题。这些年有很多的说法，纯诗，等等。当代艺术不能回避对政治问题的处理，日常生活写作处理政治问题也许更加直接？

**西川：**我忘了我什么时候在诗歌和日常生活之间做过“绝缘”处理。这是个很深的误解。诗歌总是来源于生活的。当然“生活”指的不仅仅是“日常生活”，它也包括历史生活。在历史上，在当下，诗歌直接描摹和记述眼前事物的例子很多。实际上，陶渊明和韩愈“以文为诗”的工作对象常常是当下事物。金斯伯格也鼓励这种写法，他建议应该去掉诗歌中的“象征主义调味品”。在我的作品中并非没有这类实践。但我的写作并不局限于这种写法，就整体而言，我的工作方法要复杂一些。就我个人的工作习惯来说，我认为一个作家需要“处理”他手中来自日常生活的材料。我不会吃一顿饭就写吃一顿饭，我也许会把这顿饭处理成猪八戒在高老庄吃过的一顿饭。《深浅》中收有我一篇名为《小老儿》的作品。这篇东西看似寓言，但寓意不明。写它的灵感实际上来自2003年的“非典”经验。但把它运用于“猪流感”“金融危机”似乎同样行得通。有朋友不明白它写的是什么——不明白也没关系，仅仅读那个“小老儿”怪物就行了。读者也许总想得到明确的信息。这一点我知道。但最近我在一首名为《数次航行在大海上》的诗的结尾处写道：“朱湘蹈海没有明确的诉求。”——这是我对生活的理解。什么叫艺术？艺术就是“处理”，就是转化，就是使无意义的东西变得有意义，或使有意义的东西变得无意义。对诗人而言，所谓“日常生活”其实是由许多个方面、问题构成的：生计问题、娱乐问题、两性问题、道德问题、人伦问题、审美问题、梦幻的合法性问题、政治问题，而这些问题又都涉及欲望和无能。我们的日常生活写作处理生计问题、娱乐问题和两性问题是在行的；处理道德问题和人伦问题时会遇到不自知的难处，即只从自己的角度来处理它们；审美问题仿佛人人都在处理，但大多数人缺少对美的掂量，美来得太容易了；对梦幻的处理也是我们的弱项；而政治问题其实是一个知识分子问题。一说到政治，我们立刻想到的是政府和老百姓。但追本溯源，政治来源于差异。在一个有差异的社会，政治是你避不开的东西。但政治又涉及许多方面：政治体制、意识形态、政治伦理、政治审美、正义观念、权利和权力、利益分配、团体、个人、冲突、妥协、红黑白灰、历史逻辑、历史反逻辑、地域、东方与西方、南方与北方等等。日常生活写作处理政治问题也许更直接——如你所说，但要命的是也许它不具备这个能力和需要。所以这反过来要求不那么日常写作的人容纳更多的日常写作。我曾说在写作中我是个“吸血鬼”就是这个意思。

**马：**在很多人的印象中，所谓知识分子诗人的其中一个趣味，就是躲在大师的影子里，有时甚至以和大师影子的某种叠合为荣耀。而你最近在北大的一个发言里，对这种状态公开表达了不耐烦。你这种态度的深层意味是什么？

**西川：**以为知识分子诗人就是躲在大师影子里的人，这是对“知识分子诗人”的最大的误解。法国作家安德烈·莫洛亚许多年前写过一本书，名叫《从普鲁斯特到萨特》。在这本书中，在谈到罗歇·马丁·杜加尔时，莫洛亚说：“看来，正统的资产阶级是要相信自己那种倒霉的本事了，那就是培养本阶级最有天赋的子弟来反对自己。”在讨论到西蒙娜·德·波伏瓦时，莫洛亚重新拾起“资产阶级”的话题，说：“资产阶级喜欢自己被人打倒。”对比一下资产阶级，无产阶级是从来不想打倒无产阶级的。理论上说，无产阶级把自己最优秀的子弟培养成为更优秀的无产阶级——即使他们在一个等级社会里发达了，他们依然是最优秀的无产阶级——对不起，开个逻辑上的玩笑。伟大的无产阶级肯定经得住这个玩笑。资产阶级的问题和知识分子的问题是两回事（车尔尼雪夫斯基是个知识分子，但不是资产阶级），但其各自内部却蕴含着相似的逻辑：知识分子质疑、检讨和批判知识分子，只有真正的知识分子才敢站出来宣告知识分子的死亡。美国人拉塞尔·雅各比就曾在其《乌托邦的终结》一书中慨叹过知识分子的死亡。英国人保罗·约翰逊更在其《知识分子》一书中大揭知识分子的短。在他笔下，从卢梭到托尔斯泰、易卜生，到布莱希特、萨特，全是恶棍。但无论是约翰逊还是雅各比，都是知识分子。在有些国家，知识分子声名狼藉，但这全是知识分子自己把自己闹成这样。中国的所谓“知识分子诗人”（且不说这个概念来自改革开放之初的20世纪80年代，有中国的历史上下文。诗歌写作中“民间”概念的出现晚了许多年，是一个寄生性概念）或许还有点自我批判的精神，至少有点自我解嘲的幽默感。我可以在坚持我的基本状态的同时略无心理障碍地报名加入“民间写作”，并且不认为这对我自己会有什么损害。可是对比一下，在中国，从20世纪90年代后期到今天，声称站在“知识分子写作”对立面的“民间写作”还从未质疑过“民间写作”本身（不是指那些诗人之间骂来骂去），因为它陷入了一个它自己选择的诅咒：只要它质疑自身，它就不是“民间”了，它就有“知识分子”的嫌疑了——这是一种倒霉蛋的意识形态。所谓“知识分子诗人”中躲在大师影子里的人并非没有，但那是因为其创造力不够，与“知识分子”无关。

**马：**知识分子写作的话题，没法回避。民间写作和知识分子写作，不管怎么看，是这30年贡献出来的一对重要的概念。诗人肯定是知识分子，但知识分子写作，似乎说的又是别的问题。这种争论的背后，你认为除了对写作的认识外，还有什么更大的背景吗？从写作本身来看，所谓知识分子写作和民间写作，他们又有哪些具体的分野？

**西川：**“知识分子”和“民间”这场争论不是我挑起的，但我好像总是被要求来为这场争论擦屁股，而且擦也擦不完。当然应该是由挑起论争的人来擦屁股。关于这场争论，我想，其发生可能还是有点时代背景的。首先，愤青代代都有，我年轻时也算个愤青，但我们那时候行事与后来这些人不同。为什么会不同呢？我想这与市场经济的到来、待人接物方式的改变、互联网的兴起、自我客观性的丧失、娱乐界所谓的“卡位”的影响有密切的关系。其次，这是当代中国特有的（你在任何国家都不会见识到的）扫荡精英文化行动的一部分。现在想来，这也是个必定要发生的事：近代以来，在中国，农民运动和知识分子革命总是相互裹挟着往前走。没有单独的知识分子革命，也没有单独的农民运动（单独闹事就会失败）。两者会时不时地互相校正。去年“五四”之前，我曾应邀在北京师范大学做过一场纪念五四运动的演讲，我讲的内容就是义和团运动与五四运动。我认为仅仅讨论五四运动其实说不清中国的事。所以有了这种认识以后，我乐于站在“民间”的立场上想想“知识分子”的问题。所谓“知识分子诗人”的身上的确存在一些问题。毛主席的运动没有了，接受点新一代大学毕业的“工农兵”的再教育也没什么不好。所以从这个意义上说，我感谢“民间”对我个人的批评。他们扩大了我对时代生活的感觉器官。但“民间”那些人当年跳出来确实也是胡骂一通，他们的理论、他们的学说，除了在中国有人追随有人捧，搁世界上哪儿都会让人笑话。他们将知识分子与知识、知识分子与学院、知识分子与“大师”、知识分子与文质彬彬捆在一起，是一种典型的中国式无知。“替天行道”越来越成了皇帝轮流做心态的遮羞布；总是过高估计自己并且倚小卖小似乎真能代表当下和未来——这也让我开了眼界，增长了见识。2006年在回答安琪的提问时我已经部分拆解了那些人的“知识分子—知识”的概念，我现在再拆一拆那些含混的概念组合：1.“知识分子”（intellectual）一词的另一个译法是“智识分子”，强调 intellect（才智），而不是 knowledge（知识）。2.知识分子可以是反“学院”的，

“渊博到可怕”的庞德就是，博学到“不屈不挠”程度的福科也是。事实上，一个身居学院而不质疑学院的人很有可能是一个没出息的人。3. 知识分子最大的特点之一就是他的怀疑品质，包括对“大师”的怀疑。4. 知识分子的文风可以是凌厉的、霸悍的，但不能毫无根据地胡说八道。你问我知识分子写作与民间写作究竟有哪些分野，我还没有仔细、全面地想过这个问题；另外，我觉得也不好说，因为知识分子和知识分子不一样，民间和民间也不一样。大家的写法不一样这非常正常。我曾与某“民间”交换过看法，发现大家对一些基本问题的看法还是比较接近的。要说分野，我想，南方的写作和北方的写作可能的确有不一样之处，就像山东的孟子和河南的庄子（一说安徽）不一样，就像美国的东海岸诗人和西海岸诗人不一样。另外，我住在北京，我看问题和西沙群岛上的诗人看问题肯定有不同的出发点。

**马：**在北京，北大和北师大，都贡献出了优秀的诗人，你怎么看这两个不同的环境里走出来的诗人。我感觉，从文风到人的风格，两所学校都有所分别。这和校风有关，还是和某些关键的有影响力的诗人的影响有关？

**西川：**北师大对诗人们产生过影响的教师，我想至少包括两个人：诗人任洪渊和研究后现代主义理论的学者王一川教授。蓝棣之教授在北师大也教过书，但很早就去了清华。北师大是一所优秀的大学。郑敏教授也是北师大的。

**马：**诗歌和哲学、和思想肯定有深刻的联系，但诗歌不是哲学，不是思想本身，诗歌有某种独立性，这个独立性应该是以美为支撑，当然，美的概念也是很复杂的。如果对哲学的兴趣超过了对诗意与美和趣味的关切，是否会给诗歌带来另一种负面的力量？作为一个个别的诗人，也许他可以说，我可以不做诗人，但是，对诗人来说，这种对美的忽略，难道是具有普遍性，值得鼓励的吗？

**西川：**我想每个人都应该根据自己的情况来确定自己应该走哪条路。大麻包扛得动就扛，扛不动就扛小麻包。或者这个麻包我不愿意扛，那我就扛另一个好了。正如你所说，美的概念很复杂。柏拉图早就说过："美是困难的。"我们知道，构成美的因素之间，关系挺微妙。美和美放在一起，有些美就不美了，而有些不美的东西反倒大放异彩。阮籍就喜欢和丑女人待在一起，你说，他从丑女人身上发现了什么？文学写作中的败笔一般不被认为是美的，博尔赫斯说莎士比亚充满了败笔，但所有的败笔合在一起就是杰作。你说的"诗歌不是哲学，不是思想本身"我也同意，而且我猜你的这个想法来自严羽的《沧浪诗话》："夫诗有别材，非关书也；诗有别趣，非关理也。"这种对诗歌的认识已经成为我们诗歌传统的一部分。读者这样认为，批评家也这样认为，诗人也这样认为。最终，我们把美变成了一种平庸的东西。在现阶段的中国社会，我们把美变成了小资的东西。小资们小资，就这样吧，可农民也小资，官员也小资，中资也小资，大资也小资，麻烦就大了——我指的是文化趣味问题。如果他们知道奥地利的汉德克专门以谩骂读者为乐、智利的帕拉憋足了劲写"反诗歌"、法国的电影导演戈达尔在晚年恨不能给观众一记耳光，他们一定会倒抽数口冷气——这可不符合艺术作品要让人民群众"喜闻乐见"的规则。坦白地说，有些艺术是要取悦大众的，有些艺术是要颠覆大众的，有些艺术是要击倒大众的。将哲学和思想引入诗歌，就是要颠覆大众读者的小资趣味。屈原的《天问》是思想的萌芽，陶渊明的《形影神》直接讨论思想问题，韩愈的《南山诗》最终归结为对造物主的猜测——没有什么不可以；哪儿来的那么多迷信和金科玉律？但我为什么又同意你说的“诗歌不是哲学，不是思想本身”呢？因为出现在诗歌里的哲学、思想不是掩藏起人的面孔、以逻辑为武器的所谓真正的哲学和思想。它更是一种建立在观察、体验和想象之上的诗歌思想。人世间并不缺乏思想，但缺乏诗歌思想。诗歌思想与所谓的思想、哲学的区别在于，诗歌思想以梦和经验为工具钻逻辑的裂缝。我管它叫“伪哲学”。应该学会欣赏思想之美，甚至干巴巴的数学也可以是美的。发疯不是诗人的专利，物理学家、化学家、生物学家也会发疯。因为我们生活在一个可以让人发疯甚至毁灭的社会。而诗歌应该获得对称这样一个社会的力量。

**马：**诗人的阅读史肯定是诗人成长的重要因素，你在成为一名诗人的过程中，有哪些阅读是意义非凡的？

**西川：**北京大学出版社曾经约我写一本我个人的阅读史，但我终究没能写出来。我读书的量还是够的，而且很杂。在我回答意大利汉学家米娜的文章里我已经列举过一些作家和书籍的名字。但那篇东西写在 2001 年。这几年我古书读得更多一些。《庄子》使我感受到被激发的乐趣。不过眼下我正在读齐泽克的新书《为失败的事业辩护》（*In Defense of Lost Causes*），书写得很棒，非常富有启发性。希望有人能尽快将它译成中文。现在闲暇时我也读一些考古学方面的书。

**马：**互联网对你的诗歌写作有影响吗？互联网对你的意义是什么？

**西川：**我在互联网上查资料，读新闻，有时也读读别人的文章。电脑对我来说更像个打字机。

**马：**思想的自由是一种环境，也是一种素质和能力，面对同一个物体，为什么我们总是缺少独创的观察？你在一篇谈话中提到西方学者对“左派的忧郁”的这个观察和理论总结，真是太棒了，观照的对象、资源，都是我们熟悉的，但这种发现，为什么是由西方人来完成的？这是否也是对我们文学状态的一个隐喻？

**西川：**实际上你也欣赏自由思想的境界。在诗歌中思想也不失为一件有趣的事。瑞典皇家学院对叶芝的评价是：他得益于“零敲碎打的思考”。为什么西方人能够发现“左派的忧郁”，因为人家勤于思想，有探入思想深渊的愿望，有将存在逼向死角的勇气，能够将社会主义经验与浪漫主义文化遗产联系起来看。这是拥有历史感和分析能力、理论创新能力的证明。我们太懒，并且顺着自己的懒，并且舔着自己的懒。无论是诗歌界、整个文学界，还是学术界，我们长于积累事实、历史资料，然后拿这些事实、资料感叹一番就完了。

**马：**在当代诗人中，你对外国文学、外国诗歌有比较深的研究，你的一些观点也很有启发性。比如你提出外国翻译诗歌作为中国诗歌生态的在场者，这非常有意思。事实上，翻译成汉语的外国诗歌，不仅是在场者，它甚至就是一个当代汉诗的“外籍兵团”，直接参与到了当代汉诗的进程中。那么，翻译对象的选择，翻译者对诗歌和语言的理解和把握能力，就直接对读者和诗人产生影响。大家对近年来整个的翻译质量都颇有微词，那么，在你看来，外国诗歌的翻译现状究竟如何？好的翻译要信、达、雅，但似乎这样的要求，随着出版的大干快上、粗制滥造，已经在被逐渐抛弃？你觉得，好的诗歌翻译该具备什么标准？什么样的人才可能成为好的诗歌翻译者？中国百年以来，你比较推崇的诗歌翻译家有哪些？

**西川**：谢谢你给我这个机会来向中国的翻译家们致敬。我且列举一些我认为重要的翻译家：朱生豪——他翻的莎士比亚虽然存在一些问题（主要是把莎士比亚翻文雅了），但没有朱生豪我们就很难窥探到莎士比亚的全貌。王维克——但丁《神曲》的中文第一个译者。虽是散文译本，但译笔俊迈。杨周翰——我曾听一位耶鲁大学的教授盛赞杨先生是世界比较文学研究领域最好的教授：“没有他不知道的事。”他翻译过维吉尔的《埃涅阿斯纪》、奥维德的《变形记》。在北大我听过他的讲座（那时他已不在教学一线）。根据他的指引，我读了科林斯·布鲁克斯和罗伯特·潘·沃伦合编的《理解诗歌》（*Understanding Poetry*）。赵萝蕤——她是惠特曼的译者，也是中国最早翻译 T.S. 艾略特《荒原》的人。方平——翻译过薄伽丘的《十日谈》和《弗罗斯特诗选》。李文俊——福克纳的译者。1986 年左右，《中国青年》杂志曾经以英国一次大战时的诗人西格弗莱德·萨孙（Siegfried Sasoon）的《众声歌唱》（*Everyone Sang*）一诗为题举办过诗歌翻译征文比赛，他们最终选择了我的译文。在李先生发表的对我译文的评语中，他批评了我的误译之处，使我受益，约束了我作为一个诗人在翻译时常出的毛病。他翻译过 W. 史蒂文斯的《观察乌鸫的十三种方式》，其中一节的译文："河水在流淌 / 乌鸫必定是在飞翔。"另一个人的译文是："大河在流 / 黑鸟一定在飞。"戴望舒——他翻译的加西亚·洛尔迦的诗当然是中文里最美的翻译："绿呀，我多么爱你这绿色。/ 绿的风，绿的树枝。/ 船在海上，/ 马在山中。/ 影子裹住她的腰，/ 她在露台上做梦。/ 绿的肌肉，绿的头发，/ 还有银子般沁凉的眼睛。"——这译文影响过许多人。此外他也是奥维德《爱经》的译者。卞之琳——翻译过大量的东西，都很出色，特别是他翻的瓦雷里的《海滨墓园》，质量不下于程抱一的译文。穆旦（查良铮）——翻了太多的东西，都好。除了俄语和英语的古典作品，他翻译的 W.H. 奥登等人的 20 世纪三四十年代的作品在诗人中影响巨大。钱春绮——建立起了我们对德语诗歌的认识。王央乐——翻译了聂鲁达的《诗歌总集》，还有博尔赫斯的作品。译笔有时略显干枯，但总的说来是好的。赵振江——聂鲁达《诗歌总集》的《漫歌》译本的译者，也是加西亚·洛尔迦、希梅内斯、安东尼奥·马查多、帕斯的主要译者。没有赵先生的翻译，我们对西班牙语诗歌就无法建立起一个基本的观念。赵毅衡——他翻译的《美国现代诗选》影响巨大。树才——法国当代诗歌的翻译主要靠他。黄运特——庞德《比萨诗章》的译者。庞德的诗很难翻，但他的翻译是出色的。还有很多诗歌翻译家：郭沫若、冯至、罗念生、水建馥、朱维基、田德望、戈宝权、傅惟慈、杨宪益、叶汝琏、徐知免、楚图南、王佐良、袁可嘉、罗洛、申奥、张鸿年、王守仁、绿原、屠岸、江枫、裘小龙、葛雷、飞白、吕同六、李野光、傅浩、顾子欣、穆宏燕、薛庆国、北岛、荀红军、田原、汪剑钊、刘文飞、李笠、张枣、黄灿然、陈东飚……这些人都是中国的文化英雄。列举出他们的名字我感到愉快。他们大多是学者，少部分是诗人。就学者这一部分人而言，他们的学问扎扎实实，工作态度也是踏踏实实。由于从事翻译工作，他们培养出难能可贵的客观性。他们身上的毛病比诗人少得多。诗歌翻译需要译者的责任心、耐心和对语言的诚实，虽然是为他人作嫁，却也不能毛手毛脚。我对具体的诗歌翻译倒没有太多的标准。严复提出的“信、达、雅”也可以讨论。我对诗歌翻译最基本的要求：吃透原文。目前在我们的中青年诗人中，也有一些人尝试翻译，但我知道他们的外文水平不够。大家最好记住：为自己翻译和为别人翻译是两回事。另外，对于学者翻译家，我的建议是：应该了解中文诗歌的写作现状，同时不要对原文进行过多的文雅化处理，应该翻出诗歌的原汁原味。还有，如果不是因为现有译本质量太差，最好不要重复翻译。

**马：**中外文化的交流，存在着一种明显的不平等，中国诗人对域外诗人特别是欧美诗人的介绍很普遍——当然，这是中国诗歌进步的一个很重要的原因，但似乎在欧美国家，对中国诗歌和诗人的介绍却很不对称，你似乎也曾抱怨过。你认为，这里面的原因有哪些？是文化的整体弱势造成的吗？那么，又有什么办法来加以改变呢？

**西川：**我忘了我是否抱怨过欧美对我们诗人的介绍远远少于我们对他们的介绍。但在国外，我的确调侃过他们对中国当代诗歌缺乏了解。国外了解中国当代诗歌的人不多，但有所了解的对中国当代诗歌的评价并不低。像我的朋友、前面提到的加拿大诗人蒂姆·柳本，他基本上将中国当代诗歌看得与波兰当代诗歌、墨西哥当代诗歌同样重要。当然我们还缺少赫伯特、米沃什、帕斯那样的人物，但谁知道再过 50 年情况会怎样。我们学习外国诗歌是应该的，因为我们的现代汉语诗歌（包括“新诗”）起步较晚。正因为我们努力学习，我们才进步较快。如今，据我个人的经验，我们已经可以与外国同行们进行成熟的交谈了。在国外的一些诗歌节、文学节上，我曾同世界上一些很好的甚至杰出的诗人同台朗诵，我并没有怯场的感觉。造成国外对中国当代诗歌了解不够的原因有多种。从国外的情况来讲，第一，缺乏翻译。这个情况又是由几个因素造成的：一方面，中国古典诗歌在国外翻译得很多，声望也很高，这无形中给人一种印象，即中国古典诗歌才是真正的中国诗歌，于是它挤占了中国当代诗歌本来应该占有的位置。这个问题我在发表于 2007 年第 1 期《读书》上的《米沃什的错位》一文中已经谈到。另一方面，在国外有兴趣介绍中国当代诗歌的人（包括汉学家和诗人）本来就少，而这些人要么由于时间有限，要么由于与其主要工作相冲突，要么由于缺乏抱负，要么由于缺少能力和出版资源，下大力将翻译工作铺开的人更少。牛津大学出版社根不能连牛津版《斯里兰卡当代诗选》都出了，但始终没见过什么牛津版《中国当代诗选》。中国当代诗人的作品足可以编成这样一本书了。2008 年美国的诺顿出版社出版了一本由蒂娜·张（Tina Chang）、娜塔莉·罕道尔（Nathalie Handal）、沙维·山卡尔（Ravi Shankar）编选的东方诗选《新世纪的语言》（*Language for a New Century*），收入其中的中国当代诗人，大陆的有：北岛、哈金、多多、顾城、舒婷、雪迪、孟浪、于坚、严力、王小妮、翟永明、西川、伊沙、张耳、王屏、郑单衣、姚风等，还有一些台湾诗人。这个名单显然受制于现有的翻译，其实可以做一本出色的《中国当代诗选》。第二，无论是咱们的诗人还是作家，在世界上还没有树立起自己的诗人、作家、知识分子形象。苏珊·桑塔格曾以蔑视的口吻说过：“中国就没有知识分子。”像在美国《纽约时报·书评》、英国《泰晤士报·文学副刊》这样的世界顶级报刊上，极少能够看到中国作家、诗人的影子。大家根本就不参与（也没有能力参与）世界性话题的讨论。这造成一个尴尬的局面，似乎所有没有移居海外的中国作家都有官方作家的嫌疑，因为你不发出自己的声音，你连个书评都写不了。而没有主流报纸上的书评，你的书在国外出了也是白出，谈不上任何影响力。第三，我们缺乏一个活跃的海外文化社区。在真正的高端文化推广工作上，唐人街是指不上的。唐人街上的华人开赌场、算命、卖鱼卖虾、听相声、唱小曲、耍狮子，那是可以的。从国内这方面来讲，制约了我们文化传播的也有诸多原因。第一，从大学到出版，我们没有一套令人信服的文学批评体系，很少看到富于真知灼见的文学批评文章，只有所谓后现代主义的“众声喧哗”，另外就是“锦上添花”的吹捧。网络媒体够活跃，但网络草根酷评的目的似乎只有一个，那就是“贬他”。这把国外观察中国文学状况的人搞得晕头转向。所以我们看到，西方出版朦胧诗以后中国诗歌的随意性很大。第二，国家没有一套成熟的海外出版的资助规划，而我们又没有私人基金会来提供出版赞助。有时即使我们找到了好的译者，我们也找不到出版赞助。这种情况据说现在正在改变：国家已经砸下钱来要资助中国作家的海外出版。但问题马上就来了：由谁来决定资助哪些作家、诗人？有没有一个具有公信力的评审委员会？这最好不是一个面子工程，而是一个精神行动。我们总是抱怨没有好的翻译，但其实更重要的问题是翻译谁的作品。其实翻译质量的好坏在文化传播的第一步反倒没那么要紧，那是第二步的工作。前些年北京外文出版社出版过一套熊猫丛书，但选择的作家都太“文学正确”“政治正确”了，以致在国外根本就没人在乎你的熊猫丛书。第三，我们的文化部门必须彻底改变他们对“文化”的定义。他们不能只对种种文化杂耍感兴趣，认为那些东西可以代表一个“东方大国”。去年德国法兰克福书展之前我曾对《北京青年周刊》的记者说：“杂耍救不了中国。”

**马**：诺贝尔文学奖，是中国文学界的心灵之痒。我们且不说公正，且不说价值，就现状和现实而言，你觉得，中国诗人中拥有具备实力的获奖诗人吗？如果你有机会推荐，你会推荐哪些人？

**西川**：我没有机会也没有资格推荐谁。所以这个问题对我来讲根本不存在。2009 年瑞典最大的出版社之一 Wahlström & Widstrand 出版社为纪念该社成立 60 周年而出版了两本诗集（10 本“世界诗人丛书”中的头两本）：我的一本，名为《面孔与历史》；墨西哥女诗人格洛丽娅·戈维茨（Gloria Gervitz）一本，名为《迁徙》。为此我从加拿大维多利亚（当时我正在那里教书）飞到斯德哥尔摩，参加了那里的一些活动。我去了瑞典皇家学院的图书馆。我在图书馆里看到了历次获奖作家的照片，还是肃然起敬。在一个小图书室里存放着来自世界各国的文学杂志，但中文杂志我没有看到。但这并不是说他们没有关于中国当代文学的信息。我看到一本美国俄亥俄州立大学出版的《中国现代文学》杂志（*Modern Chinese Literature and Culture*），记不清是否也看到了香港岭南大学出版的英文中国文学研究杂志《现代中文文学学报》（*Journal of Modern Literature in Chinese*）。由此看来，每年诺贝尔奖颁奖之前和之后我们国内的能人儿们在网络上用中文自娱自乐地瞎吵吵的声音，基本上传不到那间小图书室。图书馆馆长把我和戈维茨领到一个大厅，那是获奖者发表演讲的大厅。馆长介绍那也是瑞典皇家学院的院士们每年一次集体面对来宾的地方。据说院士们走进来的时候，连听众席上的瑞典国王和王后也要起立致敬——除此之外他们不会向任何人起立致敬。咱们这边把诺贝尔奖的评选看得太简单了。经常听到某某人又在网上申请诺贝尔奖，某某人又获得了提名。连李敖都玩提名的把戏——不知道是什么人提了他的名字。其实每年从全世界各个角落递过去的所有提名都会出现在一份大名单上——这种提名根本什么也不是。匈牙利小说家克拉斯诺霍尔卡伊·拉斯洛获得过诺奖的正式提名。他是《反抗的忧伤》和《战争与战争》等小说的作者（国内有人正在翻译他），他的两部小说被大导演贝拉·塔尔（Béla Tarr）拍成了电影，并且其中一部好像还获得过金棕榈奖。他是匈牙利诺奖获得者伊姆雷·凯尔泰斯的大弟子。2008年我们在柏林国际文学节上再次相遇。当时大家传来传去的是一位印度作家要获奖。拉斯洛不相信。结果果然，得奖的是法国的克莱齐奥。拉斯洛告诉我，在你被正式提名四五年之后，瑞典皇家学院才会认真考虑你的资格，而自从你获得提名后，大约得有100来号人围着你转上好几年才行——或者不行。2000年高行健得奖，我在美国听说，那主要是法国人的功劳：在法国，关于高行健的正儿八经的法语论文就有200多篇，而且主要讨论的是他的戏剧。不过，世界上的好作家虽然没有那么多，但也不是那么少。许多好作家都没有得过诺奖。因此，把心态放平，别老那么招人讨厌，干好咱们自己的事是最重要的。瑞典斯德哥尔摩大学的汉学家罗多弼教授（Torbjörn Lodén）曾经在与一位中国学者的对谈当中说过这样的话："说中国读者有时候具有某种'诺贝尔奖情结'，并不是完全没有根据。从一个历史的层面来看，这个'情结'也许可以理解为，是贯穿整个中国近、现代历史的'鸦片战争情结'的变种。……因而，要富强，避免中国人再受欺负，恢复中国和中国人应有的尊严，便成了全体中国国民在19世纪、20世纪最热切的期盼和最重要的使命，一直到今天。我从瑞典看中国，我认为你们中国人已经完成了这个任务。"（乐黛云等主编《跨文化对话》第21辑，江苏人民出版社，2007。）

2010年2月18日，正月初五

# 保持一个艺术家的吸血鬼般的开放性

## ——再答马铃薯兄弟问

### 一、关于21世纪以来西川个人的诗歌创作

**马铃薯兄弟**（以下简称“马”）：西川兄，你的诗歌写作及文学活动是从20世纪80年代开始的，你在那个年代已经写出了《在哈尔盖仰望星空》这样被选家和读者广泛关注的诗歌代表作。在30年这样长的时间里，你的写作似乎一直保持着饱满的状态，进入新的世纪以来，你在写作上依然保持着前行的姿态，呈现出较之20世纪更加宏阔的景象，也似乎呈现出更大的抱负。首先请你介绍一下，进入21世纪以来，你的诗歌写作的兴趣点、关注的问题是什么？

**西川**：对不起，我想作家、诗人的写作阶段不是按自然时间划分的，尽管他或她会受到时间的暗示。但不能因为20世纪初世界文学有过大的观念转型，就认为21世纪初也必然会发生什么。一个诗人

的生长和转变肯定有其十分内在的原因。当然这内在的原因与外部世界的变动脱不开干系。举个例子，今年年初我去埃及参加开罗书展，到达开罗的那一天正好赶上埃及革命的开始：聚拢和奔散的人群、腾起的浓烟、警察、军队、坦克、装甲车我全看到了。我这辈子除了长征、抗日战争、解放战争、抗美援朝没赶上，基本上什么都赶上了（开个玩笑）。这次中东革命令人困惑——革命者没有明确的目的，干预者也没有明确的目的——除了高喊更换领导人。它对我会有什么影响——在观察世界的角度上、在对待历史的态度上、在构造我内心的世界地图方面、在语言方面——我现在还不清楚，得容我消化一下。21 世纪以来我的写作肯定是 20 世纪 90 年代的延续。在 90 年代，我为自己发明了一些东西，例如伪哲学、我和我、矛盾修辞、寓言叙述等，而在最近这 10 年，我努力将它们确定下来，以应对一个越来越市场化、越来越由资本说了算的不那么确定的现实。我用我已经掌握的手段写了一些中篇诗歌——如果诗歌也可以分长篇、中篇和短篇的话。我现在比在 90 年代对诗歌的包容度要求得更高，我希望能够运用一种足够宽阔、足够灵活的语言来处理我们花样翻新的时代生活，尤其是处理我们特殊的社会主义经验（它不同于苏联、东欧的社会主义经验，我现在越来越清楚地意识到这一点）。我想我在写作中已经尽量拉开了自己的开合度。但有时，我依然感到自己无能和乏力。有一天在北京的一条街道边我看到这样一个单位的招牌：××区按比例安排残疾人就业资格审查办公室——这么长的一个单位的名称把我看乐了，也看傻了眼。这是我目前的语言没法处理的东西。顺便说一句：我不认为我的“代表作”产生于 20 世纪 80 年代。我想我 90 年代的写作比 80 年代的写作更有力。像《在哈尔盖仰望星空》这样的诗是文学青年写给文学青年的。

**马：**关于代表作的问题，你似乎一直对被广泛认定的这首代表作持一种不高的自我评价。我理解，这不仅是一种自谦的态度。我在阅读的过程中也曾感觉到，将这首作品当作“西川”的代表作是有欠公平的，因为它对接触诗歌不深的人易于造成一种误导，一定程度上形成了对更有力量的一些作品的遮蔽。尽管它也是一首让人喜爱的作品，但是，其中所表现的情怀还是相对青春期的，也许和那个时代所提供的精神土壤，抑或个人对生命的体验和文字的驾驭能力有关。在你看来，你如果自己选择自己的代表作，你会推荐哪些？你会认为哪些作品最接近你希望达到的高度？或者用一个最简单的说法，你最喜欢自己的哪些作品？21世纪这10年中，有这样的作品吗？

**西川：**别人的高度在那里：李白有李白的高度、杜甫有杜甫的高度。但我想每一个活着的诗人，他的高度是过程中的东西——这听起来像一句废话。我的意思是，你不知道你下一步会写出什么，会把自己的高度拔到多高。一首好的作品是各种因素的恰到好处的创世纪。而每一首诗——就像每一件艺术品，要么在表达上出彩，要么表达出了出彩的东西（包括个人和时代社会、思想、狂想或者欲望等等），要么给出了一种特殊的音乐效果，要么给出了你完全没有意想到的比喻、意象、逻辑走向……我20世纪90年代的东西就不说了。这10年中的作品我也不想讲解。仅举一个例子：《思想练习》。曾经有一个朋友对我说，如何在诗歌中回应、处理尼采，也只能就是《思想练习》这个样子了。

**马**：21 世纪以来你的诗歌写作在整个写作中处于一个什么样的地位？和 20 世纪相比，诗歌写作发生了某种变化吗？你能稍微盘点一下这 10 年左右的时间里你的写作成果吗？在回顾这个时段的时候，有哪些写作是让你感到欣慰的？你对自己诗歌写作所取得的成绩有什么样的估计？感到满意吗？

**西川**：变化还是有的，但没有类似于对自己推倒重来的变化。我使我的诗歌变得更直接，在某些情况下可能直接到让人受不了——我是从高蹈的、文学化的、带有象征意味的写作姿态变成今天这样一种写作的，而推动这种变化的酸甜苦辣、反感、厌倦、藐视、不痛快、不满足，只有我自己知道。我想有时，我甚至写到了诗歌这种文体的边缘，也许已经越界了——这也就是说，我也许在写反诗歌了。

**马**：反诗歌？你理解中的反诗歌是指？

**西川**：也许我正在写一种既不是诗歌也不是散文的东西：它介乎诗歌与散文之间、文学和历史之间、历史和思想之间。我内心需要这样一种东西，能在智力上觉得过瘾。在这一过程中，我想我彻底告别了学徒期。

我觉得我现在的写作比以前困难多了。这是因为首先，这个世界对我已经不像对一个青年人那么新鲜了，而我又不甘于简单怀旧；其次，我感到前面的榜样越来越少，我依附在别人（特别是那些现代主义大师们）身上偷懒的可能性越来越小。从前我们习惯于向西方、东欧、俄罗斯、拉美既有的文学主义、文学流派、文学意识形态学习，而现在，我明白了真正的创造思想其实应该来自我们的现实感。能够将一种现实感转化、提炼为一种语言、一种文学，这才是真正的创造。我要么写出自己的东西，要么搁笔——因为勉强写诗也没什么大意思。容我大言不惭地说一句：我现在多少理解了什么叫“如入无人之境”。我对自己的写作说不上满意或者不满意。能继续写就不错。因为将近 30 年来我没有长时间的写作停顿，所以有时我不得不顶着虚无感，与对自己的厌倦、对自己行文习惯的厌倦做斗争。好在我不仅写诗，还写批评文章，还做翻译，可以换换手——而翻译，我现在其实做得也不多，基本上只翻译我认识的外国诗人的作品。

这 10 年中我还是写了一些东西，像《曼哈顿乱想》《小老儿》《南疆笔记》《蚊子志》《思想练习》《皮肤颂》《试着从熬头的方面给“人群”下定义》《连阴雨》，以及组诗《镜花水月》《鉴史三十三章》等等。《鉴史》是我写的一些与中国古代历史、人物、器物有关的诗——我现在依然在继续写它，所以它的总题目将来也许会变成《鉴史三十七章》或《鉴史四十二章》。它也许是我另外什么作品的演习之作。《鉴史》的某些章节已经发表了，但遗憾的是它们好像没有引起太多人的重视。其实那里面有我一些写法上的发明和完全属于我个人的想法。它们不被重视，也许是因为它们没有直接处理现实题材，与咱们诗歌界、网络文学界时不时流行一下的种种类现实主义的小诉求相抵牾，与人们一般模模糊糊理解的“诗歌”（抒情的）拉开了距离。但在那些非现实的题材背后其实是隐藏着现实的。像其中《一个写字的人》说到思想传播的曲折——谁关心这类问题呢？像《唐朝所没有的》说到唐人的处境与今人的处境之不同——更多的人只是起哄般的要回到唐朝；像《题王希孟青绿山水长卷〈千里江山图〉》说到免于侵略和污染的山水乌托邦——不是被消费的山水。这后一首诗被美国华裔诗人施家彰（Arthur Sze）翻译成英文发表于《波士顿评论》，后来又被诗人伊利亚·卡敏斯基（Ilya Kaminsky）和苏珊·哈里斯（Susan Harris）收入了他们编选并在2010年由美国ECCO出版社出版的《ECCO版世界诗选》（*The Ecco Anthology of International Poetry*）。

**马**：进入21世纪，咱们都真正进入了人生的中年，生活的满地鸡毛大概很难避免地会侵占我们的时间，或许也会入侵思想的领地。在这样的境况下，如何可以葆有旺盛的写作激情，特别是诗歌写作的激情？你写作的动力究竟是什么呢？为什么一定要写诗？

**西川**：我人到中年以后看问题的角度和视野都发生了较大的变化。外部环境对我也构成了较大的压力。我的时间被切割得七零八落。我很羡慕那些能够"生活在别处的人"，但我似乎永远被牵扯在此时此地。我学校有一大摊事，需要没完没了地开会。我家里也有一大摊事。文学界也有许多鸡零狗碎的事很难躲开。有太多的逃不开的责任。日常生活是很琐碎的，有时琐碎到可怕的地步——前些年倡导"日常写作"的人我想都是缺乏真正的日常生活经验的年轻人，如果他们把"日常写作"坚持到中年，我一定会轰轰烈烈地向他们致敬。我想许多人已经被这琐碎的生活压垮了。还好，我没有被压垮。

**马**：是啊。进入中年，也就意味着需要承担更多的责任。也就意味着告别了可以少年意气的那份自由。如果说诗歌写作需要自由的精神状态，需要沉浸其中的富余的时间，需要甩脱责任的那种挣脱感、漂浮感，那种飞起来的感觉，那么，中年时期显然是会因为诸多的牵坠而难以和青年时期相比，也许因为这些原因，“诗歌属于青年”就成为至今还在被广泛引用的说法。这个流传经年的说法其实十分轻率，经不起推敲。

**西川：**中国新诗写作的神话之一就是诗歌是写给青年人看的，其潜在的含义里也包括了诗是由青年人写出的这样一重意思——我现在继续写，也就是在破除这个神话。在国外的诗歌听众和读者中，青年并不占全部，能占到三分之一都勉强。我认识和了解的外国诗人中，中年人居多，青年诗人在西方出版和出名比在中国出版和出名困难得多，能冒出来的基本上都是中年以后的诗人。他们也有年轻诗人，但人家没有我们的年轻诗人这么热衷于自费出版（在美国叫“虚荣出版”），而我们又恰好能碰上这么多缺乏自律的出版社编辑——我这里谈的不涉及民刊，因为民刊的话题与社会制度、出版体制等问题密切相关，需要更深入地探讨——抱歉我有点跑题了。我本人也是中国特定环境的产物。我在 20 世纪 80 年代初开始写作，1987 年 1 月在《十月》杂志发表长诗《雨季》以后就有人称我为“大诗人”了——这就算出道了。大概在 90 年代中期我曾碰到一位当时正火的青年小说家，他说我们小说界四五年就换一拨人，你写了这么多年了怎么还在这儿呀？我到今天——又过了十五六年——依然无法回答他当年的问题。唯一可能的解释是，我在诗歌写作这一行当中卷入得太深了。现在我面临着破除“诗歌是青年人的事”这样的神话。如果诗歌不再仅仅是青年人的事，那就意味着所谓“诗歌”其质地要发生一些变化。而我现在作品的质地的确已经不同于我青年时代的作品了。当然，我现在已无法像年轻时那样每天都有大片的时间。但我保持着做笔记的习惯。一旦有了时间，比如学校放假或出国，我就会把这些零七碎八的想法整理成完整的东西。写作需要激情，需要灵感，但人到中年我也认识到，激情有可能是被写出来的，灵感有可能需要你去寻找它。第一重灵感就是我的笔记，第二重灵感来自写作本身。我之所以还在写诗，是因为我也干不了别的；诗这种体裁对我来讲还是最有趣的。从作为表达手段上说它也最方便，而我又总会有些想法要表达——有些想法适于被写成诗歌。另外，每写成一首诗，我都会有生长的感觉——人到中年了依然在思想中生长也是一件令人愉快的事（尽管写作本身是孤独者的游戏）。还有，长期写诗也养成了我一些思维的惯性；我已经写出来的东西也会引诱着我继续写作；别人的赞扬或者诋毁也会引诱着我继续写作。人活一辈子不一定非要吊死在写诗这棵树上——我以前说过这样的话，但我还没有遇到什么强力能够终止我的写作。

**马：**你是否有过担心，就是有一天写不出自己满意的诗歌？再也无法超越自己也超越别人？如果这一天到来，你会如何从心理上去应对它？

**西川：**我的不自信是经常的。这种不自信针对的是我所面对的文学本身。那么多人几乎已经写出了一切，几乎已经没有什么方法、观念他们不曾触碰过。凡在历史上留下了一笔的作家、诗人，应该都是绝顶聪明的人（但不完全是我们一般所说的“天才”呀、“才子”呀之类）。他们留给我们的真正属于我们自己的创造空间其实有限。在这种情况下，如果不仅仅是为了自娱自乐，写作，特别是还要有所创新的写作，是很难的。我 2002 年在纽约遇到我一个大学校友，她原来是写东西的，后来在美国转了行。我问她为什么会转到她现在从事的这一行，她说她现在干的这一行只需要中等才华就可以，而写作需要更高的才华和精力。她说她转行是出于对自己的准确判断——她的这些话给我留下了很深的印象。我有时也会问自己：我究竟要不要与古人争高下？与外国人争高下？写作就是为了竞争吗？我现在只能说，我热爱写作这一行。我并不是一个非要跟自己较劲的人。多年以前我教英文时曾经碰到过一篇讲爱因斯坦的课文，文中说爱因斯坦 goes with himself（顺其自然），我也就学会了——走到哪儿算哪儿吧。而就是这么走到哪儿算哪儿，我知道在新诗写作这个范围里，我已经超越了一些前辈。当然，这是应该的，因为他们为我们搭建了台阶，谢谢他们！在当今的诗人圈子里我也不跟什么人较劲，人家写人家的，我写我的，而我的东西只有我自己能够写出来。我没有那种一夜成名的经历，这很好，我的工作都是缓慢的。除了偶然获得的想法，我有一些写作计划还远没有完成（人们倾向于认为诗歌写作不需要计划，这主要是就短篇抒情诗而言，我的写作从规模上说要复杂得多）。这些计划其实就是我的秘密，它们推动着我作为一个诗人继续存在下去。

## 二、西川21世纪以来的文学活动、经历、诗歌交往、对外交流

**马**：我注意到，在写作之余，你在文学组织、文学出版、文学交流等方面都投入了一定的精力，请你对这些年来所做此类中给你印象深刻且自感有意义的工作介绍一下。

**西川**：我在2001年出版了评著《外国文学名作导读本·诗歌卷》，2004年出版了两本译著《博尔赫斯八十忆旧》（20世纪80年代就已译完）和《米沃什词典》（与人合译），2006年出版了诗文集《深浅》（算是我的一本选集），2008年出版了诗集《个人好恶》（但这本诗集出版社好像根本没做发行），2009年出版了我和别人合译的挪威诗人奥拉夫·H.豪格的诗选《我站着，我受得了》，同年还重新出版了我编的《海子诗全集》（在1997年版《海子诗全编》基础上增加了30多首海子遗作），并且在德国出版了我编选的《挡风玻璃上的蝴蝶：中国当代诗选》（*Schmetterlinge auf der Windschutzscheibe: Anthologie Chinesischer Gegenwartslyrik*, 德语有声读物）。在文学出版方面，我不算活跃。我既没有主编过什么丛书，也没有编过什么诗选集（德国那本完全是另一个活动的副产品，我下面会谈到；海子的书是我不得不编的），我只是出版我自己的东西而已。米沃什在《米沃什词典》中曾经自嘲编过那么多书。他提到他有一位朋友曾经嘲讽他：你能想象柏拉图是一位编书匠吗？这个问题米沃什自己都觉得好玩。在国内的文学活动我组织过一点，但在咱们两人的上一次对谈中我已经谈过，就那些了（指“帕米尔诗歌之旅”及“中坤国际诗歌奖”——马铃薯兄弟注）。需要补充的是唐晓渡、欧阳江河和我与中坤的合作已

经停止好几年了，上次没提到。刚才我说到德语有声读物《挡风玻璃上的蝴蝶》，那是我 2009 年在德国、奥地利、瑞士三个德语国家的 11 座城市组织“诗意城市：中国当代诗歌海报展”（Poesie in die Stadt，2009）的副产品。2009 年法兰克福书展中国是主宾国（但该书展举办期间我因身在加拿大，并没有参加），于是此前德语国家文学之家联盟（Literaturhause.net）便决定配合书展举办一次中国诗歌海报展。2008 年 9 月底至 10 月上旬欧阳江河、唐晓渡和我共赴德国参加第 8 届柏林国际文学节。在顾彬教授的安排下，我们先后旅及哥廷根、柏林、波恩、慕尼黑，之后访问了奥地利维也纳。在慕尼黑的一个朗诵会后，该项目的负责人弗西娜·诺特（Verena Nolte）问我愿不愿意策展中国当代诗歌海报展。事情就这么定了下来。我为这个项目选择了“朦胧诗”之外和以后的 11 位国内诗人的作品——因为朦胧诗西方已经介绍很多了。这 11 个人是：昌耀、欧阳江河、翟永明、于坚、韩东、陈东东、肖开愚、海子、尹丽川、严峻和我自己。后来主办方从这 11 个人里挑出了 6 位诗人的诗句制成巨幅海报在 2009 年 7 月中旬到 9 月中旬张贴在柏林、法兰克福、科隆、莱比锡、罗斯托克、斯图加特、汉堡、慕尼黑、萨尔茨堡、格拉茨、苏黎世等 11 座城市的市政厅和教堂门外、立交桥下、十字路口、公交车站、火车站、飞机场、公园、咖啡厅门口和附近的墙壁上。我听说那时，科隆飞机场完全变成了中国诗歌的海洋。该活动在当地和国内的冲击力很大。国内网络上能找到大量报道——有点蒙了：不知道说德语的人要干什么。中国人自己还从来没有这样抬举过自己的当代诗歌。该活动的副产品，就是这本包括了上述 11 个人作品的有声诗选《挡风玻璃上的蝴蝶》。书名来自我的作品《撞死在挡风玻璃上的蝴蝶》。译者是两个青年汉学家马海默（Marc Hermann）和拉斐尔·凯勒（Raffael Keller）。文学之家联盟请来朗诵中国诗人作品的人全是活跃在德语国家舞台上的一线演员。活动得到了博世基金会（Robert Bosch Stiftung）、Arte 电视台，以及众多广告商的资助和支持，总耗资约 300 万欧元（包括被免掉的广告摊位费）。2009 年 6 月底到 7 月中我赴德国、奥地利为“诗意城市”项目巡回介绍和朗诵。在斯图加特，君特·格拉斯的女儿海伦·格拉斯专程赶来为听众朗读中国诗人的作品。在汉堡，我们的朗诵会在一家大型百货商场里举行——而在中国，那种地方应该只会举办新产品发布会。现在想起那次活动，简直像做梦，很过瘾。如果国内有人愿意花这么多钱为中国人民创造货真价实的文化环境（而不是吆喝商品，打造时尚，或借机自我标榜），我自告奋勇愿意献上我的精力和经验。我从心底里佩服德语国家的人们对文化的重视。在这方面中国还差得远。

**马**：在当代诗人中，你是参与中外文学交流比较频繁的诗人和学者，特别是和西方的文学交流。你是否感觉到，这种交流的过程还存在着某种不平等性？为了缩小这种不平等，有哪些事情可以做呢？

**西川**：就我个人来说，我没觉得有什么不平等。不平等反倒是在中国感受到的。外国的文学活动也是有好有赖。外国也有赖诗人，人家也不闲着，也组织名头很大的诗歌节，而且在不同国家轮换着搞。我想凡对真正的各大国际诗歌节有所了解的诗人都明白，这类烂诗歌节其实是诗人的骡马大会。可笑的是中国总有些不明就里又急于参与国际交流的诗人自费去参加——凡是要你自费参加的诗歌节都要小心点。我接到过这类诗歌节的邀请，但从来都是拒绝的。外国好的作家、诗人，他们的智力储备都是足够的。只要你的东西有独到的价值，他们大多是能一眼认出来的——尽管他们以前可能没听说过你。说到西方诗人，早在 1995 年我去参加荷兰“鹿特丹国际诗歌节”（世界三大国际诗歌节之一）时就感受过人家的热情。诗歌节期间组织者安排所有与会诗人共同乘船游览鹿特丹。一位荷兰的盲诗人碰巧坐到我身边。他问我是谁，我说我是中国诗人西川。他头一天恰好听了我的朗诵，而他的反应让我感动。他说：“在这次诗歌节上只有我们两人可以真正交谈。”这是我好意思举出的别人对我持友好态度的不算过分的例子。还有一次在美国，我去拜访一对有名的诗人夫妇，在他们开车带我去餐馆的路上，女诗人忽然对我说：“你正是我们等待的诗人。”闻听此言我非常感动。我说：“你们都是太好的人。”——这算是感谢的话，而女诗人的反应让我立刻领会到她的高级智力，她说：“好人而能写有力量的诗歌，这不常见。”我去过北美、拉美、亚洲、欧洲、北非的许多个国家，其中光德国我就去过不下 10 次。我把别人对我的好意珍藏在心中作为对自己的鼓励。有一个现象我想再说一次（我在别的访谈中已经谈到过）：我出门闯世界靠的从来都不是我的《十二只天鹅》《一个人老了》那类作品。我在国内被看好的东西并不是为我在国外赢得朋友的作品。我在 20 世纪 80 年代和 90 年代初的那些作品太文学化了。但目前，在国内，能够被普遍接受的东西就是这种文学化的东西，或者再加一点世俗化的调料。我已经听到有国内朋友说我是占了能说两句英语的便宜。也许是这样。英语带给我信息，便于我和外国诗人的直接交流，但我想我可能的确也写出了一点属于我自己的东西。

**马**：上面说到了中外交流，就你的个人经验而言，你觉得国内的诗歌交流对你的写作和研究产生了哪些实在的影响？存在哪些问题？

**西川**：国内的诗歌交流活动分好几种类型：一类是大学主办的，研讨会、朗诵会之类。研讨会虽假学术之名，但学术含量往往有限——少数例外。近年来，在一些研讨会上，每轮到我发言，我便只好自言自语。我不接别人的话题，别人也不接我的话题。另一类诗歌活动很逗：出钱的是地方政府或某国家机构，但组织者因为是道中人，请来的诗人们也对路，但整个活动搞得很像享乐主义者联谊会，吃呀，喝呀，游山玩水，讲黄段子。朗诵会总是要搞的，但总是二三十人每人读一首，像自娱自乐的堂会。纯粹的私人赞助的诗歌活动近年也开始存在，前几年晓渡、欧阳江河和我在中坤投资集团的资助下搞的“帕米尔诗歌之旅”就属于这一类。但这类活动的问题是，不能保证资助方完全无私和总有兴趣，不能保证有了今年还有明年，形不成长久的序列。这是第三类。第四类纯粹是官方活动：政府出钱，领导讲话，被纳入地方政绩，将文化活动与开发旅游结合在一起。2009 年 5 月份我因有事碰巧在西安，忽见窗外腾起焰火。别人告诉我这是西安诗歌节（也许不是这个名字）的开幕式焰火——怎么诗歌节还要放焰火？中国诗人的面子真大！后来我在北京遇到美国女诗人珍妮·赫什菲尔德（Jane Hirshfield）。她被请去在西安诗歌节开幕式上致辞。她告诉我正当她说到惠特曼与美国诗歌传统，忽有某诗歌机构负责人走过来小声打断她的讲话，因为后面还有领导要讲话！丢人哪！一般国内的诗歌节总少不了朗诵会环节，但永远只组织一次朗诵会，而且还是一人一首，这与国外的诗歌节完全两样。国外的诗歌节总会持续个一星期或者更长——你既然来了，我就要足足地用你。所以每个诗人在一次诗歌节上总会被安排几场活动：个人朗诵、多人朗诵（通常四五个人一场，每人读15分钟左右），此外还有座谈会、研讨会。中国的诗歌节不是这样，往往是：开幕式，集体朗诵会，旅游，完了！我在国内有过两次个人专场诗歌朗诵会，但两次都是英文朗诵——我和美国音乐家布鲁斯·格莱默（Bruce Gremo）合作，面对的也主要是居住在北京的外国人——两次活动都是由英国人做老板的北京老书虫（Bookworm）酒吧在他们组织的“书虫国际文学节”期间为我举办的，一次在2009年，一次在今年。没有任何中国人为我举办过专场诗歌朗诵——我好像不配。某些带有官办色彩的朗诵会（不一定在诗歌节上，也许是在端午节、中秋节），主办方为了吸引听众，有时会邀请某些过气儿演员来与诗人一起登台朗诵。末了，过气儿演员朗诵拿一万到两万，诗人朗诵什么也拿不到——如果我知情，我绝不参加这样的朗诵会。我可以什么都不拿，但请不要偷偷地侮辱我。我觉得国内的朗诵会一般都太缺少创新和设计。

**马：国内诗歌活动除了存在的问题，也有一些正面的意义吧？比方，一些比较尊重诗歌和诗人的诗歌活动，组织者还是尽量秉持专业精神的，这类诗歌活动对于增加诗歌在公众中的能见度，对于加深读者对诗歌和诗人的了解，对于纠正大众对诗歌存在的冷漠乃至偏见，当然也对促进诗歌的写作，增进诗人之间，诗人和评论家之间，诗人和公众之间的了解，多少还是起到了一些作用。不是这样吗？**

**西川：**当然，国内诗歌活动好的方面我也看到了：这两年我去南方参加过几次活动，南方诗人之间的友谊和互动之频繁让我惊讶和羡慕。我出门主要是为了活动活动身体和精神，接受些信息，换换环境。旅行本身总是让人兴奋的。

**马：**你是外国文学研究的科班出身，从事外国文学、外国诗歌研究并有建树是你的本职所在，可根据我的观察和接触，发现你对中国传统诗歌乃至整个的传统文化都有超出大多数当代诗人的热爱和深入的了解与研究，甚至可以说呈现出某种痴迷。这种兴趣是什么时候开始出现的？你从传统中发现了什么与当今可以建立起联系的东西？传统对你意味着什么？

**西川：**你一说到我对传统的痴迷我就想起去年我到南京，咱们曾一起去看了南京博物院。咱们还一起登上阅江楼。记得我跟你提到的清代画家龚贤的《与费密游》那首诗吧："与尔倾杯酒，闲登山上台。台高出城阙，一望大江开。……"龚贤的画我也很喜欢。我们做事，看世界，有时免不了使用古人的思想和眼光。文化记忆赋予我们双倍的生活。我从小热爱古代文化，临摹过《芥子园》，学过篆刻——齐白石老先生的一位后来也成了老先生的高足，曾经夸过我的篆刻水平已达到"可以开店"的程度，那时我才 20 多岁。但这门手艺我荒废已经多年，否则我的篆刻水平不会比闻一多差。我最早写的也是古体诗。遗憾没生在唐宋。我对中国古文化有一种天然的情感，既见不得对它的诋毁，也见不得对它的简单化。当然我也反对对它的过分神圣化——无知导致两种态度：对它的蔑视和对它的过分神圣化。传统应该活在当代。我在最近写完的文章《传统在此时此刻》中较为深入地谈到了我对传统、传统与对传统的破坏、传统与当下生活、传统与文化持续性等问题的态度。这里就不重复了。有一段时间——应该是20世纪80年代后期到90年代中期——我读古书的劲头让位给了读外国书，因为有太多文学、哲学、宗教、政治问题困扰我，我觉得中国古人不能为我提供全部答案——这也好，我自学成了一个现代人。到20世纪90年代中后期，我终于悟到："乌鸦解决乌鸦的问题，我解决我的问题。"——不仅仅是"我"的问题，也包括中国人的问题。于是古书又重新摆上我的案头——当然这不是说我就不读外国书了。眼下我正在读《韩非子》，同时也在读马基雅维利的《君主论》。最近几年我诸子读得多些。我期望我的写作向诸子更靠近些。这是眼下的中国现实暗示我应该这样做。我是学外国文学出身的——许多读外文的人到头来会比读中文的人对中国古文化更痴迷，因为，很简单，不懂，而且担忧自己的文化身份。人到中年，我发现我对中国古代文化是真不懂，原来还以为自己是懂的。因为我在美术学院教书，耳濡目染，我还培养了一种对中国古代器物的热爱。这是读书以外的事，或者可以说是与读书相辅相成的事。事实上每到一座城市，我都会去看看当地的博物馆。我喜欢老东西的沧桑感和温和的光泽。我们学校有一位老画家，袁运生，曾多次说到，西方有抽象绘画，但我们几乎忘了我们自己也有抽象艺术的传统，去看看青铜器上的纹饰吧。——他说得对。

## 三、西川21世纪以来的文学研究活动，对当代诗歌、当代文学的观感与思考

**马：**请对你21世纪以来的文学研究活动做一介绍。您这10年主要关注一些什么样的文学及相关问题？你的阅读侧重点在哪里？你的研究成果中，哪些是你自己比较珍视的？

**西川：**我不仅关心文学的问题，我也关心哥德尔的数学（尽管看不懂，但我对他的结论——数学的无限可能性不能保证它的始终一致性——很着迷），我也关心埃舍尔的绘画，我也关心西藏、新疆的历史，关心蒙古的历史，我也关心中国考古，我也关心北京的旧城改造（特别是宗教建筑的历史和存废状况，我有一篇没有最终完成的调查报告《北京：最后的迷信》用德文和英文发表于2007年在德国出版的 *Totalstadt. Beijing Case*），我也关心政治学理论——当然我只是关心，说不上有研究。

你问的问题涉及文学阅读和研究，我先说说我的文学阅读。

世界诗歌我读得很多。以前的关注点和大家一样：欧洲、北美、拉美。近年来我的关注点有所转移。欧洲的现当代诗歌还读，但主要在读东欧的作品：波兰、捷克等等。东欧有一些很好的诗人。2010年我曾去过斯洛文尼亚一趟，原来只知道斯洛文尼亚在哲学方面出了个齐泽克，在诗歌方面出了个托马什·沙拉门（Tomaz Salamun），但到了那里，当地的诗人又介绍我知道了斯莱切科·科索维尔（Srecko Kosovel，一个兰波式的少年天才）和达内·扎耶奇（Dane Zajc）——这还仅仅是在小小的斯洛文尼亚。东欧现当代诗歌之丰富和成就之

高令我瞠目。我尤其对东欧诗人如何处理他们的社会主义经验很感兴趣。

去年我也曾到过英国一趟，在伦敦的一家书店里我发现了一本460多页厚的英译土耳其诗人希克梅特的诗小说《吾国世景》(*Human Landscape from My Country*)。从前我只知道希克梅特是一位写抒情诗的革命诗人，完全没想到其文心如此之大。于是我忽然明白了希克梅特何以能够成为聂鲁达的朋友。一说到土耳其，人们立刻想到帕慕克，因为他得了诺贝尔文学奖，但去年在香港我遇到另一位重要的土耳其作家玛希尔·奥兹塔斯(Mahir Oztas)。他说你别跟我提帕慕克。他后来写信给我谈到今年土耳其的一场大辩论：世俗主义对激进伊斯兰思想。他站在世俗主义一边。这场大辩论导致同样属于世俗阵营的V.S. 奈保尔没能去成伊斯坦布尔。玛希尔在20世纪80年代是个毛派，现在是个无政府主义者。

我对印度当代文学一直充满好奇，近年来已经参加了两次中印作家对话。印度有很好的小说家，诗人中也有出色的。老诗人萨奇达南丹(K. Satchidanandan)的诗歌给我留下了深刻印象。印度不仅出作家、诗人，也出世界级的思想家。我曾经给《今天》写过一篇书评《印度：千百个话题》，评的是阿什斯·南地(Ashis Nandy)与伊朗学者拉敏·贾罕拜格娄(Ramin Jahanbegloo)的对话录《谈印度》(*Talking India*)。

我关心的问题很多，以上谈的仅限于外国诗歌。外国小说我也读。像塞尔维亚的米洛拉德·帕维奇的《哈扎尔辞典》、南非J.M. 库切的《耻》以及意大利卡尔维诺的小说，都十分精彩。更老的外国作家就不说了。但近年来我主要在读中国书——诸子百家。我写了一些研究性的论文和随笔。我大概今年秋天将要出版一本论文随笔集，名叫《大河拐大弯：一种探求可能性的诗歌思想》。书中我对中外、古今诗歌、诗歌与其他艺术行当进行了反复比对。我希望在这种比对中能够找到创造力运用的着力点。但我的研究一般说来不是学术性的，我的出发点是写作。我的研究指向一种可能的诗歌思想。

**马：**文化消费产品的丰富，传播手段的多元，给传统的文学出版带来了极大挑战，同时也对文学创作包括诗歌创作带来新的问题。大众文化，对我们这么一批人，没有决定性的颠覆作用，甚至也没有什么穿透力，但对于在这个无法躲避的环境下成长起来的一代人，已经形成强大的覆盖和统治，真正的文学写作，会不会出现断档？这是杞人忧天吗？

**西川：**断档不断档的不是我能管得了的事。碰巧最近我和几个朋友也在讨论网络对文学的影响，我可以引述几段我写给朋友的信（不是同一封信），你从中能够看出我对一些相关问题的看法："作家和畅销书作家是两个有时重叠有时不重叠的概念。陈寅恪说'吾侪所学关天命'。托马斯·曼说：'我走到哪儿，德国文化就走到哪儿。'畅销书作家牛不到这个份上，所以只有'成功'这一个方向可以追寻。……我还是相信没有秘密的文学不能传之久远。当然很多人对'久远'已经没有兴趣了，也就是对'秘密'没有兴趣了。但我们不能放弃对'秘密'的兴趣。退一步讲，我们就是想装'傻逼'也装不像。……凡是能够变成生活方式的东西都可以流行。这不是秘密。资本和权力对此看得很明白。欧阳江河说'公司化'——我理解公司就要盈利，盈利的手段就是顺应并且制造生活方式。现在就看咱们以什么样的态度面对生活方式了。……咱们的文学提供生活方式吗？如果提供，是现在的？还是过去的？还是未来的？是与现行生活方式相反的生活方式吗？这就是价值观了。如果不提供，那咱们急什么？……咱们也许提供的是思维方式。对思维方式木然的人啃不动我们的工作。至少啃不动全部。但他们认为他们看得懂。埃及卢克索神庙的大石柱就是我看不懂的，新疆的大雪山也是我看不懂的。我们比别人多出一点对‘看不懂’的事物的好奇和衷心。……保持艺术家的创造力至关重要。应该保持一个艺术家的吸血鬼般的开放性。……网络当然是一种现实，我们的现实感中肯定应该包含对网络现实的观照。这会刺激我们在文体、语言、文学观念、思想等方面有所发现。……小说家和诗人虽然都写东西，但多年以来大家实际上秉承的不完全是一个小传统。一直以来诗人就是半地下的。诗人和小说家的处境从来都是不一样的，名声上不一样，利益上也不一样，想问题的着眼点也不一样，写出东西来后最希望得到谁的反应也不一样。民刊后来变成了网刊——我虽然不大去网刊发表作品，不喜欢一些网刊的习气，但我知道网刊和民刊之间的内在联系。……我本人整理和出版了海子的诗歌。海子的受众比大多数中国诗人的受众多得多。我非常明白海子为什么受欢迎，尽管无论中外，专业诗人们对海子没有那么着迷。我头两天去北京一个小剧场看了一个 80 后小女孩导演的《不死的海子》，看得我有些尴尬——那是现在的小孩子们理解的海子。一年前我还看过另一位年轻导演导的海子的《弑》，也让我觉得其中有很多问题——有些是海子本身的问题，有些是导演和演员的问题，甚至是舞美的问题——但海子就是受欢迎，80 后小女孩导演说她要每年搞一台演出纪念海子——

所以，我在前面的信里已经说过了：流行没有什么秘密，生活方式而已。我们几个人看文学问题所秉持的‘伟大’的观念和标准都来自欧洲、俄罗斯的19世纪和现代主义的20世纪上半叶，再加上中国固有的‘不在地地主’文化。所谓‘新读者’——人家不以我们的标准为标准。如果我们一方面拒绝流行的方式，一方面又渴望获得话语权，我们就必须面对我们自己的矛盾。”

**马：**你对这个问题的思考给我很大的启发。你提出的“秘密”“生活方式”“对看不懂的事物的好奇心和衷心”这些认识和观察的角度，以及对诗人和小说家的区别的分析，都很有说服力。请你对前面提到的“吸血鬼般的开放性”稍做一点解释。在这里，你对“不在地地主”文化是怎么理解的？

**西川：**“吸血鬼般的开放性”我指的是我其实没有什么门户之见。在过去，超现实主义我也要，意象派我也要，未来派我也要；在当下，一切现有的艺术形态，甚至非艺术的东西，只要我看得上，我全要。我全要的目的是使我的写作与时代生活相对称。如果有什么东西我热爱而不使用，那是我表达崇敬的一种方式。“不在地地主”是美国学者史景迁（Jonathan D. Spence）在写张岱的书《前朝梦忆》中使用的一个词。是欧阳江河给我推荐的这本书。我在《传统在此时此刻》那篇文章中花了点篇幅谈到这个问题。

**马：**从前您探讨过文学的评价标准问题。今天我还想就这个话题听听你有没有什么新的想法。我们的文学评判标准一直处于迷乱的状态，不乏各种评论、颁奖，但是，似乎存在着严重的公信力的缺失。缺失的根本，在于没有一个经得起检验的评判的标准，这是不是也是中国文学一直徘徊而未能达到更高境界的一个原因呢？该怎么来进行这个标准的建设？

**西川：**你怎么老是要我谈标准呀？我对标准没有特殊的兴趣。在很多情况下我是个反对标准的人。我真正关心的是创造力如何展现，如何以自己微薄的力量促成一个较好的展现创造力的文明环境。批评意见我已经说得够多了。如果有可能的话，将来咱们可以就某个具体问题、具体事件、具体倾向谈一谈。

**马：**这是一个不错的建议。我期待能有机会就某些具体的问题、事件等进一步分享你的思考与研究成果。

2011 年 5 月 1 日

# 作为读者，作为译者

## ——答吕布布问

**吕布布**（以下简称“吕”）：西川先生您好，很高兴能在这里采访到您，您的诗文是我们年轻一代耳熟能详的。记得您曾经说过：我生活在国内，我最大的感受不是流亡，是尴尬。我们知道在 20 世纪多个大诗人都有着流亡生涯。想必您对这些事件也了如指掌，流亡对一个诗人来说意味着什么？这里是否能够造成一种写作风格的转变？而您说的尴尬又具体是什么？

**西川**：“流亡”是一个现代话题。但丁也曾被佛罗伦萨流放，并且终身不得返回佛罗伦萨，但我们几乎不曾看到有人从流亡的角度谈论但丁的《神曲》。

在 20 世纪西方的文学主题和文学经验中，流亡的确占有一个显眼的位置。但我想所谓流亡，如果从经验的角度看，又可区分为主动的流亡和被动的流亡；如果从精神的角度看，又可区分为身体的流亡和内心的流亡。你看你一下踩进了一个概念的大泥塘。二战之前，美国一些人，比如庞德、艾略特等，跑到欧洲，那是主动的自我流放。二战期间，法国的圣-琼·佩斯、德国的托马斯·曼跑到美国，那是被迫的流亡。但今天我们说到流亡，好像更多想到的是二战以后的作家、诗人、艺术家。布罗茨基是流亡的，米沃什是流亡的，策兰是流亡的。这三人的流亡都与政治有关，其中，前两者涉及社会主义、斯大林主义、冷战、专制政治等等，后者涉及法西斯、异乡人的语言、孤独感与文明的死亡等等。从这三个人的例子可以看出，20 世纪后半叶的流亡主要是政治历史的产物。由此刺激出新的文学意识形态和文学语言。

流亡，就是成为异乡人，就是不认同某一范围之内的主流文化与政治制度或话语，就是以献出自身为代价反抗现行体制，就是疏离感和孤独感的表达，而这种疏离感和孤独感，往往加深了流亡者对于存在的理解。而流亡行动本身则凸显了造就“流亡”之原因的不可抹去。从世界范围看，二战以后的文学艺术较之前的文学艺术有一个更加显著的特点，即其历史指涉得到加强。更具体一点说，就是政治指涉成为文学艺术的重要品质；而推动政治指涉的是一种真正的知识分子精神。我对多数流亡者怀着同情、理解和敬意。看看我写的《访北岛于美国伊力诺伊州伯洛伊特小镇》(2002 年 9 月) 这首诗，你就会知道我对流亡的态度。“流亡”不仅仅是一个词，而且是一种需要付出代价、牺牲的行动。

但“流亡”这个话题被引入中国后会变得很复杂。因为中国的历史现实与欧美的历史现实存在一些差别，有时甚至是一种很大的差别。在流亡之举的背后，我们看到的是一种现代政治中的自由主义和个人主义的价值观。而关于自由主义、个人主义又涉及基督教、自由观念的历史来源、资本主义制度，以及欧美资本主义的新资本主义化，此外还有印度、拉美的资本主义问题。伊斯兰世界也有流亡作家、艺术家，但这些流亡者多多少少都是接受了所谓欧美普世价值的。对不起，这成了做政治哲学答卷。但这个答卷我甚至可以更复杂地完成。去年 12 月我第三次访问印度。在孟买，我同几个朋友包括一位印度实验电影导演，讨论到印度、美国和中国的政治话语结构的不同。印度的政治话语是围绕种姓制度展开的，阶级问题被掩盖在种姓问题之下，所以尽管印度的贫富差距比中国的贫富差距还要大，但印度社会对贫富差距的承受力似乎强于中国。美国的政治话语是围绕身份问题展开的，所以美国人特别在乎人权、言论自由等（不是说这对中国不重要）。这一话语结构影响到全世界，成为所谓的普世价值。而中国的政治话语结构是围绕阶级展开的。相对于人权问题、自由问题，普通中国人对不平等更敏感。普通中国人的维权意识更多是对不平等的反抗，而不是对实现身份的追求，尽管如果你认死理儿，也能从其中体味出对“尊严”的谋取。这是一种戴上了普世价值面具的、民粹主义的、平均主义的、共产主义的，甚至大同世界的政治遗产。

在当今世界上，流亡被赋予了政治正确的标签。作为一个“民主集中制”国家的艺术家，你不流亡，你的艺术身份似乎就值得怀疑。2009 年在加拿大温哥华作家读者节上，我曾与两位来自东欧的儿童文学作家聊天（我约略记得其中一位来自罗马尼亚，另一位来自保加利亚。由于历史原因，一些东欧文化人比我们对极权更敏感）。聊着聊着，两位忽然问我从哪儿来：纽约？伦敦？我告诉他们我来自北京，他们忽然没了话，因为显然我不是流亡的中国作家。而在他们看来，我这非流亡作家的身份与官方作家的身份已经相差不远了。尴尬了一会儿，两人转身跟别人聊天去了。

在我看来，中国当下的所有问题，包括政治问题，可以被纳入“现代性”问题来讨论：100 多年来，中国人对“现代性”的追索是被动的而不是主动的。在历史条件、地理条件、外部环境等因素的共同作用下，中国人的种种实践倾向于紧张和严峻，缺乏包含退路、游离的空间感。所以这被动行为产生的问题不同于主动行为产生的问题。当整个社会被动地追索现代性，置身其中的人便会产生种种不适应。他会觉得无比尴尬：社会政治实践与经济实践接不上茬；政治、经济实践与古老的道德法则接不上茬；古老的道德法则与社会文化样貌接不上茬；文化样貌与我们内心所理解的文化接不上茬；我们内心的文化观所塑造出来的我们自认的文化身份与社会对这种文化身份的接受接不上茬。于是，我们一方面愤怒于竖子横行，另一方面又深感无力，同时对有些人甚至是一些朋友的高调主张，觉得好听而不在理，在理而不现实，缺乏对中国历史现实的深入理解。

中华文明不是基督教文明（尽管你在这样一个环境中可以成为一个基督徒）。你流亡不解决任何问题，连你自己的问题也解决不了，只剩下一种不辨方向的盲人一般的道德持守。而撼动现实，又是需要巨大的智慧、耐心与毅力的，需要你找到可行的方法。但最终，很遗憾，常常毫无结果。我得说，我们的现实其实一直在改变，但不一定朝着我们期望的方向（历史有它自身的逻辑）。在我们针对特定现实似乎找到了撼动它的方法之际，现实本身已经转向了。我们写作，力图发现新的思维方式，但我们新的思维方式也许会遭到另一种新的思维方式（比如网络思维，我听朋友说，网络上好玩得很）的不屑一顾。

在这种情况下，我们内心的尴尬很是折磨人。感觉太强烈的时候你就会理解鲁迅当年的精神挣扎。精神挣扎所产出的语言和写作与没有精神挣扎所产出的语言和写作能一样吗？日本思想家竹内好就是从探讨鲁迅面对被迫现代性时的内心挣扎来认识鲁迅的。他甚至以这样一种方式来认识日本，认识亚洲。

**吕**：米沃什也有着尴尬的流亡生涯，他从波兰驻法国大使馆出逃到了美国，有那么几年您翻译的《米沃什词典》是我的枕边书之一。米沃什自称"是一个亲欧主义者"。他曾经讲过用法语说一句话，可以将这句话说得清清楚楚。但是用波兰语讲出来反而会含糊许多。他也说过不喜欢法语诗歌的清晰性，这里的清晰和含糊伤害了和增加了诗歌的什么效果？

**西川**：在波兰的诗人圈中最令我心仪的是日比格涅夫·赫伯特。我喜欢他的现代寓言和语言上的不假修饰、他的平静、他的智慧、他的深邃，以及他与现实生活的经过处理的关系；我敬佩他在诗歌中表现出来的对于历史的承担精神。但我国对赫伯特的介绍很少，看来是因为他没有得过诺贝尔奖。中国人的文化势利眼于此可见。

当然米沃什也是伟大的作家。我在翻译他之前就读过不少他的作品。按照加拿大温哥华诗人兼极简主义电影导演帕特里克·弗里森的说法：米沃什越到晚年诗写得越好。不过我翻译米沃什却是由于出版社的约稿。出版社编辑认为，只有我能够翻译米沃什的这本以词条为形式写成的自传——诗人的散文最好由诗人来翻译。当时我相当忙乱，接下这份任务后觉得工作量太大，需要占去的时间太多，便约同北塔与我一起翻译。我以前听他说过英语，觉得他译书应该没有问题。这本《米沃什词典》花了我很大力气。我译起来感到吃力。主要是不太了解波兰的历史，而且对波兰语一无所知。

翻译的过程肯定也是学习的过程。在这一过程中，我理解了米沃什为什么是一个亲欧主义者（即使德国法西斯认为波兰是“世界的阴沟”）。也了解到东欧的所谓社会主义不完全等同于中国的“社会主义”。这一点后来我在波兰团结工会理论家亚当·米奇尼克（他深受赫伯特和米沃什的影响）的谈话中得到证实：2010 年 7 月，米奇尼克来中国访问，谈到东欧共产党是苏联人强加给他们的——这恐怕与中国的情况不同。一种强加的政治现实肯定令许多波兰人或者东欧人感到耻辱。

米沃什表达过他的耻辱意识。我在《米沃什的另一个欧洲》那篇文章中引述到他的诗歌《一个装镜子的画廊。第二十九页》:“在帝国的阴影里，穿着古老斯拉夫人的长内裤，/ 你最好学会喜欢你的羞耻因为它会跟你在一起。/……/ 你时刻受到屈辱，憎恨外国人。”他的这种耻辱感又与他对波兰语的感受混合在一起。在《没有名字的城市》这组诗的终篇《我忠实的母语》中，米沃什感慨道:“因为你是低贱者的、无理智者的 / 语言，他们憎恨自己 / 甚至超过憎恨其他民族；/ 是一种告密者的语言，/ 是一种因自己天真 / 而患病的糊涂人的语言。”——这大概不是我们对于中文的认识吧。迄今为止我还没有见过任何中国人像米沃什定位波兰语那样定位我们的中文。不论我们中间有人多么不认同我们的生活和文化，对我们的母语依然不敢造次，而其基本语言姿态来自“语言是我们存在的家”之类的大名言。在我引的这两首诗中，你会发现波兰人又憎恨外国人又憎恨自己。这也许是诗人的夸张，但至少是米沃什感受到的东西。

我本人对于中文——包括古汉语和现代汉语——的认识已经写在我的论文《汉语作为有邻语言》中。我们最好不把米沃什对波兰语和法语进行比较所得出的观点直接拿过来生套在中文头上。在中文语境中，或许讨论一下近年来我们语言的粗痞化以及与之对立的精致化的问题会更有意思。我们语言的粗痞化肯定不仅仅是一个语言问题，它也是当代中国政治生活、经济生活、道德生活作用于语言的问题。在《汉语作为有邻语言》一文中，我讨论了不同语言的句子长度、复句结构的有无、顿悟与逻辑推理等问题，进而谈到中文与西方语言的“真理观”的不同。但没有覆盖现代汉语与现当代中国历史生活的互动关系。现代汉语比古汉语清晰得多（因为现代汉语更加实用，而且不得不处理所谓科学），但这又涉及翻译对现代汉语的影响，特别是马克思列宁主义著作的翻译对现代汉语的影响。无视这些影响，只纠缠于一些对汉语的传统大路货的认识，以及不假思索地把波兰人或者法国人或者美国人的问题当成我们自己的问题，这样的情况该结束了！至少我们应该警惕这样一种把什么都混为一谈的思维方式。

清晰和含糊各有好处，而含糊又分讲不清的含糊和富含歧义的含糊。在国内诗人的写作中，我也看到糟糕的翻译带来的坏影响——原文可能很清晰，但被翻译得语义不明，这于是可能令某些不懂外文又喜好学习的诗人以为，那也是一种写法！作为诗艺的模糊和失败表达的含糊从来都不是一回事。我做翻译，对这种不同十分敏感。应该警惕“含糊”作为失败表达的借口。

回到你说的“清晰 / 含糊”。我可以给出一点我的想法。但我想把它们置换为“直接”与“繁复”这两个不完全对接的概念。博尔赫斯在他的谈话录中曾经表示过：越到后来他的诗歌写得越直截了当。他反对巴洛克式的繁复修辞。但我想，繁复，也不仅是一个修辞问题，它也可以是结构问题、象征问题等等。我尽量避免仅仅是修辞意义上的繁复。我在《穆旦问题》和《抹不去的焦虑》等文章中批评过穆旦、卞之琳等人的所谓的"繁复"。我认为他们都不是真正具有复杂思维的人，而仅仅具有风格意义上的、修辞层面上的"繁复"；对我来讲，这意思不大，不论你是哪一宗哪一路的"现代派"。有一段时间"繁复"成了部分中国诗人和诗歌批评家醉心的东西，但没有复杂艰深思想的人玩不转"繁复"（充其量只是被夸张为"艺术"的饶舌）。而当下一些诗人反对"繁复"，走向另一个极端，即将语言完全等同于吃喝玩乐，这虽然有趣，但肯定有碍于真正的艺术创造力的展开。

在任何大诗人的作品中都有透明的部分和不透明的部分，这不透明的部分比复杂更复杂，比隐晦更隐晦，比独在更独在，有时甚至完全拒绝分析，与此同时，又表现得准确无误。但他们也有异常清晰的时刻，仿佛旭日喷薄而出。中国当下的诗人们对这些东西体会不深。我想，在当下，在玩过了种种现代主义和后现代主义的文学戏法之后，面对这样一个转折和问题如山的时代以及这样一个时代中的"我"，直截了当应该成为一种重要的写作品质。这是对种种既定文学、文化、思想、政治概念的不屑一顾。但直截了当不是浅薄的同义语，不是网络耍宝耍横逗闷子（那是另一个行当的行为模式）。近年来，有不少时候，我都是直截了当的，我从一个封闭的"专业"诗人渐渐变成了一个开放的"业余"诗人，与此同时我要求自己保持一种充满问题意识的复杂性。

**吕**：20世纪的波兰大诗人就有申博尔斯卡、米沃什、扎加耶夫斯基、赫伯特等几位。波兰是小语种，何以会同时间出产这么多大诗人，这种现象在希腊语、意大利语中也存在，请西川先生谈谈这个问题。

**西川**：首先我想给你泼点冷水：别太天真——波兰这么多诗人为我们所知并不仅仅是因为他们写得好。当然他们写得的确好，但除此之外，他们的宣传工作做得也好。在美国，米沃什、布罗茨基、扎加耶夫斯基等人是一个抱得很紧的、在文化上颇有势力的小圈子。属于这个小圈子但不一定常住美国的还有温茨洛瓦等。已经不会说塞尔维亚语的祖籍塞尔维亚的美国诗人查尔斯·希密克，还有来自加勒比海的沃尔科特都与这个小圈子很接近。这个主要由东欧、俄罗斯人构成的小圈子，能量巨大。他们主要的出版机构是ECCO出版社。这个小圈子里的人相互扶持，让人羡慕。他们的确做了很多事：编选集、出版、翻译、做评论、讲学、发表政治见解、声援世界各地的异见人物等。2000年我曾在德国柏林的《写作国际》杂志编辑部读到米沃什、苏珊·桑塔格等人声援中国某异议分子的信。我告诉该杂志总编，他们对这位中国人的称呼是错误的，就像把“西先生”称呼成了“川先生”。

由于这个小圈子里的好几个人都得过诺贝尔奖，我们对他们就熟悉起来。加上他们中间的多数人都有过社会主义经验（冷战的一部分），我们对他们便格外关注。米沃什本人很注意在国际上宣扬波兰诗人。在他编选的国际诗选《明亮事物之书》中，他给了波兰诗人约五分之一的篇幅（剩下的篇幅，法国人、美国人、中国古代人各占五分之一，还有五分之一的篇幅由全世界其他地方的诗人们共享）。关于这本诗选我写过一篇名为《米沃什与中国古典诗歌》的书评。《读书》杂志在 2007 年 1 月发表该文时将题目改成了《米沃什的错位》。然后我在网上读到某人对我的批评:“不悔自己无见识，却将丑语怪他人。”

相较于英语、法语、西班牙语、俄语、汉语、阿拉伯语，波兰语的确是个小语种。但波兰人自己可不觉得自己小。《米沃什词典》中说得很清楚，在近现代波兰，一直存在着一种“波兰中心主义”。这一点都不奇怪。连只有 800 万人口的塞尔维亚也有一种“大塞尔维亚主义”。

下面说点波兰人的好话。

我其实非常热爱波兰文化。密茨凯维支的一些描述克里米亚的十四行诗令我沉醉。我曾经如饥似渴地阅读显克微支的长篇小说《君去何方》。波兰民族就人口来说虽然不大，但其文化关怀相当绵厚。波兰语属于斯拉夫语系，但波兰人的文化骄傲又长期处于俄罗斯人的威胁之下。波兰历史上曾反复受到外族入侵，其版图变来变去。这些情况都对波兰人的文化意识产生了影响。无论是米沃什还是赫伯特，还是申博尔斯卡，都有一种对巴尔干现实的深切关注。他们的诗歌语言和文化意识，深深植根于他们的社会、历史、政治现实。波兰人让我相信，一种文学语言，完全可以从一种社会现实中生长出来。无论你从别人那里学来了什么，都不能替代你的现实感。

有时，我甚至觉得，写得多好都没有写出你自己的东西更重要，而写出了自己东西的人，一定是能够从他 / 她的生活本身发现语言的人。(这种作为艺术家对于原创性的需要，甚至影响到我对其他一些问题，包括政治问题的看法。) 我相信我们中国会有这样的诗人产生——或许已经产生了。就像骆一禾说昌耀那样:“民族的大诗人从我们面前走过,可我们却没有认出他来。”真够讽刺的。

你提到的希腊诗人、意大利诗人的情况与波兰诗人的情况稍有不同。前两者没有后者的社会主义经验,这两个国家的诗人对于存在与政治的探讨没有波兰人深入。意大利和希腊都是南欧,但意大利与西欧更接近,而希腊(当代)在欧洲的身份更边缘一些。我们知道的希腊诗人有塞弗里斯、埃利蒂斯、里索斯,还有也写诗的小说家卡赞扎基斯等。我个人也认识个把希腊诗人,比如安纳斯塔西斯·维斯托尼提斯。里索斯是个共产党员,深入当代生活,而塞弗里斯和埃利蒂斯则有一种接续古希腊文明的意思(尽管方式不同)。但现当代希腊与古希腊不完全是一回事(从语言到民族,据希腊作家尼克·帕潘德里欧)。于是我们看到不完全是古希腊人的希腊人在努力接续古希腊,这其中意味多多,值得我们认真体味,说不定能发现一些有价值的东西。

**吕**:除了米沃什之外,我也喜爱您翻译的博尔赫斯。博尔赫斯在他的《谈艺录》里面讲过他对斯堪的纳维亚语汇的吸收。美国诗人加里·斯奈德深受中国古典文化和日本俳句的影响。甚至扎加耶夫斯基也写过《中国诗》,这种吸收外来语汇和对外国文学的借用所造成的陌生性使诗歌既变得艰涩难懂,又增加了阅读趣味。西川先生如何看待这把“双刃剑”?

**西川**:你问的都是大问题,很难一句话两句话回答清楚。博尔赫斯用西班牙语写英语,有他家族的原因,好像他的祖辈与英国的诺森布兰有些关系。博尔赫斯从现代英语进入古英语，进入盎格鲁-撒克逊语，然后从那里进入北欧斯堪的纳维亚神话。那里面有一条线索。博尔赫斯是一个寻找源头的人，好像一旦能够找到事物或者语言的源头，他就能解开宇宙之谜（例如其小说《阿莱夫》）。博尔赫斯是一个真正的爱智者，这样的人在中国根本就不存在。博尔赫斯虽然是阿根廷作家，但从大文化的背景看，他依然是西方作家。对西方作家来说，文学中的民族主义并没有像曾经受到压迫或殖民的中国人、印度人看得这么重。博尔赫斯说："莎士比亚不是典型的英语作家，塞万提斯不是典型的西班牙语作家，雨果不是典型的法语作家。"——如果我要说李白不是典型的唐代中国诗人，那我一定得事先准备好被人打得鼻青脸肿。

自欧洲启蒙主义运动以来，世界主义既已被欧洲文化人甚至老百姓所接受。但这不是中国的情况。在我们牛气哄哄的时候我们蔑视蛮夷；在我们牛不起来的时候我们要么全盘西化，要么抱残守缺；在我们牛得不上不下的时候我们都成了文化上的民族主义者。太逗了！"越是民族的越是世界的"这句老生常谈只属于劣势文化——如果你觉得中国文化是强势文化，那就别说这句老生常谈。民族文化当然重要，还用说吗？这是我们的根。但以一种敞开的心态面对世界文化至少是健康的心态。我热爱中国古代文化。我认为中国古代文化是强势文化，所以我从不说"越是民族的越是世界的"。想在世界上成功，写出属于你自己的东西最重要。写成博尔赫斯那样也不成。成为博尔赫斯第二其实也没什么意思。

如果说博尔赫斯是自然而然接受了其他文化的影响，那么加里·斯奈德可能有点不同。在施耐德早期，他天生对身边的印第安文化有兴趣；他又接触到亚洲文化，特别是佛教文化。但是后来，他有了批判和反抗的对象，也就是说他对不同于盎格鲁-法兰克文化的其他文化有了一种有意识的借鉴。所以有美国批评家指出，施耐德针对美国的现实生活发明了一种新的宗教、新的诗歌、新的语言。在我翻译的加里·斯奈德诗选《水面波纹》这本书中，收入了许多他以日本、中国、印度为题材的诗篇，而他在《词篓之妇》这首诗中表达过他对西方文明的厌倦：“但我们的书写 / 老套而无关痛痒，而语言 / 是别处土地上什么部落与古老战争的 / 糖渍果盘。”

向外国文化学习首先是你得有这样的需要。在任何时候，都是有正就有反。五四时期一边是文化新人，一边就有学衡派。学习外国也是为了解决自己的难题，而不是变成一个外国人。中国的事情好玩：有些人穿着牛仔裤，喝着红酒、咖啡，但就是反对你“与外国接轨”！——当然，他们的反对也并不全错，因为中国是一个文化大国，文化大国在世界上的责任之一就是向世界提供价值观。

至于你提到的“陌生”和“艰涩”，端看你想追求什么样的读者。你要想追求大众读者的叫好、吹口哨，你就写人民群众喜闻乐见的作品吧（尽管你表面上不承认你是受到了毛主席《在延安文艺座谈会上的讲话》的影响）。但有点残酷的是，人民群众说不定喜欢的是资产阶级少爷徐志摩。人民群众就喜欢资产阶级少爷，这是事实。你那种假设的人民大众其实还是小众。明白了这一点，艰涩就艰涩吧，直到你自己有了一种追求，就像后期的博尔赫斯，忽然有了一种对直截了当的需要，也就是说，对艰涩本身感到厌倦了。在美国，有一些诗人写一种叫作“困难诗”（difficult poetry）的东西。这在中国不能想象。中国人已经向着顺口溜一路下滑了。这不仅是诗歌的问题，这是国家方方面面的问题在诗歌和语言上的汇总。看看这个有趣的情景：你这也不痛快那也不痛快，但你其实是这种种不痛快的一部分。我只好说：其实你是喜欢在粪便里游泳！我吸血鬼的幽默感允许我享受那些聪明的、没有难度的、逗趣的、口语的、傻呵呵的、打动人心的好句子、好词，与此同时我也知道这世界上的诗歌千奇百怪、千姿百态。

我从来不曾从陌生化、艰涩、阅读趣味等角度考虑过对于外国文化的借鉴。这些东西都属于风格范畴。我的写作早就超越了风格范畴。我希望我能处理一些根本性的东西：现实的、历史的、思想的。我曾应约给印度的《准岛屿》网刊写过一篇英文文章《风格作为一种奖赏》（“Style Comes as a Reward”），你在网上可以搜到。在这篇文章的开头我就说到，我们几乎不会从风格的角度讨论托尔斯泰和陀思妥耶夫斯基，风格这个概念适用于讨论沈从文、美国的威廉·萨罗扬、英国的E.M.福斯特等。

**吕**：您的新译作《水面波纹》是翻译的美国大诗人加里·斯奈德的作品。这位具有中国诗风的垮掉一代的代表诗人，并没有另外一位金斯堡为国人所熟知。张曙光在《斯奈德和他的中国诗风》里曾谈到施耐德在写诗时尽量使用最简单的、像汉字一样的单音节的英语词，使诗行呈现出一种坚韧紧凑的表面结构；同时，他也模仿在读中国诗时能感觉到的那种强烈的节拍。然而国内人士却严厉批评具有外国语境写作的诗人，甚至您自己也受到过这种批评。请问西川先生怎么看待这种吸收和随之而来的批评？

**西川**：我个人的写作前后变化很大。1992年以前我努力学习外国诗人，努力使自己“现代”起来，之后我开始尝试写点我自己的东西。当我这样做，我自然开始重新掂量，认识我们的文化遗产。对我来说，古诗只是我面对的一部分东西，我同时也面对中国古代的笔记文、诸子散文和历史著作。我读的古书不比那些坚守民族文化立场的人少，但我和他们在对古书的理解方面可能存在着不同。有些人一直好心想把我留在20世纪80年代，认为我那时写的东西是真正的诗歌，但我自己没法那么干，所以我让不少朋友失望了。对不起，我也没办法。而另一些人批评我的写作是“翻译体”“与西方接轨”——这大概说的是我80年代的作品吧。可能也有人认为我现在写的东西依然不是中国的——那就随他们去吧。在徐悲鸿将写实绘画带来中国以后，再经过革命的现实主义与革命的浪漫主义这么一结合，咱们许多人早已把焦点透视理所当然地当成了中国的东西，而将他们忘记了的、看不懂的散点透视当成了西方现代派的东西——对于这样的“洞见”我只好说“服了”！我受到的批评远不止这些。有一次一位出版社编辑来我家，转来了别人对我的三条批评：一、靠海子出名；二、不就是懂点外语嘛；三、东西越写越差！——真好玩。第一条已经是老生常谈了；见拦不住我，于是有了第二条；还不解气，就有了第三条。谢谢他们在我身上费这么多心思。关于第三条，我承认我有写得不顺手的时候，但同时我也知道，我的写作与他们的写作渐行渐远。到目前为止我还没有开始说什么人的坏话。我对事物，对我们时代的诗歌当然不是没有判断的，问题是值不值得说。

回到施耐德——也不是回到施耐德，是回到你说的结构、节拍。首先，西方、俄罗斯、拉美许多诗人对语言的音乐性都相当在乎（没有我们某些人说的“听不见的音乐”或“视觉音乐”这么复杂，这么玄妙，人家是拼音文字）。不少俄罗斯诗人如果不押韵，简直就不会写诗。几乎所有英语诗人都在乎音乐性，不过有些人在乎的是如呼吸一般的音乐性，有些人在乎的是机械音节如我们古诗中的格律，有些人对口头文学中的音乐性更上心，有些人自觉接近爵士乐或说唱摇滚等。英语有两个来源：一个是盎格鲁-撒克逊语，一个是诺曼法语。这两者中，前者词汇音节简洁，后者词汇多为多音节。所以在英语中，凡遇多音节词，便有可能来自诺曼法语，而这样的词汇，一般为文绉绉的大词。在20世纪的英语作家中，海明威使用短句子，同时词汇上有回返盎格鲁英语的倾向。施耐德模仿中文音节，也就是用单音节词汇模仿中文的单音节效果，看来比海明威更激进。

施耐德翻译过《寒山诗》。如果你能读英文，你就会发现，他不仅使用单音节词汇，他还用单音节词汇模仿中国古诗的五言效果。但施耐德不是唯一这样使用英文的人。施耐德的朋友，翻译过《道德经》《千家诗》《寒山诗》《韦应物诗选》的美国翻译家瑞德·派恩（Red Pine，自号“赤松”）也是这样使用英文。赤松是个高人、“疯子”、“流浪汉”。他的本名为比尔·波特（Bill Porter），中国出版过他的《禅的行囊》《空谷幽兰》等书。赤松的英译中国诗在美国翻译界独树一帜。他完全是用英文模仿中文，并因此对英文有所发明。赤松和施耐德都是受益于美国太平洋文化的人物。

但以一种语言模仿另一种语言同时对本语言有所发明的事不是美国人的首创。在历史上的各语种《圣经》的翻译方面已经有这样的先例，而且，《圣经》各地方语言的翻译对该语言都产生过影响，相对晚近的汉译和合本《圣经》如此，英国的詹姆斯王钦定本《圣经》也是如此，马丁·路德的德译《圣经》也是如此。德国人在翻译古希腊著作时尤其表现出他们的谨慎和高尚。我听说，为了翻译古希腊文献，他们专门发明了一种接近古希腊语的德语。我们从德国人的这样一种对待语言和翻译的态度，可以体会出文化的力量。但当我们扪心自问我们是否也能展现这样的文化力量时，我们会脸红的。我们的民族主义不应该只是保证我们成为一些目光短浅的人。

**吕**：布鲁姆在《如何读，为什么读》这本文学批评里面宣称短篇小说都不是象征性的，而大多数读者认为博尔赫斯的小说是象征性的。为什么博尔赫斯作为读者眼中的象征性的小说家和作为大批评家布鲁姆眼中的非象征小说家是截然相反的呢？

**西川**：我没看过布鲁姆的这本书，不知道他谈博尔赫斯的上下文是什么。博尔赫斯、部分的卡尔维诺、卡夫卡、霍桑，都不是一般意义上的小说家。可以说他们的小说都有某种寓言性质。好吧，我更愿意说博尔赫斯是寓言性的。

**吕**：博尔赫斯是一位大诗人，也有很多读者认为您也是一位大诗人。大诗人常常比小诗人更耐读，但是小诗人却比大诗人更优秀。因此在我的诗友中出现了敌对的两派：一部分人只学习小诗人，一部分人学习大诗人。请西川谈谈作为大诗人的伟大性和作为小诗人的优越性。

**西川**：嘿嘿，“小诗人比大诗人更优秀”。记得我曾经跟你引用过的一句话吗？“优秀是伟大的敌人”。在《无关紧要之歌》这首诗中我写道：“它决定做一只优秀的苍蝇无关紧要。”在《万寿》中我还曾写道："大狗叫，小狗也叫，/但小狗叫破了天依然是小狗。"——我当然是能够区分大诗人小诗人的，但我没有自诩"大诗人"的意思。泰戈尔说："应该像大海一样谦逊。"所谓"大诗人""小诗人"是比较的结果。如果做比较，势必涉及谁与谁比。拿王维和李白比，王维就是二流的（这是钱锺书的说法：在二流诗人中王维居首位）。此外。大诗人、小诗人，不是依他们的社会世俗名声来划定的。在我看来，所谓的"大诗人"，必是富于创造力的人，仅有良好的审美趣味不能保证一个人能够跻身"大诗人"的行列。但我看大诗人、小诗人没有那么多帮派色彩，没有那么多身份地位的考虑。依然是博尔赫斯说过的话："在所有二流诗人身上都有闪光之处。"二流诗人或"小诗人"的优点是：好句子好句子好句子，好标点好标点好标点，抒情抒情抒情，闪光闪光闪光——你让他们不闪光，那比登天还难！

如果你的问题涉及阅读，那我要说：可以少读些大师的作品。我们学校有一位教师总是告诫他的学生："不必热心于大师，但要了解大师的准备工作。"我在《重新注册》这本译诗选的"说明"中说过：大师的作品我们已经读得太多了。

**吕**：您的另外一本新译作《重新注册》大多收录的是国内还不熟知的青年诗人。也有很多小语种诗人，比如比利时诗人雨果·克劳斯。您通过英语转译成汉语，而诗歌被认为是不可翻译的。这增加了翻译的难度，想必也增加了翻译的乐趣。请您谈谈翻译这本书时遇到的困难和出书后所收获的喜悦。

**西川**：又回到了我们前年在深圳谈到的话题。如果诗歌完全不可翻译，你不会问到我米沃什、博尔赫斯、加里·斯奈德。我认为诗歌既是不可翻译的又是可翻译的。千万不要迷信什么“不可翻译”的危言耸听。我忘了这是谁说的了——不是艾略特就是弗罗斯特。艾略特翻译过圣-琼·佩斯，弗罗斯特好像没翻译过什么人。而艾略特的老朋友，也是帮助弗罗斯特出版第一本诗集的庞德，则翻译过很多东西——从意大利的卡瓦坎提到中国的《诗经》。人类文明之所以有今天，离不开不同语言之间的翻译。而关于具体翻译的难度与乐趣，语言和语言的重叠部分，语言和语言之间不得不发生的变异，以及为语言变异所带动的概念变异对于另一种文化的影响等，又是一个如山的问题。你为什么不自己动手翻译一首诗来体验一下呢？如果你外语水平有限，与人合作翻译一下也行。当年林纾翻译了那么多东西，而他本人根本不懂外语，是有人帮助他。他曾用《尚书》的语汇翻译小仲马的《茶花女》，好玩得很。

2012 年 5 月 9 日

# 喧嚣的含义[①]

## ——答李金哲问

面对波澜壮阔的中国百年诗歌发展历程，以及如雨后春笋般破土而出的中国新诗，我们究竟该如何认知？西川作为当代中国最重要的诗人，在谈到中国新诗的标准问题时表示，其实每个人都有自己的标准，有的人的标准来自唐诗宋词，有的人的标准来自雪莱、拜伦、普希金的浪漫主义，有的人的标准来自徐志摩、林徽因、戴望舒、冰心还有木心，不同的文学标准撞到一起就是没标准。

### 我们需要对前辈诗人做进一步解读，但结果可能是汲取营养，也可能是彻底抛弃

**李金哲**（以下简称“李”）：今年上海书展期间，您作为当代中国

① 本访谈发表于 2016 年 10 月 2 日上海《青年报·新青年周刊》，系该报“西川专辑”的一部分。访谈原标题《诗人自信不自信都可以写出好东西》。导语为李金哲所写。

最重要诗人，同国内外众多知名诗人一起探讨了百年中国的新诗。这也是近期诗坛非常热门的话题。在您看来，我们诗人以及读者该如何评价中国这一百年的诗歌？对当下创作有何启发？

**西川：**上海诗歌节期间，在上海交大关于新诗百年的座谈会上我提出了三个问题：

第一，五四运动或者新文化运动与晚清的政治、文化之间的历史逻辑是什么？经常见到有人出于对当今文化状况的不满而慨叹“五四”割裂了中国文化传统，但这些人都没能将“五四”与太平天国、洋务运动、帝国列强的介入、义和团运动、戊戌变法和作为政治文化象征的满族皇室等因素捆绑在一起来讨论问题。在当时的历史条件下，不仅中国需要现代化，印度也需要，土耳其也需要，埃及也需要。但各国选择的道路不同，所以后来结果也不一样。如果在20世纪初，西藏文化、新疆文化也经历了一个自觉的现代化过程，那会是什么样的结果呢？这其实也值得人们想一想。我们不能轻飘飘地，无关痛痒地面对历史。“五四”一代人的历史选择是出于不得已，并不是出于一时的心血来潮。从这个意义上讲，新诗的产生是必然。

第二，所谓“一百年的诗歌”，包括不包括20世纪50年代、60年代、70年代的写作？如果不包括，这个时间段就不是100年而是70年；如果包括，那么究竟如何评价那干革命的、大搞阶级斗争和社会主义的30年？我们当下的写作与那30年扯不上一点关系吗？社会主义经验究竟应该如何处理？东欧的作家、诗人们处理了他们的社会主义经验，我们要处理这段历史经验时是否把他们的文学方式借用过来就行了？

第三，如何估计当代诗歌的成就？我个人认为，当代诗歌写作的成就超过了“五四”以来任何时期的诗歌成就。只是人们不了解当代诗歌的成就，或者不习惯说当代诗歌的成就超越了前人。其实从1919年到1949年只有30年的时间，中间又有战争，诗人们的写作一定会受到影响。前面我说到，五四运动的产生是历史的必然，呼天抢地地为前人反悔是没有用的。但五四运动没能产生几位真正的诗人也是事实，我们现代文学史中提到的多数诗人，不过是一些文学青年和一些三流诗人而已（我不怕别人说我是八流诗人）。

当然，少数人除外，如写下《野草》的鲁迅，写下一系列十四行诗的20世纪40年代的冯至，当然，还有几位，比如艾青等。即使郭沫若、徐志摩等，我认为他们写得好的作品也不同于市面上流行的看法。郭沫若的《夜步十里松原》是一首好作品，徐志摩的《常州天宁寺闻礼忏声》也是一首好作品。但当下的诗人们，很少有人自诩是“五四”或20世纪三四十年代的中国某位或某类诗人的传人。

诗人们常挂在嘴边的大人物全是外国人：布罗茨基、保罗·策兰、T.S.艾略特、埃兹拉·庞德、里尔克、阿赫玛托娃、茨维塔耶娃、金斯伯格、米沃什、特朗斯特罗姆等等，这令咱们大学里编教科书的老先生们以及他们的博士弟子们感到焦虑，因为这威胁到了他们已然定型的审美趣味和他们的文学史书写。我们当然需要对前辈诗人做更进一步的解读——但解读的结果可能是汲取营养，也可能是彻底抛弃。对第一线的写作者来说，文学史写作是教授们的事。

## 写作从每一个具体写作者来说，无所谓自信不自信，自信不自信都能写出好东西

**李**：在您近几年的新作《大河拐大弯》中，以“大河拐大弯”这样一个新奇的概念来面向当下中国诗歌的问题。您说，百年诗歌透露出了一种不自信。其实在古代我们对文化有着十分的自信，但在这百年中我们为什么会不自信了？又如何自信起来？您为中国诗歌创造力找到的出发点和突破口是什么？

**西川**：中国人寻求现代性不是主动的行为，而是被动的行为，是出于不得已。现代性不是肇始自中国，它是西来的东西。在过去的100年间，中国的新诗人们不是学西方，就是学苏联；虽然新中国成立以来也有过“大跃进”民歌运动和诗人们的“古典加民歌”的追求，但新诗人们在诗艺方面学得多发明得少。这可能也与现代汉语发展的时间短有关。

古汉语有漫长的历史，现代汉语的历史语言资源相当丰富，但告别了古文、白话文的现代汉语自身的历史并不长。我认为白话还不是现代汉语：白话面向古汉语，而现代汉语成长为一种能够处理当代生活和当代思想的语言，是因为它接受了西方语言（句法方面）和日语（词汇方面）的影响。不过尽管受到外语的影响，现代汉语依然以汉字书写，依然是短句子思维，所以依然保留了它的汉语性。关于这一点，我在《大河拐大弯》那本书中有所论述。

写作，从每一个具体写作者来说，无所谓自信不自信。自信的人能够写出好东西，如李白；不自信的人也能写出好东西，如马尔克

斯。马尔克斯总是怀疑自己。不过一般说来，在当代中国，越没见过世面、越无知、越缺乏客观性的人越有一种盲目的自信。所谓“无知者无畏”“我是流氓我怕谁”之类的说法，都来自这种盲目的自信。

我本人没有那么自信，我能一眼认出真正的、陌生的好东西，并且能够立刻检讨出自己的问题所在。在面对当下生活时我有时也会自感语言乏力。但与此同时，我也知道，我已经写出了一些我的前辈们没有写出的东西。我力图使我的写作与时代生活、历史转折中的种种跌宕、颠簸、悖论、混乱、困惑、真真假假的笑脸、哭丧脸、可能性等相对称；我为我自己发现和发明了一些概念和工作方法，例如“伪哲学”“伪理性”“矛盾修辞”“我和我”等。

我的前辈们写出了他们的愤懑、批判、喜悦、忧伤、孤独、激情、禅意、韵味，他们理解的美，但他们似乎没能历史化地处理他们的情绪并为此在文体方面有所发现。所以有时我感觉自己身处无人之境。我做过一些文字实验，我知道什么叫失败的滋味。我还会继续实验，这不是出于对现代主义文学信条的忠诚，而是出于一种需要，即诚恳地面对社会生活、历史生活和我自己。

## 我们经常看到不同的群体给不同的诗人颁奖，搞得任何一个奖项似乎都缺乏权威性

**李**：您如何看待中国当代汉语诗歌观念、流派众多的问题？争议喧嚣背后，您认为目前诗人创作最缺乏的是什么？

**西川**：很多人感叹当代诗歌写作已经丧失了标准，这种感叹的潜

台词也许是，20 世纪 70 年代有标准，60 年代有标准，或者古代的诗歌写作者们有标准。我想提醒大家的是，这是一个大河拐大弯的时代，大家难免观点不同、趣味不同、价值观不同。20 世纪 80 年代末以来，别说诗歌界，中国的整个知识界不知道分裂成了多少块，有人说 8 块，有人说 13 块。当下中国的诗人们大致可以分为三大块：写古体诗的是一拨，跟着主流审美习惯写所谓新诗的是一拨，具有小杂志背景的反主流诗人们是一拨。这第三拨诗人们，从朦胧诗开始，就分化成了许多不同的写作帮派，围绕着不同的小杂志展开活动。我们经常看到不同的群体给不同的诗人颁奖，搞得任何一个奖项似乎都缺乏权威性。前几年，网络上总能看到诗人们打架。就是今天，任何一种诗歌观点的网络发布都会吸引来相反意见的跟帖。有些诗人不在乎大众审美，而大众中胸藏不平、急脾气、缺少发言渠道的人们总是理直气壮地谴责具有实验色彩、前卫色彩的诗人们，因为大众也不是文盲，李白杜甫总是读过的！这种情况的产生有很多原因，我想其中一个主要原因是，大家的审美标准来自不同的时代、不同的地理环境、不同的信息环境。其实每个人都有自己的标准，否则不会看不惯这个看不惯那个。有的人的标准来自唐诗宋词，有的人的标准来自雪莱、拜伦、普希金的浪漫主义，有的人的标准来自毛泽东《在延安文艺座谈会上的讲话》，有的人的标准来自徐志摩、林徽因、戴望舒、冰心，还有木心，有的人的标准来自他们理解的佛教、道教、基督教、伊斯兰教、虚无感、厌倦、无聊、道德反抗、道德维护、人道主义、普世价值，有的人的标准来自现代主义，有的人的标准来自后现代主义……不同的文学标准撞到一起就是没标准。不同的文学标准对应着不同的时代。

自 1911 年以来，中国经历了清朝政府的倒台、新文化运动、救亡图存、共产党取代国民党、移风易俗、“大跃进”、“文革”十年、启蒙十年、市场经济、全球化、信息化、城市化……你想在这样跌宕的 100 年后寻求诗歌的标准，你一定是个有文化的疯子。这 100 年来，中国人始终奔驰在获取现代性的道路上。许多 100 年前、80 年前被提出的问题到今天并没有被回答，被解决，被消化。而凡是没能被消化的问题其实都是当代问题——100 年前的问题也是当代问题。

在今天，我们其实有必要讨论一下“当代性”这个问题，它可能比“现代性”的概念更令人着迷。“现代性”对于大家来说，意义也许是相近相似的：进入机器文明、工业化、资本主义、民主政治、城市化等等，但各个国家的“当代”也许大不相同：美国有美国的当代，俄罗斯有俄罗斯的当代，欧洲、拉丁美洲、日本、印度、土耳其、阿富汗、安哥拉也有各自的当代。“现代”或许是短暂的，而“当代”也许相当漫长。“当代”和“当代性”作为概念在这个世界上还没有被充分讨论。西方人所说的“当代”意指同时代，英文中有 contemporaneity 这个词，我也见过 contemporality 的说法。但“当代”在中文里包括了“当下”的含义，“当代”就是生长的时刻、泥沙俱下的时刻、标准混乱的时刻、生机勃勃的时刻、创造力爆发的时刻。标准往往是在“当代”尘埃落定之后确立的。

## 宣布“诗歌死亡”这件事，既不新鲜，也不刺激，更别说有什么深刻的含义在里边

**李：**有专家曾表示，20 世纪 90 年代的他所面对的诗歌环境，是一

片诗意的废墟和精神上的幻灭。甚至一度有人认为“中国诗歌已死”。如今全国主要城市都在大力举办诗歌节，诗歌回暖，您如何看待这份温度？它会熄灭吗？

**西川**：说“诗歌已死”的话不仅在中国有，在别的国家也有。智利诗人聂鲁达在他的回忆录《我承认我历尽沧桑》中说：“每个时代都有人宣布诗歌的死亡。”所以宣布“诗歌死亡”这件事，既不新鲜，也不刺激，更别说有什么深刻的含义在里边。如果这句判断公布在尼采的“上帝死了”之前，还有点发明性。有些人愿意这么宣布就让他们宣布吧。问题是不知道他们要宣布多少次才觉得过足了瘾。在任何时代任何国家做此宣布的人都不会是真正的或者重要的诗人。这往往是一些边缘性诗人说给媒体的话，然后被媒体知识分子引用再引用。我想，不管诗歌是否被宣布了“死亡”，真正的诗人们还是会一如既往地继续自己的工作。如今，诗歌好像又活了过来，诗歌活动又多了起来，但我也并不觉得这是什么“回暖”。大家只是看到了诗歌活动，对诗歌本身的认识不见得就登上了新的台阶。诗歌活动的增多有许多原因：有的诗人做了老板，一把年纪以后开始怀旧（或者说不忘初心），不甘寂寞，就玩儿了回来；有的诗人掌握了某地的文化话语权，自然就会搞些诗歌节之类的活动；某些地方要开发旅游，展现软实力，搞诗歌节等于是给本地打广告。我参加过一些诗歌节。感觉有人关心诗歌总是好事，但也看出一些诗歌节中存在的问题：例如现在一些地方在文化虚荣心的驱动下已经不满足于只是举办诗歌节，而是要办“国际”诗歌节了，但由于中国诗歌界与国际诗歌界其实没什么来往，所以被请来代表“国际”的人物，经常是汉学家、外国学生，以及在中国混得不上道的外国诗人；诗歌活动组织者有时甚至还会请几个已经加入外国籍的中国诗人充当“国际”代言人！当然我们也在进步。这一次上海国际诗歌节就搞得有模有样：多语种朗诵会、事先设计了话题的对谈活动以及在大学里举办的座谈会等。诗歌节得由内行人设计和组织。诗歌节的举办应该主要是为了诗歌和诗歌文化本身。我不反对搞诗歌节（当然也觉得现在诗歌节太多了），但我想，诗歌节再多也不等于诗人们的写作已经有多么了不得了。

**李：**当下诗歌也呈现出多元现象，比如网络诗歌大发展，就让我想到了以前的白话诗，白话诗是人人都可以写诗，写的诗人人都可以看懂，人人也可以做诗人，但是总觉得少点味道。您如何看待现在的网络诗歌，会是一种时代的倒退或者对诗歌的一种伤害吗？与此同时，得到发展的还有地方性诗歌，这一过程中底层草根诗人迅速崛起，女性诗人大量涌现，诗歌评论家说，中国当代诗歌进入了一个全面兴起和相互竞争的阶段，各种诗歌主张和思潮开始走向深入和成熟。已经开始创造新的美学思潮，建立新的中国现代意义世界的时候了，您怎样看待这样的美学和意义？是否有让您眼前一亮的诗歌？

**西川：**我们正经历着阅读方式的转变。有时我乘坐公共汽车或者地铁，环视一下，大家全在看手机。有些诗歌的短小形制适合手机阅读，这给了诗歌以便捷传播的方式。这让我想到，长篇小说在西方曾经一度被冷落——谁有工夫天天抱着比砖头还厚的《战争与和平》看呀！但是，没想到西方汽车工业的发展又重新刺激了本来在电视推广以后就日渐没落了的广播的发展，于是有声读物登场：你可以一边开车一边听《战争与和平》。技术创新的确会影响到我们的生活方式。现在，至少一些有心人可以在手机上读诗了。网络上的诗歌公众号也活跃起来。我本人也为好几家网络诗歌平台朗读过自己的诗。这都是好事。当然，网络对诗歌也是有选择的，它选择短小的、抒情的、煽情的、矫情的、小资的、浪漫的、文艺的、平易的诗歌，不是什么诗都适合发布在网络上，例如《神曲》《浮士德》这样伟大的作品，还有实验性的前卫的诗歌，是不会在网络上传播的。这无形中又对诗歌写作形成了限制。如果自由的、广阔的，甚至野蛮的、危险的诗歌写作最终被网络所塑造，那又是真正诗人的不幸了。

我注意到了地方性诗歌、女性诗歌借助便捷的传播手段扩张开来的倾向。这挺好。不过对诗歌的地方性，我有我的看法。诗歌需要地理特征，但“地方性”作为一种诗歌观念其实是美国诗人的发明。弗罗斯特就写地方性的诗歌，而波兰诗人米沃什说弗罗斯特的地方性是装出来的。大国诗人们可以玩地方性，而小国诗人们，小语种诗人们，例如东欧诗人，则力求表现普遍性。我们的先哲们对“地方性”也多有批判，例如墨子、孟子和商鞅都批判基于“私”概念的地方意识。他们没想到，两千多年后，中国人在知道了一点西方的个人主义、普世价值之后，在挣了点钱、意识到私有财产需要被保护之后，在商品化娱乐化之后，在目睹了自然环境被破坏使得乡愁无处投放之后，在一种大体上说去政治化的政治环境中，会向“私”概念强力回归，这能气得先哲们从坟墓中爬出来。

## “碎片化阅读”是个时髦的说法，我警惕一切时髦的说法，其实那不是阅读而是娱乐

**李**：当下有一个火热的诗歌概念——截句，您也参与其中，并出版诗集《截句诗丛 山水无名》，您怎样看待截句这种文体？有读者评价，“截句太短，没有诗的感觉”，您如何看待这种反馈？它是碎片化阅读时代的产物吗？

**西川**：“截句”的发起人是小说家、诗人、出版人蒋一谈先生。他几次动员我加入他的“截句”诗丛的出版，我就加入了。《山水无名》这个书名也是他帮我取的。书中的“截句”也是他或者他手下的编辑帮助从我过去的作品中选出来的。我只是调整了一下那些句子的排列顺序。我在这本书的后记里说：“截句”这种东西古代就有，但古人管这叫“秀句”。古人会把“秀句”分门别类编成书，作为才智平庸者的写作参考书。我当然认同现代汉语诗歌需要一种短小诗歌形式的想法。

我们古代有绝句的形式，日本有俳句的写法。如果“截句”这样的短小形制能够被大家接受，那当然是好事。不过多年以来，我对自己的开发和训练，多是在相反的方向上，我要求自己能够在必要的时候口若悬河。我写过不少长诗。写长诗需要能量，气必须长。气短的诗人只能写短诗，而气长的诗人可以将他们的长诗截短。这其实是乞丐穿衣的逻辑：大街上的乞丐往往穿得挺厚，因为热了可以脱衣；但如果穿得少，天凉了没衣服可加，那就只有哆嗦着生病了。我看重诗歌中的气，以及语言推进所带出的能量感。诗歌主题如果复杂，那它只有在一定长度中才能展开，才能铺设思想的轨迹，才能体现结构的

作用力，才能包纳语流的变化。

一两行的短诗只需要灵感一现，灵光一闪。诗人只要捕捉到诗意的一刻就可以了。这对我来说太简单了。当然，在没有“截句”这个概念之前，我也写一两行的诗：它们要么是我的灵感笔记，要么是我对长诗写作状态的自我调整的结果。小诗容易被记住，容易展示作者的“才华”，容易吸引大众的参与，但我对诗人的综合创造力有很高的要求。

至于“碎片化阅读”，这是个时髦的说法。我警惕一切时髦的说法。我本人的阅读不是碎片化的。在阅读方面我是肯花力气的。“碎片化阅读”不应该成为阅读的懒惰和无能力思想的借口。所谓“截句”应该与所谓“碎片化阅读”没有本质的联系，我理解它是诗歌写作的一种形制。古人写绝句、对对子，也不是“碎片化阅读”的产物。说白了吧：碎片化阅读就不是阅读，那是娱乐。

## 从各种事务中短暂脱身，别人也找不到我，这时，我等待尘埃落下，就可以开始写点诗了

**李：**走过 50 岁的年纪，会不会对身边的事物越发敏感？现如今，您的生活是如何安排的，选择在什么时间创作呢？什么样的事，会激发您想要写诗呢？有没有新的写作计划？

**西川：**我的生活分好多块。小孩在上学，父母年纪也大了。家务事总是要操心的。我在学校里教书，还有一些行政工作，也是要负责的。我本是学英美文学出身，但多年以前我就由于许多原因转到了中国

古典文学和当代文化问题的教学与研究上，我带着几个当代视觉文化研究方向的研究生。我写诗，写文章，做研究，做翻译，参与诗歌界、文学界、视觉艺术领域、文化圈的不少讨论。我在国内外旅行。我刚刚推掉了加拿大格里芬国际诗歌大奖组委会的一个邀请，他们要我做明年该奖项的三评委之一。如果不推掉，我就必须阅读今年全世界出版的约600部用英文写下的和翻译成英文的诗集。这对我来说工作量太大了。

我几乎没有完整的时间写作。但我保持着做笔记的习惯。我依赖每年国际旅行的机会，离开国内的环境，从各种事务中短暂脱身，别人也找不到我，这时，我等待尘埃落下，就可以开始写点诗了。一旦我开始了一项写作，已经进入了状态，后面就不怕被打扰了。我在写诗方面没有什么计划。我保持我的盲目性。但在研究方面我有些计划。写文章对环境和时间的要求没有那么高。思考积累到一定程度就可以动笔。近年来我的关注点都在中国古文化方面。

今年6月底，我在委内瑞拉的加拉加斯参加国际诗歌节期间最后定稿了一篇4.4万字的长文，题目是《唐诗的读法》。我想，作为一个写现代诗的人，我有必要清理一下当代唐诗阅读中存在的许多问题。这篇文章年底前会在《十月》杂志上发表。我后面还会写几篇大文章，也是有关中国古文化的。我现在手头上也做着一点零碎的翻译活，是美国那边的朋友要我为一个中美诗歌翻译项目做的工作。但目前，我并没有翻译下一本书的计划。我已经出版了5本译著，可以啦，先歇歇，缓口气。我写作和翻译的速度并不快。又经常被打扰。抱歉我不是个干活快手。工作需要一点点推进。就是这样。

2016年9月17日

# 骆一禾、海子、我自己以及一些更广阔的东西[①]

## ——答徐钺问

**徐钺**（以下简称“徐”）：大家好，我们今天的活动现在就要开始了。很荣幸地，在第十届未名诗歌节系列讲座的第一场，就邀请到了我们尊敬的西川先生。请大家掌声欢迎西川先生。（掌声）按照惯例，一般是主持人先介绍一下我们的主讲嘉宾。但是我觉得，西川先生大家都太熟悉了：从我们北大走出的著名当代诗人。所以，我想请在座的同学，请大家讲述一下自己所知道的西川先生——就是代主持人来介绍一下嘉宾。有哪一位同学，愿意介绍一下自己所了解的西川先生？

（略）

**徐**：大家都知道，西川先生是自北大85届英语系毕业的，是当初

① 本文为2009年4月5日下午西川在北京大学中文系二楼报告厅讲座的文字记录，对话者为诗人徐钺。

著名的北大三诗人之一，而另外两位则都已经不在了：海子与骆一禾。那么，西川先生能不能为我们讲述一下那个时候——也就是从81级您还在做学生的时候——那个时候的北大与当时的诗歌？因为我们现在只能是站在这个时代的视角往回看。譬如，我们会看到当时的北大三诗人，现在每个都是声名赫赫。但是您能否讲述一下当时您在接触诗歌的时候，在北大，是一个什么样的状况？

**西川**：那时候北大写诗的人很多，不同的系有不同的圈子，比如海子待的法律系有个杂志叫《沉钟》，现在还有没有我不知道。中文系办了《启明星》，外语系办的是一个叫《缪斯》的杂志。还有地球物理系的阿吾，诗写得也挺好。还有计算机系的同学，编了本诗选叫《西风·沉诵·太阳节》，所以当时北大里写诗的人很多。我们以前在北大的“大饭厅礼堂”——现在叫百年讲堂了——在那儿开朗诵会，能坐好多人，像个大电影院似的，不像现在那么现代化。那时是木椅子，也能坐下3000来人的样子，搞朗诵会很热闹。当时我觉得视野最开阔的人是骆一禾，他是1983年离开北大的，在学校的时候他已经结交了一帮子校外的特别有名的人物。像他的几个好朋友，一个是昌耀，青海诗人，已经去世了，他跟昌耀关系很好。他跟张承志关系也很好，但当时张承志可能还没有后来名声那么大。还有广州写《人间鲁迅》的林贤治，都是骆一禾的好朋友。还有云南的一个小说家，叫黄尧，但这些年没有那么活跃了。所以骆一禾认识一些外面的人，认识一些杂志的编辑，他也会发一些东西。其他的人在校内，包括我，都认识骆一禾，大家经常在五四文学社有活动。五四文学社的活动就是去圆明园：一大帮子人去圆明园找一空地儿，围个圈子朗诵。我现在脑子里能想到的就是这些事。

**徐**：记得您从前说过，骆一禾是您来北大之后见到的第一位诗人。可是在今天，大家更多记得的是：2009 年是海子逝世的 20 周年。骆一禾的辞世好像被选择性地忽视了。那么您怎么看待这个问题？是骆一禾他的作品不那么重要吗？还是有其他更多问题？

**西川**：实际上，在最近这一轮纪念海子的热潮里，好多记者找过我。后来在 26 号（海子忌日）之后，我就什么都不说了。那么在这之前，我接受了几个采访，我提到过骆一禾，说过这个事情。其实纪念海子，就像谈论毛泽东思想，不完全是毛泽东的思想，也有刘少奇的思想，也有周恩来的思想。纪念海子这件事情，其实每一个人都往里头投进了太多的情感。实际上海子……当我们说到海子，里面也有骆一禾的存在。现在说起来好像都是三个人，其实当时还有一个人，叫刘卫国，是中文系 80 级的。骆一禾我已经在不同的地方说过，他是一个视野非常广阔的人，看事情非常透彻，书也读得多，非常像个老大哥。关于骆一禾，其实可以先说说他的家庭。海子是 3 月 26 号死的，3 月 11 号的时候他们都到我家去了一趟。后来骆一禾说，那是海子的意思。像来跟我告别似的。当天晚上我们聊天，海子也说起了他在家乡，庄稼收完了，很荒凉……可是那一场谈话被骆一禾跟老木给搅和了。为什么被搅和了呢？因为当时学生运动虽然还没有完全起来，但老木已经参与到里面去了。可是骆一禾的态度，觉得中国还是应该稳定。两人就吵起来了，在我们家就吵起来了，吵到两个人就要绝交了。所以我跟海子就在抹稀泥。我们就说哎呀这么多年了，有什么大不了的事情还吵成这个样子。所以那天晚上的话题就转到别的地方去了。为什么我提这个事情呢？骆一禾在政治观点上为什么站在老木的对立面上？这是因为他的家庭非常特殊。海子是在农村长大的，他的父母都是非常普通的人，我的父母也是非常普通的人，我想老木的父母也是普通人。骆一禾不一样。他的父亲叫骆耕漠，是中国财会制度的奠基人。大家是不是知道顾准这个人？顾准临死的时候，在他床边守着的两个人就是骆一禾的爸爸和妈妈：骆耕漠和骆一禾的母亲，姓唐。所以你们看《顾准文集》前面那个陈敏之写的序，里面写了这个事。骆耕漠和顾准的思想据说是影响了薛暮桥，薛暮桥影响了邓小平，所以后来有了我们今天改革开放这个局面，所以骆一禾他们家对中国的贡献简直太大了。但这个事情我们今天不太说了，后来人们谈得很少，知道这个事情的人也很少。骆一禾有5个姐姐，他是家里最小的一个儿子，当时他家里人的意思是，让老父亲把要写的都写出来，最好什么事儿都别出，因为当时他父亲岁数也很大了嘛。结果骆一禾死了之后，去火化的时候，他父亲已经双目失明，就因为这个事情。这是关于骆一禾去世时他家里的情况。骆一禾对于世界的关怀特别大，他写《世界的血》，写特大的题目，包括他诗歌里的主题都特别巨大。我们经常听到人们讨论诗歌的时候说，你这个人宏大叙事，然后，现在慢慢变成小叙事这种情况。可是如果我们要说骆一禾——骆一禾他小叙事不起来，因为他看问题从来都是从大处着眼，因为他们家看到的问题都特别大，所以宏大叙事就宏大叙事吧。骆一禾的广阔性对海子是有影响的。海子一开始也有广阔性，但海子的这种广阔性是天生的，是带出来的。他从家乡来到北京，土地、田野、山脉……像《东方山脉》等早期的诗歌，这种东西基本上是抒情性的。

骆一禾广阔的关怀对海子我想其实是有影响的。海子就开始思考这种广阔，比如海子的《土地》里就开始有结构了。海子这么抒情的一个人，本来是没有结构感的。他的语言非常好，好得让人嫉妒，太好了；我说的还不是《面朝大海，春暖花开》这样的诗，这首诗我倒觉得没什么了不起的。海子晚期诗歌里的语言已经到了毫无道理的那种霸道的程度："在豹子踩出的道上是豹子的灵魂蜂拥而过"。什么叫"豹子的灵魂蜂拥而过"？不可思议。所以这是海子的本色。但是海子当他要给土地安排 12 个月，要处理什么问题……这当然有他在北大读书的原因，另外骆一禾平时和我们聊天，看来对海子也有影响。所以当我说到海子的时候，这里面有一部分是跟骆一禾有关的。

**徐：**就是说海子后来在写《太阳》这样的大诗的时候，它的结构性是受到了骆一禾的影响？

**西川：**不能直接说骆一禾指点了他，比如说哪个东西应该怎么写。是说骆一禾的存在，骆一禾的精神状态，肯定对他会有些影响。

**徐：**在我看来，海子的大诗，比如《太阳·七部书》，跟他的抒情短诗好像完全是两种写作序列，是不一样的，有更强的结构性和力量，更有一种语言的加速度，可是很少受到他的抒情短诗那样的重视，这里面有什么原因？他的长诗应该被怎样看待？

**西川：**肯定是有原因的，但是具体的大家怎么看我也不知道。但海子在写长诗的时候，其中有一个东西，是当下的诗歌圈子里不怎么讨论的一个问题。海子早期的抒情短诗受到称赞，海子那种抒情被大家用过来，可以作为直接的、便捷的抒情方式，高兴了不高兴了，“走在路上 / 放声歌唱”，我走在路上也可以放声歌唱，“大风刮过山岗 / 上面是无边的天空”——这当然是海子写得最好的诗，在他最后写的。但是海子的长诗里包含了一种跟这个时代格格不入的东西，包含了一种匿名性的东西。在这样一个时代写作，我们更多强调的是署名性质，写作当中的署名性质：“我”，而且这个“我”变成一个小小的“我”。海子接受的影响里面有一些是带有匿名性的东西，什么敦煌呵、莫高窟呵——你哪里知道莫高窟是“谁”做的。还有什么《圣经》呵——当然《圣经》里面的有些东西我们知道是谁写的。包括他说的埃及金字塔，埃及金字塔我们也不知道是谁做的——当然知道是法老使用奴隶建造的，但是他们叫什么，不知道。所以海子生命当中有一部分，当他写长诗的时候里面有很多匿名性的东西。写作当中的匿名性，这在今天被理解得很少，今天人们更多理解的是语言、事物跟自我的关系——哪怕跟无我有关系都行啊，哪怕说得更高级一些：从自我到无我。但是要说到匿名性这个东西，基本上还没有进入我们讨论的话题当中。在各种关于海子的讨论当中，甚至在不讨论海子的时候，讨论别人，讨论当代诗歌作为一个整体的时候，大家基本上没有触及这个东西。关于匿名性这涉及很多问题，比如我们美院研究美术史的同学知道，匿名性直接跟一个东西有关，那就是“样式”。这种东西在诗歌界还基本上没有被讨论过。而且，海子的长诗当中有些东西……我读另外一本书的时候，立刻就想到海子，这本书是德国的一个思想家、理论家写的，他是本雅明的一个好朋友，我们翻译成索伦。他这本书我们国家翻译了，叫《犹太教神秘主义主流》。在《犹太教神秘主义主流》里面，索伦提到，在早期犹太神秘主义里有一种东西叫默卡巴（Merkabah）异象——当然海子跟犹太人没有什么关系，默卡巴异象就是犹太人关于幻觉的那种东西。当我读到索伦这本书，读到这一部分，关于默卡巴异象的时候，我立刻就想到海子。我对媒体说过几次：对海子的解读实际上还处于很初级的阶段，他里面可以唤起来的东西，像关于匿名性，关于幻觉出现的方式，这些东西都没有被讨论过，一直都没有。

**徐**：在您的两位好友海子和骆一禾辞世后，好像诗歌界中“我”的身份越来越具体化了，越来越微分化了，这跟海子他们的辞世有没有相关性？就是说：写作中的自我越来越凸显，越来越细微了，这是一个好的事情还是有它的弊处？

**西川**：我认为肯定有它的弊处。最近我在一篇文章里就提过，一个诗人，至少应该拥有两个以上的“我”，拥有两个以上的时代，就像扎加耶夫斯基在评论日比格涅夫·赫伯特的时候说过的，所有的诗人都应该生活在两个时代，没有一个伟大的诗人是生活在一个时代的，他可以生活在十个时代。当下人写到的“我”，只生活在一个时代。其实“我”的问题特别复杂：如果只是经验中的一个“小我”，作为一个问题的时候，它当然很重要，但它是一个很小的部分。如果说到“我”，会有比如说单个的我、多重的我，我在文章里讨论过经验我、逻辑我和梦我，还有印度人说的“梵我”的问题……这里面还可以长出来好多问题，譬如关于无我、超自我，这个问题太复杂了。而我们这个年头基本上只处理经验中的一个小我，这是一种时代性的轻浮。

**徐：**那么您认为海子抒情短诗中的“我”，不是一个“小我”吗，这里面有匿名性吗?

**西川：**海子的处理经验和今天处理经验很不一样了。比如他早期的诗：“你在渔市上 / 寻找下弦月 / 我在月光下 / 经过小河流 // 你在婚礼上 / 使用红筷子 / 我在向阳坡 / 栽下两行竹 // 你的夜晚 / 主人美丽 / 我的白天 / 客人笨拙。”这里面的我实际上是农业文明里的一个“我”，是“我”，但这不是我今天上街跟谁抡一板砖——不是那种“我”。海子在最疼的时候，最难受的时候，那时肯定有他的“我”在里面，而别的时候……只能说有的人的“我”很广阔，他有一种集体性在里面。不光是这个，他早期的诗歌，按说都是非常自我的，譬如“当年基督入世 / 也在这阳光下长大”。海子可以从他的“我”里面冲出来，然后变成一个……我也不知道变成什么，我也不是什么都知道。我只是跟海子很熟，但是隔了这么多年，我也不会老是一种看法，我会不断地丰富对海子的看法。

**徐：**现在大家一般都还谈论海子的死，很少关注他的生，比如他的父母，他们是怎么想的，他们是什么样的心情。大家只是觉得，他是作为一个诗人死的。我想今天不是第一万次，也是一万零一次要您谈到这个问题……

**西川：**我就知道今年我是绕不过去了（笑）。无所谓了，谈吧。

我尽量谈点我知道的事。

**徐：**好，那我们就尽量少一点陈词滥调。那时候的海子是什么样的生活状态？假若我们回到20多年前，见到海子，会见到一个什么样的人？

**西川：**这是从哪方面说呢？比如身高？没多高，海子小个。脾气也挺好（徐：就是说海子不会抡板砖打人？）……没有，海子是一个很容易受伤害的人，抡板砖轮不到他，就是骆一禾抡了他都不抡，因为骆一禾正义感特别强，也许一下就怒起来了。"海子"这个名字现在已经很大了，我现在编的这本书有1200页，但是海子只是一个25岁的小孩儿，所以别往太大里想。海子死时差几天还没到25岁。开始我都没注意，是荷兰的柯雷打电话问，说海子死时究竟24还是25？所以几年前我曾跑到咱们北大档案室，我说我要查一下查海生的生日究竟是哪一天，结果人家查海生自己写的生日是1964年2月——没生日！但是他父母跟我说是1964年农历二月十一，换成阳历好像是……有人算过是3月24号。所以差两天，不到25。所以他就是一小孩儿，他再伟大他也就是一小孩儿。

**徐：**我记得布罗斯基在谈到曼德尔施塔姆的一篇文章里说过，诗人之死这句话听起来总是比诗人之生更为具体。那么，海子和骆一禾的非正常死亡是不是很大程度上影响了人们对诗歌、对诗人的理解？这种理解在之后带来的转变，您是怎么看待的？

**西川：**这个布罗斯基的说法当然是非常正式的和伟大的说法。我2000年和贾樟柯拍《站台》的时候，中间我们剧组的人坐在车上聊天，有一个人也就说起诗人之死，说你们诗人死了这么大动静。然后边上有一个做动漫的人叫王波，艺名叫皮三，他就说：嗨，谁都死，只不过诗人死了以后还有一群朋友活着，这群朋友就在这儿老说这个事。普通人死了没人说，死了家里一般都不说这事儿——多难受的事。就因为诗人有诗人的哥们儿，一群人中有一个人去世了，就变成一个事了。王波说就是因为海子他有些名声，有一些哥们儿，所以诗人之死比普通人之死就好像要更显眼一些。但是，谁死我都不愿意看到。

**徐：**记得您有一次写到，海子死后，又有14位诗人非正常死亡。这似乎会很深地影响到很多并不写诗，但是可能会去读诗的人，他们可能会对诗人的理解产生一些变化。您有没有想过这种变化会产生什么影响？它是不是对中国诗歌的一种损害？

**西川：**可以从不同的层面看，可以从时代性的变化来谈。在一个大变动的时代，可能诗人都很敏感。如果从别的角度谈，我想也有一个谈法。印象中，诗人总是与社会生活格格不入，非常穷哈哈的样子。有一次坐飞机，从印度新德里回北京，有一空姐对乱占位子的印度乘客特烦，我坐在最后一排，还有别的朋友，她对我们很友好，亲人似的。我睡着了，然后我那朋友就跟空姐聊天。她问你们干什么的，朋友说我们都是诗人，你知道什么是诗人吗？说，不知道。问，你听说过西川吗？——我正在那儿打呼噜呢。说，没听说过。听说过海子吗？听说过听说过，那个“面朝大海，春暖花开”。听说过北岛吗？

没听说过。听说过顾城吗？听说过听说过，那个“黑夜给了我黑色的眼睛”。你说诗人，没听说过，你说死了的诗人，都听说过！看来我们这些人都被死亡盖住了。这个事情其实很不好。诗人有各种各样的。我们看到的诗人大多怪七怪八，邋里邋遢，脏兮兮，混得也不好，自杀，有病没钱治，哎呀太惨了！可是你想想别的人，不一样……我们想想中国的、外国的。中国也有混得很好的诗人，李白就混得很好，“千金散尽还复来”，那么有钱的人。我从书里看来的，李白为什么那么有钱？李白哥哥做生意，大款，做铜生意。要不然李白毫无道理地去秋浦干什么？因为那地方产铜，据说他有一哥哥在那儿有买卖。古代也有其他诗人混得很好。所以这个事情不太一样。

**徐**：您刚才说“印象中”，我听到这个词非常亲切。我第一次读到您的诗，是在西渡编的一本叫《太阳日记》的诗集里，在座的更年轻的很多人可能都没有见过，很老的一本书，挺薄的。中间有一首您的诗《读仓央嘉措情歌》，我到现在还能背，中间那一段是：“我印象中有一个 / 结着十七根发辫 / 的姑娘，透过茫茫暮雨 / 向我的窗口 / 眺望”。我当时大概就是初中生吧，这首诗给我留下了非常深刻的印象。后来我又看到您写的很多非常优秀的短诗，比如《夕光中的蝙蝠》，比如《一个人老了》，但是能感觉到有些更深的更内在的变化。那么，您能讲一下您的写作历程吗？从 20 世纪 80 年代，到 90 年代，再到现在。

**西川**：写作历程……我都 46 了，肯定有个历程了，20 多年了。一开始写诗都是特别自发的状态，然后就是怎么美怎么弄……就是那么写。仓央嘉措那首诗写得特别早，要是我选，我就不选那首诗。我忘了人民文学出版社那本书（《西川的诗》）里有没有这首诗，好像没有。但是一个诗人往往会受制于别人的趣味。比如说《在哈尔盖仰望星空》，我也不觉得《哈尔盖》写得怎么样。多矫情啊那首诗，但是有时候这种事没办法。我一开始刚来北大，闲得慌，就坐在未名湖边儿上，坐草丛子里，心里就有无限伤感，不知道为什么（笑），然后坐那儿就写点诗；那时候不光写诗，我还画点画。最后在北大就成了诗人，本来没想成为诗人。我们班当时有几个人都写诗，现在除了我，还只剩下一个在翻译诗。但是从学校出来以后，我这个人走路走得多，有过非常广阔的漫游，是中国当代背包族的老祖宗，我在1985年大学毕业的时候，有7个月左右的时间是在黄河流域走路，走得我一双耐克鞋都走烂了，走着走着就没法再穿了，然后就在永济还是风陵渡的小摊上买了双塑料拖鞋，继续走。离开学校以后这趟旅行对我影响很大。那个时候，一开始我是跟着北大的支甘服务团，去了甘肃那边，在酒泉教了一个月的英文，他们说给我点钱，我说别给我钱，送我去敦煌就行了，然后就去敦煌；后来又回到兰州集合。等回到北京不久，我就去了新华社的总社，我实习的地方是在山西。山西分社说你是总社的，不是分社的，你爱去哪儿就去哪儿。我也跟老记者出去做过几次采访，后来我就自个瞎转悠。但是路上呢，我坐火车，人家听说我是新华社的，就有一群老百姓围着我告状，有各种各样的事情，有乱砍滥伐，有贪污的，包括火车上那个警察跟小偷联合作案，作案完了怎么分赃的事情。后来我就把这些东西写成了一个内参。我是新华社的，有写内参的责任，跟特务似的。关于太原铁路上的这些事情，我就写了一个内参，然后登在……中国新闻的刊出分好多层，报道会登在不同级别的出版物上：报纸、内参、内参清样，然后是“国内动态清样”，一级一级的。县团级的能看到内参，政治局常委看的都是“国内动态清样”。我那个报道登在了“国内动态清样”上。事后我去新华社档案室，想查一下我的文章登出来什么样。人家说你不能看——你不够级别！我写的，我看不了（笑）。这样的事我经历得很多。我走到山西那边，走到一个学校，正好那儿挂了块黑板，好像是停课了，我就进去看看，结果学校的校长和领导吓坏了，听说新华社记者来了，实际上我就是偶然路过那儿，就自己看看。然后他们就跟我承认错误，说这不是我们上级领导的问题，全是我们自己怎么怎么样。这些经验让我把学校生活一下子甩开了。我现在还看一些报纸呵、一些乱七八糟烂新闻呵，什么都看，这都是那时候养成的毛病。有一段时间有人说我这个人不关心“生活”，其实我关心的比那些人多得多。我不写日常生活、社会生活，是因为我天天接触的就这些东西，所以我写诗就写别的东西。我一边做“报告文学作家”，也就是做新闻记者，一边还做诗人。那个时候我就想，我要做一个好诗人，我要做一个瓦雷里那样的诗人，我要做一个叶芝那样的诗人。当我一说到诗人的时候，我脑子里就想里尔克写得什么样，我应该怎么写……但是，这个情况也就到海子、骆一禾他们去世，1989 年。1989 年之后有几年就不太写了，没法写，那种高级的审美实际上没法和中国的现实生活发生一个直接的关系，那毕竟是非常个人的一个事情。我 1992 年之后变化特别大。概括一下，1992 年以前是努力要当一个好诗人，1992 年以后是不拒绝当一个烂诗人，整个心态就不一样了。

**徐：**为您得到鲁迅文学奖的是蓝星诗库的那本《西川的诗》，但您对那本书好像不是特别满意。

**西川：**实际上你做诗人时间越长，你就觉得写那种经典意义上的诗，是没有多大意义的，那只是使你成为一个诗人，它对于文学本身、文学的可能性，对于表达没有什么贡献，还是要自己慢慢地找到一个表达的途径——如果只是写给自己看看而不发表就是另外一个问题了——当然，要找到这个途径太难了。我们学院（中央美院）有一个大艺术家，徐冰——他说视觉艺术，拉开哪个抽屉哪个都满了，行为艺术行为艺术做满了，装置艺术装置艺术做满了，古典艺术也有人做得很好，抽象美术也都做成那个样子了。就是说，在几乎没有任何创新可能性的情况下，要想写出一些自己的东西，太难了。好像是在20世纪80年代有人曾经说过，诗人被创新这条野狗追得到处疯跑……这是黄子平说的吧。当然黄子平不写东西，他不知道创新对于一个艺术家是多么重要。比如人家那些诗人都在那儿了，而你都40来岁了，你就是写得跟叶芝一模一样，你也毫无意义。所以，可以写点别的东西，但要付出代价。

**徐：**现在好像很多年轻写作者，包括我，都喜欢一本书——《深浅》，您的诗文录。这本书里头有很多不一样的东西，大概就是您所说的创新的东西。您能否谈一下，这本书为什么能让我们感觉它跟一般的诗集会区分开来，会带给我们不一样的感受？编辑这本书的时候，您是一种什么样的想法，带了一种什么样的理念？因为很明显，它跟那本《西川的诗》是不一样的。

**西川**：肯定是不一样的。《深浅》是破除很多迷信后的结果。我后来的心态有很大的变化，比如说对外国文学我曾经特别服帖，当然，我现在对好的外国文学也很服帖。不过我现在不能想象……比如2002年的时候我在美国，艾奥瓦大学，在那儿待过一段时间，当时我去了很多地方做朗诵，好像去了22个地方，大学呀，文学院呀，人家就会送我诗集，美国诗人的，一摞一摞。我实在拿不了，每到一个旅馆，离开的时候我就将多数诗集扔在旅馆里。那要是以前，哎呀外文原版书，回去好好琢磨吧；后来就开始扔了，不要了。那时候就有了一个心态——我就是写得比你好，这没什么好说的。因为我经历了这么多的事情，思考了这么多的问题，我脑子里要表达的东西的混乱和丰富，远远超过你们这些书里写的东西；而且原来的那些形式完全不够我用的。这是和西方文学的关系，和中国"五四"以来文学的关系也是这样的。你想想"五四"以来我们都出过什么诗人呵？我老实不客气地对你们中文系的同学讲："五四"以来中国就没出过什么诗人。我2007年在纽约大学东亚系讲中国文学，讲"翻译中的20世纪中国文学"这门课，主要讲诗歌。我仔细读了这些诗歌，我觉得：写得真不体面。只有几个人是体面的诗人，鲁迅，鲁迅的《野草》，还有冯至的有些诗写得还不错。当然在美国讲课烂诗我也讲，美国学生也觉得好玩，他们觉得太异国情调了——怎么能把诗写得这么烂呢？但是我真有这种感觉：我觉得咱们能拿得出手的东西，能在国外讲给那些学生听的东西，不太多。这是"五四"以来的诗人。然后是中国古代的诗人，唐诗呵，中国古代诗歌里很大的一块。不光是唐诗，慢慢地你觉得心里有一些自由感的时候，有些人你就容易接近他了。以前只是读一些圣人，觉得这些人写得太棒了，但是，慢慢地你就明白他们为什么写这么棒了。所以说你首先内心有一种对自由的要求，然后一旦获得这种自由你就会脱开很多套套，就能和古代那些你敬重的诗人建立起一种密切的关系。你会觉得你们之间是有关系的。

**徐：**您刚才说到的外国的诗人，说到了跟他们交流的感觉。从语言学上来说的话，中文是一种独一无二的语言，那么是不是也必然有一种，也应该有一种独一无二的诗歌形态？

**西川：**中文是一种独一无二的语言。但到目前为止我们在诗歌里面很难说完成了这个任务。就是说：中文许诺给我们的可能性我们是否都把它们发挥了出来，这很难说。这是一个梦想，用中文写作的诗人你究竟能写出什么样的诗歌，你是不是能在全世界让大家认出来：这是中国人写的东西。这是一个梦想，这个梦想说到底跟语言有关系。但没说到底之前，它跟很多东西都有关系，跟整个的思想资源——不光是诗歌自己的事情——包括它与其他艺术行当的关系，都在这儿。比如说，一个完全不了解中国诗歌的人，可以猜出中国诗歌的一个状况。通过什么猜呢？就通过中国当代的戏剧，通过中国当代的电影，通过中国当代的绘画，大概能猜出中国当代诗歌是一个什么样的水平，因为实际上谁也走不了太远。读当代最有头脑的人写的关于中国的政治、中国的经济的东西，水平都差不多。所以在没有到达语言的最核心的问题之前，在我们姑且不谈这个最核心的问题之前，在其他行当里，水平其实都差不多。中国诗歌所能感受到的创造力，所能援引到的资源，就这些。能够和其他行当的艺术家、学者做到互通声息，就不错了。想让中国文明在国际上成为一个醒目的东西，我们到现在做得还不够。前一阵子，就今年2月份，我跟印度的作家们有一些交流，碰到印度一个非常棒的、世界级的思想家，叫阿什斯·南地。他说我们今天在这儿谈话，不应该是两个国家之间的谈话，不应该是两个国家的诗人、作家在这儿见面，而应该是两个文明在这里见面。我听了非常感动。我想，中国的艺术家、诗人你能在多大程度上带出你的文明来？当然，这也涉及一个对文明的理解。我曾经去过一个楼盘，那儿的老板挣了钱，他专门留出一套单元，弄了个读书沙龙，鼓励大家读古书。沙龙的组织者在门口竖了个牌子，说我们在这儿弹的是古琴，读的都是中国古代经典，所以来者“谈吐要文雅”。组织者说，西川老师给我们做个讲座吧。我说我不知道讲什么，但我一看到这“谈吐要文雅”，我就打定主意了。我说我可以给你们谈谈中国古代的黄色小说。你以为只有孔孟之道是中国古代文明？古代黄色小说也是中国文明的一部分。所以我说，要带出一个国家的文明的时候，不仅仅是带出孔孟之道或者老庄什么，而且，尤其是不能够按照西方对中国、对东方的想象，不能按照东方主义来展示东方。不能走那条道——那条道走起来其实是容易的，也会让很多人成功。我碰到过各种各样的人。我碰到过两个美国人。一个说我热爱中国文化。我说你热爱中国什么文化，他说我热爱《碧岩录》。那是个禅宗的东西。我说那个是中国文化，但它只是中国文化的一部分。还有一个说，我热爱中国的《易经》。我问，你怎么理解《易经》的？她说八八六十四卦伟大呀！我说我也知道，但我还没到50岁，读《易经》我还读不懂呢。我说的中国文明是立体的，里面充满各个层次的东西。所以一个诗人，你不可能展现出所有的东西来，但你最终的工作会把这些带出来。

**徐：**您好像比很多人所想象的一个“诗人”要丰富得多，比大家想象的、作为一个“诗人”的西川先生要丰富得多。您能讲一下诗歌之外的更多的东西吗？比如说，美术上的，电影上的。您刚刚说它们共同构成中国文化，希望能在世界上闪光，那么诗歌在这里怎么与其他因素相交流？诗歌有没有拖整体文化的后腿？

**西川：**诗歌不会拖整体文化的后腿，诗歌是走在最前面的。我在不同的地方都说过，而且不是一天两天了，几十年来诗歌都是冲在最前头，只不过大家对它没有认识而已，普通大众对它没有认识。当然这不仅仅是诗歌的问题，这是整个的中国文化界的情况。比如说我们的批评生活是非常薄弱的东西。在中文系大家多多少少都会做一些批评。我认为到目前为止，在中国，就没出现过让人……不光是诗歌批评，中国的美术批评、电影批评、音乐批评、戏剧批评，没有太好的批评。批评是这样的：批评的对象并不是说要好到什么程度了——可以没好到那个程度，但评论照样能产生思想。前两天在国家大剧院有一个美术展览，展的全是老画家，因为年轻人现在都在搞各种实验，老画家自然就显得很陈旧，很老派。组织者请了几个人去谈话，有徐冰，有陈丹青，有北大艺术系的朱青生，还有我。没法说，老画家你不能说他不好，老画家塑造了这个时代的审美，我们怎么看，不论它多蠢你都得跟着它蠢，所以这不是一个好坏的问题。但是，做展览就是这样的。我只好从我看到过的一个非常好的展览说起。曾经在德国，我看到过一个很好的展览，叫《忧郁》。这个展览是一个法国人做的，在巴黎和柏林展览了很长时间，从古希腊一直做到现代。一进门，迎面就看到亚里士多德论忧郁的文字，展览结束在法国的残酷戏剧导演阿尔托在精神病院里画的几幅素描。其中有一部分特别让我吃惊，是关于苏联艺术的一部分，叫“左派的忧郁”，“左派的忧郁”被安排在“浪漫主义”部分之后，“浪漫主义”美术完了之后就是“左派的忧郁”。我从前看到苏联绘画就觉得那是社会主义的绘画，我们的也是社会主义的绘画，这时候，我突然看到打着红旗的工人，戴着鸭舌帽，走在队伍的前面，他的确是很忧郁的，后面的那些革命者，的确很忧郁。展览赋予了我一个特别新鲜的视角，就是如何看待社会主义的忧郁，这是一件没有被挖掘过的事情。我们做评论的，什么时候看到过关于 20 世纪 50 年代的中国文学的忧郁？有吗？没有。有可能那些作家都是不忧郁的，但我知道昌耀是忧郁的，可没有人这么谈。那天在大歌剧院我从柏林这个展览谈到对他们那个画展的看法：作品都是老画家画的，但是展览里面有很多画儿，画的是少数民族。中国百分之九十几的人都是汉族，为什么当画家要表现美的时候，他画的全是少数民族？藏族呵，蒙古族呵，维吾尔族呵，傣族呵，泼水节呵……这不外乎有几个原因：第一个是形式上的原因，中国古代的那个衣纹线描，它在少数民族的衣纹里依然能够展现——都是宽袍大袖，画个藏人合适。第二个原因，少数民族题材满足了一个艺术家对美的向往。什么地方没有那么强的意识形态色彩？那就是少数民族。包括中国的道德观念、人们日常生活中的那份淳朴等等，这些东西都可以在少数民族身上得到体现。所以少数民族作为画家描述的题材，就是在非常现实主义的绘画里边，也能透露出很多东西——它从非常边边角角的地方解释出了这么多年蕴藏在中国美术中的一大块内容，也就是：中国人把美都寄托在了什么地方。这些问题我觉得都是艺术评论应该触及的，但是评论没有做。中国的评论做的全是什么后现代等。这个怎么说，那个怎么说。中国的批评基本上不处理问题，中国的批评只处理意识形态，各种各样的意识形态，而且是学来的。这是一个很大的问题。

**徐：** 您接触的诗歌以外的，整个包容了文化的这些现象肯定也对您的写作产生了某些影响，您能解释一下：像“变体诗歌写作”这样的姿态，再到您现在的写作状态，在这种影响下面有没有产生一种新的指向或新的追求？

**西川：** 我只能说我也没有想清楚，写作里面有很多盲目的东西。但是有些我想清楚的东西我可以说一说。中国的诗歌界有一个迷信，这个迷信就是唐诗。有各种层次的唐诗迷信。第一层的唐诗迷信是：李白斗酒诗百篇。就是说我不喝酒，所以人家说你不是什么好诗人。这是第一个层次，普通老百姓都这样认为，写诗的也是。第二个层次：回到唐诗。“回到唐诗”已经是一个口号了——唐诗怎么怎么好——唐诗是好，这都没什么好说的，都是废话。但是我们现在说的唐诗基本上就是《唐诗三百首》，这是很大的一个问题。我认为对唐诗的认识应该建立在对《全唐诗》的认识上，而不是对《唐诗三百首》的认识。《全唐诗》把唐诗所有的问题都展示了出来，而《唐诗三百首》把所有的问题都抹去了。这样的话，我们对唐诗实际上没有形成一个真正的认识。还有一点，第三个层次的问题：就是当我们读唐诗的时候，当我们站在今天的立场上读唐诗的时候，马上面临一个问题：如果你读中国思想史，读到唐代的时候，会发现唐代就没有什么思想家。唐朝之前有思想家，唐朝之后有思想家，整个唐朝就不怎么发展大脑。整个唐朝最有头脑的人就是韩愈，可是韩愈尽出怪主意。韩愈有各种各样的怪想法，我特别喜欢这些怪想法。可是你不得不看到，好像唐朝所有读书人都商量好了似的，唐朝人为了写好诗付出了一个代价，这个代价就是整个唐朝不出一个思想家——我们不要思想家，我们就要诗人了。当我意识到这个问题的时候，我吓了一跳。放到今天，问题就是，你们这些诗人要干什么？你们是要把诗歌带回唐朝吗？那么你就得付出这代价，这代价就是你不再想问题了，你只是感受世界。宋朝人就已经意识到唐朝人的缺点了，苏轼说唐人“拙于闻道”，就是他们没有“道”在里面。这对当今诗歌是一个特别尖锐的问题：首先，你有没有资格代表这个时代说话，如果你有这个资格说话，你敢不敢说——好吧，我们就回到唐诗，我们就让中国在这个改革开放、这个纷杂的历史进程当中，不再想问题了。你敢这么说吗？谁都不敢这么说。意识到这个问题的时候，唐诗对我来说已经不够了。它不是不好，它是不够。反正这把我自己吓了一跳：就是“不够了”我该怎么办呢？我跟谁发生点关系呢？我本人是个乱读书的人。我读了很多的笔记文。我觉得，如果你不沿着诗歌往中国的古代文化里走的话，如果你沿着笔记文走的话，走到《世说新语》，你就会疑问为什么《世说新语》不是“诗歌”呢？《世说新语》也可以是诗歌，但不是与词、曲对应的“诗”。然后你再往前走，那就是诸子百家了。诸子百家提供给我的可能性、提供给我的启发，至少在现在，是大于唐诗提供给我的东西的。当我看到——且不说庄子——看到韩非子在他的行文当中所表现出来的那种势如破竹的语言速度、那种力道，真真地就傻了眼。比如韩非子的《亡征》，论亡国的，我读到那一段，觉得简直只能用陈词滥调的一个词来形容我的感觉，那就是：振聋发聩！韩非子这个人用文学的概念已经框不住了，他是写了好文章，但是他背后处理的问题……韩非子并不在文章里写他自己，他所有的思想都绕到一个观念：国家。就是取道于国家，用这个观念来讨论问题。当然诸子百家里很多人都是这样，还有人取道于“道”，更抽象的一个观念。你会纳闷，韩非子、庄子，他们的力量是从哪儿来的？他们的语言方式是从哪儿来的？包括小小的慎子——读慎子的佚文，我都觉得那是一个巨大的宝库。如果我们的诗歌能够跟那些东西建立起关系，那前景肯定无限广阔。但直接导致的，可能就是“五四”以来的诗歌写作，要跟它说再见了，可能也包括部分的西方诗歌，恐怕不得不跟它说再见了。什么哥哥妹妹啊……当然哥哥妹妹也很好，但是什么“不带走一片云彩”啊，那个东西，还是赶紧走吧。

**徐**：您刚才说到诸子百家，说韩非子不是文学可以框得住的，而是更大的一个圈子；可在20世纪90年代以后，好像仅是在文学、在诗歌的圈子里还有人要划分地盘。这就要涉及“知识分子写作”了，可能又是陈词滥调的一个东西；可“知识分子写作”这个词本来是1987年您在“青春诗会”上说出来的，当时说出来的时候您并不是那个意思——可后来它怎么就变了？

**西川**：当时说出来我只是对于某些人很反感，我就说诗人应该是知识分子。当然后来我也知道了关于知识分子的定义是什么。我曾经跟某个非知识分子诗人说：我撂下一诅咒给你，将来你要有出息，你早晚得是一知识分子，甭管你现在写什么。当然我这知识分子的概念是一非常宽阔的概念，不是说你读几本书就是知识分子了。我自己觉得，中国当下文化界一个特别大的问题就是没有知识分子生活。这件事其实是一眼就可以看出来的，而且不是只在北京，在中国能够看出来，你走到哪儿都可以看出来。去年秋天我从德国到了奥地利，第一次到维也纳。我坐在维也纳的一个广场上喝点水，就想，为什么维也纳这个城市给我的感觉和欧洲其他城市不太一样？比如说跟伦敦跟巴黎，它不太一样。它不一样在什么地方，我也想不明白，因为维也纳有很多宫殿，金碧辉煌的，但同时你又觉得维也纳有点土。欧阳江河坐在边上说：维也纳还土啊？音乐之都呵，你土吧！（笑）我也答不上来，可我就有这感觉。后来脑子里就老是这个问题。我去了一个书店，随便翻书，看到了伯恩哈特的书，看到了得诺贝尔奖的那个谁，耶利内克的书。翻了翻她们的书，我忽然就意识到了：维也纳没有知识分子生活。它土就土在没有知识分子生活，它的所有的音乐生活都属于宫廷生活，它的音乐是宫廷文化的产物，不是一个现代知识分子的产物。它没有知识分子生活，所以那个城市尽管全是宫殿，但总有一股土不拉叽的味道。我就跟江河讲：维也纳没有知识分子生活。他将信将疑，后来他就去问维也纳大学的汉学家李夏德教授（Richard Trappl），问：西川说这里没有知识分子生活，是不是这么回事？李夏德说：真是这样。奥地利在19世纪初的时候，他们曾经有一个国策，就是对知识分子的镇压；它在二战以后好像又有过一段时间，知识分子在那边特别地不得势。它有几个知识分子，包括写《钢琴课》的那个耶利内克，但耶利内克在奥地利是一个特别招人讨厌的人，作为一个知识分子她不受待见。所以比起来，比如在伦敦，能感觉到它有知识分子生活，甚至在纽约你都能感觉到美国有知识分子生活，在奥地利维也纳它没有。在中国，也有这种情况。有一次在798的一个座谈会上，我说别看你们搞这么多展览，你们这儿没有知识分子生活，从你们这个画廊怎么布置，哪一根管子是怎么弯的，你的画是怎么挂的，你的来宾每个人要花多少钱买票，就体现了出来。你别觉得中国有没有知识分子生活是一个可有可无的事情。你走在街上，看到人们穿的全是名牌，但是你就像维也纳一样土。有什么用？就是因为除了名牌，除了宫殿，除了音乐，除了那些高档消费，除了那些上流社会的时尚，或者那些草根的什么时尚，你缺一个东西，缺一个生活中起调节作用的东西，知识分子气质。你没有，一眼就能看出来。这还不是中国一个国家的事。我也不在乎别人说我是不是“知识分子”——知识分子走到他的最高级状态可能是反知识分子的，就像尼采倡导酒神精神而他自己滴酒不沾——这不是我一个人的事情，它关系到我们大家的生活质量。比如说一本杂志、一本书的封面设计，你一看就知道这杂志的编辑方针是什么，这是渗透到各个角落里的东西。包括张艺谋的那个奥运会开幕式，我也觉得不错，可是我去年在柏林国际文学节上碰到美国一个作家，叫艾略特·温伯格，他说斯皮尔伯格就不该走，说斯皮尔伯格要是没走，张艺谋的中国式媚俗加上斯皮尔伯格的美国式媚俗，那可了不得——更了不得了。我从来不曾从“媚俗”的角度来考虑张艺谋那个开幕式，所以当他这么一说，我就觉得这里面的确有这个问题。这还不是像有些左派说的：你这个开幕式里头怎么没有20世纪的中国革命呵？这是左派提出来的看法。我不从这个角度看，可是，整个开幕式里它所表现出来的那样一种……这东西哪儿都能看出来。

**徐：**在今天来看，诗人他不需要是一个贵族，更不该是个疯子、傻子、骗子，但您仍然觉得诗人还必须是一个“知识分子”？

**西川**：我不觉得诗人必须是个知识分子，我刚才说的是整个时代，而不是说某一个人的问题，是整个时代的气氛。比如说一个画家身上有知识分子的一个面，一个电影导演身上有知识分子的一个面，一个诗人身上有知识分子的一个面，那么这些东西汇在一起就能够汇成一个时代氛围。但是如果没有这样一个时代氛围的话，实际上，你加入不到一种更大的对话当中去。包括在关于西藏的问题上。去年我在希腊参加过一个国际作家会议，我对一个关心西藏问题的作家说，西藏当然是我们中国的一部分，从元朝开始就是中国的一部分。而且我对西藏的了解比一般我们所说的还多一些。我每次出国都读一本关于西藏的书，因为在国内我读不着。西藏问题的来龙去脉我搞得很清楚。但那个人就说：你说的这些东西我从前不知道，谢谢你给我上了一堂很好的课，可是我问你一个问题，你们中国汉族人跟西藏人分享不分享同一种价值观？我说我们都有佛教。他说：人家是喇嘛教！我就只好搪塞了。我举这个例子，就是说，如果你缺乏一些思考，你根本进入不了那样一个话语空间。比如说碰到印度的阿什斯·南地这个思想家，比如讨论到现代性，你这边还在现代性呢，阿什斯·南地张口就说：“现代性是胜利者的玩意儿，是欧美人发明的东西，现代性对他们白人来讲就是传统。”阿什斯·南地反对现代性，说现代性就是工具理性和批判理性的产物。他说你看看20世纪的历史，像奥斯威辛这种集中营不可能在不具备工具理性和批判理性的国家产生，只能产生在德国那种地方，这种野蛮本来包括在白人对非洲的殖民主义态度之中，然后最野蛮的白人又把自己这种野蛮从非洲“出口转内销”进口回欧洲。他也谈到20世纪的甘地主义，当然这还跟达赖喇嘛有关。我的意思是说，我们在任何一个领域——不光在政治领域、民族文化的领域、诗歌领域——都必须处理这些问题。比如说有些人还非常狭隘地处理什么诗歌的问题，我现在就实话跟你说：头两天有一个芝加哥大学的学者到我们那儿交流，他讲到当代艺术和现代艺术的区别。据他的看法，当代和现代的区别首先在于：当代艺术具有历史指涉，也就是多多少少你得处理政治问题；现代文学和艺术才只处理文学艺术问题。当代艺术必须处理政治问题，当然我这里所说的“政治”是一个广阔的概念，不仅指一个西藏问题或别的什么，这里面有很多层面。说到底，政治来源于差异。在这个意义上，英国一个诗人说“天堂里也有政治”。这是第一点。第二点，当代艺术必须处理矛盾和模糊性，处理那些悖论。还有，当代艺术讲究创新。它和市场之间的关系也必须考虑。然后，当代艺术还必须包括幽默感。我们的诗歌里面包括很多东西，也包括幽默，但是的确在中国当代诗歌里我没有看到一种广阔的关怀。20世纪的诗歌里面要么具有广阔性，要么具有硬度；有广阔性你可能牺牲你的硬度，要强调硬度你可能没有广阔性。但是我宁可不做一个诗人，我宁可不做一个好诗人，但是我要处理这些关系到我的灵魂的问题，要处理我的存在的问题，所以我宁肯写那些乱七八糟的东西，我不写那些分行、押韵得很“机灵”的小诗什么的。

**徐：** 刚才您说到当代诗歌里面几乎就没看到有一个广阔的关怀。（西：没有。）那现在我不写那些鸡零狗碎的东西了，我要有这样的一个关怀——它假如要呈现出来的话，您觉得应该是一个什么样的形态？

**西川：**我说的广阔的关怀和鸡零狗碎的东西是不矛盾的。处理鸡零狗碎也行呵。你可以处理一个非常小的事情。比如库切写的《耻》，那故事本身是一个非常有限的事情，是发生在南非牧场上的一件事情。库切不需要进入另外一个迷信——就是王朔的那个迷信，说我一定要写比《红楼梦》更多的人物，多蠢呢这话说得。库切的《耻》里面只有几个人，小事，就是一个农庄上的事，可是他真的碰到了这样的问题了——这个问题是从20世纪以来、从卡夫卡以来，阿什斯·南地管它叫"现代性黑暗"的东西。如果你不触及这种"现代性黑暗"，你只触及那种……那也可以，也没什么。但是你自动放弃加入一个更大的对话体系中去，你不进入那个对话。你走遍全世界，所有好的作家、诗人都在谈这个东西。你可以说我不进入，那好，那你就别着急了，说怎么不带我玩儿啊？对不起，不带你，因为你不关心，不谈论这个。它不是一个圈子或个人恩怨的问题，它是一个政治的、文化的问题——它是从20世纪初以来，直到现在，作家艺术家全都必须处理的一个问题。

# 胡思乱想、烂英文和画地为牢的诗歌界[①]

## ——答安琪问

**安琪**（以下简称“安”）:《深浅：西川诗文录》于近期出版，感觉你对这部书比较满意，相对于你的其他出版物，这本书有什么不同之处?

**西川**：这本书的封面做得不错：干净，朴素，大方。我喜欢封面的蓝色，像常见的线装书封面的那种蓝。“深浅”两个大字，是我跟简宁（他策划出版了这本书）坐在电脑前挑的：老宋体的简体字。我把它们压扁了点，并让两个字上下有些许连接，出点治印的味道，并带出些现代感。我一向喜欢老宋体。中国文字真是很美!

《深浅》不是我的诗集。它等于是我的一个选集。简宁本来建议我把《游荡与闲谈》也搁进去，但我考虑那本书只出版了一年，就让

① 本访谈发表于2006年3月27日的《经济观察报》，原标题为《知识分子是“民间”的一部分》。

它暂且单独漂在世上吧。由于这是一本选集，我想在这本书中呈现的就不仅是我的诗歌，而是我在各个方面的胡思乱想。我希望这是一本丰富的书，能够较为全面地呈现我近年的工作和想法。

书中《大意如此》这部分是我这10年来在“变体诗歌书写”方面的主要工作。将它们排在一起是我一直以来的心愿。我希望它们连在一起能给人一种群山连绵起伏的感觉。不谈我在这些文本中表达了什么，单从形式上说，我希望它们与众不同。我隐约觉得，中国新诗还没有找到恰切的形式，甚至还没有找到表述当下生活的恰切的口吻。一种恰切的形式需要从语言本身生发出来；既然中文在这个世界上是独一无二的，它肯定也蕴含着独一无二的诗歌形式。因此我对于闻一多、何其芳、卞之琳等人所玩的“形式”从来没上过心。我从散文借来了滋养，但我写下的所谓“诗歌”的部分与一般意义上的散文迥然有别，与美文学的散文诗也有巨大的不同。也许我写的是一种未经命名的东西。我希望找到一种有效的形式，它应该给我们的写作以自由。也许为了这“自由”，我们不得不放弃中国新诗语境中所谓的“诗歌形式”，乃至“诗歌口吻”。

这本书另一点让我有点欣慰的是，我终于能将一些作品完整地呈现出来。诗剧《我的天》原本是要在上海公演的。但就在一切都准备就绪之时，投资人因为“经济问题”突然被抓了起来。在公演无望的情况下我把它拿出来发表。重庆的《红岩》杂志原准备在2004年第1期上全文发表，因为那一期该杂志以我为封面人物。但三校都看过以后，忽然横出个人，认为这出诗剧有问题，于是编辑部不得不删去一大半内容，留下些光明的句子。杂志出来以后真把我鼻子气歪了：你可以不发表，或实在没办法你可以加个注，注明所发系“节选”。但那期杂志给人的印象是我花了很长时间就写了那么个不疼不痒、不伦不类的东西。而且《红岩》刊出那个东西后，一些杂志和诗歌年选还纷纷转载，事实是越转载我越熬头。

**安：**我读到你近期一组写西峡的诗歌，它们很明显区别于你以前的诗作而显示出口语化、生活化的倾向，你对这种倾向的自我判断是什么？

**西川：**你说的是《现实感》这组诗。这组诗一共16首，不都写的是河南西峡，也有几首写的是广西乡下。它们都是我旅行的产物。你觉得它们有口语化、生活化的倾向，确实如此。口语并不是什么人的专利，我用一用自然也可以。莎士比亚也可以写汪国真嘛！再说一遍，我从未反对过“口语”，但我更关心的是书面口语，也就是经过取舍的口语。《现实感》写得比较放松，但你仔细阅读，就会读出它们比当下“口语诗”多得多的东西。第1首《我奶奶》，使用了一种循环的结构。也就是说我在8行之内容纳了一种时间观。第6首的口语比一般口语诗更口语，它是现场的惊诧，同时引入了浅浅的逻辑推理。第9首《怎么一回事》:“羊儿吃草，一直到死，一直到死它们也不吃别的 / ——只有老天爷知道这是怎么一回事。”这里提出的是一个具有根本性的哲学问题，看似简单，却没有一个哲学家能够解释清楚。羊儿吃草的事实背后隐藏了关于物自身、关于上帝的问题。这是一个大神秘。第10首《老界岭》容纳了一种人生观，有点道家的味道。在第14首《桌子板凳》中，我尽量使用有限的词汇来谈论“不可能”。在我全部的诗歌作品中,《现实感》的难度不算大，带有较大的偶然性。在我集中精力写长篇作品的时候，有人怀疑我丧失了写短诗的能力。那么这组短诗就算是我对他们偶然的回答吧。虽然这不是高难度的写作（乡野题材相对于城市题材要容易处理得多），但我自己颇为喜欢这组东西：它们写得轻松，甚至清爽。

**安**：海子、骆一禾、西川是赫赫有名的北大三剑客。1989年，海子和骆一禾突然辞世引发的震荡于今依然让人记忆深刻，同时我感到你的苍老如此之快，似乎承担了海子和骆一禾在尘世的生活，也就是，你在代他们活着和老去，你同意我的看法吗？你和他们之间有感应吗？因此变故，你对命运有新的理解吗？

**西川**：这不是第1万次，就是第9999次我被问到海子和骆一禾的话题。我有点烦了。每次回答这类问题我都力求说出点新东西，但看来是越来越困难了。以后我会尽量避免回答这类问题。我总是告诫自己：不要自我戏剧化。我并不觉得自己在代他们活着和老去。他们保持着他们青春的形象，那样很好。就像李贺、雪莱和兰波都保持了他们青春的形象。当然，有时遇到事情我会想到他们，例如我会假设海子会怎么说、骆一禾会怎么想。也有时我会被提醒想到他们，比如现在要回答你的问题。但在我和他们之间没有“神秘”意义上的感应。是他们的去世（还有其他一系列变故），使我强烈感受到命运的存在，但如今我对命运并没有什么“新”的理解。

海子和骆一禾有时是以一些悬而未决的问题的形式存活在我心里。例如在海子的写作坐标中，有一些并不是具体哪个人的诗歌作品，而是像金字塔、敦煌一类的东西。这些人类奇观的共同性之一，就是它们的匿名性。所以海子是将一个有关匿名性的问题甩给了我：匿名性创造的性质如何、方向如何、方式如何，在一个署名的时代匿名的工作有何意义，主导匿名性创造的时代风尚如何抵消或平衡个人风格，等等。我感到我不得不思考这些问题，因为我在写作中遇到了这些问题。我已经写了一个提纲，可能最终要写一篇文章，名为《匿名的工作》。

骆一禾大家近年谈得不多，但对我来说，骆一禾作为精神上的大哥始终存在。他的视野、他的深度、他待人接物的方式、他谈话的方式、他对人物的评价，或隐或现在我的生活当中。他是最早认识到昌耀价值的人。他写过长文讨论昌耀的诗歌。由于骆一禾与昌耀的关系，所以 1996 年 7 月昌耀和我在四川西岭雪山见面的时候一见如故。后来在写《鸟瞰世界诗歌一千年》时我在最后一节提到昌耀，我说他“写出了一个行走于荒凉之境的饱满的灵魂”。昌耀是个大诗人。尽管他不属于朦胧诗传统，但他依然是个大诗人。可惜我们只见过一面。2000 年他去世之前曾托他的好友肖黛捎话给我，与我告别。

也许中国诗歌的精神就是这样点点滴滴地在诗人之间传递着。

**安：**种种迹象表明，正如于坚不知不觉成为民间写作的最突出代表一样，西川也不知不觉成为知识分子写作的最突出代表，而“知识分子写作”这个概念是你在 1986 年的一篇文章中首次提出的。时隔多年，你心中的“知识分子写作”有改变吗？请在此为我们重申你的知识分子写作观好吗？

**西川：**我是西川，诗人、散文和随笔作家、一出诗剧的作者、两本书的翻译者。我不代表任何人。至于于坚愿不愿意做他们那帮人的“代表”，这是他的事。他比我大9岁，他理应比我具有更多的人生经验。我在一本书中读到，韩东讽刺他如今的写作“像西川一样博古通今”，这使我对于坚油然而生一种亲切感。我尊重他的工作，尽管他说“北京没一个好诗人”（听来的，不一定准确），我当然是要被包括在其中的。

我痛恨那一场所谓“民间”和“知识分子”的争吵。它像陈水扁搞的那一套，“撕裂族群”，好像诗歌界也存在什么选举似的。争吵一来，人人要么主动，要么被迫地站队，老朋友们从此反目，或者音讯皆无，断绝往来。这一场争吵让人看到了多少副嘴脸！它使整个20世纪70年代末、80年代、90年代的大部分时光，被90年代末所挟持。换句话说，是小坏蛋们玩儿了老坏蛋们。至于小坏蛋们自己玩儿自己，那是谁都拦不住的。而那些最初搅和这场争吵的人中，有一些早就拍屁股走人了。留下来的，还不是老老实实写东西的人！

不错，“知识分子”这个词在诗歌界是我较早使用的，但不是在1986年，而是在1987年《诗刊》的“青春诗会”上。我当时是在20世纪80年代的意义上来使用这个词，强调的是现代诗歌趣味、形式感、独立立场和批判精神（但从一开始，陈东东、张枣、欧阳江河、老木、王家新和我，在对“知识分子”概念的理解上就有所不同）。以今天的眼光看，在当时我所强调的内容中，至少有一部分涉及公共知识分子人格（于坚对昆明破坏老建筑的慨叹，尹丽川、沈浩波对河南艾滋病的关注，都属公共知识分子行为），不同于如今充满大学校园的专业知识分子。但在90年代末，由于“民间”无知于公共知识分子和专业知识分子的区别，所以才会有将“知识分子”（intellectual）

与“知识”（knowledge）混为一谈的胡说八道。“知识分子”至少在当时的北京知识界、文化界是一个常用词。“走向未来丛书”那帮人当时办过一份杂志，就叫《知识分子》，后来四川诗人廖亦武也办过一份名为《知识分子》的民刊。我至今认为，“知识分子”这个词在当时（在今天也一样）的使用具有积极意义。在20世纪80年代，诗歌界或文学界需要“知识分子”这个词，因为当时在诗歌圈子里指认非老百姓喜闻乐见之作品风格的术语是“贵族”，可中国哪有什么“贵族”啊！文学界的批评术语有时候就是如此贫乏。有了“知识分子”这个词，“贵族”就没人说了。

我已经厌倦了这样没完没了地谈论“知识分子”和“民间”。知识分子是“大民间”的一部分，从来就是这样。在“知识分子”和“民间”之间生生划出界限，这是一种畸形风尚所致。一时间中国诞生了多少画地为牢的小领袖、小才子。有一位小说界的朋友数年前对我说过：“决不能将这种诗歌政治引入小说界！”

我尊重知识分子（这并不意味着我不尊重其他人），无论是专业知识分子还是公共知识分子。在今天，在全世界，公共知识分子正在死亡，所以美国学者拉塞尔·雅各比说：“这令当代生活索然无味。”但是，具体到诗歌写作，简单的道德立场肯定无济于事。我所需要的是囤积和挥发我的创造才智，更深入地了解和理解我所身处的历史生活和现实生活，并且至少为我自己找到一种有效的、有力的、自由的表达方式，不让那些“幽灵读者”见笑，力求对“诗歌”有所贡献。但我在面对当下无论是“民间”还是“知识分子”的诗歌写作实绩时颇感失望。我已多次说过，这样的写作不能满足我的智力需求。2004年，在丹麦，我曾经对老于坚说过：“我其实是个吸血鬼，无论‘民间’还是‘知识分子’的血我都吸。”也是在丹麦，我对尹丽川说：“我随时准备加入‘下半身’！”尹丽川是个讨人喜欢的丫头，她的反应是：“我随时准备加入‘知识分子’！”

**安**：你经常出入于世界各地，所以我很希望从你口中获悉西方对中国的想象和中国对西方的想象是什么。

**西川**：2005 年 4 月我去广州参加过一次“国际诗歌节”，其全名为“第二届珠江国际诗歌艺术节”，其英文翻译为 The Second Pearl River Poem Art Festival。这样的英文翻译真令人哭笑不得（可能是用“快译通”翻的）。正确的翻译应该是 The 2nd Pearl River Poetry International。“艺术”那个词是多余的，不符合国际惯例。如果拿不准英文翻译，最好就不要英文翻译。但也许组织者觉得没有英文翻译就不够“国际”。也许是吧。但一个烂的英文翻译恰恰暴露了我们不够“国际”。诗歌节一共就两场朗诵，这样的诗歌节过于草率了。两场朗诵中有一场是在一个房地产开发项目中举行。那片房地产名叫“罗马花园”或者什么类似的名字。我记得大门口有一排罗马式立柱。诗人们进入时我跟在几个外国诗人身后。那时他们还不知道我能听懂他们的谈话。经过罗马式立柱的时候，一位巴西女诗人小声地对他身边的英国诗人说：“你看，这就是中国人对于世界的想象！”

拦也拦不住。仅仅是在北京，我们就能看到广告牌上写着一些房地产开发的新项目：“纳帕溪谷”“莫奈花园”“温哥华大道”“北美小镇”“海德堡”“天鹅堡别墅”等等。一群人要把中国建成欧洲和北美。与此同时，北京的什刹海出现了酒吧街，好像那些可怜巴巴的老建筑憋着劲要为老外和小资们服务一把。如今，阳朔也有了酒吧街，大理也有了酒吧街，一样的大屋檐，一样的卡布奇诺。这也许就是老外对中国的想象吧：他们需要老房子以确保自己在消费东方的感觉，同时他们还需要满足喝一杯之后寻找点小浪漫的活心眼儿。目前的中国就是处在这两种想象的交叉点上：西方对中国的想象和中国对西方的想象。

但西方也许并不完全是我们想象的那样。比如美国。从小布什选择使用“邪恶”这个具有宗教和道德色彩的词来形容伊拉克与伊朗这样的国家，就能看出，美国普通人的道德水准其实多少是停留在中世纪的。西方人中的一部分乐于想象中国，那是他们自启蒙时期以来的一个传统。但我要说大多数西方人对于中国的想象水平与民国时代西方人想象中国的水平不相上下。而西方的非中国通人文知识分子对中国的关心主要集中在几个问题上：“文革”、法轮功、审查制度、西藏问题等。2002 年我在美国待过一段时间。由于不断有人问我对西藏问题的看法，我被逼成了一个西藏问题专家。我通过阅读居住在英国的西藏历史学家茨仁夏加（Tsering Shakya）的《雪域之龙》（*The Dragon in the Land of Snows*），对西藏历史的来龙去脉有了一个大致的了解。这本书的结论是：西藏越来越不可能脱离中国。

西方的知识分子对中国的想象有时出奇的简单。每遇这种情况我就会把我一个中国人的“小聪明”发挥出来。我曾在德国遇到一位美国作家，是麦尔维尔的传记作者。她对我盛赞某中国艺术家（在我看来只是个投机取巧之人）在作品中摆了八八六十四根蜡烛，说那是《易经》思想的体现。我知道她所说的《易经》不外乎理雅各（James Legge）用英译文简化了的《易经》，便对她说，孔子五十读《易》，但就我目前的智力水平还不足以读《易》。她就不再跟我说话了。在另一个场合，我还反驳过一位澳大利亚的艺术家。他扬扬自得，以为他有“自我”，中国人没有“自我”，并对中国人的艺术实践横挑鼻子竖挑眼。我本来对他印象挺好，但他这么一干我就要治他一下。我把他标榜的他的“自我”剥得体无完肤。还有一次，在巴西圣保罗的一个关于全球化的会议上，我对一个墨西哥教授的美国式发言大加挞伐。相比之下，我对国内那几个追着我骂的鸟诗人反倒心慈手软。

**安：**能说说你在中央美院的工作吗？因为我有点好奇，想知道一个在诗歌界影响这么大的诗人是如何在另外一个圈子生活的？

**西川：**诗人、作家如今在大学里教书的已经有一些，但我到美院是在 1993 年。那时到大学里教书可不是“时髦”的事。我因为离开了一个报酬相对优厚的职业而选择了教书这个在当时条件相对“贫寒”的职业，还曾遭到过几位批评家和诗人们的表扬，仿佛我实践了陶渊明所说的“先师有遗训，忧道不忧贫”。那可是每一个人都想赚进“第一桶金”的时候。但我调到美院是因为，首先，我需要一份清静；其次，我小时候画过点儿画，对视觉艺术有一种天生的亲近感。我在美院先是主教英文，兼教西方现当代文学，后来转到教中国古代和当代文学。我喜欢我的学生们。我想他们也喜欢我。

我的确生活在几个圈子里，至少除了诗歌圈子，我对美术圈子也算了解。我认识一些艺术家。看过不少视觉艺术展览（顺便说一句：“视觉艺术”的概念比“美术”要大得多，它包括了所有在视觉领域里进行实验的艺术门类，而“美术”更多的是指架上绘画）。我在中国美术馆还主持过一次民间剪纸展览的开幕式呢！我的作品《最后的迷信》（包括我的手稿、宗教建筑摄影和我收集的宗教招贴共 50 幅）参加过在北京 798 艺术区一画廊举办的名为“无形的城市”的展览（由德国联邦文化基金会“北京现场”项目举办）。2005 年威尼斯双年展上，意大利艺术家马可·奈洛·罗泰利（Marco Nereo Rotelli）曾将一些国家诗人的作品制作成巨大的灯箱竖立在威尼斯，他用了我的诗《把羊群赶下大海》的意大利语译文。我曾经跟中国艺术家开玩笑：2005 年只有我一个中国人，而且是个诗人，“参加”了威尼斯双年展！

我可以举两个例子来说明我对于美术的关心和热爱：欧洲绘画史上的经典名作，大约有一半我看过原作。另外，我工作劳累的时候经常翻阅的是中国古代绘画集，特别是山水画集。在对中国传统山水画的兴趣方面，我是极端保守派。我认为伟大的中国山水画在今天已经死亡，因为支撑山水画的精神（例如庄子所说的“与天地精神独往来”）已经不复存在。我对传统水墨画有点眼光。画家武艺曾经夸我眼光挺“毒”，意思是“厉害”。我曾在美国一华人家里发现过一幅精神气质与众不同的绘画（画的是松树和桃子），但从没听说过这位画家。后据该画主人介绍，那是清代某皇帝老师的作品。不过，虽然我对美术或视觉艺术有些想法，但出于谨慎（主要是不想在美院搅和），我没写过几篇这方面的文章。即使写过的，发表时我也没署“西川”的名字。

我刚从云南大理回来。在大理我遇到画家方力钧和一位台湾画家。我们聊的主要是文物收藏，因为我在大理的一家古董店里发现了一块灰砖，属于南诏国晚期或大理国早期，相当于晚唐或宋早期。灰砖上压有 11 行梵文，应该是佛经之类的东西。据方力钧讲，这种砖在大理并不罕见。我还向两位画家请教了他们对 20 世纪 30 年代现代派画家庞薰琹在新中国成立后画风转变的看法。这是我一直关心的一个问题。作为当代中国最重要的前卫油画家之一，方力钧竟然谈到他近期的水墨画……这大概就是我在诗歌圈子之外的另一个圈子里的生活吧。

**安：**从资料获悉，你的诗歌《远游》曾被郭文景等人谱成交响乐进行演出，具体情况如何？你认为普及诗歌的办法有哪些？

**西川：**不知你想知道哪方面的具体情况。郭文景是我的好友。在谱写《远游》之前，他还曾将我《芳名》中的诗句谱入他的无伴奏合唱《天地回声》（由荷兰一合唱团用汉语演出）。他还曾将海子的《春天，十个海子》谱写成竖琴、女高音和管弦乐队的协奏曲。他的歌剧《夜宴》的脚本作者是邹静之。他当然还创作有其他大量的音乐作品，包括几部交响乐。郭文景和我也有过一次无果的合作。中央电视台曾委托他为电视连续剧《人间正道》谱写主题曲。他要我来写歌词。他对我说，我们来为21世纪的黎明写一首咏叹调，他希望歌词写得安静、辽阔、悠远，甚至有点神秘。我按照他的要求写了首歌词，但那支歌最终没能通过中央电视台的审查。他们说我们的咏叹调没能反映出“沸腾的生活”。

郭文景的《远游》不是交响乐，是管弦乐，是为香港管弦乐团的新指挥、荷兰人艾度·迪华特（Edo de Waart）大师2004年10月的登基典礼音乐会而作。郭文景读过我的《远游》，这一次选中了它。在他开始作曲之前，我将200多行的《远游》缩小到38行，以适合一部音乐作品的长度。作品分三个乐章。第三乐章完全是招魂式的。诗歌部分的独唱由曾获1999年巴黎国际比赛（the 1999 Concours

International de Paris）声乐首奖的女高音张嘉琳担任。香港管弦乐团排练和正式演出时我都去听过，演出地点是香港文化中心音乐厅（后来在上海也曾演出过，但我没有到场）。郭文景的作品是“出灵魂的”，“感人至深”。这是我当时对记者说的话。我想有此感受的不止我一个。郭文景的《远游》为我带来了意想不到的客人。音乐会后《亚洲周刊》的记者来采访我，没打招呼就带来了两个人，问我愿不愿意见见。来人竟是当年在中国大地上赫赫有名的大右派林希翎老太太和一位一直跟随她拍摄一部纪录片的女士。她们也去听了音乐会并深受感动。

郭文景是位真正的艺术家，是个工作狂。我对他怀有感激之情。他曾对他中央音乐学院的学生们说，要写歌，最好用海子和西川的诗作歌词，改编也行，不许用那些烂歌词。他曾将他在国外买到的肖斯塔科维奇的音乐碟片借给我，帮助我领会肖斯塔科维奇。他说他很佩服“文革”中那个能将《毛主席语录》谱成歌曲的作曲家（名字我忘了），因为那人竟能从毛主席的语录中发现音乐节奏。在艺术方面我们有一些共同的想法，甚至共同的焦虑。例如关于民族化语言和个人化语言的问题。我们都对我们手头使用的语言，音乐语言、诗歌语言，如何容纳当代生活感兴趣。他告诉我他想写一部交响乐，最终的效果是辉煌而破碎——那是令人神往的境界。

我不得不说，在郭文景和我的合作当中不存在对于普及诗歌的考虑，这是创造力的合流。普及需要我们做另外一些工作，是另外一个话题。

2006 年 2 月 27 日

# 讲出你自己[①]

## ——答夏天眉、刘希言问

### 训练思维能力

**夏天眉**（以下简称“夏”）：老师以前提到的写作系是一个什么样的专业？

**西川**：我曾经在2009年秋天在加拿大的维多利亚大学写作系教过一学期课。这个写作系属于艺术学院。与我们学校的不同在于我们是一个美术学院，不是综合大学，综合大学的艺术学院或者比如北美大学里的英文系里，会有写作系或写作专业，我们这儿没有。写作系里可以教各种各样的写作，诗歌、戏剧、小说，还会举办各种活动，

① 本文为2014年2月24日中央美术学院人文学院学生夏天眉、刘希言在中央美术学院西川办公室采访西川的文字记录。本访谈发表于中国青年出版社2014年7月出版的《大学与美术馆》杂志第5期。

比如做戏剧的学生可以在学校的剧场里做演出等。

**夏**：国内有这样的写作专业吗？

**西川**：国内的电影学院或者戏剧学院中有剧本写作专业，但是非编剧类的写作教学是没有的。如果国内大学开设写作系或写作专业，马上会遇到一个问题，就是这些学写作的学生毕业后做什么。在加拿大，写作系学生毕业后的工作基本上是有保障的，除非你自己想当个职业作家或艺术家。加拿大的政府机构对写作系的学生有需求，学习写作的学生毕业后可以进入市政厅这样需要写作能力的地方。学小说、诗歌的人处理政府公文时会四两拨千斤。我不知道我们国家公务员的写作能力一般说来有多强，参加公务员考试的人可能都没有参加过写作训练。其实这是一个挺大的问题，即写作学习与工作的对口关系在我国没有建立起来。现在有的综合大学，像人大、北师大可能包括北大，正在开始筹备写作专业，听说会颁发学位。

**刘希言**（以下简称"刘"）：写作课在西方艺术院校的人文课程中总会占有一席之地，您觉得美院也应该开设写作课吗？

**西川**：我们学校，至少人文学院，开有"论文写作"这门课，但这与美国、加拿大大学里的写作课不是一回事。他们那边的"写作"课，更准确地讲，应该叫"创造性写作"（creative writing）。

如果我们想在中央美院也开设写作课，我们可以把"写作"这个概念再扩大一些。实际上我们缺一门课，就是训练学生，特别是非人文学院的学生，讲出你自己。如果你画了一幅画、做了一个装置，但是你讲不好，那么你依然通过不了考核。我知道现在学生们的毕业论文很多就是讲自己的作品，但其实学生们在讲述自己作品方面是没有经过训练的。你必须有一个方法把它讲出来。这不是靠你的小聪明去组织一下语言就可以讲出来的，而是需要有观察事物的能力和表述的逻辑训练。你必须有一套逻辑，从 A 到 B、从 B 到 C，你才可以像模像样地讲出来。而且，你这个作品有什么样的指涉——历史指涉、文化指涉、政治指涉——这些东西都要求你能够讲出来。我们学校到目前为止，所有的学生都没有受过这个训练。在我印象中，在别的国家，如果你是个艺术家，你除了做作品外，还得能够讲出一个故事来。这是一套思维训练。中国的美术院校，以前更多的训练都是在手头上，但是思维能力的训练恐怕少了些。这个和做艺术批评还不一样，做艺术批评是你看别人的东西。艺术专业培养的学生应该能够讲出你自己的故事来，能够讲出你自己。我在咱们学生的画展上见过这样的前言：因为我从小说话结巴，所以今天早上停电五分钟——是这样的逻辑思维。我也见过学生用满篇未消化的时髦哲学概念写脚不沾地的论文。感觉很可怕，让人哭笑不得。

**夏：**会不会有的艺术家不能够直接说出自己，但是很多东西他已经包含在作品中了？或者也有可能是当你感觉到什么问题时问到他，他才会说到那里？

**西川：**这是两个层面上的问题。作品中包含的东西是作品本身的东西，这是艺术本身的训练里应该包括的。但是当代艺术，不同于经典艺术，它有一个特点，就是当代艺术对专业性的要求已经没有那么高了。一个大夫也能做一套当代艺术，一个职员也有可能做一套当代艺术。当代艺术的创作者和我们以往说到艺术时想到的经过专业训练而成为的艺术家已经有点不一样了。这种说法在美院可能是要得罪人的。好吧，对于朝经典造型方向努力的艺术家，我们提的要求是，应该努力让作品说话。但在当代艺术领域，你除了视觉呈现外，还应该有一套你自己的表达——你的语言表达或者你思维的组织能力——这是少不了的。当代艺术特别依赖这个东西。

**夏：**观念吗？

**西川：**不只是观念，是这套思维能力，落实为动笔的能力。基本的艺术训练，比如画静物，可以训练你感受和观察事物的能力，但是不训练你的思维能力。好的当代艺术一定包含了强劲的思维能力。

**刘：**这个训练课开出来会是一个什么样的课？

**西川：**要开这种课，首先不是对学生有要求，而是对老师有要求。老师是不是拥有这样的能力还很难说。在现有的情况下，不管是什么样的老师，首先应该训练自己的能力，然后能走到哪一步就走到哪一步，也不太可能一步到位。需要说明的一点是，获得一种思维能力，不是仅靠读几本书、上网扒几篇文章看看、记住几个概念就能解决的。往大了说，这是个灵魂成色的问题；具体说来，你需要视野、经验、问题意识、对文脉（或语境）的把握、文字训练、现实感、历史感、创造力，以及艺术勇气，等等。

**夏：**有没有考虑让人文学院的学生和别的学院的学生做作品的时候进行组合？

**西川：**这是个好主意。但人文学院的构成比较复杂。如果一个学生是研究明清美术、墓葬艺术的，他和造型学院的学生也许就不是特别合适搭到一块儿。如果有学生对艺术创作本身更感兴趣的话，那确实需要更多的交流。但人文学院里的学生起码可分成三四类。

## 完美的美院公共课表

**夏：**虽然不一定可能实行，但老师你能不能排一张完美的美院公共课表？

**西川：**关于学校要开哪些公共课的问题，学校内部已经有不少讨论。五六年前我就跟同事讨论过。学术委员会上也有讨论。前几天谭院长、教务处的王晓琳老师、咱们人文学院的余丁老师，还有我，我们还专门开过会，讨论课程的设置。我们想，首先，中国古代思想入门、西方思想入门，西方当代艺术批评、中国当代艺术批评这类涉及思想与批评的课程应当开出来。然后是宗教类的课，如果不能开伊斯兰教的课，那么佛教和基督教的课也应该开，就是简介性质的课程，让学生知道基督教是怎么回事、佛教是怎么回事；如果不能开出这类课程，那么开佛教美术、基督教美术也很好，可以顺带谈到这些。因为不光是我们学校的学生，每个学校的学生在他们成长的过程中都一定会碰到些宗教问题，一定会对宗教的某一块问题感兴趣，而我们从前的课程中从来不碰这些。还有一类课是除了欧美之外的文化类课程，因为我们基本上看到的外国就是欧美。曾经我碰到一个小孩，她说老师你看我是不是很“国际化”？我说不是，你只是“西化”。所以说，对我们许多人来讲，我们所谓的“国际化”，是不包括印度、巴基斯坦、阿富汗、伊朗、巴勒斯坦、土耳其、埃及、叙利亚、尼日利亚、南非的。我们可能了解一点韩国、日本、泰国的文化。这是个很有意思的事：当你真正身在西方时，你会发现，当人们讨论亚洲话题时你根本插不上嘴，因为你不懂。于是就变成了这样：你跟西方人讨论西方时你只有听的份，你跟西方人讨论亚洲时你也只有听的份。你只能说说中国，而且是西方“东方主义”的中国。而“东方主义”的中国在西方人眼里不外乎灿烂的古文明和危机四伏的当下，也就是一个不过日子的当下。在我们的教育中，在我们知识人的头脑当中，长期以来，没有形成一张完满的世界地图。这张世界地图除了中国和西方之外，还要考虑到南亚、小亚细亚、阿拉伯、非洲、拉丁美洲，这些都是我们长期以来忽略的东西。造成这种情况的历史原因很复杂。在其他后发达国家也存在这种情况。所以我们有必要对这种情况做出纠正。亚洲本身的问题就已经非常复杂了：至少有三个亚洲——儒教的亚洲、印度教的亚洲、伊斯兰教的亚洲，这三个亚洲的区分已经很大了。关于这一块，我们一直没有一个好的视野。

关于公共课的科目开设我还有一个建议，这是从美国大学的课程里学来的，就是可以开一门叫作“世界中的中国”的课——世界怎么看中国。几千年来，各个国家都有对中国的看法、形成的认识，在不同时期看法可能不一样，这也是我们需要了解的。

最后我还有一个建议，当代文学课也应该开，包括外国当代文学和中国当代文学。作为艺术家，你也应该了解其他行当的艺术家当下在干什么，我们学校的学生可能自然会了解一点电影，了解一点音乐，但是对于当代作家们在干什么可能不是那么清楚。

## 艺术院校图书馆

**夏：**那这些课如果能开出来，图书馆买书是不是会有相应的补充？

**西川：**尹吉男老师当了图书馆馆长，会对图书馆做一些调整，我想。我们学校的图书馆以往对视觉艺术类书籍的引进比较多，但我查过图书馆的目录卡，人文社科方面的书籍有些书已经很老旧了，与当下整个中国学术界、文化界的隔阂很大。可能美术方面的信息大家关注得多一些，但是要办一个高品质的学校，各个领域的研究信息，包括人文科学、社会科学，都不能少。

**刘：**那有没有其他在这方面做得比较好的学校图书馆？

**西川：**国外大学的图书馆我去过一些，但国内其他学校的图书馆我不是很了解。我们学校是一个专门的学校，在大家的意识中可能会不自觉地区分哪些是我的事、哪些不是我的事。但眼下已经是 21 世纪了，不管是美术教育还是音乐教育，恐怕都是大文化的一部分。我的看法是，中国文化的推进不可能是某一个门类一下子走到世界前沿，一定是相互连接的学科大家一起往前走。当一个人问中国的美术到了什么样的水平，你就可以跟他说中国的音乐是什么水平中国的美术就是什么水平，或者说中国的文学是什么水平中国的美术就是什么水平，这个大概的发展阶段是差不多的。如果说我们希望视觉艺术走到世界前列，那就意味着你周边的文化研究也是世界一流的，这一定是挂在一起的。有可能有一门会往前多迈了半步，比如假设哲学研究比别的研究厉害一些，但是也不可能完全和其他行当脱钩。如果你不管别的行当的大致水平径自自吹自擂，那么你一定是在说空话。我们以前只讨论我们如何能够走到世界前列，我们现在也应该讨论一下是什么东西拉着我们不让我们走到世界前列。可能这个东西是我们以前的思维里不包括的，就是说一般落伍的东西我们选择看不见它。

## 历史的平面化

**夏：**老师说过我缺少历史感，我也听到别的老师谈到过青年学生的历史平面化问题，你对这个怎么看？

**西川：**我本人对于不同的人有不同的要求。也可能一个平面化的青年是一个招人喜欢的当代青年，是一个文艺范儿小清新，这个我也喜欢。但是如果你打算深入地处理一个问题，这个时候一个人的历史感就必须起来了。对“历史感”的要求不是我发明的，这是诗人 T.S. 艾略特的说法。他说人人年轻的时候都是诗人——广义地说，人人年轻时候都会有点儿文艺爱好——但一个 25 岁之前的诗人我们可以不必认真对待，而 25 岁之后的诗人，如果还需要我们对他认真对待的话，那么他就必须具有历史感。我们姑且把这个年龄界限放宽到30岁吧。30岁之前，你平面化也好，小清新也好，各种当下的时髦东西你都可以玩儿，但过了30岁你如果还号称是一个艺术家，或者你还号称是一个文化领域的人，那么别人就会看你有没有历史感。这个“历史感”是什么呢？就是你能把一个瞬间的东西、当下的东西，放在一个大的历史环境当中来看，不是孤立地看问题，而是至少在时间上有一个更大的视野。这也许不是对所有人都适用，因为艺术行当里面有天才，但是大多数人只能假设自己是中等才华，不能假设自己是天才。所以除了做你自己的艺术、你自己的研究之外，如果你可以培养起你的历史感，你能够展现出来的东西就会更丰富。

**刘：**这种培养是不是也不只是学生自身？

**西川：**首先老师需要意识到“我生活在一个越来越大的世界里”。原来我们理解的世界就是王府井，后来是二厂，现在变成花家地，这个世界的边沿在不断地扩展。同时，这个越来越大的世界又是一个地球村，反过来说又是一个越来越小的世界。但是你必须有一个概念，20世纪80年代我理解的世界是5平方公里，现在我理解的世界必须是142万平方公里——就是这次雾霾笼罩的面积。连雾霾都扩大到这么大了，你的世界至少得和雾霾的面积是一样大的。每个老师脑子里都必须有这样一个调整。还有一个东西，是我自己体会到的，我自己的知识结构有一个不断地自我清洗的过程。从最早对于欧美文化的接受，到后来我接触东欧文化，这就是一个对我原来知识结构的清洗。然后，当我的阅读、旅行、思考再扩大，或曰转向亚洲和非洲的时候，我原来的知识结构又获得一次清洗。到目前为止我的“文化在路上”的感觉都没有结束。这所有的自我清洗和我的现实感和历史感都是有关系的，就是我如何理解现实、如何理解历史中的现实。作为老师，到了一定的阶段、一定的年龄，需要对自己的知识结构进行清洗。你有这个能力，你就是一个“在路上”的人，你就还在生长——是灵魂的生长；你就能够拥有更多角度去看一个事物。当然这是比较困难的。如果你希望自己是一个真正有创造力的人，你只能这样。我没有更多对学生的要求，我对美院的老师有期待。学生就是一张白纸，有的人有能力、脑筋好用，有的人脑筋慢一点，但是一个学校的老师的面貌决定了这个学校的品质。作为老师应该问问自己，是不是能随时向问题打开？还能不能发现问题？对一个老师来讲，解决问题还不是第一位的，发现问题才是第一位的。当然他应该对这个世界上已经有的问题有一个了解。在这种情况下，他才可能发现真问题。好的学校一定是能够促使你形成头脑风暴的地方。

## 文化传承与消费时代

**夏：**你怀念北大吗？

**西川：**到目前为止，我是个不怀旧的人，我面对的问题太多了，我希望自己能够一直朝前走。

**夏：**那北大给过你什么？

**西川**：北大给过我的一个很重要的东西——这是我之后的学生没能赶上的——就是我触摸到中国现代文化的血脉。我在未名湖边看到过散步的朱光潜先生。他慢慢身体就不行了。还有一次，我们英文系过元旦，忽然两个老师搀着一个满头白发的高个美国人摇摇晃晃地进来，我才知道他就是老温德。温德教授是当年闻一多把他引到中国来的，后来闻一多死后骨灰一直搁在温德家里。温德一辈子没结婚，他最后在协和医院的日子每天都是我们同学们去陪床的。我看到了这些当年参与新文化建设的人怎样走向生命的终点。还有，我曾在北大图书馆借出过一本美国诗人卡尔·桑德堡写的《林肯传》。书的扉页上有胡适先生的亲笔字，写的是他把这本书送给北京大学图书馆的缘由。还书之前我有点犹豫：该不该把这一页撕下来？但又想，这么多年都没人把这一页撕下来！所以我最终还是乖乖地、完整地把这本书还给了图书馆。这些东西使得我有一种感受，就是，我也许属于一个文化链，这个文化链在一代人一代人之间延续。说得邪门一点儿，这类似西方精神炼金术里的"黄金链"或叫"荷马链"，在这个链子上有的人是大环，有的人是小环，但互相之间都是有关系的。美院 90 周年校庆时，我曾建议把以前在美院教过书的老先生们的巨幅画像打出来挂出来。美院的传承意识不能只停留在口头上，比如如何传承徐悲鸿先生的精神遗产。徐悲鸿的一套教学是五四运动德先生、赛先生的一部分，当时写实绘画是科学的一部分，是和整个中国现代化进程有关系的，但是现在写实绘画就是个画，就是卖个好价钱，要么挂在美术馆里，要么挂在客厅里，这和中国的文化建设已经没有关系了。美院的人要是能坐下来讨论一下徐悲鸿先生的精神和中国现代史之间的关系，然后想想我们和中国的当代史之间是个什么关系，你就能看出一些很大的问题。美院讲传承，但谁敢说他在传承徐悲鸿先生与他那个时代之间的关系？美院的传承也不够、创新也不够。中央美院为消费时代添砖加瓦甚至加油喝彩并不觉得困难，但是任何一个开动头脑的人一定是要对现有文化状况提出质疑的。大学有一个责任，即对时代的主流文化提出问题。如果只是在市场中满足于自己的供货商角色，那你就老实承认自己就是个供货商，这倒也还算诚实。而大学需要有大学的灵魂。

**夏**：那咱们就说说消费社会与艺术的问题吧。从香港开到上海的K11 艺术购物中心提供了一个商业吞掉 / 囊括艺术的案例。K11 出售的艺术品小巧灵活，历史感弱而娱乐性强，有的作品旁——比如在达明安·赫斯特的作品旁——还有讲解员。像这类本身就是商业艺术家的艺术家以后大概会越来越多，他的雕塑把战争题材处理得没有痛感，反而充满另类的美感，还有点黑暗。K11 有自己的画廊和艺术品商店，今年3月份的莫奈作品回顾展还收门票（100元/人）。但K11 确实算成功吧，从香港开到上海还有入京的计划，我是说传播上的成功也很有借鉴意义。老师觉得那种真正伟大的作品有可能诞生在艺术和商业的结合中吗？或者最关键的其实还是艺术家自身的敏锐度和使命感？

**西川**：这个问题回答起来会挺复杂。有凡·高这样的艺术家，有卡夫卡提出的“饥饿艺术家”的概念，但大多数艺术家不可能割断自己与社会、资本的联系。即使达·芬奇、米开朗琪罗、罗丹这样的艺术家，也是要完成订货的。高居翰写过文徵明与他那个时代艺术市场的关系的书。所以我不会很天真地看待这个问题。也许艺术家不得不保持与市场的关系，但艺术家应该保持一个基本的原则，那就是你有可能与市场、订货者无法达成一致，并且在这种情况下坚持走自己的路，然后遇到新的、可以与你达成一致的收藏者。艺术家是从事创造性工作的人。在人群里，在社交场合，他应该知道自己是一个例外。而艺术家的尊严来自他的例外。我在草场地一个画廊的仓库里看到过这家画廊保存的某画家不同时期的作品。我吃惊地看到这位画家一次又一次费力地转型，跟风，最终也说不上成功——既没有声名上的成功也没有收入上的成功。我只能为他惋惜。我也曾在德国慕尼黑的康定斯基美术馆看到过康定斯基一生不同时期的绘画，从早期的具象到后来的抽象，我看得惊心动魄，因为展现在我面前的是一条命！这条命一直在摸索，向前进。所以，你看，都是寻求变化的画家，居然如此不同。二战以来，特别是 20 世纪 90 年代以来，世界资本主义发生了很大的变化。这个资本主义被称作“新资本主义”，以区别于榨取工人劳动剩余价值的“旧资本主义”。吕克·博尔坦斯基（Luc Boltanski）和夏娃·希亚佩洛（Eve Chiapello）写过一本书名叫《资本主义的新精神》。他们在这本书中谈到新资本主义的一个特征，即艺术家的资本家化和资本家的艺术家化。我们据此看当下中国的资本家和艺术家，是有这种倾向。但我想，真正的艺术家有权不满足订货。

# 令人惊讶的现实和它的假象[①]

——答王子云、赵小丹问

## 20 世纪 80 年代和 1992 年

**王子云**（以下简称“王”）：我本人对西川老师您最初的了解是通过您所编的《海子诗全集》，现在，20 世纪 80 年代经常被提及，您作为当时的亲历者，经历了怎样的成长和思考？

**西川**：我是一个朝前走的人，朝前走不动的人才会怀旧。那群人在当时并没有那么辉煌。如果你在当时是一个诗人，要么在自己学校朗诵一下，要么跑到别的学校朗诵一下，要么是办一本当时被称为“地下刊物”的小刊物。其实那时候这类小刊物的印刷数量并不多，一般 300~500 本，再多也超不过 1000 本，然后便是分寄给不同

① 本文为 2014 年 11 月 27 日四川美术学院学生王子云、赵小丹在重庆四川美术学院采访西川的文字记录。

地方的朋友。当时的诗歌写作是一场全国性的诗歌运动，哪里都有写诗的，但这并不意味着每一个诗人都大名鼎鼎，那些大名鼎鼎的指的是朦胧诗派，比如北岛、顾城以及舒婷他们这些人。也许现在隔了一段时间，人们会觉得那个时代已经成了传奇，但若是从亲历者的角度来看，我们并没有觉得那就是传奇，也就是几个人凑到一块儿，说我们一块儿弄个杂志吧，然后就开始弄。那时候我和海子认识，两个人聚在一起就说：要不我俩印个东西吧，后来就开始印。当时海子与誊印社比较熟悉，于是我们就把自己写的东西凑了一下，编了本诗集，取名《麦地之瓮》。当时海子自己也印了不少东西，也都是油印。我们那时候就是自己写东西，然后油印，印完了也没人买，最后就是寄给别人了。那时候我在北大英文系，当时不仅仅是英文系，而是整个西语系——英文系是从西语系里分出来的——当时办了一本叫作《缪斯》的杂志。印出来后我们拿到食堂门口，一块钱一本，但是没人买。然后我们还跑到人大那边去卖，也没人买，但是偶尔会有人跑过来问：你们也写诗？然后就认识了一帮人大写诗的学生。再后来就是各个地方串来串去，在各种地方搞朗诵会。当时的诗人，简直就像地下工作者，你心里知道在别的地方也有人写诗、办杂志，因为当时都是互相寄来寄去的。于是你的脑子里就会有一个联络图，如果你是一个写诗的人，你到了另一座城市，如果你知道这座城市里有诗人，那么这就意味着你可以在这里白吃白喝。那是一个特别不靠谱的年代。我曾认识的诗人中有人从福建一路蹭火车跑到新疆一分钱没花。我也遇到过从上海出发一路走到西藏然后又到了北京的诗人，他们一路走一路偷书，我在北京琉璃厂的一家书店里亲眼看见过。还有一个诗人因为没钱，到书店偷书被人家逮着了，书店要他把身上所有的钱拿出来交罚款——书没偷成还被罚了款。于是他就特别不开心和不甘心。他穿的是工作服——我那时候也穿工人的工作服——他直接走到书架边，抱了一摞书往外走，人们以为他是工作人员，于是他就大摇大摆地从书店走了出去。当时一些所谓的诗人，都是在圈子里自己闹腾，包括在大学里面办诗社。那么为什么当时会有这样的诗歌运动呢？因为当时大家也干不了别的，也不赚钱，也不着急干别的事情。现在每个同学都要考虑偶尔挣点钱，现在的花销那么高，要考虑考研、工作等等，那时候没有人会考虑这些。

**王：**所以说对于20世纪80年代经历者，你的体验是日常的，并没有后人谈及的传奇色彩。对于生活在任何一个年代的人来说都会怀想过去与憧憬未来，这也成了当下存在的确认和依托。

**西川：**所有喜欢回忆过去的人都没有现在。那么对于一个艺术家而言，你拥有现在就说明你现在拥有最好的创造状态。现在的好多人都在美化20世纪80年代，认为那是一个非常理想的年代，但80年代的人也是一天一天过日子的。我当时在北大，校团委书记找我谈话，说我是一个危险分子，因为我的脑子太过自由化了。呵呵。无论是过去还是现在，日子都是一天一天过的。但是现在一谈起20世纪80年代，人们都已经把它当作一个传奇了，这是有问题的。这就像你一谈到南非，脑子里立刻里想到的是“曼德拉”“种族隔离制度”这些词。但是有一次我在美国的普林斯顿大学碰到一个南非女作家，她就说：“好像一提到南非就只有种族隔离和曼德拉，好像我们没有日常生活似的。”包括讨论“文革”也一样，一说起“文革”，就是迫害，难道“文革”的时候人们都不过日子吗？那么多孩子是怎么生出来的？我认为这就是历史叙事本身的问题，包括查建英做的《八十年代访谈录》也有问题。她这个人本来就活跃，后来去了美国，我也见过她，还有钟阿城、陈丹青他们，我感觉他们所讨论的20世纪80年代是一个不过日子的年代。

如果要谈论20世纪80年代，为什么不谈论70年代，实际上谈论80年代就是因为“文革”，就是因为“十年动乱”“十年浩劫”。这是十一届三中全会的说法。我以前在纽约大学的时候有一个女同事，她的名字叫瑞贝卡·卡尔（Rebecca Karl），她写过一本关于毛泽东的书，她说真正的“文化大革命”是1966年到1969年。因为到了1970年就已经有了另外一种说法叫作“抓革命，促生产”。那么这其实就已经是对之前的打砸抢进行修正了，因为已经开始强调生产了。所以实际上从1970年到现在，是属于革命之后的大的历史退潮期。那么从1919年到1970年，是属于历史的涨潮期，从1970年以后就是一个历史退潮期。我要是谈论“文革”的话，一定会把它放在这个大的历史退潮期里去谈。如果只是说“十年浩劫”，然后就是启蒙的80年代，我认为这就是把问题简单化了。所以有时候我们用多长的时间段来看待一段历史，就特别能看出你是拿一种怎样的眼光去看待当中的问题。这跟羡慕那个年代完全不是一回事儿。羡慕是一种情绪化的东西，它不是历史。比如说前一段时间我在学校给学生讲汉代的历史，讲司马迁，如果你相信司马迁以及他所撰写的《史记》。那么我们都知道他遭受过宫刑，但是我们不知道他那时候能够挣多少钱：他在做太史令的时候，他的俸禄是200石；但是受过宫刑之后是600石。所以你就会有一个感觉，原来在经历过这样的事情之后，他变成了一个有钱人，日子更好过了。当然，对于一个男人来讲，深深的耻辱和愤恨也烙印下来了。拉开一点距离来看问题，历史经常是以一套历史话语存在的。鲁迅过去说过：凡是过去有钱的人就期望回到过去；凡是现在有钱的人，都是肯定现在的；凡是过去没钱，现在也没钱的人，都是盼望未来的。所以现在外面出的那些书，你从书的内容当中就可以看出作者是什么出身。就是你一张嘴，我就知道你们家过去是不是地主，就这么简单。或者你们家过去是不是留洋的，凡是家里过去有人过过好日子的、留洋的，一张口就是民国范儿。

**王：** 您最早也是作为诗人的身份被大家所熟知，后来成了美术学院的老师。在这期间，您的写作和思考经历了哪些变化，这些变化又是由哪些原因造成的？

**西川：** 我在 1992 年以前和 1992 年以后所写的东西很不一样。1992 年以前，我认为自己是在一个学徒期，就是说，你写得要像过去的榜样。但是到 1992 年我就没有这样的想法了，写好写赖都是我自己的。原来是想写好，如果你想成为一个好的诗人或者好的艺术家，你就一定要向别人学习。那就意味着，在你的脑子里有很多大师、很多榜样，以及各种各样的语言方式、表达方式。1989 年到 1992 年对我如同一个人生的坎，1989 年海子、骆一禾去世，还有我在大街上目睹和经历的一切，给我的影响特别大。进入 90 年代以后，你忽然发现自己真的是换了一个生存空间。过去的那些朋友都没了，老木也跑了。当然这个时候你会有新的朋友，但是实际上已经换了一茬人，然后也不知道自己该干些什么了。你会发现你过去的那些写法基本上都已经废掉了。也就是说，历史是会淘汰人的，而且这种淘汰非常厉害，甚至残酷。不知道你们现在是否有过这样的感受？历史会用各种各样的方式来淘汰你。在这样的背景下，你的写作能不能坚持下来，这里面包含了各种各样复杂的因素：你个人的能力、时代生活的可能性等，其中也包含了一些偶然性的因素，这不完全是由个人选择的。我们学校的一些孩子对于没有赶上我们那个年代而抱憾，我说：你们不用赶上，现在这个时代，你们能够赶上就已经很好了。但是这个时代照样会淘汰人：你可能做了很多事情到最后都没有意义。对于我们来说，是赶上了那样一个时代，然而从 20 世纪 80 年代到 90 年代这个跨越的过程你是要经历脱胎换骨般的改变的：从原来你熟悉的自己变成了一个你不认识的自己。在这个过程中，有些人就直接崩溃掉了，有的人也就挺过来了，我想我就是属于挺过来的那批人。但是这种挺过来并不是一个道德上的东西，也不是其他层面的东西，这种挺过来指的就是你活过来了。

## 令人惊讶的现实和它的假象

**王**：爱尔兰诗人谢默斯·希尼所提倡的诗歌的纠正，曾经影响到 20 世纪 80 年代诗歌的创作，您认为当下诗歌的处境是什么？它是否还具有纠正的力量？如果有，那么关于诗歌的纠正是在哪些角度得以展开的？

**西川**：关于纠正这个问题其实很复杂，你引用的是希尼的诗，我同样可以引用布罗茨基的诗，布罗茨基说："拯救世界已为时太晚，拯救我们自己还来得及。”当然可能不同的人会有不同的看法。关于纠正这个问题：首先诗人的工作和语言有关系，那么语言又与人的思维方式是密不可分的，思维方式又和时代紧密相关，这些是谁都逃避不了的。比如刚才我吃完午饭，就在你们的校园和校园外面的熙街上溜达。熙街像个小镇，给了我很多刺激，包括你们那个美术馆，视觉上太刺眼了。那个小镇其实有点像耶鲁大学的一个地方，和这里一样，一个小广场，周边是很多小商店。但耶鲁大学的环境远没有这里这么邪乎，这里的环境太荒诞，太夸张了！这种荒诞和夸张还特别逗！它逗在哪儿呢？所有小商店和饭馆的名字基本上是欧式店名和中国最土的店名混在一起，而且竟然还有来自佛教的名字，我忽然抬起头看见楼上面写着“阿修罗咖啡馆”！还有欧式的喷泉，旁边有一个外国人的雕塑，边上有一辆铸铜的 19 世纪的欧式马车。它构成了这样一个景观，而这种景观你在世界上哪里都找不到，但同时它又把来自世界的不同元素都拿来用：它把资本主义世界的东西拿来用，第一世界、第二世界的都拿来用。它有点像美国小镇，又有点像印度小镇，但同时它又处于社会主义的环境之下。包括在你们这个校园，有古罗马废墟、凯尔特人的废墟、巴蜀废墟，而这些废墟居然是新建的！所以我总结出：这是由古罗马、凯尔特人搭建出来的一个社会主义的印度小镇。这可真是一个魔幻的地方！那么这样一种景观是由什么造成的？我想这和我们对革命的记忆有关系，和改革开放有关系，跟我们现在旅游热兴起之后对世界的想象有关系。世界想象中国，咱们也想象世界。但是所有你做的这些东西又是通过现代汉语进行的，同时你的现代汉语也造就了你的思维方式。我记得丁字路口那边还有一个啤酒广场，当中有一个大排档的名字叫作“小屌丝大排档”！那么这和现代汉语以及现在的生存环境是有关系的，和革命、后革命，和西方思想的介入以及我们对于西方世界的想象，还有你所说的语言是有关系的。我们的思维存活于这样一个状态之下，如果你要是想写一点东西或者画点儿画，你也可以搞得很小资，但是这对于作家来讲，显然是不够的，完全不能够和这个世界相对称。刚才我在那儿正溜达的时候，有一个北京画家给我打来一个电话。他说你在哪儿呢？我说我在川美这边正在溜达——你们刚才说这个地方出蛇、出野猫，但我在电话里对我的朋友说这地方一定出妖孽！因为太魔幻了，太超现实了！也许你们在这里待久了，就会觉得这是现实，但是这种现实你在全世界哪里都找不到：它不是社会主义的，不是资本主义的，也不是封建主义的、殖民主义的，它是所有这些东西的一个大杂烩。还有那个美术馆的建筑风格……尤其是外墙装饰的色彩，你可以从北方过去那种大花被子面上找到，你可以从宝顶石窟的色彩风格中找到，但你也可以说这是一种拉丁美洲的色彩感。我曾在巴西参加过一次世界知识分子大会，会后我坐飞机从圣保罗去里约热内卢，我和一位巴西诗人同行。他同时也是巴西数学协会的前任主席，一个数学家，这人叫库布儒斯利。你们的这个美术馆让我想起了拉丁美洲的魔幻现实主义。那次在飞机上我问库布儒斯利，为什么魔幻现实主义会在拉丁美洲产生？他给我说了两个特别简单的理由：第一是阳光灿烂。因为阳光灿烂，大家就有了那样一种色彩感；阳光灿烂也使得植物疯狂地生长，人们穿得也很少，街上到处都是舞蹈的人。这还包括了自然环境，比如树上结很大的果子……这些都会给你魔幻的感觉。第二是拉丁美洲苦难深重，所以这片地域就产生了魔幻现实主义。如果从这一点出发我们来考虑中国的情况：中国是不是阳光灿烂难说，但中国确实有很多苦难，就是说，魔幻现实主义那一套东西拿到中国来一定会产生变种。中国有一些作家写魔幻现实主义的文学，但是你知道外国人叫咱们的“魔幻现实主义”（Magical Realism）什么吗？魔幻现实主义到中国就变成了“Disgusting Magical Realism”（恶心人的魔幻现实主义）。当我们在讨论后现代的时候，后现代理论中有一部分是关于大众文化的，而后现代在西方是很精英化的，以至于遭到很多人的反感。但是在中国，老百姓不关心什么后现代不后现代的问题，有一点儿文化的，知道一点儿后现代文化的人，很容易把西方后现代大众文化中国化为痞子文化。在你们学校逸夫图书馆前面有一个拱桥式的建筑，上面还站了一些各种颜色的裸体雕塑。太他妈过瘾了！这地方给了我太多的刺激，这种刺激在很多地方都碰不到。比如说你在欧洲，欧洲有很多地方几百年都不会有人去改造它。当然印度也给了我很多刺激，但是这种刺激是一个整体的刺激。比如说你走在旧德里的时候，到处都是破破烂烂的，我只能用一个词来形容这种破破烂烂，叫作：蔚为壮观！但是你们这里有各种老的、新的东西，而且老东西居然是人工打造出来的，并非原来如此，而且这种老还不是中国的老，而是来自罗马、凯尔特人的那种废墟的老。原来我不相信影子是可以做出来的，但是现在我相信了。我和我们美院的几位老师讨论过废墟的问题，中国古人讲废墟是一定是与江山社稷有关系，这跟欧洲的那种 ruins 还不一样。在中国，这种凭栏远眺一定与“国破山河在”相关，但是你们的这种废墟又与“国破山河在”没有任何关系，也就是说这种废墟感与传统的废墟感不是一回事儿。废墟必然包括了很多影子，以前我认为影子是自发的，属于废墟的时间一定是黄昏和夜晚，但是，来到川美之后，我发现我之前的观念一下子被推翻了，而且是颠覆性的。影子竟然是可以造出来的，就像那种老油画上面的裂缝，我以前认为新油画可以仿老油画，但是仿得再好，画面裂缝是很难仿的，但是现在我有些动摇了，中国人真的是什么都可以造出来。我认为伪造这种裂缝或者伪造影子，实际上就是在伪造时间——我原本认为什么都可以伪造，唯独时间不可仿造，但是现在我需要好好想一想关于时间是否可以被伪造这一问题了。这里面所涉及的不仅仅是历史问题，而且还包括了哲学问题、文化问题，这真的是太有意思了。

## 个人与传统，个人与国别

**王**：就文学和诗歌而言，每个国家都有其自身的特性，中国亦然。那么我们是否能够用一种向传统致敬的方式，以达到国际化的呈现这一目的呢？我们如何理解个人与传统、个人与国别的关系？

**西川**：个人与传统，我首先要强调的还是我之前谈到的，我们现在用的是现代汉语。我也碰到过这样的学生、老师或者老人写古体诗，比如说有的时候我出去做讲座，他们会站起来，站在古诗的立场上指责现代诗，于是我就开玩笑说：请你用古文把你刚才的话重新复述一遍——这就是说，古诗和古文是联系在一起的，它们之间有个上下文的关系，但是现在我们已经进入现代汉语的语境了，你不能够再像古人那样谈论古体诗了，因为你不使用古汉语。古汉语的特点是它的基本语义单位是字，而现代汉语的基本语义单位基本上已经变成词了，词是双音节的，所以语言的节奏感较之古代已经非常不一样了；也正是由于节奏的变化，你对这个世界的感受实际上也会发生变化。那么就我个人而言，我对传统是非常热爱的，但若是只深爱传统，你是无法真正进入传统的。我认为一个人要想真正谈论传统，他必须成为你所谈论的那个时代的同时代人。当中有两个层面：第一，成为你所谈论的那个时代的作家的同时代人。比如说去年，中央电视台在端午之前播过一个关于屈原的片子，里面有一段对我的采访——当然还有其他人的访谈——当时我和那个编导讲：如果你想要讨论屈原，首先你需要回到战国本身，屈原的朋友是谁？屈原喜欢什么不喜欢什么？当时的合纵连横是个怎样的形势？他在文化、道德上与中原有着怎样的联系？首先你需要把历史背景铺开来谈，否则你所面对的那个时代对你而言就是封闭的，你是无法进入屈原的。所以我认为如果你想谈论传统，需要的东西非常多，包括你对那个时代的历史感的问题、对它的猜测以及想象。那么就我而言，你要是想理解屈原，就必须首先理解屈原与那个时代的关系，一个人是无法凭空被理解的，你只能通过理解你跟这个时代的关系来猜测屈原跟他那个时代的关系，我特别强调这种关系。前一阵子还有一个访谈，我谈到徐悲鸿，我认为只谈徐悲鸿的写实绘画是没有意义的，徐悲鸿的写实绘画与五四运动的赛先生是联系在一起的，因为写实绘画是与科学联系在一起的。否则为什么欧洲都开始玩先锋派了，怎么徐悲鸿还在玩那些古典的东西？这是因为他的工作符合当时中国追求科学这一进程。所以关于徐悲鸿，我们讨论了太多徐悲鸿与写实绘画之间的关系，而不讨论徐悲鸿与那个时代之间的关系。我们每个人都与我们这个时代息息相关，当你理解了你和这个时代的关系，你就可以去推测别的时代的人与他们所处的时代的关系。从这一层面出发，我想你才能大概知道传统是怎么一回事儿。不论是古代还是外国，于当代的我们而言，都是远方。任何事物一旦成为远方，它与我们便失去了利害关系，没有利害关系的时候，面对很多事情你就不会纠结，你就能够采取一个稍微客观一点的视角，但是对于当代，由于你和它实际上是有利害关系的，所以你很难以一种客观的态度去对待。由此，你就可以推测别的时代的人与时代的关系，这是一件没有办法的事情。其实我也读了很多古书，《中华读书报》曾经采访过我一次，记者问我这是不是我对于过去的一种回归，我说这并不是对于传统的回归，而是活到了这个岁数，我一直在反省自己的生活，反省我自己的生活与这个时代的关系，那么我就能够推己及人，想到过去，想到古人的处境。

关于个人与国别，我深有体会。过去我们脑子里的那张地图实际上只有中西或者中欧，对于中国人来讲是中西方，对于土耳其人来讲是土西方，对于印度人而言是印西方。我们脑子里基本上没有中印、中土、土印的概念。这是近代资本主义发展的一个结果，欧洲或者西方成了我们这样的国家里每个人都不得不张望的一个方向。我曾在北京碰到过叙利亚诗人阿多尼斯，他长期住在巴黎。我跟阿多尼斯讲：您是叙利亚人，我是中国人，我们现在在北京见面，但好像我们是绕道巴黎才得以见面。他也认为这是一件比较尴尬的事情。但这个世界就是这个样。这就涉及国别的问题：除了西方，还有没有世界？但我们说到西方时实际上说的只是西欧——当然北美、日本也是地缘政治和世界经济领域所谓的“西方”——而东欧，尽管也是欧洲，但却不包括在内。我自己翻译过《米沃什词典》。米沃什在他这本书中指出：西欧人对于世界的想象是有边界的，比如说他们对世界的想象不超过易北河，易北河的那边就是野蛮人的世界了，在西欧人看来，文明人的世界是易北河的这边。也就是说，连波兰人都属于野蛮人的世界。

我前一阵子去了趟塞尔维亚，我感到，西方人在1999年侵略塞尔维亚，从西方这个角度看，更像是西方人整野蛮人。而塞尔维亚人当然是欧洲人。

这几年我对亚洲问题特别感兴趣，我对印度非常感兴趣。还有一个，你去国外旅游是一回事儿，但是对我这个年龄的人来说，旅游并不重要，重要的是你能到某个地方见到谁，你会跟谁交谈。我听到过一些很时髦的年轻人经常说：我每年都会去日本看一次樱花。如果说我要去日本，我一定要知道我到那里要和谁见面，和谁谈话。如果你去日本，比如说你碰到高桥睦郎（日本一个很有名的诗人，曾经是三岛由纪夫的男伴），他就会跟你讲，日语是没有中心的。他为什么这么说呢？因为日语本身属于阿尔泰语系，它受到过中国古汉语的影响，也受到过马来语的影响，还有英语的影响。所以他说日语本身是没有中心的，所以日本人学什么都学得非常快。所以在福泽谕吉号召日本人"脱亚入欧"的时候，他们心里是没有障碍的。那么中国人就不行了，中国人的汉语历史太长了，中原文化、江南文化塑造了中国文化几千年，它的历史逻辑感太强烈了，所以很难像日本一样，在面对未来的时候能够有那样一个态度，因为两国的语言太不一样了。我认识一帮印度的作家、诗人、思想家，那么印度人也会给你上课。当然有的时候我也能找到他们思维当中非常可笑的成分。去年我在印度的时候，听一个印度老头讲印度英语诗歌——他有70多岁了，他用英文写诗。我当时问他，你们都读哪些作家的书，他一下子从古希腊、古罗马，也包括古印度，一路数下来，如数家珍，好像全世界的东西他们都读完了。我当时的反应是，这是典型的第三世界阅读，结果我这样一说，现场的人都哈哈大笑。如果你去问一个欧洲的作家，他是不会和你说这些的。比如我读卡夫卡，我读福克纳，我读伍尔芙。我知道他们，部分原因是我是一个中国人，中国有好多这样的，好像全世界的什么书我都读过，但这恰恰证明你是来自第三世界。在这样的细节里，你真的会发现文化和文化，包括中西方，是不同的，是很不一样的。

**王**：*正如你刚才所说的，那么我们去某种地方看某种东西，作为观看上的他者，真正该看什么呢？*

**西川**：这是没有标准的。你第一次到一个地方，一定会以一个旅游者的身份观看。当然旅游是和旅游文化联系在一起的。现在旅游文化已经成为世界文化当中非常重要的一部分。比如说为什么要保存老建筑？原来住在老建筑里的人不一定想住在这里面，他们说不定还想搬出去，搬到新建筑里面去。保存老建筑一是保存一个地方文化的底蕴，但其实还有一点是为了旅游者。过去一座寺庙只是给当地的信仰者建造的，而现在翻盖一座寺庙在较大程度上是为了开发旅游，让更多的人来这里消费。旅游经济已经成为当今世界经济体系当中比较重要的一个环节了。但是很遗憾，我们很多人一般第一次去某个地方时，就是个旅游者——英语叫 tourist，但是英国人可能会说你是一个 fucking tourist——但问题是，如果你是一个受过教育的人，或者说是一个有点修养的人，那么你就能够在旅游的过程中发现一些东西。如果你有一定的思想与方法论的准备，那么你是能够发现一些东西的，你就能够从一些看似微小的东西里发现一些问题。

我最近就建议我的研究生们读罗兰·巴特的《符号帝国》。在这本书里面，罗兰·巴特写到他在日本的经历。在某种程度上讲这书写的是东亚或者东方。我们从中可以学到一些东西，并以此来观察中国。他也写过中国，是一本日记，不是正儿八经的书。那么在《符号帝国》中他写到日本人使用筷子而西方人使用刀叉。那么使筷子和使刀叉在文化上有什么不同呢？罗兰·巴特从中探究出使筷子是寻找食物的天然纹理，使刀子是在食物没有缝隙的地方生生切入——这就是东西方文化的不同了。如果是罗兰·巴特这样的人去旅游，他一定能够发现一些东西。当然一般人去日本就是看看樱花什么的。但对于那些有创造力的人来讲，出门就意味着你随时准备好去发现一个世界，这应该是一个基本状态。我自己去过一些地方，渐渐地对一般旅游景点、名胜古迹就没有太大的兴趣了，我就喜欢在街上瞎溜达，看街上人穿什么衣服，有什么表情，说话的声音如何，看海报怎么贴，门帘怎么布置。另外一个就是看建筑本身：从建筑的模样能够看出这座城市里文化精英的状态，以及这座城市的文化水平。因为老百姓不负责盖房子，盖房子的是那些精英们。他们能够弄到资金，获得授权，他们自己也有一些艺术修养，由他们来负责设计房屋。他们盖什么样子的房子特别能显示出他们的文化水平和文化视野。刚才在你们学校转的时候，我想起印度的新德里。新德里有一片让我觉得特别奇特的地方，也是废墟，也是红砂岩，和这里特像。但是有一个印度诗人告诉我一般旅游者都不会去那里，那里全是Gins。Gins是什么东西？就是中国古代的精灵。不论是印度教徒还是伊斯兰教徒，都到那儿去。那里的拱门跟你们这里的拱门特别像。只不过里面还有一堵墙，在里面点着许多小蜡烛。那儿有精灵，你可以向精灵祈祷，墙上贴了许多那种许愿的小纸条，边上还有一些点缀的东西，看起来特别阴森。如果是女孩儿到那儿去，有一种说法就是那些 Gins 有可能会爱上你——他就跟着你走了。那地方特奇怪，既有印度教的东西，又是一处伊斯兰教废墟，然后我爬到一个建筑的上面，上面居然立着一根阿育王石柱，是佛教遗物。那地方整个一个宗教大杂烩，但这就是印度文化，与你们学校的校园建筑特别相像！

**赵小丹**（以下简称“赵”）：您的作品《鹰的话语》是在印度写的吧？您是站在怎样的角度去写的？在《鹰的话语》当中，您提到一份人生地图，您认为您现在走到了那个岔路口吗？

**西川**：《鹰的话语》这篇东西是我 1997 年在印度的时候写的，印度是一个不让你按惯常方式思维的地方，所以这篇东西的写作和当时的环境有关系。还有，我对于现实的荒谬有很强烈的感受。很多人在谈论荒谬，但很少有人会想着从荒谬当中获得语言，我们的语言大多是从别人、从古人那里得来的。这是我的一个想法。那么实际上，一个好的艺术家应该从你的存在获得语言，这时候你就摆脱了别人。比如说川美的同学，如果你能直接从外面的那个熙街获得语言，这就是你的本事。如果熙街只能成为你学生时代的一个记忆，我觉得这实际上是一种浪费。写《鹰的话语》时，我觉得当中的语言并不是别人提供给我的，是我从生活当中找来的语言。这篇东西写的时间比较早，内容好多已经忘了。但是我对地图尤其对错误的地图非常感兴趣，比如说你读欧洲的老地图，不仅仅是欧洲的老地图，从古希腊起就有一本地理学的著作，是由希波克拉底写的，它里面讲尼罗河的走向，我记得太清楚了：“尼罗河发源于古利比亚，流经孟菲斯，注入地中海……”你感觉写得真美呀，但就地理而言，这种说法其实是错误的：尼罗河并不发源于古利比亚。但是尼罗河具体是什么样，由于希波克拉底的阐述，其实我们已经不关心了，因为这个陈述本身太漂亮了。这就涉及一个问题：任何时候都有一张桌子和关于这个桌子的表述、川美以及对于川美的叙事、熙街以及对于熙街的叙事，就是这个叙事本身变成了一个很有趣的东西。

## 汉语，中国当代艺术，微观与宏观

**王：**我们的语言其实是在不断更新与扩张中变化着的，在这样一个情形之下，语言是否还应当保持它原有的特点，之于地方、区域或者个人叙述的独特性？

**西川：**如果你是一个做翻译的人，你对这一问题的感受会更清晰。我们当下的现代汉语被《马克斯恩格斯全集》的翻译改变得特别大，我们对于马列的翻译较大程度上塑造了现代汉语。你说的这种渗透有几种不同的情况，一种是词汇本身的渗透，包括我们现在使用的一些词汇其实是翻译词，而这种翻译词给我们的生活带来了很多的麻烦，就是说，翻译过来的词与它在原来语境里的特定意义会稍微有些不同。中国近代以来的许多翻译词汇是从日本传过来的，当然当代词汇中也有很多是我们自己翻译过来的。还有一种外来词是直接进入的，比如说 APEC，还包括一些口语，还有一些直接的译名，比如说华盛顿，直接就是音译的 Washington。但是还有翻译一半的译名，比如剑桥，Cambridge，就是一半意译、一半的音译。对语言影响更大的是对于句法的翻译，西方语言是逻辑语言，当中充满了从句。汉语本身没有太多的从句，那么这就涉及汉语有没有汉语性这个问题。我写过一个文章，在《大河拐大弯》这本书当中。所谓汉语性于我而言，有一种指标性的东西，就是汉语句子能够扩充到多长。如果你读19世纪英国狄更斯的小说，你会发现他的句子特别长，有可能一页就只有一句话，到现在西方也有这种作家，专门写长句子。我认识一个匈牙利作家叫克拉斯诺霍尔卡伊·拉斯洛，他写的长句子让苏珊·桑塔格特别着迷。这种长句子中文承受不了，中文本身不是拼音文字，那么这种方块字就决定了它的句子到不了那种长度。虽然我们现在的句子比以前长多了，但是它依然有一个限度。所以句子的长短对于一个人的思维肯定是有影响的。写或说长句子的人有长的逻辑思维，相较而言，使用短句子的人其逻辑思维能力可能就要弱一些，但他的抒情能力也许不差。虽然现在我们也有逻辑思维，但这种逻辑思维是被训练出来的，不是从自己的语言中天然生长出来的。所以在这一层面上讲，汉语一定会变，变得与古汉语在节奏、句子长度、词汇等方面都有所不同，但是由于汉语使用的是方块字所以它也无法变成欧洲语言。

**赵：**少数民族语言与外语，发音中有某些相似性，那么是否可以从这种相似性当中找出一些历史线索性的东西？

**西川：**发音的相似性并不能代表两个民族就有关系。这有时会涉及民族迁徙、贸易、战争、语言传播的问题。如果你是一个历史索引派，那么你就能够从语言的变迁中找出民族迁徙的痕迹。但与此同时我们脑子里还应当有一根弦：比如说土耳其语与咱们的维吾尔语差不多，都属于突厥语，那么新疆在书写土耳其语的时候仍旧用的是阿拉伯字母，而土耳其在凯末尔革命之后就已经开始使用罗马字母来写土耳其语了。那么在你读和看土耳其语的时候，你会觉得这就是西方语言，但实际上它还是属于突厥语的。世界语言还是分语系、语族的。比如汉藏语系、印欧语系的拉丁语族，那么拉丁语族当中包括了西班牙语、法语、意大利语、罗马尼亚语、葡萄牙语，那么这些语言还是在拉丁语族中分出来的，他们互相在词汇上都是有相似性的。中国与日本虽然都用汉字，但日语是属于阿尔泰语系的，汉语属于汉藏语系，这里面还不太一样。比如说北欧的斯堪的纳维亚半岛上的瑞典语、挪威语、丹麦语加上佛兰芒语、英语以及德语，这些都属于印欧语系的日耳曼语族。

**王：**我注意最近您也参与当代艺术的一些活动，但大多数时候您都是持一个冷静旁观者的态度，那么就您所了解的当代艺术的发展现状而言，您认为它存在哪些问题？

**西川：**中国当代艺术中存在着各种各样的问题。我去年还是前年，在杭州中国美术学院跟那里的教师有过一个座谈，我说中国当代艺术中的大多数内容让我感觉厌倦——还不是疲倦——你会觉得当代艺术多看一件或者少看一件没什么区别。虽然表面上看起来很新鲜，但就创造力而言，实则处在一个停滞状态。你若真想往前走一步，实际上是非常困难的。基本上说，中国当代艺术的这一套观念都是从西方来的，进入中国之后变了一点儿形，或者加上了一些社会主义的因素，然后又重新回到西方的展览系统当中。我和诗人欧阳江河聊天的时候曾开玩笑说，你看一个艺术家，从他的作品当中首先你能够看得出他的背后是否有资本支撑，如果是有资本支撑的，你还能够看出来他的资本支撑是民族的还是国际的。国际资本与民族资本，资金的来源就已经可以作用到艺术家的艺术风格了！现在的艺术家分属很多系统，比如说有美协系统的艺术家、走拍卖系统的艺术家、被画廊高端或低端经营的艺术家等等。这些不同的轨道本身也非常有意思。作为一个与艺术圈子有些关系，但同时又不属于这些圈子的人，我选择保持自己的客观性。

**王**：此次论坛的主题是“文化史——从微观观照宏观”。就艺术史而言，现在的艺术史研究越来越倾向于文化史的解读，在这一背景下，您是如何看待此次论坛的主题的？

**西川**：首先给我这个主题的时候，我不知道要谈什么，当时我就已经晕了。我就问杨老师要来了他们三个人在这次论坛中具体要谈的内容，当中是有从微观观照宏观的，也有其实不那么微观的。这个主题是从老尹最近做的有关明代谢环的一幅雅集图研究生发出来的，他在微观图景背后发现了明代官场构成的一个大秘密。如果是从另一个角度看，我们这个主题又呈现出学术界对过去那种宏大叙事的反感。仅从我自身而言，从微观进入，还是直接讨论宏观，都可以。当大家都在反对宏大叙事的时候，我正好旅行到新疆，我看着新疆那些大雪山，发出过感叹：这可都是宏大叙事！于是我一边坐着车颠簸着，一边感慨安拉伟大——尽管我并不是个穆斯林。再比如，你走到新疆的卡拉库里湖边上的慕士塔格峰，慕士塔格峰的对面是公格尔九别峰，全部都是超过海拔 7000 米的大雪山，这时候你说微观，其实是不合适的。所以无论是微观讨论还是宏观讨论，全在你面临的是什么问题。当然还有另外一方面，我们会觉得从微观进入是比较脚踏实地的，是比较真实的。关于微观，如果你去日本的大学看看，他们所进行的全部研究都是微观的。如果你要做一篇博士论文，只需研究一个小问题就可以了。但是尹老师确定的这个主题后面还有一个观照宏观，这可能就比较倾向于中国的这一套东西了。我觉得这就是一种研究的方式吧。因为这里面涉及，比如说你要从微观观照宏观的话，我能够想到福柯与他的知识考古学。福柯对于问题的处理对于我们而言是比较有启发性的，比如说他能够通过一个时代人们身上衣服扣子的疏密来探讨这个时代的道德风尚：扣子越少，这个时代的道德风尚就越开放；相反，扣子越多，证明这个时代的道德风尚是比较保守的。时代的变迁也可以通过钢笔帽来进行阐释：老式钢笔你需要拧开，后来是一下子就可以拉开的钢笔，再到后来就有了那种吧嗒摁一下就可以写字的圆珠笔，那么通过这些东西你也能够看出来时代的变迁。从这个角度看，从微观进入宏观是一个很好的研究方式。

**王：**你在央美那边主要上什么课程？

**西川：**我给本科生讲“中国古代文学”，给研究生开两门选修课，一个是“英文翻译中的中国古典诗歌”，这是用英文上的；还有一个是“中国当代问题文化与研讨”，讨论自我、知识分子、大传统小传统、大众精英和先锋文化、媒体和媒体意识形态等问题，基本上都与中国当代问题以及我的一些观念相关。当然我还带着我的研究生们读书。我们上节课读的是康德——他们读现当代的书太多了，在知识构成上很容易露怯。如果你没读过柏拉图、康德或者尼采，你一张口说的就是居伊·德波、景观社会、福柯或者鲍德里亚，这远远不够。因为西方是有一个知识谱系的，我特别需要我的学生们知道知识谱系是什么。意大利的翁贝托·艾柯在一本书中提到西方思想的两大谱系：从赫尔墨斯神智学到柏拉图到尼采到后现代主义是一条线，另外作为主流的另一条线是从亚里士多德到托马斯·阿奎纳到笛卡尔到康德。这是两个知识谱系。包括西方知识界的左派右派理论，你不能讲串了，讲串了的话不懂的人以为你渊博，懂的人知道你其实就是一个外行。

王子云于2014年12月20日校对整理

# 诗歌和诗人的“沸点”①

## ——答北京师范大学学生问

时间回溯到20多年前，在创办诗刊《倾向》时，西川就明确倡导“知识分子精神”，重申向着健康纯正的诗歌秩序和写作环境而努力。他有过这样清澈而坚定的宣言——“从诗歌本身讲，我要求它多层次展现，在情感表达方面有所节制，在修辞方面达到一种纯明、纯粹和高贵的质地。在面对生活时，采取一种既投入又远离的独立姿态。”

作为一位在当代诗歌史上留下过重要痕迹的诗人，西川是别具一格的。创作与研究这对似乎水火不同的两个领域，他可以完美地集于一身；他外语很棒，具有开阔的视野，密切关注世界文化动向，吸收各民族文化营养为我所用。然而，他的根又深深扎在民族文化深处，对古典文化不仅有独到的见解，而且获得了测量想象力的妙法。

诗歌是属于青年人的吗？西川给出的是否定的回答。他以为：诗人一般都要经过一种创作上的干涩历程，正如叶芝所说，“枯萎而进入

① 本问答为北京师范大学“京师文学论坛”西川专场的文字记录。时间约在2010年秋。

真理”，唯其如此，诗才可能成就深刻。而现代文学史上的新诗，满足于描写比较表层的感觉，充满故意为之的忧伤，这都是生命浅薄层次的内容。如果跳出“我手写我口”的思维，诗可能就会呈现出更丰富的形态，也更加逼近一个朝向着理想和完满的精神世界。

可是，从西川的诗歌主张出发，始终值得深味的一个问题是：诗，倘若真的不属于青年，那么应该属于谁？或者说，仅仅属于谁？

——栏目主持人：梁振华

**张清华**：我是一个诗歌的废墟，而西川是一位非常杰出的诗人。如果说西川是“当代中国最重要的诗人”我们还要加“之一”的话，那么，说他是当代中国诗人当中最有学养的诗人，我想没有人会有异议。我的意思是说，西川既是一位才华横溢的诗人，也是一位学养深厚的诗人。这几天恰好《钟山》杂志搞一个活动，找一些诗评家推荐10位重要的诗人，我推荐的10位中就有西川。我的推荐理由如下：“西川是脱颖于第三代诗人中的佼佼者，也是20世纪90年代以后知识分子写作的代表性诗人——不仅因为学院背景与身份，更是因为其道义责任、智性含量、风格气质和美学神韵。西川之所以重要，是因为他处于一个复杂的交叉点上，既作为20世纪90年代初期悲情和批判性写作的一个代表，作为学院诗人中最具活力和魅力的一个，作为从青春性与叛逆性写作向着专业性和持续性写作转换的一个代表者，同时又是个性化的个体写作者，难以用概念指称其意义的个性化诗人。西川在当代诗歌主题上打开了另一个复杂的精神空间，即在世者和在场者的精神求索。

“我觉得在这一点上他可能跟海子有一种对照。海子是把自己的诗歌引向了一个超验世界、形而上学的世界，对于现有的历史和文化包括语言，他具有那种穿越性，他要抵达一个无限的彼岸，存在这样一种向度。西川则把自己写作中形而上的探求和一个知识分子的现实处境紧密结合，我觉得在这方面的探求是特别重要的。

“他的《致敬》《汇合》《厄运》《近景和远景》等长诗对于当代中国人的精神世界与现实遭遇、灵魂冲突与情感承受，从历史与传统、具相与形而上的纵横交叉的意义上，做了充满预言性与戏剧性的书写与探求。同时，他在形式上的多样与创造性，也使之堪称当代诗人的翘楚——早期的精致与准确、灵动与精紧，与后期的铺陈与开放、弹性与散漫，其构造的完美和‘破’的技巧。

“在西川老师的诗学当中，他有一个很有意思的辩证法。在形式上他是工于创造的，但是他又敢于对自己创造的形式加以破坏。这些都给当代诗歌的形式与美学留下了珍贵的财富。另一方面，他出众的才华与深厚的修养，使之成为中国当代诗人中广受尊重和有广泛国际影响的一个代表。”

我的这几段话可能听起来有些别扭，也可能是没吃透西川，但以我现有的理解能力也就是这样一个评价。

**某读者：**西川老师您好，您说中国学者研究庞德很少注意他身上的政治因素。我觉得西方的学者研究中国的作家也似乎有意忽略他们身上的政治因素，比如说沈从文、张爱玲等人。这其中存在文学上的因素抑或更多的是文化上的因素？

**西川：**这里有个很大的误解，在西方没有人把张爱玲评价得特别高，甚至说张爱玲在西方一点影响都没有。这误解是受了夏志清的毒，哥伦比亚大学的夏志清编了一本《中国现代小说史》，把张爱玲抬得特别高。事实上在西方没有人在乎张爱玲，这是一个冤假错案。对于沈从文，当然大家评价都比较高。

西方人评价的中国文学和中国人自己评价的经常不一样。而夏志清跟我们的不一样，情况就更复杂了，他是一个有台湾背景的学者。我在 2002 年见过夏志清，并且在关于诗歌的问题上当面反驳过他。台湾学者在西方掌握汉语文学的话语权，对中国文学作品的解读不从民进党的角度，而是从国民党的角度来诠释。他们觉得中国在政治上很落伍，有先入为主的偏见。对于张爱玲这样的作家，既然中国大陆不提，于是夏志清们就把她抬得特高。其实她在西方没有任何影响，还不如莫言。在国外大学的书店里还能看见莫言的书，但永远看不见张爱玲的书。张爱玲是个什么人，没人知道。沈从文的情况又不一样，对沈从文评价高的并不是西方文学界，而是汉学界，西方文学界对他依然是一无所知。

西方人看问题是很政治化的。有本庞德的传记，整本书就是谈庞德的反犹主义；也有人认为应该从一个比较平衡的角度来看庞德这样一个人，要把他的纳粹倾向和诗歌写作区分开来。但我觉得这对于纳粹也好对于文学写作也好，都缺乏一个深入的理解。苏珊·桑塔格曾经提出一个问题，为什么很多作家对纳粹感兴趣，纳粹作为一个政治理念对于审美提供了一个什么样的方向？这是一个非常复杂的问题。比如说纳粹的军装、勋章等，都让有的作家着迷。纳粹所要求的纪律性，要求生活的纯洁性，让很多反纳粹的人受不了，觉得是非人道的，觉得人为什么要那么纯洁？很多人从这个角度反纳粹。此外，不一定倾向纳粹但反犹太的作家也有不少，比如叶芝、艾略特、庞德等，写作《尤利西斯》的詹姆斯·乔伊斯也反犹。但这种反犹也很复杂，他们实际上是反对犹太人作为一个整体控制金融体系。这次的金融危机爆发，我就马上想到也许庞德的那套金融理论是对的。庞德有一套道听途说的经济理论，来源于一个叫道格拉斯的人。道格拉斯反对高利贷，反对钱生钱，也就是现代金融体系，而现代金融体系在美国主要攥在犹太人手里，所以他们反犹。庞德是坚决反对钱生钱的，认为应该维护劳动而不是维护金融寡头。如果从这个方面讲，庞德的想法并没有错，他的反犹、倾向纳粹部分原因是源于他浅薄的经济理论。所以这提醒我们，一个作家的思想可能并不是来自多高深的思想，可能只是一个愚蠢的理论。同时，一个作家也可以把一个比较蠢的思想变成一个比较有用的思想。

所以西方人对于政治问题很是敏感，对自己的文学也是如此。尤其是在美国，要求一种政治正确，比如说至少不反对女权。但是他们能够把思想问题和文学问题结合在一起谈，能够比较深入地研究一个问题，我觉得这又是他们一个不错的方向。做研究时即使搜集材料也会很认真，但政治问题已经无法绕过。曾经有一个芝加哥大学的学者来中央美术学院做演讲，区分现代艺术和当代艺术，在谈到当代艺术特点的时候他就说，当代艺术是必须处理历史题材的。当下历史也是历史，而这实际上就是要处理政治问题。在西方已经很难从纯艺术角度来谈文学问题。当然，从政治角度来谈也使他们对中国文学产生了很多偏见，比如说一个人是持不同政见者，在西方就出了大名，这是他们非常愚蠢的一个方面，政治正确使他们丧失了对文学的判断力。

**某读者：**西川您好，我有两个问题想请教您。一个是，您从庞德讲到怎样利用传统文化资源，您能否谈一下在您的诗歌创作过程中是如何使用传统文化资源的？第二个是，您提到诗人写作的沸点是不断升高的，并举例说开始是花、雨、恋爱与失恋都能让诗人去写诗，然后到后来就需要更高的文化底蕴。不知道是否是我理解的偏差，您认为雨、花属于低的沸点，而文化资源、思想资源属于高的沸点吗？日常生活经验在诗歌中属于什么样的温度呢？

**西川：**我先说沸点这个问题。像爱情题材，古往今来的文学创作都在写这个。但是用什么样的语气、什么样的笔调、借助什么样的比喻来写，这是很不一样的。比如在我年轻的时候，我的思维是单向度的，在马路上看见一个女孩，就有可能当成女神来看待，很多年轻人都是这样。我在纽约看到一个叫《东村》的杂志，上面有篇文章标题特别好，是“一场伟大的爱情终于变成了一个丑闻”，讲的是纽约市长爱上一个女人，后来成为一场灾难的故事。像我这个年龄的人在思考爱情时，可能就不得不思考丑闻的因素了，与我 20 多岁的时候把爱情只当成爱情就不一样了。现在的我有了双向的思维方式，而以往的我是单向的。这一方面是女权主义给了我启发。女权主义给我提供了一个好的视野，看问题能看到它的背面去。女权主义有一个非常重要的比喻，是说人们看圣母玛利亚是优雅的、圣洁的，女权主义马上说她是男人化的。男人画出她的优雅圣洁是要吸引男人，从这个意义上来说她就是妓女。这种思维全是转着圈的。还是玛利亚这幅画，还是这张像，但思维变得非常复杂了。好像一下翻过一个墙头，问题一下转了向了。这全是生活，生活中这些东西特别多。20 多岁时的我是达不到这种高度的，今天我可能达到或者说至少理解了这种状态，写的东西还是这些东西，但是你的口吻已经都不一样了。

你的第一个问题是关于文化资源的，这也是好多人都没有说清楚的。我只谈中国文化这块，因为文化资源太复杂太广阔了。我最近阅读中国古书比较多，来的路上还在背《楚辞》呢。我现在读诗读得不多，读三四行就知道它值不值得继续向下读。去年我在加拿大维多利亚大学上一学期课，随身带了一套《史记》去读，幸亏我们的老祖宗留下了这样的书，使我们到现在沸点已经比较高了的时候，依然有书能够把我们给震住。司马迁对于历史的描述，从不同的角度对同一个问题的写作，让我特别佩服。中国文化能够提供给我的历史记述，到我这儿已经是历史想象了。我读中国史书能够展开什么样的想象力，是加拿大人想也想不到的，当我拿着《史记》的时候我就觉得作为一个中国人非常骄傲。作为一个作家，我对道德问题没有兴趣，而对想象力有兴趣。现在一说起想象力，就是拉丁美洲的文学爆炸，就是《百年孤独》，说是那个想象力太棒了。可是他们根本不知道中国古代的想象力有多棒。六朝时《续齐谐记》里面有一小故事叫《阳羡书生》，一个书生出门，走累了在一棵大树底下休息，从嘴里吐出一个女人来，然后这个女人又从嘴里吐出锅碗瓢盆来做饭吃，这个女人觉得很寂寞，她又从嘴里吐出一个小男人来陪着她。等书生休息完了要走了，这个女人先是把小男人咽回肚子里去，然后把锅碗瓢盆咽进去，最后这个书生把女人也咽回去了。这种小故事让我特别着迷，《续齐谐记》里这种想象的方式已经被我们完全忘掉了。另外像《庄子》里的“蜗角之争”，一个蜗牛的两只角上竟然有两个国家，还能杀得尸横遍野、血流成河。这是关于大和小的想象，中国当代文学的诗歌也好小说也好，已经丧失了想象世界的能力。这时候中国古代这些资源对我来说是非常重要的。

**某读者：**西川老师您好，您刚才讲到庞德带给我们的思考，在学术思维方面给了我们很大的启示，首先向您表示我的感谢。另外我有两个问题。一个是关于您的诗歌。20世纪90年代以来您写了很多长诗，比如《雨季》《鹰的话语》《致敬》《远游》，我们这些初学者在阅读的时候会感觉有一定的难度，那里面智性与哲思的含量过于浓烈。我想知道，您在写作这些诗的时候是一种自然的、兴之所至的状态，还是您故意为之，觉得中国当代诗歌发展到现在必须要用这种长诗的形式来表达您的哲思呢？第二个问题是，您对中国当代诗坛有怎样的看法？中国当下诗坛存在一种混乱的状态，很多人是在"玩诗"，诗人有自己的职业，将写诗当作业余，并且在发表诗的时候可能不再是在文学杂志上而是在博客上。另外这五六年出现了"打工诗歌"。作为一个在诗坛浸淫了20多年的人，您对这些现象有什么看法？

**西川：**关于我自己的诗歌，《雨季》与《致敬》《鹰的话语》等不是一类东西，那是我年轻时写的。那跟当时的经验、阅读有关，当时大概是刚读了维吉尔的《埃涅阿斯记》，老是处在一种要写作的冲动状态。一个作家与另外一个作家的关系时常很隐秘，比如艾略特，每一次开始写《四个四重奏》之前，都要读《神曲》进入状态，然后开始写作。所以《雨季》是非常早的诗，它和后来我写的那些散文体的长诗是不同的。为什么后来写这样的长诗呢，因为我原来学来的方式已经不足以表达我对很多问题的看法了，包括我自己的一些感受。20世纪90年代初期那几年对我来说是特别艰难的时期，也不太写东西。

后来写《致敬》那首诗，其实它不是一首诗，我已经不能写诗了，我在本子上瞎写，心想算了，写成什么样就是什么样了。结果写出来就是那种东西，跟我以前的诗就很不一样。而像《鹰的话语》，我知道有些人理解起来可能有难度，我也没办法，因为读者与作者有很多体验是不一致的，比如那种荒谬性、无方向感、出不去、真和假的体验，那里边处理了好多问题，可能跟我那段时间的经历、思考也有关系。另外,《鹰的话语》是我在印度写的，我还受到了印度社会的影响。人在写作过程当中会接收各种信息，印度那些奇怪的思想、稀奇古怪的信息，会自然而然地进到我的写作中。总之，就是原来那种分行的、押韵或不押韵的、那种控制性的写作方式不够用了。

第二个问题大概说到了诗歌界的一个乱象。虽然我总拿当代诗歌开玩笑，但我觉得中国当代还是有好诗的，而且我觉得中国当代的女诗人比男诗人写得好。不光是中国当代，在世界上都是如此。我实际上特别受益于女诗人的写作，如《给今夜写诗的人》，这首诗像爆开的礼花似的。尹丽川写得也挺好的，但她现在不怎么写了，玩电影去了。我去年在德国做过一个中国诗歌的海报招贴展，里边的诗歌我就用了尹丽川的，还有一个非常有才华的男诗人是严峻。还有雷平阳的《杀狗记》，让我觉得特别不舒服，当然这种不舒服就是诗的力量所在了。最近几年的所谓“打工诗”也有优秀之作，如郑小琼等人的诗作。然而我不喜欢“打工诗”这个命名，这对诗歌划分太细了，如果照此划分下去的话必然有“北漂诗”“白领诗”等的出现。这种命名是有问题的，太强调一种特殊的经验，我们知道文学应该更强调共同经验，如所谓“打工诗”，可以书写移民、劳动、剩余价值等这类普遍性的对象。

**某读者：**刚才您在回答问题的时候，提到过诗与年龄的关系。我觉得在当代中国，诗歌似乎是属于青年人的，到了中老年就从诗（湿）变为“干”了，没有诗歌了。在这些年的创作实践中，您是如何达到自己的创作沸点的？您认为自己的沸点有多少度？您自己最满意的作品有哪些呢？

**西川：**《致敬》里我最满意的一篇是《巨兽》。我现在依然觉得，那对我来说是一首比较重要的诗，是对于那种无名状态、那种黑暗的你没法命名的、压过来的状态进行的一种书写。在其中我尝试了一种写作方法，我比别人写诗更费劲就是因为我要去发明一套方法。《致敬》那里边的方法就是说话、打断、说话、打断，这是我自己发明的一个写作形式。为什么会发明这么一种形式？因为我觉得我们的生活就是这样，往前走被打断，继续往前再被打断。这就把一种生活状态变成了诗歌写作形式，《巨兽》里边我第一次尝试使用这种形式。

关于新诗与青年的关系，可以从好几方面来说。有些诗人到后来会出现干涩的情况，而且不仅仅是一般诗人，大诗人也会如此，像艾略特的《四个四重奏》，就比《荒原》干涩得多。但是他处理的问题可能更深刻，两者是相辅相成的。我不同意“诗歌是青年人的”这个说法。我们说的诗歌，基本上指的是新诗。而新诗是什么东西呢？我最近在写昌耀的一篇文章里有一个概括：第一就是“我手写我口”，是从胡适他们开始的；第二就是古代的“诗言志”的浪漫主义化。我觉得新诗就是这样，在语言上是“我手写我口”，在情感上是“诗言志”的浪漫主义化。其实这里存在一个误解，应该说新诗是属于青年人的。

西方那些著名的诗人都是中年或老年以后才因为其诗作而成名的，如叶芝等人，而且越到晚年写得越好。我在纽约去看过朗诵会，他们的诗歌听众可能只有 10% 是年轻人，大多数听众是中年人、老年人。诗歌是文化的一部分，不分什么年轻人老年人。中国的情况有点特殊，在现代文学史上，梁启超的《少年中国说》、郭沫若的《凤凰涅槃》等，把古老的中国通过书写幻化成了小孩子，诗歌也变成一个青少年的事，这可能是诗前进的一大障碍。从此新诗满足于描写比较表层的感觉，充满故意而为的忧伤，这都是生命最浅薄的层次内容。如果跳出这类的“我手写我口”，诗可能就具有更多的形式，出现更多的优秀作品。美国的画家马克·罗斯科认为，作为一个艺术家，首先要考虑的就是艺术与死亡的关系。他坚决反对艺术中的“我”，那要如何表达自己呢？他认为，“表达‘我’可以有各种各样的方法，但是‘我’的被强调导致 20 世纪‘我’和暴力紧紧结合在一起”。我们之所以看到网络上的乱象，也是因为太想表达“我”了，每一个大大小小的“我”都想表达他自己。正好他又可以带着一个面具，不署真名来表达他自己，所以表达出来的全是暴力。

沸点这个说法只是我的一个比喻。我们在路上走着走着，忽然脚步停下来，可能看着街角的一块砖都会有感觉。但问题不在于停下来看一块砖，而是根本没办法停下来。我们穿过一个城市的速度已经跟以前完全不同了，我们开车很快穿过，看不见细节。现代建筑为什么全是巨大形状的？它没有细节，古代建筑上都有细节，是因为人们都是步行，所以能看见斗拱和小画，现代建筑上即使画了也没人留意过。现代生活导致我们观看世界的方式已经不一样了，诗人作家要充分意识到这一点。由于速度不同，可能你的审美方式就要发生变化，所需要的形式也就不一样了。

**某读者：**面对当代诗歌，长久以来我一直有个困惑，就是诗歌语言变得无从把握。对诗歌语言我曾经是有判断标准的，那是多年培养出来的古体诗的审美规则，但古体诗与白话文的现代汉语诗又有太多的区别，可以说是几乎完全不同的两种东西。古体诗的审美规则在现代汉语面前是失效的，这让我很困惑，现代诗的语言是否还存在一个审美规则的尺度。曾经有一个老师告诉我们，诗意的诞生在于一个非常富有意义的形象的产生。但我觉得即使是致力于形象的诗歌，也只是当代诗歌的一种。那您觉得，除了致力于形象诞生的诗歌之外，是否还有其他的方式会让诗歌的语言更加富有诗意呢？我看过您《鹰的话语》的组诗，它最吸引我的地方就在于诗的语言。那里边的语言矛盾啊，缠绕啊，有很多庞杂的句群和精简的短句，都发挥得非常极致，也正是这种语言承载了您的精神隐私。也有人把这种风格称为西川体。但我同时又觉得，这样的语言也会把诗歌推向一种含混，或者说太致力于去寻找语言的陌生化效果。我想听听您对诗歌语言的看法。

我们知道您在前一阶段和贾樟柯合作了《站台》，又和音乐家郭文景合作，将长诗《远游》谱成了交响乐，又与戏剧家孟京辉合作了《镜花水月》。有评论者把您这种行为解读成超越新诗既有模式的“大诗歌”的尝试。请问这些经历对您的诗歌创作有什么好的借鉴？另外，您是否认为当代新诗已经到了必须得从其他艺术形式中去吸收资源以获得开拓的地步？诗歌是否需要和其他艺术形式融合才有新的进程？

**西川：**问题问得非常好。我先说我合作的事，我的合作不止于这几个事。合作对我来说是很重要的经验，比如《站台》。写作是一个人的活儿，关起门来自己写，没有任何表演性，但是拍电影太不一样了，所有工作都是大家一起来做，工作的感觉就完全不一样了。这对于我的写作没有直接的影响，但使得一个人的声音变成了许多人混杂的声音。每次与这些不同领域的艺术家合作的时候，我都能从他们身上吸收到一些东西。比如郭文景，中国最好的作曲家，我非常有幸认识这位大艺术家，他曾经给我讲肖斯塔科维奇的音乐，他说他最佩服的艺术家是“文革”时能够把毛主席语录谱成歌曲的人，能从那种语言中找到音乐的节奏很了不得。这使我对于语言的认识大受启发，也许不管什么乱七八糟的语言，我们都能从中找到它的节奏，找到它的力量、它的光彩。孟京辉浑身都是戏，处在那种癫狂状态，他有一句话说“像井喷一样表达我们的创造力”。这也让我很感慨。我是在美术学院任教，在所有的中国诗人包括小说家里，我也许是唯一一个跟视觉艺术走得这么近的人。可能我的诗歌里边有一些当代艺术的东西，像装置艺术、录像艺术。在中国，这些东西基本上是不跨界的，我因为这样跨来跨去，的确吸收了很多营养。当代艺术的装置、破坏性、一些滑稽可笑的东西，对我来说都是有影响的。它们那种稀奇古怪的思维方式跟我都是特别吻合的。比如说，人们认为一个人和世界之间的关系是“我和你”的关系，或者“我和他”的关系。有人曾经问我在思想上有过什么发现吗？我说有，那就是发现“我和我”的关系。这就是人的自相矛盾，人的内在的辩驳，人的内在处境。我对“我和我”的关系有兴趣，也跟海子和骆一禾有关。他们去世后我觉得我已经不是单独的“我”了，我变成一个旅馆，这些人就住在我这儿，包括他们之间的不同看法，我和他们之间的不同看法。我一直回避谈我对海子有什么看法，他肯定会觉得我的作品有哪些写得好哪些不好，我也肯定会认为他哪些作品写得好哪些不好，但我从来不谈，这不是我的角色应该做的事情。从我嘴里不应该出现“不好”，我的工作是要维护海子作为诗人的存在。但毕竟我比海子多活了 20 多年，所以我看问题的方式肯定是跟他不一样的。其中有一个不一样，就是我对“我和我”的看法。你一旦意识到身体里有“我和我”这个东西以后，所有的矛盾、悖论就全在你的作品里出现了。这些人互相之间构成一个场，互相辩驳的场，这个场对于我来说非常重要。

很多诗人现在没别的招了，就搞什么意象，还是庞德的意象主义。意象对于一个诗人来讲是最初级的东西，接下来的工作应该是诗人如何摆脱意象。作为一个有社会主义经验背景的、生活在中国的诗人，肯定不甘心于只是拿点意象来说话。而且即使是意象，也分有很多种，有的是往回看的意象，比如说意象主义；有的是往未来看的意象，比如说超现实主义。这些东西都是不一样的。除此之外，诗歌里面还要处理观念。像米洛什这样的诗人，他诗歌里就有很多观念，他可以不用意象写诗而用观念写诗。但这个观念又是一种“反观念”的，不是一般的观念。诗人使用观念写作是很危险的事情，因为很容易就变成陈词滥调了。如何通过观念表达对于思想的认识，这对诗人提出了更高的要求，考验其对思想有没有自己的看法。这个时候已经不再是意象的范畴，在诗人面前打开的是整个思想的海洋。中国古代诗歌里的意象当然很好，用现代汉语去读中国古代诗歌是读不了的；但我觉得，用古代的语言去读古代的诗歌，也读不好。按说一个新的作家出来以后，我们对于文学史的看法都要做微调。就是说，以往我们认为重要的作家也许就不重要了（或相反）。由于博尔赫斯的出现，像切斯特顿这样一个不重要的作家变成了一个重要的作家。好作家对于文学史是有反向作用的，但这在中国当代文学史上还没看出来。比如说由于中国当代诗人的写作，你如何反过来打量中国古代诗歌？我们的学者们连想都没想过这种事。如何用一个现代诗人的眼光重新解读《楚辞》？《楚辞》里边哪些东西写得好，哪些不好？《楚辞》里并不是什么都写得好的，除了优点，也要解读缺点，这才是真正的理解。只理解优点那是神圣化。《楚辞》与唐诗就被我们神圣化了。你理解的唐诗不外乎就是《唐诗三百首》而已，《全唐诗》将近 5 万首，不用细读，就是翻翻也能发现里边有些东西烦得让你不能忍受。《全唐诗》的缺点太多了，把唐诗的所有问题都暴露出来了，而《唐诗三百首》却是把这些问题掩盖起来的。站在一个现代诗人的角度重新看古诗，能看出很多问题。一方面，古诗和现代诗的确很不一样，另一方面，你站在一个更高的角度，打通这些东西，不在寻章摘句阶段上读诗，之后你会发现中国古诗依然很有意思。当我写了 20 多年诗歌，重新去读陶渊明，那跟袁行沛读的可能就不一样。我曾经跟一个学者表达过，陶渊明集要是让我来重新编一次，我就会编出一个不同的陶渊明来。我认为陶渊明首先不是个诗人，首先是个散文家，《归去来兮辞》《五柳先生传》《桃花源记》诗写得不太好，序写得更好。因此，文学的解读不是单向的。不应单向地以中国古典文学为坐标来解读当代文学，甚至可以说好的批评应该是以中国当代文学为坐标去解读古典文学，也就是说把创造力重新引入批评中来。我觉得当代文学批评中包含的创造力特别少。

**某读者：** 西川老师您好，您之前提到您对道德没什么兴趣，但对想象力有兴趣，我也是对想象力有兴趣的人。但是我发现一个问题，当我杂七杂八地读了很多书以后，觉得脑子处在拥堵的状态。毫无疑问，这些知识给我提供了另外的看世界的方式，但是我觉得它只是让我增加了言说的能力，另外一方面似乎却阻止了我想象力的发挥。您肯定也读了很多的书，而您作为诗人也是具备想象力的，这之间是否存在矛盾？或者说您是否也觉得读的东西太多会压抑掉生命力中本来的一些东西呢？

**西川：**关于读书和想象力关系的这种认识，存在一个迷信。就是按道家的说法，中国人应该“绝圣弃知”；《沧浪诗话》也说：“诗有别材，非关书也；诗有别趣，非关理也。”对于此，作为一个常识可以这样看，但具体看一些例子我们就知道事情并非如此。比如李白，被称为中国古代最有想象力最有创造力的诗人，但他说自己是“五岁诵六甲，十岁观百家”；最“绝圣弃知”的应该是庄子，但你看《庄子》最后的《天下篇》，全在讨论天下学术。所以，认为中国作家好像是不读书的，这是一个天大的谎言。天底下没有不读书的作家成了事的，只有一个人我们不知道他到底都读了些什么，那就是莎士比亚。

读书与读书也有区别，作家与学者读书的方式肯定是不一样的。作家读书是乱七八糟，什么都读，我也是这样。有些书在学者看来没有一点学术含量，但对于我来说就很有意思，比如民国笑话。读书还有一个要点是，进得去出得来。进得去出不来，读成一个书虫，那就是读傻了。我反而觉得读书对想象力的培养是非常有好处的。我一直坚信有两件事对想象力提高有好处，一个是读书，一个是做梦，这两件事都使我们能够跳出自己的小的存在，到达一个更广阔的存在。

**某读者：**西川老师您好，我们知道诗歌是一种语言的艺术，也是一种词语的组合，词语背后有丰富的历史文化内涵，那些能指与所指也漂浮在诗歌词语的组成之中。我想词语对诗歌不仅仅是组成这么简单，我总觉得词语与诗歌之间有某种隐秘的内在联系。我也看过您一组关于词语分析的散文诗，包括对一些词语的历史、处境、境遇和尴尬进行了分析，比如说人民、爱人、做爱、东方、中国梦等。这些是非常有历史内涵或者说有丰富的所指的一些词语。我也发现您的写作当中弥漫着对词语的戏弄、挤压、迁移、嘲讽。那么，您认为诗歌与词语之间有什么样的隐秘关系？您英语这么好，您用英语写作诗歌吗？或者即使您不用英语写作诗歌，您对西方对您诗歌的翻译有什么想法或评价吗？

**西川：**我一直对词汇特别感兴趣。我自己经常会敏感到我自己有一个什么样的词汇表。因为任何一个作家，对其作品最简单的阅读批评方式，就是把他作品里的词汇列成一个表，你就知道他大概是什么样的作家。所以一个作家的词汇表是非常重要的，60 年代的作家和 70 年代的作家词汇表是不一样的，和 80 年代的作家就更不一样了。词汇表是一个很有趣的东西。我为什么写关于词汇分析的作品呢？其实就源于对词语本身的兴趣。我觉得这是一种状态，我愿意拿诗歌的元素来写诗。本来词语是诗歌的元素，但我就索性拿这个元素来写点东西，不一定称得上诗歌了。除了你说的这组，我还写过《近景和远景》，也是词汇，但在这里我试着给词汇下定义，原来这个词有定义，我试着给它下别的定义。我说的不是它通常的含义，这时我的行文与表达之间就形成了一个差距。也就是说，也许你是在用特别正经的语气，但谈的是一件特别荒谬的事。一般我们在谈荒谬的事的时候语言也变得荒谬了，但我尝试着用《人民日报》的口吻谈特别荒谬的事，这样就会出现形式与表达之间正好反向的一个作用力。这是我的一种工作方法。也有些人是专门拿词汇来写东西，像我认识的一个德国诗人，他根本不懂中文，读中文词典一个字下面的词语，比如寒、寒冷、寒江、寒秋……他就用这些词来写关于中国的一首诗，特别有趣。我还没到那么极端，我毕竟还在使用词汇。有些人愿意把词汇的力量特别突出出来，让语言变得疙疙瘩瘩的，比如说昌耀。昌耀使词汇成为他诗句中的疙瘩，产生一种颠簸的感觉。有些人的诗不那么颠，底下有一种词汇和词汇间的勾连。这个东西说起来就太技术化了，上多大的坡度再掉下来，那种难懂的词和口语词之间是什么关系，这个是需要作家在里面做编织的。我认为一种特别不成功的使用词汇的方式就是，语言用的力量太平均了。一个好的文本里的语言肯定是有高潮，有跌宕起伏的。

关于翻译的问题，有不同的人在翻译我的诗歌。比如最近有一个美国诗人（华裔）翻译了我的一首诗，翻译得很好。同时，还有一个主要翻译我作品的人，他翻译得其实也很好，但用的是另一种翻译法。前者翻译得很像一首诗，而后者非常严格地按照中文语法来翻，不照顾英语规则。我碰到一中国学者，在美国待了很长时间，英文很棒的，他就告诉我这人翻得太差了，你应该换一个翻译。但是我碰到的美国诗人、加拿大诗人、英国诗人，却对我说这人翻译得太好了。为什么呢？因为他翻译的这个英语有点不像英语，它在英语里变得特别奇怪、特别突出，成了特别不一般的英语。我在中文里的边边角角他在英语里全给我保存着，使英语变成很新鲜的东西。这个也涉及写作。比如当代英语写作当中，最牛的作家是印度作家，印度作家的印度英语进入英语以后，变成了特别不一般的英语。所以我们在中国学了一口好英文是写不了东西的，那是一种语法英语。我用英文写不了东西，就是因为我学的英文全是正确的英文。真正能够用一种语言写作，它就是你的母语。母语就是你敢于在这种语言里翻跟头的语言，你敢在这种语言里胡打乱闹的语言，这才是你能用来写作的语言。对中文的理解也一样。正确的语言对于一个作家来说，意义不是很大。

**谭五昌：**我觉得西川就像张清华教授所说的，他在文化、诗学上的修养很高，他对儒家学说与历史叙述之关系的敏锐发现，对于我来说很有启发意义。西川从庞德谈起，将当下中国学者从文化与诗学上对庞德的双重误读做了非常有说服力的学理辩明。这种误读恐怕体现了我们思维的单一化，不能把问题内部的复杂性说清楚。我认为这对我们当下的文学与诗歌创作具有很重要的理论启示意义。这个话题体现了世界性的视野，里面有丰富的文化、历史、诗学包括人格内涵。庞德以其思想引来了人们的关注与崇敬，他有一种坐标性的意义，对于中国当代诗歌创作有深远的启示作用。

另外，西川还谈到了对诗歌创作沸点的认识。随着人生阅历的积累，随着诗学观念的进步，诗人创作的沸点会越来越高。这也提供了一把解读西川的钥匙，因为他的创作也经历了这样一个过程。20 世纪 80 年代，西川的诗歌是新古典主义风格，有唯美的倾向，走向 90 年代时又是一种综合、复杂、深刻。他的抒情、歌唱、戏剧性和思想性融合在一起，走向了一种综合性的诗歌创作。西川在文学史上是位非常重要的优秀的诗人，他对文化、对知识分子精神——这种精神是先锋的、独立的——有一种坚守。早在1988年《倾向》杂志创办的时候，他就与陈东东提出了“知识分子新精神”这一非常重要的当代诗歌概念。当代诗歌呈现多元化的样态，有些诗人把形而下的写作、身体写作提升到一个不太恰当的高度上了，而西川老师所坚守的精神向度，有力地维护了当代诗歌的文化、美学的平衡格局。我们去阅读他早期的《在哈尔盖仰望星空》，会明显感觉到现代汉语诗歌所特有的节奏语调和审美情趣，会感觉到中国诗歌史上一个新的时期到来了。当然这不是由他一个人开创的，而是由许多像他一样优秀的现代汉语诗人一起开创的。

西川能够把生命、文化、思想哲学的东西铸造在一起，追求一种动态的平衡。就我个人阅读经验而言，西川的文本常常能激发我的艺术思维。就像西川经常说的，一个有出息的诗人要创造一种独特的风情。他在诗歌史上，就创造出了属于他个人的独特风情，其中的元素非常丰富。不可忽视的是，当我们在定位学院派或者知识分子写作的时候，要防止另外一个陷阱。那就是，西川在他的很多诗歌当中，是以开放性的姿态吸纳了许多口语的元素。他有一首诗叫《梦露》，其中有这样的诗句：“这样一个女人我们允许她学坏……/这样一个女人死得不明不白。”比口语诗人还口语。但想一想，不那么口语还真没法表达对梦露的感觉吧。我为什么举这样一个例子，就是想说明它体现了西川老师自己说的，一个有出息的、不要做废物的诗人，应该在艺术创造上有博大的、开阔的胸襟。这也就是我们中国当代诗歌的发展方向，即走向综合性的创造。

我也模仿张清华老师的做法，《诗选刊》恰好也推出了一个批评家个人最喜欢的十大诗人评选，我也把西川列入其中。因为要求只写100个字，所以比较单薄一点：“在学院派诗人当中，西川是综合性文化与艺术修养表现极为突出的一位诗人。西川的许多诗歌文本给我的个人印象是大气、开阔，同时又显得精妙而灵动，努力在文化上与诗意的表现力上追求美妙的配合。”

**张清华：**由于时间关系我们不得不打住了。我印象中，一个好的演讲有两种情况，一是宣布读者以前的所有知识作废了，一是唤起了读者的所有知识。今天西川的讲座，我认为两种效果都达到了。先是宣布你们的知识是无效的，然后就唤起了你们那么多的感受，确实是一个非常有含量、有启发的演讲。我也很难概括他今天所讲的。我的领域与他的虽然有点交叉，但有很大不同。但他思考问题的方式给了我们很多启发。今天这种讲话方式，把一个诗人和一个学者两种身份紧密、完美地结合穿插在一起，所以他的话语非常特别，时不时地会触动我们的关键部位。就像西川刚才说的，庞德是一位渊博到近乎无法处理的诗人，那么在我们看来，至少在我看来，西川也是位渊博到几乎无法把握的诗人。《当代作家评论》10年来至少约了我三次，要我写一篇“西川论”，我始终没敢动笔，因为我知道那要下很大的功夫。确实，从今天下午他的演讲和演讲方式，大家都能感受到这一点，所以我还是轻易不敢触摸这个题目。但我还是有野心，希望将来某个时候，能够比较全面和准确地来把握西川。

# 我的身体就像一座旅馆，里面住着很多灵魂[①]

## ——答高虹问

**高虹**（以下简称“高”）：您多年来一直创作诗歌，诗歌成为您观察世界感受世界的一种方式和角度。您说过诗歌的奥秘在于会给人带来重生的感觉。什么样的东西会给您带来诗意，带来重生的感觉？

**西川**：首先，当下大多数人对诗已经没有什么感觉了，他可能对电影，甚至对绘画有感觉。传统上的诗歌的功能已经被很多东西分掉了，比如说被流行歌曲分掉了。我说的生活当中的诗意，其实每个人都能多少感觉到一点，但它可能瞬息就过去了，大多数时候人们处在一种麻木状态。比如说一个人天天回家，看到桌子、椅子放在那里，墙上的画也在那里，都是那些东西。诗歌是什么呢？诗歌就是突然有

① 由德国艺术学院与歌德学院共同策划、由汉斯–格奥尔格·克诺普（Hans-Georg Knopp）和约翰内斯·奥登塔尔（Johannes Odenthal）共同主编的《中国当代艺术家》（*Zeitgenössische Künstler aus China*）一书，于2011年由德国史泰德出版社出版。本采访即为该书内容之一。采访记者和本文德语翻译均为高虹。

一天你觉得你们家的那些东西，比如说桌子，挺奇怪的，跟你以前的感受不一样了。比如你平时擦桌子，你可能不觉得这是一件有诗意的事，但你忽然注意到桌面上的尘土、尘土和时间的关系、尘土和空间的关系、和你整个生活的关系；你的手指在上面划一下还有一个手印，这些东西全都是诗意。诗歌会让你在这个时候忽然觉得你对这个世界的理解不一样了。有个小东西突然点你一下，然后就焕发了你对世界的一个崭新的认识，你就从一种麻木的状态中活过来了。这里不一定有什么意义，也许你看着桌子上的尘土会觉得这个世界更没有意义了，因为一个人可能倒在地上最后变成尘土，就是你更觉得没意义这件事都是值得想一想，值得回味的一件事，诗歌就是这么来的。

**高：**您的生活是不是经常充满着这种诗意的时刻？

**西川：**也不是。每个人在生活当中都不得不忙前忙后。上一代人干革命，可能也不知道什么是革命，就随大流干革命，也没有一个什么个人的事业；到了我们这一代人，你什么都得做，从生活到工作、事业。法国作家玛格丽特·杜拉斯说："我这一辈子最后就学会了一件事——浪费时间。"我特别羡慕有些人能够浪费时间，那是一种我喜欢的梦想的生活状态，就是你有大把的时间可以浪费，什么都不干，可以闲着。但是中国眼下的这种生活方式速度很快，当你停不下来的时候，也就是当你的脑子被很多事物所占据的时候，这个时候你不会想到诗歌，诗歌是在你稍微静下来的时候出现的，比如你走着走着，突然停下来，你看一眼街上的行人，看一眼广告牌，看一眼路边的狗，这个时候你会有一种跟诗歌有关的心情。平时顾不上了，很无奈。当然从主观上说我还是想尽量挤出点时间什么都不干。读书学习我一直都没有放松过，可我要是挤出点时间的话，我就闲着，我就无所事事，我愿意在一个地方游荡。

**高**：您的写作在20世纪80年代末发生了变化，您的诗歌不再有传统诗歌的形式，从而让读者对诗歌有了完全不同的甚至是颠覆性的感受。您能不能想象用古体诗的形式来写当下的生活？为什么？

**西川**：中国古典诗歌我很喜欢，比如一个人开车的时候我会长时间地背诵古诗，有时候会从楚辞背到明代的诗歌，就看路有多长。但是用中国古诗表达中国当下复杂的生活，肯定是有困难的。为什么呢？中国古诗是一个类型化的东西，有一套现成的模式，比如说它处理宦海沉浮，处理山水，处理春夏秋冬，处理离别，处理朋友之情，处理国家兴亡，对于这些问题它都有一套办法，有一套现成的词汇。我们现在觉得中国古诗特别神奇，是因为我们现在已经不使用古汉语了，尽管中国古文跟现代汉语还有密切的联系，但是人们毕竟已经不使用这个语言了，所以说中国古诗经常被神圣化。一方面被神化，另一方面它是一种类型化的诗歌，那么你使用古诗来描述中国当下的生活就会显得捉襟见肘，很多问题不好处理。中国当下的生活非常复杂，里面充满了悖谬的东西，而中国古代诗人们不面对这些东西。中国文人努力使自己现代起来已经有100多年的历史了，这100多年当中我们自己的思维方式已经有了很多变化，所面对的问题也产生了很大的变化，整个社会基础的变化，社会结构的变化，古诗很难应付。中国这100多年来的变化，西方不能想象，西方当然有世界大战、经济萧条，但是在中国，国民党推翻清政府，一下就变了，然后五四运动，五四运动是一个新文化运动，然后到 1949 年共产党当政，国民党不行了。再后来就是“文化大革命”，结束后又开始了市场经济，这 100 多年的折腾在全世界范围内都是不可想象的。所以中国的诗歌，不光是诗歌，文学、艺术、整个文化都不得不面对这么大的变化。中国古诗如今成为我个人的修养的一部分，有时写东西我也会援引一些古诗的表达方式，但它不是一个新东西，诗人们需要寻找新的出路。

**高：**您认为不同时期各个地域的诗歌反映出来人们怎样的生存状态？

**西川：**我概括一下中国诗，中国古代的诗歌和文章都有一个统领它的东西，这就是道。不论是庄子的道，还是儒家的道——你对山水的理解，你对国家、人民的理解，最后都有一个道提着你，所以杜甫的有些诗歌会绕到那个道上，道家在处理人生、自然、宇宙的问题时更会绕到道的观念上。除了道，中国先秦诸子百家的文章还都会绕到国家的观念上，讨论问题都会从国家的角度来进行，不太表达自己的东西。也就是说，中国古代的东西有个人感受在里面，然后把这种个人感受提升。但是中国当下的文学、艺术、思想多多少少都会有一种个人主义的东西在里面，这种个人主义的东西，也是中国知识分子 100 年来慢慢建立起来的。作为一个生存在世界中的人，你和你周围环境的关系有时是和谐的，有时是对立的。你和国家主流思想之间的关系可能是对立的可能是和谐的，这个只能发生在今天。在古代你找不到任何一个作家他愿意跟皇上的那套思想发生对立，皇上的思想也不是皇上的思想，那是孔夫子的思想，那是国家政权存在的思想基础，中国一直有一种主流的意识形态。古代作家有不高兴的时候，但他不会和主流的意识形态发生对立。李白这样的诗人已经是异类了，他对某些东西、趣味或生活方式蔑视，但是当皇上召唤他的时候他还是很高兴地去了首都长安，他在诗里写道："仰天大笑出门去，我辈岂是蓬蒿人。"中国古代每个人都意识到自己是主流文化的一部分，或者要成为主流文化的一部分。个别人产生过怀疑，诸子中杨朱讲"为我"，但在当时就遭到了批判。明代的李贽怀疑过，但那都到明代了。明末清初产生过几个思想家，黄宗羲，顾炎武，王夫之，这几个人开始对中国传统文化有反思是因为他们处在一个朝代交替的时候，他们作为明朝的遗老不愿进入清朝的统治，开始反思中国文化。黄宗羲居然在那样的一种社会动乱当中体会到对民主的萌芽认识，这个很了不起。但大多数的中国古人不会有这样的反思。西方作家，我指的是西方资本主义国家的作家他至少不处理社会主义经验。中国当下的作家诗人不得不处理社会主义经验，这肯定是不一样的。

**高：**阅读您的诗有一种跟阅读其他诗歌很不一样的特殊的体验，那是一种在一瞬间上天入地、横跨古今的感觉。有的诗是一种思维的游戏，有的诗很直白，掷地有声。您觉得您的诗歌怎样丰富了读者的体验和思考？

**西川：**这个问题回答起来有一点困难，当下中国的诗歌读者中有一部分人不喜欢我的诗，他们觉得诗歌应该是那个样的，分行，押韵，是比较浪漫的小情感，花前月下，或者是比较传统的题材，比如说对土地的热爱，对父母的热爱，歌颂爱情。而我不写这些东西，有些人不喜欢我的这种东西，排斥它，他们会觉得不舒服。到我这个岁数我也不在乎会给别人带来多少舒服，我也可以让你不舒服，如果你愿意看的话。从我自己的角度来说，在写作当中我必须对我自己是诚实的，很多问题既然我已经认识到了，我觉得我应该这么写，我也就不管别人怎么看了。潜在的还有一个原因，就是我也希望那些觉得不舒服的人他回过头来能够想想他为什么不舒服，如果他这样想一想，这对他理解他自己的生活是会有好处的。从写作本身来讲，我在努力地写出一种这 100 年来中国的诗人们不曾写出过的东西。100 年来中国人一直在向西方学习，新诗受到西方的影响很多，分行就是西方来的东西，中国古诗并不分行，中国比我们老一辈两辈三辈的诗人，他们受到西方的、俄罗斯的影响，也会受到中国古诗的影响。这个影响是必要的，但同时又是不够的。西方传统的绘画是焦点透视，它的诗歌在过去也表现为一种焦点透视，我的那种上天入地的写法其实不是焦点透视，而是中国传统的散点透视，我可以从不同的地方进入画面。散点透视是中国古代的东西，中国人已经习惯了焦点透视，它现在已经变成了中国的东西，这时候你突然给他一个散点透视，本来是老祖宗的东西，可他会说这是西方现代派。整个倒过来了！出现了一个奇怪的现象。我希望在写作上至少在写作方法上，能为那些比较专业的读者打开一个思路，使他们能够接受一些和他们审美习惯不同的东西。改变审美习惯、改变语言习惯，且不说改变思想习惯，我觉得这是对于一个民族一个国家特别重要的东西，尤其是在当下。如果一个人开始对新的表达方式有兴趣了，那他必然就有一个新的头脑、新的思想了。如果可能的话我愿意把这些东西带给读者。

**高：**您曾说过不愿把灵魂最深处的东西写进作品，但是我们在读文学作品或者在欣赏其他艺术作品的时候往往是因为结识了一个独特的灵魂而感动或者震撼。您一定也常有这样的体验，为什么您说要在创作中拒绝灵魂的参与？

**西川：**不是灵魂不参与。我特别不喜欢一种自传式的写法，我觉得这是比较低能的作家做的事情，我认为一个好的作家应该处理，把它真正处理成一件艺术品，比如说一首诗一幅画，一旦处理它，肯定就和原来的东西从根上不一样了。我要处理我面对的题材，比如一个特别真实的东西，我可能会把它处理得不那么真实，或者是一个特别黑的东西我把它处理成一个比较灰的东西，一个红的东西我把它处理成粉红的东西，这里面有一个变化。也许我不把根上的东西展示出来，但我会把一个结果展示出来，这依然跟灵魂有关系。姑且说我有灵魂，那么我就觉得我身上不仅有一个灵魂。我这个身体就像一个旅馆，里面住着好多灵魂，它们要求我说话的时候，有时声音就不是一个声音。所以我写的东西也是乱七八糟的，这里面有一些我自己的原因，那也许是不同的声音在说话，或者是不同的声音合成一个特别浑浊的、听不清楚的、没有明确目的、没有明确指向的、真实的声音。在这种情况下，我觉得一个复数的灵魂开始塑造我的语言，使我的语言变成和别人的语言不太一样的语言。

**高：**写作的过程渗透着个人经验，但对您来说写作更是一种思维的创作？

**西川：**思维对我来讲可能比对中国其他作家来讲更为重要。别人经常问我写什么，这个问题有些人很容易回答，比如写家乡、写农村、写自己、写城市、写 80 后、写 70 后。我无法回答这个问题，因为我什么都可能会写，但是什么东西统揽着这些东西呢？不是一个题材，而是一种思维方式。比如说今天我处理了一个乡村题材，明天处理一个城市题材，这背后是我的一套处理方法。所以思维对我尤其重要，在大家比较习惯的思维方式之外能不能找到自己的方式对我来说尤为重要。除了思维方式，我觉得今天在中国强调一种完全的文学写作比较困难。一般人都是使自己的写作变得越来越专业，我自己恰恰相反，早期写作的时候我努力做到让自己的写作专业，现在我慢慢退回到了一个业余状态，我使我的写作里能容纳下的杂质越来越多，这个杂质里包括一些废话、一些反思想的东西。不仅仅是思维方式，还有思想本身。有些作家觉得思想和观念对写作是非常大的危害，比如说中国的诗歌都是用形象思维，但是我想生活在今天这样一个中国，只用形象来写作是不够的。有形象，同时还要有一定的观念。当然这不是一个随大流的观念，自己要发现、发掘出一些观念。写作之中应该容纳这些东西。我觉得一个好的作家至少应该是一个对思想不陌生的人。但是当代中国的大多数作家和诗人对思想是比较陌生的。他有一套描述日常生活的办法，描述自传类东西的办法，但是一旦碰到观念性的东西就抓瞎了。

**高：***您有没有最终找到一个完全独特的方式？*

**西川：**也不算独特，但至少有一点我自己的色彩。一般来说，人们在处理人际关系时倾向于将它处理成“我和你”的关系、“我和他”的关系，人们不太处理“我和我”的关系。“我和我”的关系就涉及我说的一个人有多个灵魂的问题，多重自我之间存在着一种对话的关系，甚至有一种辩驳的关系在，你会发现人有时是自相矛盾的。中国人的教育是使人变得不自相矛盾，一个人应该变成什么很明确，比如说应该向上爬，应该有出息。我觉得，一个人逐渐成为一个人的时候实际上就是他发现自己自相矛盾的时候，他会发现他是一个犹豫不决、拿不定主意的人。这些都是一个人真实的状态，而目前我们的写作中很少表达这个。我觉得这是我写作中一个比较独特的东西。此外还有一个问题，就是我对阴影的理解。以往我受到的教育和艺术熏陶都是这样的，比如见到一个瓶子我就描述这个瓶子，后来我发现不能仅仅描述这个瓶子，除了描述物象和人本身，还要描述它们的影子。中国传统里讲鬼魂是没有影子的，在现实生活中无论是媒体还是主流意识形态都会告诉你没有影子存在，然后你不得不挣扎着自己去认识这个影子。发现这个影子之后你就会问，在艺术创作中我能不能不去描述这个人、这个物体，我只描述这个影子？这时候影子的因素就成为写作中一个重要的东西。这是我感兴趣的东西。

**高**：本来我想问您为什么反对美文学，但是现在我想我能自己回答了，您认为美文学是一种程式化的东西……

**西川**：程式化的东西，自我满足的东西，自我原谅的、很小资的东西，不冒险的东西，不自我否定的东西，不自我怀疑的东西。对于这种东西我不屑一顾。最开始的时候你会觉得这些东西是好的，比如说这个月亮写得怎么那么美呀，月亮下的我怎么那么孤独哇，别人怎么那么不理解我呀。但是经历了整个20世纪80年代的思想解放和社会巨变，还有一些朋友的去世，看到中国的变化产生了那么多的问题，你会觉得那些东西什么都不是。那些东西不能跟你发展起来的这个灵魂相对应，它们太简单了，它们既不能跟个人灵魂相对称，也不能跟社会的发展变化相对称。那是自我怡情，满足一下自我的小天地。那是一种懒惰的东西，跟创造力无关，跟艺术家无关。这些东西不能让艺术家本身活得踏实。艺术家本身是活得最不踏实的，之所以他还有平静的时候就是他还面对那些使他不踏实的东西，让他认识到有些解决不了的问题。

**高：**艺术家都直面让人焦虑的问题，真正彻底的踏实大概只有菩萨才能做到吧？

**西川：**当然到了菩萨那个阶段也就没有艺术了。赵朴初写过一篇文章，我20多岁的时候看过，他说佛教的最高境界是不表达。都不表达了还有什么艺术？另一位佛教徒曾经说过，佛教音乐不是一种艺术，是摆在佛面前的一种祭品，所以和尚尼姑写的画的东西是祭献给佛的，不是艺术品。他的想法给了我特别大的震动。捻花而笑，笑而不答。没办法说，一说就错，那还画什么写什么？那是彻底的解脱。

**高：**所以说艺术是人间的艺术。

**西川：**我觉得艺术是人间的艺术，它使我们活得踏实一些，使我们在不平静的时候能够平静下来。也许创造艺术是一个过程，也许有一天你什么都不需要了，你什么都不说了，因为都说完了，那就到了佛教所要的境界了。

**高：**这是西方艺术里从未被提到过的一种境界，为什么呢？

**西川：**我不知道，不敢妄评。西方也有沉默。和中国人相比，西方人更能理解孤独，也很能理解沉默。中国人大多数不能忍受孤独。孤独是西方人观照的一部分，是他们生活的一部分，这让我很感动。

**高：**艺术对西方人很重要，也常常被神圣化，它很大程度上取代了宗教的地位。这种现象在中国没有过，您如何解释？

**西川：**在当下作为社会主流没有，但对于有些艺术家个人来讲艺术就是信仰。我想这跟当下社会的特殊阶段有关系：原来是无产阶级专政，现在又变成金钱挂帅了，金钱至上有它一系列的价值体系。艺术在中国古代没有达到信仰的地位，但是连帝王都会表达对艺术的敬意。中国是一个世俗的社会。中国的史官文化开始得很早，历史本身成了一个让人敬畏的东西。世俗的国家对于历史有一种敬仰。儒家、历史、国家、天下，中国有这么一套东西。

**高：**您同时也在研究西方文学，西方文学里有一个重要的主题就是在寻找自我认同，寻找身份的认定，您觉得这是一个有答案的命题吗？为什么中国文学里没有这个问题？

**西川：**自我认同就是一个和"我"有关的问题。"我"这个词中文里有一系列的表达方式，奇怪的是中国的文化当中却没有一套关于"我"的观念，中国人没有建立起一套对"我"的认识。中国有一个近似对"我"的认识，是对"身"的认识，"修身齐家治国平天下"。西方有"我"，是因为西方有个人主义。个人主义、个人的权利、人权、隐私都是和个人有关的。中国没有这些东西，所有这些都是从西方学来的。身份在中国不是一个哲学问题，而是一个社会层面的问题。西方的"我"可能可以追溯到上帝造人。中国以前的"我"是和国家有关的，跟皇上有关，和自然有关，自然会告诉你"无我"，所以庄子说过"至人无己"。中国的内心文化是要超越自己，所以中国古代绘画中人物画得不好，或者很小，画得大的人物通常没有表情，没有表情意味着人对自己的超越。超越之后就没有自己了。

**高：**和西方语言相比，中文思维呈现了一种怎样的特征？这种思维对世界有过什么样的影响？

**西川：**古代汉语没有邻居，现代汉语是有邻语言。西方语言是有逻辑的，复句很多，定语从句，状语从句，等等。时态，形态，变位都跟逻辑有关，西方语言表现出时间的长度。时间长度和逻辑使得西方语言能够形成很长的句子。中文不允许有长句子，古诗里有四言、五言、七言、九言。到今天句子变长了，但还是不会达到西方语言句子的长度。现代汉语还是短句子，古文里四六文是骈文，是最美的形式。这就涉及短句子和长句子的区别，短句子不讲逻辑，是跳跃的，不是逻辑推导出来的，中文达到的最终的东西叫顿悟。所以从句子的长短可以看出它们的真理观是不一样的，中国人能发现很多点的东西，有很好的见解、思想。西方的想法是有个过程的。中文现在努力向西方学习，但它还是有很多本性的东西，就是其中的过程不是很明确，这就使得中国人在科学精神方面不如西方强大，中国人有很多科学发现，有技术层面的创新，不过作为一个民族来讲没有那种科学精神。 但是中国的这一套语言是非常适合审美的，非常适合对艺术的发现。很可惜，中国自晚清以来，国家危机，人们顾不上审美了，生活反倒变得很粗糙。现在慢慢又有人开始有了对美的要求。

**高：**您的诗歌里明显呈现出世界的荒诞，您眼中的世界也一定充满了荒诞，面对这种荒诞，您在现实生活中怎样对待？

**西川：**在中国这样一个环境中对我来讲很重要的一个词就是尴尬，有各种各样的尴尬，文化身份的尴尬、作为诗人的尴尬、作为知识分子的尴尬、使用的语言的尴尬——不是过于西化，就是过于中国古代化，我感到我们整个的处境都尴尬。在这样一个荒谬、尴尬的情况下，我就变成了一个怀疑者。小时候，我的家庭、我的老师都会告诉我要实现一个远大的目标——要么是一个人类的目标，要么是一个中国人的目标，要么就是一个社会的目标。后来我认识到，也许我不能实现这些远大的目标，这其实是一种无力的无奈的认识。我当时给一个朋友写信，我说你不要关心一辈子的事，你先关心一个星期的事吧。孟子说：“君子有终身之忧，无一朝之患也。”我从内心依然同意孟子的说法，但是经过 1989 年之后，很多朋友去世，我要从别人告诉我的一种对于未来的追求的状态里退出来。这时候我就认识到有一种东西很有力量，这就是盲目性。你不知道明天会怎么样，这种对于盲目性的尝试反倒让我安静下来了。但骨子里还是孟子说的那种更大的更永恒的东西，这些东西一直在，但这不是这个社会告诉你的，不是某一种意识形态告诉你的，不是某一种社会主流告诉你的。在中国什么叫成为一个自己？那些有自己的问题的人才能成为他自己，脑子里没有自己的问题的人就没有自己。一个人的面目是否清晰是跟他的问题有关的。

**高：**什么样的生存更像人的生存？

**西川：**人的生存涉及人间社会，涉及别人，既然不能是一个人的生存，从社会层面看还是一个有尊严的生存更像是人的生存。不光是有文化的问题，一个社会如果能让没文化的人也有尊严，那才是一个好的社会。没有受到教育的人、没有钱的人应该获得尊严的保障，这是第一位的。农民上访解决不了问题就下跪，当然这是一个传统，民见官下跪，但什么时候这个社会能让农民不再下跪，就解决问题了。

**高：**您在以前的文章里提到过“人的和解”，“和解”是一种很具智慧的表述，似乎是人类唯一的出路，它不同于“打击、消灭”。您理解的和解是什么？怎样才能实现和解？

**西川：**对于生命的理解，对于文化的理解，完全理解透了的时候就和解了。比如你非常讨厌一个人，但是你突然理解了他为什么那么讨厌，当你能原谅他的时候，当你能理解别人的时候，就和解了，这不是理性认知上的理解，而是人生意义上的理解。人本身是自相矛盾的，当人的自相矛盾达到一种妥协，当我们尊重人的自相矛盾时，我和我的和解以及人类的和解就有希望了。

# 我不想浪费这个时代[①]

## ——对话许知远

**画面：**

西川约许知远在北京西山清代七王坟见面。他记得这一带有不少古建筑，想带许知远去看看。两人沿着荒芜的山道上去，发现入口已被几片铁皮封住。折路而上，又被一建筑工地工人驱赶。再绕行，路到尽头，只好复返。坐在路边休息，西川突然意识到这一切充满了象征意义，好像卡夫卡笔下的城堡：K朝城堡走去，却永远无法到达……两人遂于一临时找到的客栈院子里展开对谈。

① 许知远是媒体人和作家。他策划和主持的《十三邀》系列视频采访节目在中国互联网上影响广泛。他对西川的访谈视频于2017年11月播出。一些视频片段的点击量分别高达7000余万。本对话为视频的文字整理稿。

## 把心头的压力写出来，就好像让纸承担了

**西川：**我有一篇文章谈到 20 世纪 90 年代初。那时，在很长一段时间内，我具有强烈的尴尬感，是失魂落魄的感觉——不知道自己能干什么和将来要干什么。因为在 20 世纪 80 年代，你会觉得，我就是个诗人了，但 1990 年后，你就开始怀疑自己和自己的写作有没有意义。在那样一个环境里，你忽然有了一种无力感：过去形成的那一套对世界、对社会、对文学和对美的认识，全都失效。你忽然发现自己是一个白痴，怎么办？但是人就是这么乱七八糟、屁滚尿流或者摸爬滚打地过来了。

**许知远：**会有什么具体的应对方式吗？把它耗过去还是如何？

**西川：**不是，我也写，但是写不了太多。就拼命读书，一本接一本，不让自己停下来，不让自己发呆，让书籍占满我，不让自己面对另外一些东西，我那几年就是这样的情况。

**许知远：**这个状态大概持续了几年？

**西川：**记不清楚了，因为我后来也写了一些东西，等于我把心头的这个压力转化到别处了。有什么东西你跃不过去就把它写出来，写出来就好像让那张纸承担了，你就把自己给卸出去了。但这是一个过程，有几年的时间，我也说不好是什么时候结束的。

**许知远**：20 世纪 80 年代写诗时，你的语言有一种精致性，你也恪守一些诗歌规矩，你是从 90 年代开始打破的吗？

**西川**：一种新的时代气氛。

**许知远**：什么时候你可以更敏感地捕捉到新的时代气氛了？因为 20 世纪 90 年代的气氛已经跟 80 年代很不一样了。

**西川**：90 年代一开始还是一样的，实际上大概到了 1992 年邓小平南方谈话时，才开始变化。差不多到 1997 年、1998 年，咱们就开始能够感觉到有些人有钱了，消费的、娱乐的因素开始起来了。那个时候，诗歌界有过一个争论，就在北京边上的盘峰宾馆，诗人、批评家们开了一个会。不同的人有不同的意见。后来他们管这场争论叫盘峰论战。听起来特像武侠小说的情节：你以为真在山上比武，实际是在宾馆。

有些人说自己是民间写作，他们认为我这样的诗人，或者不光是我，是知识分子写作。其实我尽管喜欢知识分子，可是我认为我是一个艺术家，我虽然是一个写诗的，写文字的人，但我认为我是一个使用文字的艺术家。诗人分好多种，有一种诗人是野蛮生长的，有一种是读很多书的。尽管我也读了很多书，可能由于我长期在美院教书，所以我还是觉得自己是一个艺术家。我看世界的方式是一个艺术家的方式，但不管怎么说，我是在一个知识分子阵营里面的。

“知识分子”在中国是一个 20 世纪 80 年代又被重新在准确的定义上使用的词，为什么会有知识分子？昨天一个活动上，戴锦华老师还批评了“知识分子”这个词。但是这个词的重新使用有历史因素，就是20世纪80年代，那是启蒙的时代，北京有一帮人办了一本杂志就叫《知识分子》，所以这是20世纪80年代出现的词。当时在文学圈，人们形容那种非民间的艺术，所用的一个词叫“贵族”，说你这个人很贵族化，但是中国也没有贵族嘛，那么就特别需要一个词来取代贵族这个词，更准确地描述那些读过点书、思考点问题、关心点国家命运的人，就用了知识分子这个词。但是今天全世界都有对“知识分子”这个词的质疑，但我觉得在中国这样的一个特殊的历史条件下，你不喜欢这个词它也会冒出来。

说回盘峰宾馆。当时的这个争论，开始我就意识到是个事儿，就是这个世界上，不仅有人从知识分子角度讨论问题，也有人从身体的角度讨论问题，从日常生活的角度讨论问题，你就会知道这个世界的的确确是很丰满的，很丰富的。虽然我自己不是民间写作，但我对日常生活这一块，从别的渠道获得信息，也意识到了。我在文章里写过，比如我遇到的南非的一个女诗人，她问我，你对南非知道什么呀？我说纳尔逊·曼德拉、种族隔离，她说你还知道什么呀？我说那就不知道了。她的意思是说，难道我们南非人没有日常生活？你知道的全是符号。我心想是啊，所以我不从那场争论，从别的地方也意识到日常生活的存在。

**许知远：**打断你一下，说到曼德拉，我想起我有一个被中断的诗人梦想，小学二三年级，1986年、1987年，大概七八岁的时候，那时候南非、韩国的事整天在电视上播，我就写了一首诗，我想象了一个遭受种族隔离的南非小孩儿，大概跟我同龄，他不能去剧院，不能坐公共汽车，不能跟白人坐在一起，他非常孤单地望着这个城市……不知道哪来的念头，我就写了这么一个诗，它肯定没有任何对比，没有押韵嘛。然后我兴冲冲地拿给我姑姑看，她说这哪叫诗啊，这不押韵哪，我就再也没写诗了。

**西川：**我也被人虐过，我为什么不写小说，就是因为有一次我写了一个故事发给一个杂志，那个编辑给我回了一个信说，您还是寄点诗来吧。

**许知远：**什么时候？

**西川：**我也忘了哪年，但彻底断了我写小说的念头。我想问你，当你写这首诗的时候，你真觉得自己是个黑人吗？

**许知远：**不知道，我就是一个小孩子直觉性地乱写的。

**西川：**对，这个很有意思，我为什么问你这个？实际上，当我们关心一件事的时候，我们有可能关心的是那件事的一部分。比如说种族隔离，我们很同情那些人，但是可能没有真把自己当成一个黑人。当我们接受一个观念的时候，它的上下文是什么样的，我们不知道。你最初的书写欲是什么时候开始的？就是意识到书写欲。……其实我最初并不想当一个诗人，我想当一个画家。上中学的时候我写点古体诗，也不是什么真正的古体诗，全是学的《水浒传》里面的那个“有诗为证”。上了大学以后，也是被卷入的，大家全都写诗了，写新诗。

**许知远：**你对北大是什么印象？刚入学时是什么印象，有优越感吗？

**西川：**没有优越感。我刚入北大的时候，一个印象是校园很漂亮，另外一个当然就是图书馆，什么东西以前没读过，就在图书馆里找。那时候“文革”的余韵还在，我在北大最初读的两本书，一本是《圣经》，因为以前听说过，但没处找。北大的开架阅览室有一部复印的《圣经》，特厚，特沉，算是禁书嘛。还有一本书也挺有趣的，巴金的《家》。所以看了本《圣经》，看了本巴金的《家》，我也不知道为什么，反正一定是过去听说过，又没机会找到的书，就在北大找。图书馆为什么很重要？图书馆是可以自学的地方，曾经我们同学说，虽然咱们都上了北大了，可咱们都是自学成才的——当然说得有点过分，毕竟北大有那么多的老师。自学成才就是在图书馆里自己找书，疯狂地读书，这个习惯我一直保留下来，我估计你也是，每天必须得读书，无论累成什么样，都会读几页书，我每天读书至少得有一个钟头。

## 现代主义让我从过去的壳里面走出去，成为一个现代人

**许知远：**我知道你可能不太愿意谈海子和骆一禾，但是我前两天又看了你给他们编的诗合集，各给他们写了一个回忆，关于你们的相遇。

**西川：**写那两篇文章的时候，离他们的死还不太远，所以文章里面有很多情绪性的表达。

**许知远：** 少年时代，20 岁出头嘛。

**西川：** 20 岁出头。我们三个里面，骆一禾是老大哥，书读得多，他当时是中文系读书最多的，很有见识。“文革”中他也曾随他父亲在农村待过，被下放到农村。他的诗是“居天下之中，行天下之正”这一类的，特别像孟子书里说到的“大丈夫”的品质。尽管他不经常跟人讨论传统问题，但是他的为人，是从正宗的中国儒家传统里出来的。那个时候，我和海子还都没有在刊物上发东西，他已经在公开刊物上发东西了。那么一个人，见多识广，看问题有魅力，聊天有魅力。和有的人聊天，你会觉得太享受了。

**许知远：** 你的谈话魅力跟他的谈话魅力比起来呢？

**西川：** 我没有魅力，我没有骆一禾的魅力。海子呢，我认识他有点晚，是他在北大的最后一年，1983 年。当时我就觉得他的诗写得跟别人不太一样，但对海子才华的进一步认识是后来才有的。我那时给另外一个人写信，说我这儿有一个朋友，这个人将来一定会变成非常重要的人物。后来我愿意用这个词，就是“天才”。

**许知远：** 碰到了差不多同龄的天才，对个人来说，是一种解放的感觉还是压迫焦虑的感觉？

**西川：** 如果你有功利心，计较他比你更出名，你就有压迫和焦虑的感觉，如果没有功利心、竞争心，就没有压迫感，就是朋友嘛。那个时候大家都是自己搞油印诗集和刊物，有一次我跟海子一块儿聊天的时候说，咱俩一块儿出一本吧，就一块儿印了一本，叫《麦地之瓮》。为什么叫了这么一个别扭的名字！可能当时我们想到了史蒂文斯的《田纳西之瓮》。

**许知远：**这些对人的刺激，特别适合一个人的青年时代。

**西川：**特别适合青年时代。不光跟海子，那个时候北京有一大帮写诗的人，我们在人家里朗诵，那个时候不叫朗诵，叫“浪诗”：一群人坐在一个屋子里——我不能喝酒——别人拿着那酒瓶子，说：“浪一首，浪一首！”就有人站起来浪一首，就是那样的气氛。

**许知远：**你浪一首时是什么样？

**西川：**我也会浪。哈。那个时候北京有不同的拨，学校有一拨，社会上好几拨，包括什么圆明园诗社，大仙，黑大春，雪迪，他们的社长叫戴杰——现在你都不知道戴杰去哪儿了！当时我去跟他们见面，他们全像一帮地下工作者。一个套间，里面正秘密地谈一笔沥青的买卖——他们也想挣钱啊——外面是谈诗的地方。房顶上一个灯拉下来，拉得特别低，几乎到桌面，就亮在那儿。那个戴杰拉开桌子抽屉，从里面拿出一沓钱，啪，往桌上一扔，说：“看到没有，西川，这是活动经费！”我还碰上一个会打架的小子，可能就是一流氓，可他写诗、热爱诗歌，当时他跟我说，西川，有什么麻烦就来找兄弟我！

我忽然间觉得太有靠山了。

**许知远：**你们这批人大概是20世纪60年代前后出生的。会有某种反抗的欲望吗？比如成都那边的莽汉诗派，他们要反抗的东西就很明显，你们明显吗？

**西川：**不满，反抗，哪儿的青年都有。但成都不是北京。他们那边的青年诗人也跟北京的朦胧诗叫板。但北京，朦胧诗人们跟我们年青一代认识，并不是对立的两拨人。但是“Pass”这个词是圆明园诗派里面的一个人说的（本来是一个打牌的术语，就是我不出牌，过！）。在北京基督教青年会聚会的时候，有一小子当着北岛的面说，我们这代人就是要把你们给pass掉，这就是当年好玩儿的事。但是，在场的人觉得它好玩儿，不在场的人听说这事以后，把它写进文学史了，成一种态度了，然后你也不觉得好玩儿了，觉得是一个很严肃的话题。所以文学史，或者任何一种历史当中，一定都有误解。我们使用的某些词肯定来自某一个具体时刻，有当时的氛围，但后来使用同样词汇的人缺了原来的上下文，所以就充满了误解。

**许知远：**那个时候，你的文学趣味、诗歌趣味是什么样的？

**西川：**对我来讲——其实不光是对我一个人——那时候有一个很重要的事情，就是要补上文学史这堂课，其中很重要的一部分是西方、俄罗斯、拉美的现代主义。咱过去读的都是革命的、浪漫主义和现实主义的，从苏联、高尔基那儿来的一套。读现代主义就是要让自己从过去的壳里面走出去，成为一个现代人，成为一个跟这个世界上其他国家的人一样的人，这就是一个自我现代化的过程。

这个过程本身很有趣，我有一次跟一位美国诗人聊起这事儿，说我们跟美国人读的是同样的东西，但是读出来的结果是不一样的。为什么呢？因为在国外，文学观念的历史是一个波浪接一个波浪的：浪漫主义就是浪漫主义，之后是现代主义，再之后是所谓的后现代主义。咱是一块儿全读了，混着读的。效果是什么呢？比如说我读现代主义，可能是用一种浪漫主义的方式去理解；我读后现代主义，可能分不清后现代跟现代有什么区别——但是我现在对这些概念已经没有太多的兴趣了。我觉得所有前辈的主义，都是为二流的、创造力有限的人准备的，就是恪守某一个原则、某一个主义，朝着那儿走。那种强壮的、有创造性的人，会把这些主义全给略过去。但是你会有一个阶段，要了解这些东西。我又是在“文化大革命”以后赶上那个时候，什么都读，什么都看，有点像拉伯雷《巨人传》里的高康大那种感觉，所以最终我们对文学的认识角度会不太一样，这也是历史造成的。

**许知远：** 20世纪80年代中后期，你开始写诗的时候，那种现代主义趣味是最明显的。

**西川：** 我是从20世纪80年代初期开始写现代诗的。但你说得对，我那个时候当然就是学习欧美现代诗歌，尽管之前我一直对中国传统很有兴趣，但忽然思想解放，读的很多东西就是欧美文学，叶芝、艾略特、庞德、瓦雷里、里尔克、波德莱尔他们。

**许知远：**我 1995 年上北大的时候，这个趣味还是最强的，就是叶芝很牛，那种感觉。

**西川：**对。“当你老了，头白了，睡思昏沉 / 炉火旁打盹，请取下这部诗歌 / 慢慢读，回想你过去眼神的柔和 / 回想它们过去的浓重的阴影 // 多少人爱你青春欢畅的时候 / 爱慕你的美丽，假意或真心 / 只有一个人爱你那朝圣者的灵魂 / 爱你衰老了的脸上痛苦的皱纹 ……”后面我记不太清楚了。这样的诗太厉害了。还有阿赫玛托娃，俄罗斯的那帮人，说“我向你鞠躬，就是向苦难鞠躬”，这个太厉害了。这些诗你没接触过就是没接触过，接触过之后它对你的影响，都不是和风细雨的影响，是海啸似的过来的。我现在不再写这样的东西，但是我觉得一点都不后悔读过这些东西，那是我把自己变成了一个现代人的过程。说起诗来，兰波有一首行诗太牛了，说，“一头牛在地上啃着草”——咱中国人说起一头牛，那一定是像老农民脸朝黄土背朝天——但兰波那首诗说，“这头牛低着头啃着草，啃着草，一直啃到巴勒斯坦”。这是什么思维方式？什么叫被震撼？就是这个，哎呀！

**许知远：**20 世纪 80 年代有好多不同的诗人。那些留传到整个社会、整个时代的诗句，往往是高度抒情的。你没有写出这样的诗，或者没有试图写出这样的诗，对你来说遗憾吗？

**西川：**不遗憾。因为不是我一个人写，我们当时有五个同班同学，手刻蜡纸油印了一个小册子叫《五色石》，是本诗集。这五个同学中现在只有一个还写诗，就是我。有一个自杀了，还有一个变成了翻译家，两个女同学都不再写了。

**许知远：**或者这么说，成为一个偶像，对你没有吸引力吗？

**西川：**当时可能还没有，因为你比如说杨炼一到学校讲座，你都会去听！当时没有想过哪天我也要变成杨炼。后来我还在北师大听过顾城的讲座，内心也没有说要变成顾城那样的人。其实我有点不太喜欢顾城，但是听听他讲什么吧。晚期的顾城比早期的顾城好得多，但是一般人喜欢的是早期的顾城，早期的顾城对我来讲太甜了，“在早晨的篱笆上 / 有一枚甜甜的红太阳”，太甜了，但是他有名，好多人喜欢。

**许知远：**你后来在回忆骆一禾和海子的文章里说过，他们的离去代表一整个文学维度的消失。

**西川：**骆一禾一直强调一种健康的文学。文学里有很多疾病，很多不健康的东西，这个甚至有可能是……我们那时候有一个同学，每天在五四操场上跑一圈，回来写一首诗。我们说你写不了诗，你把自己跑得那么高兴怎么写诗？后来他果然不写了。骆一禾当然不是从生理角度讲，但是他强调一种健康的标准。这是一个维度。20 世纪的西方文学以及深受西方文学影响的地区的文学里充满了不健康，充满了病态，充满了呻吟。实际上你会发现，写健康的文学是很困难的，我们不知道怎么写一个正面的、健康的人物。

**许知远：**整个文学史都是一个疾病的隐喻。

**西川：**20 世纪的世界文学全是这些。只有在所谓第三世界国家，要求民族独立、民族解放的国家，文学对他们来讲是一个武器，他们的文学可能是健康的。可能说得有点极端，反正大多数文学都是与疾病，与不健康，与悲哀、难受这些东西有关。当然这也是现在的一个问题，如果文学仅仅是这样一套方法的话，这就意味着我们生活当中的很多东西是无法处理的，那些现代主义的前辈们没有提供，那么你只能自己尝试着写，有点像一个盲人自己摸索。但是我觉得，有尝试才有可能存在，有可能咱们就能写出点别的东西。我当时没有认识到这个问题，也没有意识到现代主义这种东西，在西方和在中国，不同的环境、不同的接受者当中，有什么不同的含义。

我后来写过一篇文章，谈到穆旦的现代主义：他的现代主义是一种未完成的现代主义。他是在中国的战乱环境当中展开他的写作的，那一套写作实际上是一套“缩小了的现代主义”，是被削弱的。我还写过一篇文章，中国人总说要把东西方相结合，那么东西方是怎么结合的？首先，东西方结合可能会结合出一个日本文化。还有一个情况，就是中国的艺术家或者诗人，当他想结合东西方的时候，发现结合不了。那他如何结合呢？他既削弱西方，也削弱东方，一个弱西方和一个弱东方可能结合在一起，但是一个强势的西方思维和一个强势的中国古代思维，很难被拉到 块儿去。比如说没有人试图把但丁和司马相如混在一起，这个事儿你是干不动的。

**许知远：**那你怎么办？

**西川：**我他妈倒是非要把但丁和司马相如生生拧在一起。和中国当代许多诗人比起来，我就是个强力诗人。

## 我最迷恋的时代是战国，我真正的梦想是靠近诸子

**许知远：**1992 年你去美院教书，这对你来说是一个很大的变化吗？

**西川：**对。

**许知远：**如果那时你留在北大，或者留在一个过去的传统的诗人圈子里，你的写作路径会非常不一样吗？

**西川：**我是北大毕业的，但去美院之前我曾在新华社的一个杂志做过编辑。1992 年虽然我去了美院教书，可是我当时的诗人朋友并没有什么变化。

**许知远：**美院给你带来一个什么样的视角？

**西川：**美院对我的影响是多少年积累下来的。因为我对视觉艺术一直都热爱，就觉得自己应该跟一群艺术家混在一块儿，在这个环境里我会更自在，所以就去了美术学院。变化是慢慢形成的，不是一下子渗入的。我当时写《致敬》，有点破罐子破摔，因为我放弃了过去那一套写法，过去的那种写法既然不能使用了，我索性就乱写了，我

就拿我过去很多的笔记，把它们整理成《致敬》。里面的核心部分，《巨兽》，是一口气写完的。我写到一个我无法命名的巨大猛兽朝我走来。就是那个时候，你会觉得有很多你无法控制、无法把握的东西，这些东西你要不要它们，它们都会来，一下子朝你压过来。这个写作上的变化不是哪一次你铁了心就能变的。

我 1997 年在印度走的那一趟，也对我打开自己起到了很大的帮助，包括咱们刚才说撒尿：在国内的时候，你一定会先找厕所，但你在印度，没厕所就街上撒吧。我当时吃惊人还能这么活在世界上！印度人的思维跟我们不一样，这一下使我感到震惊，就是文化震惊：人还可以这么干！这种东西不断发生，慢慢就把我给打开了。

**许知远：**可以更具体点吗？印度式的思维方式到底是怎样打开你的审美方式的？

**西川：**比如说印度人骗我：我进了一个庙，看台子上坐着两个人，那两个人冲我招手让我过来，然后他们让我闭眼，其中一个人用蘸了红颜色的手指在我眉心这儿点了一下，我心想这是祝福啊，当然非常感谢。可是那个人从衬衣兜里掏出来 10 个卢比的票子朝我晃，那意思是我得付他 10 个卢比——祝福还得花钱！10 个卢比也不算多，我就给他了，可是我回到旅馆里洗手，在镜子里一看，我眉心这儿怎么没有红点？他一定是在我闭眼时换了个手指在我眉心点了一下！他连那个红点都舍不得给我！我完全被他给弄愣了。但这也是生活，被人骗也是生活。还有，买个火车票从新德里到阿格拉本应该 900 卢比——但当时我不知道该多少钱——售票小窗口里的人让我掏 1900

卢比。上了火车我跟一个英国女孩儿聊天，才知道这趟火车的票价是900卢比。他骗的比我车票钱还多！但是后来我就开始适应印度这个系统，越旅行越便宜，因为我知道怎么不被骗了。那次印度之行对我影响非常大，就是这个世界不一定非得是你原来的那套生活，也可以有别的。我原来看世界是中—西视角，现在变成了中—西—印，三个视角。

**许知远：**这对你后来的写作有什么影响?

**西川：**我就在印度开始写《鹰的话语》，后来回北京把它写完了。但是那个思维方式跟我别的东西放到一块就怪了，所以我写完《鹰的话语》以后，有半年时间跟任何人都只字没提过。我觉得这是我写的吗？它像别人写的，像偷来的东西似的。先在抽屉里放一段时间，我自己跟它适应了半年，才跟别人提起。

还有一本书应该提到，是杰克·威泽弗德（Jack Weatherford）写的关于成吉思汗的书，叫《成吉思汗与现代世界的形成》（*Genghis Khan and the Making of the Modern World*），说成吉思汗他们在草原上，骑兵行军是不排队的，不需要道路，而是呼啦一片就过去了。后来希特勒的所谓闪电战就是从蒙古人这儿学来的。这种行军后头没有粮草部队，他们战士有五匹马，骑着一匹跑，剩下四匹跟着跑，它们就是粮食，最后杀马、喝马血、吃马肉，跟汉族人打仗完全不是一回事。汉族人打仗还劫粮道什么的。最后他们这些金帐汗家族的贵族就聚在一块儿说，已经打下这么一块天地来，下一步往哪儿打？大家莫衷一是，最后蒙古人的决定是，既然没有目标，咱们就他妈四面出击！他们一边往欧洲打，一边往中国打，元朝就这么打下来了。我心想这都什么呀？可是我觉得太棒了！完全不是我过去的那个思维方式，太好了！真正的蒙古士兵才10万，一个大足球场就坐下来了，他们就这点儿人（当然还有投降民族的士兵和雇佣军）居然能拿下这个世界，太邪门儿了。这些东西对我的思维方式，对我的写作，全是刺激，全是启发，不可思议！

**许知远：**你期望着变成蒙古式的思维和写作？

**西川：**不，不，我真正期望的还不是蒙古式的思维或者写作，我真正期望的是战国诸子那样的写作，现在人人读唐诗、宋词——唐诗、宋词我也读——但是我最迷恋的时代是战国。

**许知远：**为什么呢？

**西川：**有各种各样的原因，一个是因为那些人有大才华，另外一个原因是战国诸子都在处理他们的时代。有的人是要把时代往回拉，比如说春秋末期的孔夫子，但也有人不往过去看，这些人就是法家。经过“文革”、儒法斗争，大家一说起法家就是专制——在战国那个时代，专制的确是一个情况——但你要是真读韩非子，撇开什么关于法家的现代观念，你会发现韩非子就是一个面对时代的思想者。他达到了那样一个高度，那样一个广阔度。

**许知远：**你说韩非子是不是我们的托马斯·霍布斯？

**西川：**你要是从对于国家的设计来讲，他是。霍布斯把英国设计成那个样子，韩非子把中国设计成这个样子，他们起的作用是一样的，但是我特别怕把这个问题简单化。

《淮南子》中记载“墨子哭练丝，杨子哭歧路”，就是说墨子看到白练——就是纺织物——忽然就哭了，因为它可以染成黑色，染成红色，究竟该染成什么色，他不知道，就哭了。杨子哭歧路，就是杨子走到一个丁字路口，究竟是往东走还是往西走，杨子不知道，就哭了。这是让我特别感动的两个哭。我当时忽然对战国的那些思想有了一种深深的认同感，究竟是往东走还是往西走？那么有头脑的人，想了那么多问题，都没有答案，只剩下哭了。除了墨子的哭，杨子的哭，还有一个是孔子的哭——鲁哀公十四年西狩获麟这事让孔子大哭一场，《春秋》就不作了。就这三哭，让我知道中国文化的高度在什么地方。虽然我读了那么多西方的文化，但我知道中国传统文化的高度在哪儿，以及它和这片土地上的人的那种命运之间的关系。所以我最热爱、最向往的就是战国时代，当然我会一直延伸到汉代。所以，我真正梦想的不是写什么唐诗、宋词，我就想靠近他们，战国诸子。

**许知远：**你对诸子里的谁最有亲近感？

**西川：**我喜欢庄子。但是都好。如果让我只带一本书，我就把诸子订成一本。

## 时代生活的泥沙俱下给了我滋养

**许知远：**处理时代对你始终是个很大的诱惑吗？

**西川：**嗯，如果你不处理时代，你的语言、你的文学意识就都是别人的，都是学的。美国有句话说，艺术家们像害怕瘟疫一样害怕雷同，你不能跟别人一样，你也不能跟里尔克一样，也不能跟叶芝一样。所以我以前说当个博尔赫斯第二，也没什么太大的意思，尽管我非常喜欢博尔赫斯。艺术家需要的是创造力，但是创造力从哪儿来？对于那种非强力诗人，他们是靠从别人那儿继承过来的文学意识、文学修养和词句写东西。但是，对于一个比较有开拓精神的人来讲不是这样。我的写作材料全是生的。处理这些生材料的话，你有可能成功，有可能完蛋，有可能就有意外的效果。

**许知远：**我就叫你生肉诗人吧。

**西川：**好吧，尽管我都不太吃肉，但可以是生肉诗人，我一直特别在乎处理这个时代的生活，一般人遇到不合胃口的东西就会避开，我不是一个避开的人，因为我觉得自己是一个艺术家诗人，不合我胃口的，我得看一看能从这儿得到什么。

我经常觉得人会从一些意料不到的地方获得灵感，而且我特别能够体会一种时代生活的泥沙俱下。昨晚我参加了一个活动，谈波拉尼奥。我说波拉尼奥的诗有一种粗糙感，泥沙俱下，磅礴，他的工作方式是一个生机勃勃、元气淋漓的工作方式。我需要获得滋养，任何人的工作都需要滋养，我知道给我滋养的东西里面有一部分可能就是泥沙本身。英国有一个赞助当代艺术的人，他说当代艺术 99% 都是垃圾，但我赞助艺术家是为了那 1% 的未来。我觉得这话说得有意思。

**许知远：**20 世纪 90 年代的中国好像是这些当代艺术家的中国，他们在更敏锐地处理时代吗？或者从旁观者的角度来看，在 80 年代好像是诗人更好地处理了那个时代，到 90 年代就变成视觉艺术处理时代了。

**西川：**对也不对。为什么你开始注意视觉艺术，是因为它开始卖大钱了，它变成钱了，就成事了，就成媒体关注的对象了。成事以后你就觉得中国当代艺术里有生机勃勃的一部分。但是因为我跟艺术家们离得比较近，所以他们的路数我看得也比较明白。首先一个，所谓中国当代艺术就是实验艺术，它并不面对中国普通百姓，它是面对世界的，在当下这样一个环境当中，说白了就是面向西方的，因为你这个画也好，装置也好，不可能在巴基斯坦遇到一个买主。所以我们不带任何浪漫地来想这件事，他们所谓的国际就是西方。

**许知远：**而且是个很狭隘的西方。

**西川：**当代艺术市场，是一个西方市场。大的拍卖公司、大的画廊，都是西方的资本。它们引导着当代艺术的趣味，确定当代艺术的价值。不过，仔细分析买家也是件有意思的事。买家里的很多人其实既不是国内的老板，也不是西方人，不是欧洲人，也不是美国人，而是东南亚华人，这是中国当代艺术买卖背后的一个秘密，这是另外一个话题。那么就是说，中国可以利用的资源是什么？西方市场给你这么一个文化份额，就是你的市场份额，他们鼓励你生产某一类艺术品，你既然是一个从中国来的中国艺术家，你就有所谓的责任来使用你的传统，你玩儿好了，都能成功。我有一次在德国遇到一个特逗的中国画家，穿唐装，喜欢打坐，在西方人面前装神弄鬼。我的德国朋友说，来来来，我给你介绍一位中国的当代孔子。我看到那人，心里知道我是遇上了一位骗子！那个画家画的是油画，他在油画上先画一片中国式的山水，然后用白颜料再把它罩上，罩上以后那个山水就变得影影绰绰的，好像有，又好像没有。于是中国传统元素、西方当代审美元素全让他占上了：山水、道、禅宗、空白，又是极简主义。

**许知远：**我是好奇要怎么处理这个时代。20世纪90年代算诗人普遍失落的时代吗？

**西川：**我觉得其实视觉艺术家也没能很好地介入时代。关于他们的成功有一个更极端的说法，就是视觉艺术在20世纪90年代已经是仅次于房地产的挣钱行当了。他们正好赶上了中国的发展，哪哪儿都盖房子，哪哪儿都需要装饰，哪哪儿都需要这些艺术家，所以艺术家真是赶上了好时候，都变得很有钱，但要说他们真正处理了这个时代，我觉得没有。

**许知远：**怎么算回应这个时代？

**西川：**艺术家、作家、诗人对于时代会有各种各样的回应，有的人是投机的回应，对成为热点的事立刻做出反应；有的人的回应是理清历史逻辑，这个工作可就漫长了。

**许知远：**艰巨得多。

**西川：**是，为什么我们当代社会是这样一个社会？如果追溯起来，就从孔夫子开始吧，这个工作得皓首穷经。

**许知远：**从一个诗人的角度说，你从哪个时候开始想做这个工作了？

**西川：**从一个诗人的角度来讲，我需要更加深入地进入这个社会的历史逻辑。为什么？诗人们在今天不会像20世纪80年代那么显眼，也是好多原因造成这样一种状态，其中一个就是社会变成了一个媒体社会，媒体社会是追踪事件的，一个事件接着一个事件，是不探讨历史逻辑的，呈现出来的是视觉效果。

**许知远：**而且是没有任何记忆的。

**西川：**没有历史记忆的，在这样一个环境中，整个生活都跟着青少年文化跑：最火的文化是青少年文化，挣钱也是青少年文化，出名也是青少年文化，生活方式上我们每个人都希望自己年轻，节目里的主持人都漂亮年轻。还有一个很有意思的现象，所有当代的中国有钱人，都是第一代有钱人，他花的钱和挣的钱全是新钱，那么他必然就有一套生活方式。

**许知远**：新钱、新风格。

**西川**：这个东西你也没法选择它，因为你就发展到这一步，就走到这一步。我举一个例子，就是中国的城市化速度。在20世纪80年代初，中国的城市化率是19%，90年代初中国的城市化率是26%，到今天中国的城市化率已经到了58%了。每一个人兜里揣的都是新钱，花的也是新钱，那这个时代能是什么样的，可以想象。

**许知远**：在一个这么没有历史记忆的媒体社会，你想成为一个充满历史感的艺术家诗人，你怎么处理这些材料？这些材料对你来说意味着什么？

**西川**：我全处理，不一定是作为一个诗人来讲，我还是一个读书人。处理它，不一定说它好或者不好，我关心的是它内部的复杂性。比如一个人不会一拍脑门就作恶，一个人行善也一定跟这个社会生活本身的历史有关系，跟它的生活方式、生产方式、社会组织形态、道德形态、语言形态都有密切的关系。处理这些东西不仅需要脑力，还需要体力，你能不能处理得动？不知道，但我愿意试一试。

**许知远**：你直觉上怎么感觉到这个媒体社会有很多复杂性在里面呢？但是就创造力本身而言呢？

**西川：**这个东西说起来挺复杂的，比如说写诗，咱们都说诗歌是青年人的事，你很少碰到中年人还写，老年诗人就更少了。我指的不是只在《诗刊》上发首诗的那种所谓的诗人，我指的是真正的、对诗歌能够有所发现的那种诗人。我曾经请国外的诗人来中国参加活动，同时我要请对等数目的中国诗人来跟他们对谈，我觉得找人很困难，因为我找不到同样年龄和同等智力水平的中国诗人跟他们碰到一起，我觉得很尴尬。中国形成的这么一个状态，我管它叫“五四后遗症”，当然不光是“五四”，中国后来的“凤凰涅槃”好像都是青年人在改革，青年人就成了世界的希望。

**许知远：**20 世纪的青年崇拜。

**西川：**青年崇拜。在中国，等到改革开放以后，这种青年文化本来是革命的青年文化，一下跟市场裹在一起变成消费文化了。年轻人更新观念非常快，跟盖楼的速度一样快，你就是招架不住。有个外国诗人跟我说，中国能不能慢一点？我说我不知道，你想让它慢，也不一定能慢得下来。某个人的呼吁是没有用的，中国已经进到这样一个历史轨道里。作为一个生活在中国的中国人，我理解这种快。

我原来住在米市大街那边的一个胡同里，住在四合院里面。那个四合院以前是京剧名角孟小冬的，但是后来变成大杂院了。住户们没有自家的厕所，只有一个公共厕所，还没有隔断，你大便还得跟旁边大便的人聊天。等到后来我终于有了一个单元房的时候，我就跟同事开玩笑，说今天我可以请你们全去我家上厕所！所以这个时候我觉得我是理解的，大屋顶的房子固然好看，可是我没有个人厕所，我宁肯住在一个没有大屋顶、没有文化气息的地方，我至少有一个自己的厕所。

有时候我碰到外国人，他们骂北京拆迁，我说当你们骂拆迁的时候，你们是想看到一个博物馆。而德国人想往中国卖汽车，道路就得拓宽，可是道路一拓宽，法国人就不干了，法国人想看到作为博物馆的老北京。所以我跟他们开玩笑：你们先商量好，是往中国卖汽车，还是让中国保持一个博物馆的状态。他们自己也乐了，苦笑，没办法。我们生活在中国，我们是在现场的人，在现场的人就面临着两种道德，一种是生存道德，一种是文化道德。究竟把哪个摆在前头？我在这点上还是看中第一个，因为我也有爹妈、兄弟姐妹，所以我希望有一个单独的厕所。当然文化道德对我来讲也是很重要的东西，但是在这两个东西冲突的时候，我可能会把生存道德放在前头，先活下去，先活得体面一点吧。这个东西，这个发展，一定是有代价的，巨大的代价，但是干什么都有代价。

**许知远：**你刚才说的各种新词语的诞生、年轻文化，很容易陷入文化相对主义吗？你可以说叶芝、庞德他们在创造新词，穆旦、胡适也在创造新词，对年轻人你也可以说他们在创造新词。

**西川：**对，不断有人创造新词，但当我们说我们创造新词的时候，还要充分意识到这个时代淘汰得也快。像米兰·昆德拉那时候发明的词：媚俗。这个词老在这儿不走，中国人还根据这个翻译词又发展出“媚雅”什么的。

**许知远**：新词的生命力在那里。

**西川**：对，有的词活得时间长一点，有的词瞬间就过去了。所有很得意的人，不论你是写作得意，生意得意，还是政治权力得意，背后都有一个阴沉着脸的人站在那儿，这个人的名字就叫“淘汰”。问题是得意的人注意不到那边站着淘汰，就过一天是一天，高兴一天是一天。但是另外一些词汇，一旦被发明出来就不会消失，这种词汇的出现是一个历史逻辑的真正展示。

举一个特别不恰当的例子，印度思想家阿什斯·南地写过一篇讲可口可乐的文章。他说理论上我们每个人都可以自己制造饮料，种棵橘子树，榨出橘子汁，但只有可口可乐是个人没办法造出来的，它是配方的产物。印度的民族主义很厉害，可口可乐进入印度市场后不久就被赶出了印度，印度人生产出自己的大拇指可乐。阿什斯说，印度人可以赶走可口可乐，但哪怕你喝不着可口可乐，可口可乐这个概念一旦来了，就再也不走了，大拇指可乐就是对可口可乐的模仿性回应。词汇的发明也是这样，尽管都是发明，但是分量不同。这种东西在瞬间之内是没法做判断的。

**许知远**：你所说的20世纪90年代初的那种尴尬感，你这么一个寻求艺术意识的人生活在这样的时刻，你之前的紧张感是更产生创造力还是厌倦感？

**西川**：它不够影响我。创造力的呈现有多种样貌，比如说你会在创造力里面发现张力这个词，很多人用过这个词，一个人的梦想和一个人的现实之间会产生这种张力，有的人离得近一点，有些人离得远一点，这里面也有历史的张力。这些对写作全是可能性。当然，我也不愿意展示一个完全跟这个时代蛮拧的形象，坦率地讲，我也不是这样一个人。人总会遇到一些意味深长的事情，它们可以是个人生活当中的，也可以是社会上的事，刺激你的思想。

实际上，从一个作家的角度看，我觉得我们正好处在一个历史转折点，我写过一本书叫《大河拐大弯》。在这个时期，如果我只是保持一个既有的状态，不是一个开放的人，我就会把这个时代给浪费掉，这个时代本身不应该被浪费掉，就像20世纪80年代、90年代不应该被浪费掉，今天也不应该被浪费掉。浪费掉是什么意思？就是无视这个时代，就是我完全生活在自己的内心，和这个时代擦肩而过。对于艺术家来讲，你不光是写你的内心，你得有写作材料，生活就是这个材料。

我有一个加拿大的诗人朋友，特别羡慕我，他说加拿大诗人没得写——加拿大的人都特别好，下公共汽车的时候每个人都跟司机说，谢谢您，再见！——我就跟他说，如果我回到中国，下公共汽车的时候大声说谢谢，边上的人一定会认为我是个疯子，或者觉得我是故作姿态。再比如说我在美国看到的一些诗人，他们没东西可写，就写他们的父亲，通过写父亲来认识他们自己的身份，最后父亲写完了，也不知道该写什么，那就写印第安人，凡是有良知的知识分子，都充满了对印第安人的歉疚感，叫他们"First People"，写当时白人迫害印第安人的事，写得特别有力。

**许知远：**他们需要另一个时代来移情。

**西川：**对，可咱们不需要，现实本身的力度还不够强吗？各种玩笑，各种荒诞，各种人的爆红，你一打开电脑会觉得这个世界真是不可思议。我处在文学状态、写作状态，就发现这样的生活太有意思了。明明你觉得不值得努力来获得的东西，怎么大家蜂拥而上地去抢？但你自己没有上去，这时候你才知道你是谁，你才开始认识自己。比如日本地震、海啸、核电厂报废，大家害怕核污染蔓延到中国，就蜂拥而上地去商店买盐——有个小伙子买了五吨盐——也不知道是谁说的多吃盐能防核污染！——这种蜂拥而上是什么呢？一方面是有趣的，你获得参与感，但是参与感背后有一种东西，是慌张。当然一个社会可以慢慢养成定力，那么定力是怎么形成的？定力就是文化。只是现在每个人都不需要文化，都对文化吐一口唾沫。只有你慌张并且想要克服慌张的时候，才知道你需要文化。但是这个文化又有一点矫情、精英化。我可以不精英化，民间文化也是文化，但问题是我不跟你谈精英文化，民间文化你懂多少？咱不谈孔夫子那些很高端的，咱就谈关帝庙，为什么岳飞要和关公一块儿供着？——北京有一座双关帝庙即同时供着岳飞、关羽两人，在西四那儿。还有，道教跟道家有什么区别？这全是文化，可没人明白，你在网络上看到的是，全都轰过来，臭骂你一顿，或者追捧你一顿。这也是没有定力，文化没有定力。中国文化一直是有它的道的，顾炎武在《日知录》里提到，说恢复三代圣王的语言，就是恢复三代圣人的道。

## 我写不了抒情诗，因为我已经丧失了单纯抒情的能力

**许知远：**20世纪，中国充满了荒谬和奇观，但是它们没有成功转化为创造力，很多东西都被我们浪费掉了。所以在荒谬和创造力之间是有一个东西的，没有这个东西荒谬是不会转变成创造力的。

**西川：**我曾经在《读书》杂志上发表过一个发言，里面有一个观点，叫作“短暂的现代和漫长的当代”。对我来讲，20世纪那些问题都在眼前。我甚至觉得晚清的问题都是当代的问题，都是没有被消化掉的问题。我不觉得晚清已经走了，也不觉得革命已经走了，过去所有的这些东西，都在眼前。

**许知远：**都在眼前？

**西川：**都在我眼前，它即使不能成为我的精神背景，也能成为我的多种角度。当我看问题的时候，我会有多重角度：历史的角度、现实的角度、文化的角度、经济的角度、军事的角度，所以我就知道自己为什么写不了抒情诗了，因为我已经丧失了一种单纯抒情的能力了。当然有些人认为诗歌就是那种东西，但是对我来讲诗歌不是，对我来讲诗歌就是战国诸子。这是我跟其他那些了解一点诗歌、写一点诗歌的人一个本质上的不同。我已经走上另外一条道了，这是弗罗斯特的诗：“林中有两条岔开的小路，而我选择了那人迹罕至的一条。”既然你选择了这条道，那就认命吧，别指望人人会摇头晃脑地背诵你的诗，在舞台上拿你的诗娱乐，或者安慰一下自己，安慰一下别人。

我不是在批评那些人，我只是退一步说我没有那个抒情能力，这种能力，20 世纪 80 年代的时候我曾经有过。

**许知远：**对，粗暴来讲，20 世纪 80 年代还是一个抒情的年代吧？

**西川：**20 世纪 80 年代绝对是一个抒情的年代，是口号的年代，不论你站在一个什么样的立场上你表达出来的都是口号，但是现在你会发现口号已经解决不了问题了。

**许知远：**你觉得现在是一个什么年代？

**西川：**这个我没有比喻，我一下说不上来。

**许知远：**我也挺怕浪费掉这个时代的。有的时候我觉得这个时代太没营养了，杂音太多了，但有的时候就像你说的，怎么把它转化成一种新的东西呢？我们这样的时代，是不是就是一个创造力相对低谷的时刻呢？或者说他们都变成扎克·伯格，变成脸书，变成谷歌了。

**西川：**我不得不说那也是一种创造力。这个时代，你不能说它没有创造力，有的是创造力，但是这个创造力从文学艺术转到别的事业上面去了。

**许知远：**对。

**西川：**它转到那个上边去，又马上面临着一个问题就是淘汰，就是说它能转多长时间，又是一个问题。我不否认在这个时代里，不同的行当都充满了创造力，但说句有点装腔作势的话——我今天就装腔作势地说一句话——这些创造力和文明究竟有什么关系？中国就是一个文明，“文明”这个词是赶不走的，如果你还在乎“文明”这个词，你就给我回答这个问题，你对这个文明负多少责任？你是负责成功了，负责挣钱了，负责盖楼了，还是这一切你都干了？如果你说我过一天是一天，没有明天，我跟文明没关系，我觉得也行，那咱们就各忙各的吧。但是如果你有点认真，挣了点钱以后还想弄什么“国学”，那咱们就坐下来论论，你跟文明有什么关系？

**许知远：**……天暗了是吗？索性一直聊到天黑吧。

**西川：**我有时候感觉，我怎么坐着坐着天就黑了。

**许知远：**你对时间的感受，发生了很多变化吗？

**西川：**时间有好多种，自然时间，历史时间，个人时间，有很多种。艺术家可以分为两种，一种是为永恒工作的艺术家，一种是不为永恒工作的艺术家。我原来是为永恒工作的艺术家，现在已经不为永恒而工作了，或者换句话讲，不是你想永恒就能永恒的。能够永恒，那是老天爷对你的赏赐，实际上我们回头看过去的文学，比如唐代的诗歌，《全唐诗》，很多作品被写出来并不是为了永远流传下去，就是为了应景，吃饭、送别的时候胡诌一首。

**许知远：**取悦一个青楼女子。

**西川：**对，比如说“去年今日此门中，人面桃花相映红，人面不知何处去，桃花依旧笑春风”，这诗是永垂不朽了，可是当时作者脑袋里没这个。对好多艺术家来讲这是个槛儿，所有那些初学的诗人也好，作家也好，艺术家也好，第一个槛儿他要跳过去，他说我一定要像那些人，但是你过了这个槛儿以后会发现，不必老要当个优秀的艺术家。我说波拉尼奥是一个随时随地的诗人，只要跟他内心的一个诗歌观念沟通，一首诗就产生了。当然我不是这么写。

所有我们尊为不朽的艺术家，都不是我们这个时代的，所有的艺术家都是萎缩成永垂不朽的人物的。“萎缩”这个词很有趣，叶芝在书里边说：“我老了，现在我萎缩为真理。”——真理是怎么获得的？真理是我萎缩成的。我在文章里面也说到，米沃什活着的时候，是一个重要的诗人，但他不是大师嘛，米沃什跟他周围的生活有千丝万缕的联系，他的亲戚、朋友、喜欢的人、不喜欢的人、骂他的人和他内心称赞的人，后来他死了，隔了一些年了，米沃什萎缩成一个经典了。但是产生他的时候，他不是经典。所以慢慢这个担子我就放下了。

**许知远：**那你的那些幽灵读者，你也把他们忘了吗？

**西川：**那些幽灵读者，他们每一个人都曾抱着他们那个速朽的时代，当然他们那个时代，朽得稍微慢一点，没有现在的淘汰率这么快。在过去的农业社会，出门是走路或者骑驴骑马，那个速度和现在坐火车坐飞机的速度没法比。

**许知远**：你说这些强力诗人，比如庞德、奥登，他们会以什么样的姿态活在此刻呢？

**西川**：有一本书就是写庞德那个时代的，叫《流放者归来》，作者是马尔科姆·考利。你看那本书说过庞德一句好话吗？作者在里面有一句话说："庞德写过一句有价值的诗吗？"

**许知远**：年轻一代都开始造反了，当时庞德是一座风干的纪念碑。对于庞德来讲，他就是一个老派的在《诗刊》写文章的人，突然出现一帮在网络上跟帖的人。

**西川**：对。我读庞德传记的时候觉得特别逗，说庞德不会坐着跟你说话，永远做出他要走的姿势，所以这个就是庞德。从庞德我想到李白，我在《唐诗的读法》里写到，庞德和李白在他们的时代，一定是不讨人喜欢的，就那么几个人喜欢。在不同的时代看一个人都不一样，莎士比亚很伟大，但莎士比亚当时就是一个向上爬的人，一个商业作家。莎士比亚的写作里为什么有那么多噱头？就是因为他要把人吸引到舞台边上来，所以法国路易十四的宫廷趣味是拒绝莎士比亚的，古典主义者们认为莎士比亚是野蛮人。

**许知远**：对，但是每个时代都有很多不同的野蛮人，有的野蛮人非常速朽，有的野蛮人就成为新的宫廷趣味或者新的经典。

**西川**：对，但那就不是他们的责任了。他们改变了时代了，时代就接受了他们，就好像嬉皮士改变了这个世界，改变了人们的生活方式，就是这么一个情况。

**许知远：**怎么保持这种生命力，新生命力的野蛮性和你说的那种盲目性？小时候可能是天然的，但当你经过这么多的训练以后，维持这种盲目性会变得很困难吗？

**西川：**尼采，或者什么人说，一个人只有每天发现 24 条真理才能睡个好觉——咱们不需要那么厉害，咱一周要是有一个发现，都会觉得没白活。保持对生活有所发现，这得有能力，同时还得有一个自由心态。当然了，我说这话的时候，也不是那么轻松，因为很有可能咱们保持不了这个自由心态，往往你在没有意识的情况下，就已经被一个东西捆住了。但是尽量吧，走出这些条条框框，不断地发现别人，也发现自己。马尔克斯有一句话说得特别好，别人问他，你觉得写作对于一个作家的回报是什么？马尔克斯说，写作对于一个作家最大的回报就是，一个被写作训练的头脑能够一眼认出另一个被写作训练的头脑。除了认出你自己，你在这个世界上走到哪儿，忽然迎面走过来一个人，你能认出他来，凡是有认出另一个人能力的人，对自己一定也有一个认识。

**许知远：**我特坦白，在我过去 20 多年的阅读史里，我觉得你是我碰到的在内心深处有最强共鸣的一个人。

**西川：**谢谢。

**许知远**：我觉得我特别理解你谈的所有问题，而且把我要表达的都说出来了，对当代的看法和对自己的看法，我像在听一个更高明的我在说话。

**西川**：我忽然有一个感觉是——这不是互相吹捧——我感觉咱俩是个复数，我们是四个人在聊天。

**许知远**：这种感觉真的是特别强。

**西川**：谢谢，谢谢！

**许知远**：我觉得可能跟我们的经历相似有关系，纯阅读的传统，对经验之渴望，希望成为有道者的愿望，它们混在一起了。但是我可能没有像你那样，要故意放弃掉20世纪90年代的这种规则，我觉得我还是处在渴望写出像米沃什那样好的东西的欲望中，这种感觉还很强烈。

**西川**：这里面必须有一个过程，脱胎换骨的过程，我正好是1989年到1992年经历了这么一个脱胎换骨的过程，所以过去的那些东西我也知道好，但我不需要朝那儿走了，原来我想成圣，但后来我发现自己是一个牛魔王，就是那样一个感觉。它不是你的目的，但是你走到那儿了。……这也挺好，一块儿坐在黑暗里。梅特林克有一个说法："我们相知不深，因为我们不曾同在静默之中。"还是不说话了，我们坐在这儿挺好的。

**许知远**：这个多符合现在的中国呀，大家都这么躁，因为大家都不熟，都不处在静默之中。

**西川**：热热闹闹的，但是大家都是陌生人。

**许知远**：我七八年前出过一本书，叫《祖国的陌生人》，我们这回的题目叫作《两个速朽的陌生人》。

**西川**：别用“速朽”这个词儿，两个不怕被淘汰的人。

**许知远**：对。

**西川**：我不怕被淘汰，淘汰就淘汰了。……今天真算是把天给坐黑了，一直黑下来了。

# 关于身份，关于记忆[①]

## ——对话鞠白玉

## 第一集　平静而深邃的“中游”，危险一点不少

**鞠白玉：**我昨天还在想，因为我昨天写《张晓刚》最后一集，我好像那四集一直在写这个人多焦虑、多不安，任何时期都不安，20 世纪 80 年代现代主义来了也不安，新潮艺术来了也不安，拍卖第一次拍出了 100 万美金也不安，到今天还是焦灼和不安。如果不了解创作者，就会觉得好矫情，怎么成功也让你不安？财富也让你不安？就像我们说向京做了几十年艺术，最后她会去怀疑艺术和怀疑自己的正确性。为什么你说，创作人的焦虑是从哪儿来的？创作者的焦虑到底是怎么样的一个焦虑？是一个身份上的焦虑，地位上的焦虑，金钱上的焦虑，还

① “看理想”旗下由鞠白玉主持的《祛魅：当代艺术入门》系列音频节目于 2021 年 5 月连续播出两期主持人与西川的对谈。此为文字稿。文字稿较音频内容略有增删。

是什么样的东西？怎么安放自己这件事。

**西川**：这是一个很好的问题，你真是一个非常有方法和有经验的会谈话的孩子。我没有仔细想过这个事，反正不安这种东西……我只能说，我一直当老师，我最早教的是英语，英语课本中有一篇课文是讲爱因斯坦，爱因斯坦有一个说法很好，叫作“Go with yourself”，就是接受你自己。我估计爱因斯坦说出这句话时，他也面临这个问题。好多人也可能不是处在一个 go with himself 或者 go with herself 的状态里边。这时接受自己成为一件很麻烦的事了：你的教育可能让你成为另外一个人，你的环境让你成为另外一个人，你的时代环境、你的历史环境，都会让你成为另外一个人。在这里边，我想对有些人来讲——不是所有的人——对有些人来讲，就会充满了挣扎，而且这个挣扎…… 你刚才说的是个人的，比如你说到张晓刚，他有不安的这种感觉。

刚才我用的一个词是“挣扎”，其实“挣扎”这种东西…… 日本有一个研究鲁迅的，非常有名的思想家，叫竹内好。竹内好研究鲁迅，他的角度非常奇特，他研究鲁迅的“挣扎”。在整个中国开始面向现代性的这么一个过程当中——姑且不说追求现代性的过程当中——处在这么一个大的历史变迁当中，鲁迅实际上是非常挣扎的。竹内好和别的汉学家的一个区别，就是他没有停留在只是讨论鲁迅面对现代性的焦虑、面对现代性的挣扎上，他把这种挣扎、焦虑，引向讨论日本问题，后来他就成为日本的一个大思想家。

当然我们谈的不是这么大的一个话题，从个人讲，这种不安，这种挣扎，不光是不能接受自己，即使你想接受自己，你也会觉得我这个接受是不是有点不合法。

**鞠白玉**：对，其实还不是一个个人生活上的事，当然有时代背景的问题，比如从 20 世纪初到现在，其实我们都经历了几个大时代，而且像张晓刚他们这样特别敏感的人，肯定是在每个浪潮袭来的时候，经验就会断裂一次：你要不要相信你之前的东西？你要不要拥抱今天新的东西？你又不能从善如流，但是你又不能 out，被排除在外，所以你怎么掌握平衡？保存什么东西？又要什么新的东西？我说这是他一个很大的焦虑的来源，我觉得很多敏感的创作者们都会在时代更迭的时候，像蚂蚁一样。

**西川**：很好，一个艺术家有这种焦虑感，比没有焦虑感的艺术家，不能说好，也不能说坏，就划开一个界限。我们不能讽刺某些艺术家，但某些艺术家的确没有焦虑感，但是另外一些艺术家他就有焦虑感，所以我们一下就能看出这是两种艺术家、两种作家、两种思想者，对世界的接受、对自己的接受，他们就有不同的态度。以前我们可能简简单单地会从比如说现代主义、后现代主义这样的理论的话语来介入一种讨论，现在即使我们不从这些理论话语来介入讨论，我们从一个人焦虑不焦虑，就能区分出不同的艺术家。

**鞠白玉**：那您呢？

**西川**：这里又涉及另外一个问题——我以前在别的访谈里面就说过——我不是一个自我很强大的人，我是一个有多重自我的人。就是说对别人来讲他可能有一个自我，他这个自我可以很强大，但是对我来讲，我可能有一群自我，所以我每一个自我都没有那么大。

我个人的焦虑没有那么强烈，比如说我要写出什么东西来和我要得到别人什么样的回馈，我没有那么大的焦虑，但我的焦虑是问题式的，对于一系列问题的焦虑，而且这些问题不光是跟生存有关系，它跟好多东西，比如文化问题、政治问题、历史问题、精神问题，可能跟这些东西都有关系。但是具体到某一种状态的那种焦虑，我有，但没那么强烈，我年轻的时候焦虑感更强烈。

是这样的，一个人比如说 20 岁出头的时候，你焦虑的东西和 28 岁大概到 35 岁左右你焦虑的东西，和 40 岁以后你焦虑的东西不太一样。我不知道这么说合适不合适，比如一般我们说自杀这个事，如果是跟精神有关的自杀，不是因为我还不上账了或者什么，是跟精神有关系，当然又有具体的生活原因的这种自杀，一般出现在比如说 30 来岁，30 往前或者 30 往后。有一种说法是：30 岁以后的人，就没有那么钻牛角尖了。所以这个时候我们就看出来，30 岁左右的人的焦虑，他是好像专门的某一种焦虑，它跟 20 出头，比如说我找不着工作，或者说我上不了学，或者是我谈恋爱失败，跟这种焦虑又不太一样。好像 30 多岁的时候，他的焦虑里边包含了更多的内容：生命的内容、信仰的内容、意义的内容，有更多这些东西。这就像一条河似的，当你走到中游的时候，跟在上游的情况不太一样。

我曾经在黄河流域走过一段时间，很早以前了，我一个人旅行，应该是在 1985 年左右。1985 年年底，我还记得应该是那个时候，我走到山西南边的一个渡口，茅津渡，那个渡口上有一条横跨黄河的大桥，有 1 公里长。我就上到大桥上。那时快冬天了，桥上没有人，就我一个人，我觉得大风要把我掀到黄河里面去。当时我就感到，黄河从那块儿开始就非常宽阔了，它宽阔它也要你命，但是它表面上没有那么多浪花。在上游看黄河——任何一条河的上游——用浪花能把你卷走，但是黄河到中游以后就不是浪花把你卷走了，它的水面那么宽，那么深，如果你掉到里头，你就只剩下绝望到死亡了，它跟上游的情况不太一样。所以我想人这一辈子也是，比如你走到中游……

**鞠白玉：**平静的、深邃的。

**西川：**平静、深邃，但是危险一点不少，只不过这个危险的方式，跟在上游的危险的方式看起来又不太一样。到了下游，要进入大海的入海口，那个时候河流本身已经变得像大海一样，那个时候人的那种渺小、无力、被动，全都显现出来了。在上游的时候还有点看不出来，到了下游你怎么折腾都无意义，那就说明你快入海了。

**鞠白玉：**昨天有位老师还跟我们说，你看好多人年轻的时候，像我这般激烈、暴躁。他说你看一到一定年龄，你就会平静而慈祥。

**西川：**但是平静而慈祥也得警惕。就是我刚才说的，其实到了中游和到了下游，危险一点都不少。只不过这个危险，不是上游的危险，它是中游的危险，下游的危险，然后你也得面对它。所以艺术家或者是文学家，一个不好的发展方向，就是越来越没有话题了，越来越抓不住生活了，越来越抓不住思维的可能性了。这个时候就是因为他进入了一个中游和下游的表面，他没有进入中游和下游的那种更深入的那种危险，所以他实际上变成没有话题的人了。

**鞠白玉**：但如果比喻成河流的话，看起来就只能是等待了吗？不能有改变吗？不能有自己主动性的东西吗？

**西川**：不是，看怎么讲，因为你所有的东西，你所有的态度，都是你早年精神和经验积累的结果，你是从上游下来的。有的人早年他有积累，有的人早年他没积累，或者有些人早年有很多的积累，有些人早年积累的东西并不多。所以这时，在所谓的中游和下游时，面对中游和下游时，大家的态度、出发点都不一样，所以没法一概而论。

比如诗人，有的人基本上他的写作就停留在37岁、42岁的样子，差不多就停留在这个时候，但是有的人他的写作越往后越好。像波兰诗人米沃什，全世界的诗人们都公认米沃什越到晚年写得越好。还有，爱尔兰的叶芝。叶芝曾经有很大的焦虑，怕他到晚年写不出符合他的文学志向、文学抱负的东西，他有这种焦虑。但是他在晚年写过，实际上写出了伟大的作品，包括有一首诗叫作《在本布尔本山下》。这首诗结尾的地方特别精彩，他说“冷眼一瞥生与死，骑士啊，过去吧”。太好了，这个是叶芝晚年写的东西。

**鞠白玉**：是这样，我们之前做了一个“身份与记忆”的单元，我挑了4个艺术家，一个是法国的波尔坦斯基（Christian Boltanski），一个是德国的安塞姆·基弗（Anselm Kiefer），还有南非的肯特里奇（William Kentridge），还有泰国的韦拉斯哈古（Apichatpong Weerasethakul），他是做影像的，做电影，他本来应该是在做当代艺术语言中的影像，但是后来他有一部长片，还得了金棕榈，戛纳金棕榈，变成了一个主流电影的导演，但是他的片子也还是特别冗长，特别实验性。

其实我当时也想把张晓刚放到“身份和记忆”的单元，我们现在这个单元叫“全球化下的中国故事”，我选了徐冰、黄永砯、张晓刚和蔡国强，其实后来我发现这两个单元可以合并在一起说，谈一谈身份和记忆。

我前天跟您电话，您说“我可能会跑题，因为你这个题目太大了”，我特别高兴，因为我觉得我们可以谈论的东西特别多。在电话里您说这个“身份”一词，首先我们在各个国家和地区对“身份”一词的理解就不一样，“身份”本身就是一个“美国词”，当时您说的是一个“美国词”，可能印度对于身份的理解也不一样，您说在中国可能身份叫阶级、阶层。

**西川：**阶级。

**鞠白玉：**阶级，所以我想听您聊聊身份的问题，而且今天我们谈论不管是小说、诗歌还是当代艺术，我们统统都是放到艺术创作中来谈，我就不把当代艺术和诗歌、小说分家了。

**西川：**好，谢谢你给当代诗歌和小说打开了一个大门，让我们能走到艺术这个层面上来看。的确，你跟我说谈这个“身份与记忆”。先说身份，我一听这个题目就觉得不好谈——听起来是好谈的，但是实际上不好谈。为什么呢？首先面临的问题就是，我们现在的知识结构——我们这一代人，包括比我们年轻的这一代人的知识结构——我们基本上是读翻译书长大的，所以我们的问题意识实际上也是被其他语言塑造的，我们的问题意识并不是被汉语塑造的，是被英语、法语、德语、西班牙语（西班牙语稍微弱一点），也许还包括日语，被这些语言塑造的。我们去书店，你看多少书都是从英语翻过来的。实际上英语已经成了一个当代知识领域、知识人的一个“拉丁文”。相当于中世纪你如果会说拉丁文，那么对于整个那时欧洲的知识信息你都可以获得，并且可以跟别人交流。现在也是，就是说英语它是一个工作语言，如果你是一个知识人，那么人人好像都应该掌握。这就意味着我们的意识被这个东西塑造。如果是被英文塑造，意味着我们的很多观念的得来，也是跟英语本身有关系。所以我说“身份”这个词，实际上主要是一个“美国词”，它是 identity，identity 就是身份。

为什么美国人这么在乎身份？是因为他的历史短，他们是从欧洲跑过去的，美国最早的移民都是从欧洲跑过去的，他是从一张白纸变成一个成功的人。所谓美国梦就是这么一回事。美国梦就是：我本来是一个下层人，我通过自己的努力，成为美国总统，是这样。这种东西在老欧洲是不能想象的，在老欧洲如果他的社会阶层已经固化了的话，他不太可能像美国人那么容易就能够翻到一个社会的上层，这个不太容易。所以美国的文学，美国的思想讨论里边，经常是要讨论到 identity，身份这个问题。你看美国的小说，你就能够感觉到。美国的小说跟英国的小说的一个区别在哪儿呢？ 19 世纪的小说。美国的小说里面充满了象征性，美国小说里边的人物，都是一个人来到一个城市，然后通过他的努力，成为上等人，或者是成为一个虽不成功但努力成功的人。它就是有这么一个情节在里边。所以你看美国的小说…… 即使它是现实主义小说，像德莱塞（Theodore Herman Albert Dreiser）的《嘉莉妹妹》（*Sister Carrie*），《嘉莉妹妹》并不是拖家带口来到大城市的；连社会主义者杰克·伦敦（Jack London）的小说里，经常讲的都是一个人的故事；再比如说美国的麦尔维尔（Herman Melville）的 *Moby Dick*，翻译成《大白鲨》，是一个人和世界的关系；甚至20世纪的海明威的小说，《老人与海》也是这样，老人就一个人。菲茨杰拉德的《了不起的盖茨比》也是这样。所以你看，都是一个人面对一个世界，一个人面对一个宇宙，他好像做出一个努力，然后他获得一个存在的意义，都是这样一个情况。但是你看同时期的英国小说：英国小说里充满了家庭，充满了舅舅、姑姑、姨妈这些人物。英国小说里全是这类人物，奥斯丁的小说、狄更斯的小说。而美国小说里总是一个人和世界，一个人和社会，一个人和宇宙。这是因为美国它整个的文化历史时间短，它有可能性。但是我刚才说了，在一个阶级固化的空间里边，这种个人的意味就没有那么重。所以在美国你永远听到的都是成功的故事，就是一个人从不成功变成功，或者是一个人从不成功到成功到破产，这实际上都是一类故事，只不过破产是又加上的一个故事的下一章而已。这种情况跟什么东西密切相关？跟个人主义密切相关。

所以在中国你也能感觉到，比如我们讨论问题的出发点，如果我们讨论身份问题，背后隐含的一个价值观就是个人主义，个人主义又是跟资本主义有密切关系的。这些东西拿到中国来，我们面对这个问题的时候，我们有时就会觉着焦点好像有点模糊。在中国我们也讨论个人主义，也讨论身份，但是这些东西都不是中国土生土长的问题，它是我们被启蒙以后获得的观念，在启蒙之前这些东西不是问题。进入启蒙以后，就出现这样的一些词汇，这样一些概念。现在比如我们的知识分子……因为这已经基本上变成我们天然的一些词汇了，比如说个人、身份，这已经没有任何不自然在里边了，对一部分人来讲已经很自然了。

**鞠白玉：** 其实“身份”问题对我来说，比如说我在讲“中国单元”的时候，我会意识到前三个（蔡国强、黄永砯、徐冰）都是在海外生活的中国艺术家，他会考虑到身份问题。还有比如说像法国、德国的这些艺术家，这几个人，就波尔坦斯基和基弗他们俩是1945年生的，正好是二战结束以后，都是欧洲人，他们会在二战的文明废墟上重新去确立一个身份，不管是个人的身份也好，还是在二战之后的历史中的某一个国家，某一个种族的身份的问题，所以我们谈身份其实后面是有个大背景。还有比如说20世纪以后的全球性的大移民，因为战争也好，因为政治也好，会出现很多的移民，所以我们在想其实谈身份问题，不管是艺术家还是作家的身份问题，它有一个很重要的东西就是流散性。比如刚刚您谈到美国文学里边那种个人主义的东西，我仔细想想，我读过的美国文学里面的所有的主人公都是异乡客的感觉。

**西川：** 异乡客，对。

**鞠白玉：** 你一想起来就是他拿一个包，一个异乡客，而且他只有一个箱子。

**西川：** 没亲戚，就是一个人。你提到移民这个东西，的确很重要。现在实际上比如说在英语世界里边，最好的作家，其中很重要的一个比例都是移民作家。

**鞠白玉：**比如说石黑一雄。

**西川：**不光是石黑一雄。

**鞠白玉：**奈保尔（Vidiadhar Surajprasad Naipaul）也是这样的。

**西川：**奈保尔，还有萨尔曼·拉什迪（Salman Rushdie）。如果到英语世界，你会发现很多人是从别的地方来的，这些人都是移民作家，移民作家使得当代英语写作生机勃勃。英语是他的母语的人，在写东西的时候，都写不过移民作家或者不是移民作家——非主流英语国家的（不是英国英语，也不是美国英语的这样的地方）用英语写作的作家，本地的英语作家写不过他们。

很多年前了，印度一位女作家，阿兰达蒂·罗伊（Arundhati Roy）因为小说《卑微的神灵》得了布克奖。最近她又有一个文章发表，说印度的疫情，是一篇很尖锐的文章。阿兰达蒂·罗伊获得布克奖之后，那时我正好在加拿大，住在加拿大作协主席麦吉·希金斯（Maggie Siggins）的家里，我们自然就会聊到布克奖。她说像阿兰达蒂·罗伊的这种英语我是写不来的。我当时就觉得有意思，阿兰达蒂·罗伊她是带有印度色彩的英语，尽管她自己有时不住在印度，但也说不上移民，但是她的英语不是英国英语、美国英语、加拿大英语或者澳大利亚英语，她是印度人的英语。所以这个时候你就觉得等于是阿兰达蒂·罗伊以及那些移民作家，比如移民到美国、英国的作家，他们反倒给英语带来了很多的活力。

而且不光是在英语当中，实际上在欧洲的艺术现场里边，最活跃的艺术家有可能是以前在东欧长大的。我知道在德国，德国好的诗人、比较“冲”的诗人，其中有一位叫杜尔斯·格仁拜因（Durs Grünbein），格仁拜因以前是东德人，后来柏林墙倒塌以后，他就处在一个西方文化的状态里边，所以东德诗人格仁拜因变成一个重要的德国作家。原来东德还有一位女诗人叫萨拉·基尔施（Sarah Kirsch），后来也变成一个重要的德国诗人。从德语本身讲，你能够看到，那些带有过去的东德记忆的人，成为现在德国重要的文化人物，他都带着一种文化异质，然后在某一个主流文化环境里边大放异彩。

这个事情是很有意思的，你说的那几个中国艺术家，比如他们在欧洲，他们究竟有多成功我不知道，但是他们一定是带着他们自己的文化记忆、文化认知，其实也有文化身份，在那个地方做他们的工作。身份是在别人的家乡、异己的环境中呈现出来的。身份这个东西撇不开。就是如果他们做同样的东西——比如一个中国艺术家做的东西，和一个当地的比如法国的艺术家做的东西——如果他们做得相似，或者力度差不多，那么究竟谁更显眼？这就引出一个有意思的东西了。

这涉及如果深入以后会很麻烦的一个讨论，就是关于这个艺术市场是由谁主导的问题，但是这个问题就比较尖锐了。我曾经见过一个艺术家，有一次在德国，我去了莱比锡，当地的一个人说我们这儿正好在做一个你们中国艺术家的展览，他说你来看一看。我不知道是谁，他说：“我给你介绍一下，这是中国的孔子。”我一想好家伙，中国的孔子我在中国没碰到，到德国来碰着了。然后我就去了，去了以后我发现我见到的不是中国的孔子，而是中国的骗子！所以那个套路我也很熟悉。问题就是在一个由西方主导的艺术市场上，中国艺术家应该怎么做？这不是中国一个国家的问题。你去印度，印度作家、艺术家也熟悉，他们也知道怎么玩；你去土耳其，你发现土耳其艺术家也知道怎么玩。

所以这个东西在中国说是中国的事，但是实际上这是一个——过去的说法叫“第三世界”，现在我们的 GDP 已经全球第二了，所以说“第三世界”已经不合适了——但是这里边涉及一个“第三世界艺术家”这么一个话题。“第三世界艺术家”这个话题不是对它的贬低，而是它的身份就是不一样。因为你的艺术市场不是由中国主导的，你的艺术市场是由西方主导的。那么自然而然，我们这个东西在文学当中有一个讨论（我把这些真话全说出来了，别人会骂我的，但是我觉得值得讨论）——就是全球艺术市场的份额配比。那么这个配比里边包括了艺术市场对你的期待、对你的想象，然后你正好跟这种期待、想象走得比较近的时候，你就会成功。这个配比又是一个复杂的问题，如果你是一个画国画的，你跑到西方依然画国画，那么你只会赢得邻里之间的喜欢，友情的喜欢，你不会获得艺术上的成功。但是如果你不是画国画的，你是一个做现代艺术的，如果你做的又跟当地的艺术家完全一样，也不会有什么太大的意义。你一定是在当地的艺术市场里边，做的是当代艺术，但是跟它又有一种异质化，就是刚才说的异质化，那么这个就有意思了。这里没有好坏判断，这是全世界的艺术家都要面对的问题。

**鞠白玉：**对，但是如果你加入这样一个西方的环境里面，作为一个所谓的“第三世界的写作者”，这个身份性可能更难受，我要去契合和融合这种想象，还是我要抗争这个？

**西川：**你说得很对，小玉，因为你刚才说的是成功的艺术家，我见过多少在西方不成功的中国艺术家，那才煎熬。谈问题的时候，如果光从成功的艺术家来看，我们看到的是一个故事，如果从不成功的艺术家来看，我们看到的是那个故事背后的深刻的逻辑。

曾经也是在德国，特别有意思…… 我没有任何要说我们的艺术家不好的意思，因为我觉得我们中国的艺术家在世界上干得非常好。但是我也看到过不成功的艺术家，不成功的艺术家特别逗。也是在德国，有一位画家做了一个展览。他画的那些东西就题材来说一副投机的样子。后来我就说你干吗一天到晚画这个？他用了一个词，他说，“我得生效，如果我不生效，我在这儿就是死路一条”，这就是不成功的艺术家。当然不成功的艺术家，他背后的文化冲突、文化逻辑、文化处境就显现出来了。好的艺术家我们看到的是他的成功，比如我讨论唐诗，很多人是讨论李白、杜甫，但是我的一个角度就是讨论唐代的中等才华的诗人，这时候你能够看出唐诗整个的生产逻辑。

所以我一点不否认咱们中国的那些大艺术家在世界上取得的成就，我觉得非常了不起。而且我觉得在这一点上，我甚至觉得中国的诗人们——我不说小说家们——中国诗人们，甚至可以让中国的艺术家们感到嫉妒，他们取得了那么大的成功。

**鞠白玉：**但是还有另外一种情况，比如我刚才说徐冰、蔡国强和黄永砯，他们是20世纪八九十年代就到海外去工作的中国艺术家，真的是在全球化语境下跟各个国家的艺术家，而且是在欧美这样的一个西方当代艺术中心去跟那些艺术家同场竞技的。

还有就像张晓刚这样的，他不想出国，他去德国旅行3个月，他不是说被震撼了，他看到那些个作品的时候，他突然意识到那些真正特别好的艺术家做的作品，其实他们是在讲述自己的故事，在讲述一个自我身份。比如他看到凯特尔的时候，他在讲德国的历史记忆，所以他更明确他要做什么，他更明确他要回来。

我记得他还跟我讲过，说当时他下了飞机，直接跑到天安门前坐了很久，这不是一种在政治上比如你的祖国认同等，他知道要在这块土地上做他自己要做的事情。其实比如像凯特尔也是，他没有离开过德国，他一直在德国工作，波尔坦斯基也是在法国本土工作。

还有一些这样的艺术家，就像余华和莫言，他们不是在海外写作的艺术家，他们就是在本土写作。可是我在法国、英国，在整个欧洲旅行的时候，我遇到的每个人，他们跟我谈论中国作家的时候，我会发现他们对余华非常了解，可能他们在海外的出版做得非常好，还有他们的语感可能也是欧洲人非常接受的，也是他们想看到的——中国人的某一个历史时期的一个故事。我是想说这样的艺术家，这样的作家们，他们在本土这样工作，他们也在勾勒我们的身份。

**西川**：你刚才这么一段话里边，实际上引出了好多话题。勾勒我们的身份，我首先又回到身份的话题。比如你刚才说在国外遇到的这些人，非常熟悉余华的作品，在国内也有很多人熟悉余华的作品，但可能出发点有所不同，对余华的接受出发点有所不同。这个不同——你说的这里边因素太多了，所以我给你区分出几个层次来——你知道美国有一个很好的思想者，也是批评家，左派的批评家，这人叫杰姆逊（Fredric Jameson，我们也翻译成詹明信）。杰姆逊有非常重要的一个说法，就是关于“第三世界写作”（我再说一遍，“第三世界”这是一个不合适的词，现在可能已经都被废置不用了，但是要引述一个文艺观点的时候，不得不重新回到这么一个词）。杰姆逊讨论第三世界写作，他就说第三世界写作基本上都是“民族寓言”——这个是从接受的意义上讲。比如一个美国作家写吃小孩，你会觉得这人就是一个魔王，就是一个有怪癖的混蛋，魔王要被枪毙——美国有些地方还不枪毙，都是废除死刑了，只会终身监禁。但是如果一个中国作家写吃小孩，那么一定被接受为民族寓言，你写的不是某一个有怪癖的人吃小孩，一定是这个民族有问题。如果是美国作家，大家不认为是整个美国在吃小孩。这是杰姆逊指出的，中国作家……他用的原词就是所谓“第三世界写作”，在西方的接受上它就有这么一个差别，这是一点。所谓的“第三世界写作”这个东西有些人反对，欧阳江河就反对，他说我们就是在一个自然、平等的状态当中写作，什么第三世界，他对这个没有兴趣。那么我觉得这也是一个看法，但是我现在只是引述杰姆逊的说法——在国外别人的接受就涉及你刚才说的身份的问题，这个身份就是一个人。

以前诗人里边流亡的人比较多，所以20世纪八九十年代的时候有一个说法，这个说法叫作，一个人在海外，“一个人就是一个种族”，你如果流亡，你一个人就是一个种族，因为海外几乎没有人懂中文，所以这个时候身份问题当然就出来了。

但是这个身份问题不是比如嘉莉妹妹来到大城市的身份，这个身份的的确确是背后有民族记忆的成分。民族记忆和你当下的政治处境，都包含在里边了。就是说虽然我们使用“身份”这个词，但是它在不同环境中的所指是不同的。我觉得如果从这个角度来理解我们中国艺术家的国际处境，只会有益，我们会更清楚地知道我们自己是处在一个什么样的状态里边。

**鞠白玉：**我说的这几位艺术家，比如波尔坦斯基、基弗和张晓刚等等，他的身份勾勒有一个东西是和历史记忆有关系，而且它的历史记忆就是在本土来追溯我的历史记忆。

**西川：**我说说历史记忆，因为我觉得“记忆”我们还没谈到，我们谈的都是“身份”这个问题，记忆又是一个很复杂的话题。

那么我先讲你说的张晓刚坐在天安门广场的这种感觉，这种感觉特别好、特别对头、特别有意思。实际上这里边我们一直没用到的一个词是什么呢？就是“命运”这个词。说得有点严肃了。你是个中国人，不论你的生活里发生什么，这里边都包含了你的命（命和命运这两个词的含义还有些不同，但可以连在一起），命这个东西是一个很大的题目了，一般我们不轻易碰这个话题，但是既然你已经说到这儿了，我就把话题从“身份”引到“命”和“命运”。

**鞠白玉：**但是我想知道这个“命运”是指我们所有人都可能遭逢的这种命运，还是某一代人在特殊的时期的一种命运？

**西川：**泛泛地说人人都有命运，但是我们现在说的上下文里边，当然它跟具体的现场、具体的一个短时段的历史，跟这个东西有密切的关系。有些人的选择是和命运抗争，有些人的选择是顺应命运，有些人的选择只能是又抗争又顺应，但是它背后有一种宿命，这就更厉害了。

如果你要是说到“宿命”这个话题，这是一个你甚至都不敢直接面对的话题，因为这个话题既包含了我们经验当中的沉重，又包含了一种语言形式上的东西。如果我们在某一个黑屋里边，用几天几夜来讨论“宿命”这个话题，那又是一个很大的话题。现在我们只是从“身份”到“命运”到“宿命”，我们只是把这些词给拉出来。

**鞠白玉：**我想插一句，我在上集写张晓刚的时候，我翻他的书信集，就是他从德国回来之前，他在卡塞尔给他的朋友写信，我忘了是给栗宪庭还是给毛旭辉写，很短一段，里面有一句，他说“有很多人劝我留下来，但是我要按我的原计划返回去，我要回去继续我的地下画家的生涯，因为这是上天的安排”。

**西川：**太好了，这是张晓刚说的？张晓刚因为说这句话，忽然在我脑子里成为一个伟大的艺术家！

**鞠白玉：**他说这是上天的安排。

**西川：**太好了。下次见张晓刚，我一定首先说这个事。说得真好。这个情况可能不同领域里的人多多少少都会面对，但是这么明确地说出来，我觉得非常了不起，这个太好了。

**鞠白玉：**但是我们这一代人可能很难理解，说怎么一个艺术家不是最叛逆的吗？最抗争的、最挣扎的，什么叫这是上天最好的安排？什么叫宿命？艺术家的命运到底是怎么去解释的？

**西川：**如果艺术家能走到这一步，他的艺术就不仅仅是艺术了，就不仅仅是画一个画，不仅仅是做一个作品了。这里边它开始给我们提供一种思想的力量，这个是我想其他的艺术家，比如徐冰的作品当中，应该也包含这个东西，但是我不知道徐冰说没说过这个话。黄永砯的东西我知道他做了什么，但是关于他的材料我读得不是那么多。

**鞠白玉：**他（黄永砯）就更命运了。

**西川：**如果一个作家、一个艺术家开始意识到这种情况……而且这里边包含的是什么呢？一个人跟他的命运待在一起，有可能是行，也有可能是不行。尤其是如果他这个人跟自己的命运待在一起，同时又不行，这里边能够提供的思想的材料就更多了。

所以我们中国当代的这几个了不得的艺术家，他们的的确确丰富了我们——说点大话，说点吹捧他们的话——对于我们自己的存在，对于我们自己的历史的认知。他们都提供了资源。如果在这个意义上讨论中国当代艺术，就不仅仅是在一个比如市场成功学这个意义上说了，这已经是把我们当代的艺术家们提到一个思想的层面上来讨论了，这是非常有必要的。而且我觉得在讨论中国当代艺术、文学的时候，这些东西都应该成为我们以后自觉采用的角度。艺术这个东西除了你做出来的东西，另外一个就是你提供了什么。这是需要被展示、被讨论的，甚至被放在一个更大的历史时段里边来讨论，这非常有意思。

当然中国的艺术家跟西方的艺术家也有不同，这个又看出我们的历史处境来了。这个历史处境挺有意思的。我不是从咱们刚才说的这几位艺术家身上看到的。去年还是前年，有一个老艺术家被重新挖出来，被拿出来讨论，他的作品被拍卖被收藏。他是吴冠中的老师叫吴大羽——我从吴大羽身上发现了一个特别有意思的点：吴大羽也画先锋派，也画现代派，但是你拿他跟毕加索那样的先锋派对比，你就会发现毕加索他们的先锋派是玩出来的，一会儿他这么实验，一会儿他那么实验；生活当中他也是一会儿这么玩，一会儿那么玩。

**鞠白玉：**他勤奋但不谨慎。

**西川：**你说得很好，但是中国吴大羽这样的艺术家，你觉得他怎么苦兮兮的，他苦兮兮的背后是什么呢？他的艺术形式——他虽然画的是先锋派，但是他的艺术好像在追求真理，而毕加索追求真理，实际上好像是玩着带出来的。

**鞠白玉：**他是真理得追着我。

**西川：**对，真理追着毕加索。中国艺术家是追着真理去的，搞先锋派。所以中国艺术家也搞先锋派，西方艺术家也搞先锋派，但是好像这个关系是倒过来的。当然由于这种倒过来的关系，它也透露出我们中国艺术家的命运来了。你的历史命运、你的艺术命运又成为一个话题了。你如果用讨论毕加索的方式，你是讨论不了吴大羽这样的艺术家的。你看吴大羽又会写古体诗，又会写四言诗，他很棒。然后他处在那么一个环境当中，先是20世纪三四十年代的环境，后来又处在一个“文革”的环境，然后在这样一个环境里边孜孜以求，要搞先锋派，要把美介绍给中国人民，他全是在追求真理！

**鞠白玉：**身上担子特重。

**西川：**而且你觉得他的艺术，当他想做得轻盈一点的时候，它都轻盈不起来。它的色彩，你就觉着如果是一个西方的艺术家，他会非常亮丽，而一个中国艺术家，当他的色彩鲜艳的时候，你依然觉得它很重，所以这个就很有意思。

当然这里边除了政治的、历史的原因，可能也有民族性的情况。比如你要碰到一个拉丁美洲的艺术家，他们也充满了苦难，但是拉丁美洲的艺术家头脑里边怪想法像冒着泡似的，所以中国的艺术家又跟拉美那边的我遇到的艺术家，或者我知道的艺术家，整个形态又不太一样。

**鞠白玉：**不只是吴大羽，还有当时很多的艺术家，你回头来想，你只要谈谈他们的名字都觉得一种巨大的悲情奉献给艺术，是我们中国人的这种民族特性。

**西川：**反正西方的艺术家，我觉得他们不是都活得…… 但是我知道的一些比较大牌的艺术家活得有滋有味。当然也不都是有滋有味，更早，连达·芬奇和米开朗琪罗…… 达·芬奇挤对米开朗琪罗时的出发点特别逗。他说："我是个画家，所以我能够在一个干净的环境里工作，而你是一个雕塑家，所以你一天到晚跟那些灰尘在一起。"他就是瞧不上做雕塑的。连这个都能成为他的一个出发点，我觉得特别有意思。

## 第二集　捍卫语言，捍卫智力，捍卫精神

**鞠白玉：**我们说说历史记忆的问题，说说记忆。

**西川：**你全是大问题。

**鞠白玉：**您可以从小了谈。我记得有一个关于石黑一雄的书评，说他是"不可靠的叙述"。

**西川：**这个上下文是什么？

**鞠白玉：**这个不可靠的叙述，当然他也是移民作家，然后是多元的文化背景。当他去描述一些东西的时候，他变成一种不可靠的时候，其实就正好像刚刚说的"记忆与失忆"，他不是带我们回到一个历史现场，给我们看了一个历史的照片，他呈现的是把修饰过的历史再度修饰的一个过程。

所以他不说这是一个可靠的记忆，他说这是一个"记忆与失忆"之间的东西。他想遗忘一些东西但他又不得不记住一些东西，都是在二者之间。它不可靠的叙述也是：那种历史记忆不一定是准确的，我

们所有人的记忆都不是准确的，我们的照片都不一定是真实的。

**西川：**你说得很好，而且你已经把几个大哲学家的观点全概括了。记忆这种东西，我说它特别大，特别不好谈，结果没想到你三言两语把很大的问题，把这些面，基本上都说出来了。首先就是记忆在——说得有点大了，我不知道应该不应该这么聊天，但是必要的知识可以稍微介绍一下——

**鞠白玉：**我们的听众素质太高了，什么大词都能理解。

**西川：**胡塞尔现象学。胡塞尔把记忆区分为两种，他用的一个词叫作“滞留”，就是有两种滞留。一种就是你个人的记忆：刚才的事，刚才我喝了杯咖啡，我吸了个烟，或者上周我去了哪儿，这是一种记忆。他认为还有一种记忆，是需要我们重新塑造的记忆，这是胡塞尔的两种记忆。然后是谁我记不太清楚了，可能是斯蒂格勒（Bernard Stiegler）——德里达（Jacques Derrida）的学生——他大概说还有第三种记忆，第三种记忆叫作“记忆的技术化”。所谓“记忆的技术化”就是你说的照片——不光是照片——照片、文字、影像，这些东西都是，等于记忆可以有一个客观的结果。这是记忆的第三个层次，然后阿甘本（Giorgio Agamben）又说了第三个层次的这个记忆依然是不可靠的。比如我们都有照片，但是我们每个人对照片的解读是不一样的，所以你看记忆里边的层次特别多，我们先把记忆的问题给展开。

我们一般说到的记忆有几种，一种是个人记忆，一种是民族记忆。所谓的民族记忆或者是文化记忆。这个个人记忆究竟可靠不可靠，都不知道。博尔赫斯有一次说到记忆的时候，他说："我妈说我生在 1898（1899）年，她说我就信了。其实我根本就不知道我生在哪一年，这是我妈跟我说的。"这种记忆里边又包含了一个你对于另外一个人的信任——究竟可靠不可靠就不知道了，因为他妈有可能记错。就好像我们自己的身份证上写你是哪年生的，但是也有可能你妈就记错了，或者是年龄往前或者往后瞒报了两年。

这个很有意思：记忆究竟是可靠的还是不可靠的？这就意味着记忆里边有一个对它的重新塑造。按照胡塞尔的说法，第一滞留就是第一层记忆，是为个人的，或者说它是跟过去有关系的。而第二层记忆或者叫第二滞留，包括了对于记忆的塑造，这是跟现在有关系。你为什么要重新整理、重新塑造某一个记忆？是因为你有一个当下的需要。虽然它是一个过去的材料，但是这个材料是指向当下的。"历史是一个可以被随便打扮的小女孩"，大概有这么一个说法。很显然这是胡塞尔所说的第二层记忆，也就是说它主要是为当下服务的。至于历史的真相是什么样子，我们只能很虚无地说，我们不知道，但是我们可以有一套关于历史的表述，关于历史的叙事。这套关于历史的叙事是"为当下服务"的，并不是真的所谓的"为过去服务"。

如果"为当下服务"，这里边又包括了一些特别有趣的东西，包括了什么呢？比如它不是我个人的记忆，而是一个集体的记忆，比如关于"文化大革命"：每个人都有每个人的不同的记忆，但是被呈现出来的"文化大革命"，你会发现趋向于一致。在艺术当中、在文学当中都有这种情况。

有一次，一些年前，很有意思，美国大摄影家，克里斯托弗·马科斯（Christopher Makos）——他给伊丽莎白·泰勒、安迪·沃霍这些人拍照片——他跑到北京来拍照。他是要拍100个北京人，他想在纽约做一个展览。他就让这些人去到他在北京临时找到的工作室拍照。在拍我的过程中，他忽然停下来，问："你能说英语吗？"我说："我能说点英语。"他说："咱们先不拍照了。"我说："你想干吗？"他说："你给我讲讲'文革'。"我说："你怎么忽然有这个想法？"他说："我在美国读到的关于'文革'的记忆都是差不多的，但是我老觉得这里面有点问题。"我说："这里边当然有问题，因为你在美国读到的关于中国的叙事，我都能给你做出分类来。但问题是这类叙事是不是完全真实的？它们可能是真实的，但是在中国有多少亿人口呢？'六亿神州尽舜尧'。你看到的只是一两本书。六亿人里边多数人是不写书的，这些不写书的人，他们对于'文革'的记忆可能跟已经写成书，而且在美国出版，而且受到好评的作品所表达的记忆，不太一样。"我说："这涉及一个什么东西？'文革'当中究竟有没有日常生活？你读到的东西都不是大多数人在'文革'中的daily life，日常生活，那叙述的大多是一种极端化的生活。"

类似的情况我自己也碰到过。在美国的普林斯顿大学，我碰到过南非的一位女诗人，这女诗人问我："你了解南非吗？"我说："我了解南非，你们有了纳尔逊·曼德拉，多伟大，在这之前还有种族隔离。"她说那都是符号化的南非，我们南非人也有日常生活。我当时觉得她说得对。当然，我只是了解纳尔逊·曼德拉，我并不了解南非，就好像我只了解美国的民主，我并不了解美国，我只了解欧洲的自由，我并不了解欧洲。

再比如说我不了解法国的沙龙。你在法国，我不知道你有没有这种感受：如果他们家三代是巴黎人，他们很少把外人请到家里去。这是我在法国听说的。法国有那种沙龙是外人根本就进不去的。不光是做艺术的人有沙龙，开出租的也有沙龙。他们几个是多少年的老朋友，外人是很难进去的。在巴黎街上对你特别友好的人，有很多人，虽然说法语，但是他们有可能是波兰人，他们就是从波兰移民过来的人，有可能是捷克人。你看着他们像法国人，因为穿得也一样，时尚也一样，但是你问他的背景他有可能不是三代巴黎人，不是那种老巴黎的巴黎人，是“新来的”巴黎人，他们对外人是非常友好的。不是说老巴黎人不友好，是老巴黎人很“封闭”。

说点跟法国文化有点关系的：我听他们讲，美国人，他们的地缘政治考虑会让他们反这个反那个，跟你打斗，跟你敌对，但是美国人心里觉得，最值得尊重的一个就是法国文化，另一个就是中国文化。中国近 150 年来，它的历史就是这个样子，但是它过去有一套非常丰富的历史。

**鞠白玉：**所以我要跟您说的是为什么我有这样的身份认同感，是因为在法国他们对中国人，我指的那种，就是其他的一种种族歧视，比如他们不是说我在歧视亚洲人，还是我在歧视什么拉丁人，等等，他不是这样的。除我的身份外，我背后同时依靠着一个非常强大的中国文化，比如我公公他对中国的古诗词非常有兴趣，他第一次见到我，就让我把李白当年喝的酒找出来，就是他要喝李白当时喝的那种酒。它非常香。李白、杜甫的诗他都很爱，因为都有很多法语的翻译。他最喜欢的还是李白，他也自认为他作为一个诗人是跟李白是最贴近的。他对美国当代艺术和对其他……他只有对中国的当代艺术是最有兴趣的，所以每年见到我都像做一个 PPT 一样给他讲，现在都有哪些。

**西川：**在家里开讲座。

**鞠白玉：**他非常有兴趣，所以我说我的这种身份认同是我背后依靠的文化上的被认同和被向往。

**西川：**而你说的这种就是中国的传统文化，它又是一个非常在乎记忆的文化，历史记忆的文化。

**鞠白玉：**有意思的是我这次正好想跟您讨论一件事情，比如我发现如果我在您的整个写作和写作观念里，包括我以前看您的各种讲座，如果说是历史记忆，我觉得您对这种很近的事情没有什么兴趣，太过于近的。

**西川：**近到什么程度？

**鞠白玉：**比如近现代等等，我指的不是没有兴趣，是你的记忆现在还没有那么非要亲近这样的东西，比如您作为我们现在认为的在当代最好的一个诗人。可是您对中国古代诗词、古代哲学的这种深度的认同，因为我知道很多的当代艺术家们，他们是不喜欢传统，是要割裂开来的，好多诗人也如此。

**西川：**对，这又是一个特点。

**鞠白玉：**您又是西语系的，熟练掌握两种语言。

**西川：**这个又是一个特别大的话题了。首先中国的传统要说起来有一个是大传统，有一个是小传统。大传统就是几千年的文化传统，小传统基本上就是一个红色传统——也不光是红色传统，它是一个现代传统，从晚清以来，要跟现代性发生关系的这么一个传统，这个东西可以叫作一个小传统。

先说大传统。我刚才说中国大传统是特别讲究文化记忆的，这个东西其实也是命。它从什么时候开始的？它从汉朝就开始了。因为在汉朝之前，大家都知道发生了一个事，叫作焚书坑儒，坑儒可能坑的并不是真正的儒，而是当时的术士，但是焚书是真的，只是皇家留了一些书，但是老百姓你不能私存诗书，所以焚书这个事是真的。秦始皇焚书——我们姑且就习用这个词——就是焚书坑儒，这件事情到了汉代就出现了一个相反的结果。秦始皇立国是要焚书坑儒，这个东西也有意思，究竟怎么看焚书坑儒？我们如果站在现代人的立场上，会觉得秦始皇就是一暴君，但是博尔赫斯提出一个相反的看法，特别有意思，他说秦始皇就是要抹去过去，让我们面向未来。如果是这么一个态度，秦始皇就是一个非常超前的人了，他要忘掉过去。汉朝人为什么不能忘掉过去？是因为汉朝要立国，它必须获得合法性。它获得合法性，也就是取代了秦朝，合法性在哪儿？秦朝是毁灭掉文化记忆，而我必须坚持文化记忆，所以汉朝开始设五经博士。设五经博士翻腾出来的那些老头，他们把古书都记在脑子里边，他们就开始教学生，就特别讲究记忆。所以从汉代开始，中国的士子们（到今天已经没有士子了，改成知识分子了），多少年中国的士子们有一个文化责任，就是记住过去。这是从汉朝就开始了，这是一个大传统，你必须记住过去。

但是在今天已经有很多人记不住过去了，一个是离得太远了，另外一个我们经历了“五四”，经历了新文化运动。在“五四”那个时候，鲁迅其实读古书读得很多，章太炎的学生，但是鲁迅曾经说年轻人不需要读古书，你就是读外国书就可以了。所以新文化运动导致了一场革命，而且是现代的一个激进革命。

激进革命不断地加码，加到20世纪70年代，就算是走到头了，走到顶峰了，那是“文化大革命”。1969年、1970年已经是中国的激进革命积累到无以复加的一个程度，就是在1970年左右，然后又开始“抓革命促生产”，一旦提到“促生产”，就意味着经济因素、科技因素或者是文化因素又开始进入了，尽管那时候依然是“文化大革命”。在这个情况下你看到的是一个历史的转折，一个历史的转向，所以即使讨论“文化大革命”也没有那么简单。

这就涉及一个刚才我说的所谓的“小传统”，之所以有小传统，不论它是党派性的，还是反对党派性的，这些所谓的自由知识分子，都遇到的一个问题又是个大词，就是“现代性”这个词，你跟它就纠缠上了，那没办法，因为别的国家要不然就欺负你。那么这个时候对于历史的遗忘，开始猛烈地出现了，对历史的遗忘和对历史的修改。

不过即使在“文革”当中，传统的东西依然有，到今天也都有：一个是写古体诗，到今天大家还写古体诗，不论革命革成什么样，都要写古体诗；还有一个是写书法，到今天很多人也在写书法，所以书法从来没断过，古诗从来没断过。只不过郭沫若写的《李白与杜甫》……他说李白更受老百姓欢迎，而杜甫是地主阶级的诗人，他对古典诗歌的接受有所修正，可是并没有断过。即使在“文革”期间，大学里的工农兵学员也编唐诗选。只不过他选的唐诗更多是“汗滴禾下土”“粒粒皆辛苦”，不是过去的主流文化当中对于唐诗的阅读方式，所以唐诗实际上是被重新整理了的。那么这就意味着大历史还在，但是实际上它是被改动或者被修改了，来符合那个时候的需要。

所以任何一个当代的知识分子，当代的知识人，如果你还对知识有兴趣的话，可能就会面对这两种历史，我刚才说的，大历史和小历史，或者大传统和小传统。

大历史和小历史究竟是不是矛盾的？这是一个挺尖锐的问题，有些人说如果站在小历史一边，我跟大历史就是对立的，如果是大历史，那么小历史一定是反动的，是这样一个情况。我曾经也有这样的看法，我觉得我看到的是它们中间的对立。但是有一次在湖南我获得了一个新的体验。湖南有个地方叫洪江，洪江有个古商城，就是过去的一个商城。在抗日战争时期铁路都被炸了，所以水路运输忽然变得很重要，洪江这个地方就是水路的一个码头，是沅江和巫水的汇流处，它就忽然变得非常重要，因为它直通重庆，所以那个时候有很多人都要到洪江。结果它什么特别发达？银行业特别发达，青楼文化特发达——只要是码头，妓女的生意就起来了，这也说明它经济很发达。我前些年去过洪江，我发现现在它已经被完全抛弃了。因为当代经济已经不再需要你的水路运输，飞机运输、铁路运输起来了，洪江的码头就给废了，而恰恰因为这个变化，那里的老建筑都保存了下来。它现在被开发成了一个旅游点，叫作洪江古商城，实际上没有那么古。

在洪江古商城，在那些传统的窨子屋里，我看到不少“文革”的旧标语。按说这旧标语跟清代甚至明代的窨子屋就形成了反差，当年在视觉上肯定就不协调。但经过大浪淘沙之后，现在那些旧标语与老房子和谐相处，长在了一起。大传统和小传统、大历史和小历史就长在了一起。这种情况当时让我挺困惑，但后来我多少有点明白了：就是说，不论我们的大传统还是小传统，它的背后其实都是农业社会。观察一个事物的上升期或者膨胀期，你也许看不到这一点，但观察一个事物的衰退过程，你就能看出一些道道。洪江从一个大码头、金融中心衰退回一个自然的农业小镇，“文革”的标语口号也拦不住这种衰退。况且，“文革”，或者更大一点说，整个中国现代革命，都是农业社会的革命，尽管仁人志士们要拥抱现代性。所以说，要看一个事物的本质，就看它的衰退，看它怎么衰退，要衰退回什么样。它的本来面目就会在衰退中呈现。

我再举个例子：美国的底特律。它曾经是发达的汽车制造中心，前些年不行了，变成了一个“工业废墟”——这两年好像它又有点起色。你看底特律衰退时它并没退回农业社会，它变成“工业废墟”。这就是洪江和底特律的区别，这就是中国和美国的区别。美国不是个农业社会，也就没有农业社会的那一套文化。

**鞠白玉：**所以美国人的记忆、美国人对身份的理解就是那样的。

**西川：**当然。当我想到“身份”这个词的时候，我立刻感到中国人的身份和美国人的身份有一个区别，那就是中国人的身份是一个集体的身份，它是有共同记忆的一个身份，甚至有一些记忆是被标准化的。就是说，我们有一些记忆是被历史标准化、被政治标准化、被你的文化标准化了的。这样形成的记忆和集体之间有这么一个关系——当然每一个人肯定是有你个人的记忆。但是中国这个文化，它不强调个人的文化——还不是今天是如此，在古代就如此。中国古代人诗人、艺术家有没有个人呢？有，比如最显著的我们能想起来的个人，屈原、李白、苏东坡、陶渊明、徐渭，这些人的个性都非常鲜明。但是你会问他们是怎么才获得他们的个人的身份的？实际上他们是让自己变成“怪人”，他们的个人是通过“怪人”建立的。而西方的所谓的“个人”不是通过作怪形成，他们就是追问一个个人的存在，所以它有很多关于个人哲学的讨论。关于怪人，我们更多的不是从哲学的角度来讨论，更多的是从一个传记的角度来讨论，这里边涉及道德问题，涉及他跟那个时代关系的问题，涉及他个性的问题。但是中国古代的个人都是怪人，中国古代没有不是怪人的个人，基本上我的观察是这样一个情况。

那么大多数老百姓他们有没有身份？如果说有那么他们这个身份也是在跟他们身边人的关系中确定的。身份都是在关系当中出现和确定的。比如汉族人跟蒙古人之间，汉族人就有汉族人的特点，蒙古人就有蒙古人的特点。在族群的不同当中出现了身份这个问题。

尤其是中国古代的士子，他们对于文化的共同维护的责任表现在哪儿？比如太平天国运动的时候，多少汉人起来保护、捍卫清政府。清政府本来不是汉族建立的，但是它那套文化是中国一直传下来的，道统、法统和学统，这都是传统的中国文化。所以多少汉族人起来开始维护这个文化，要跟同样是汉族人的洪秀全他们产生对立，因为洪秀全他们是另外一种文化。

所以中国人的文化记忆是一个集体的文化记忆，这也确立了它自己身份的一个特征。这可能跟我们没有把个人主义作为思考问题的基础，可能跟这个情况有关系。所以说，即使我们说中国人的身份是从文化出发的身份，那么这个背后就是你刚才说的文化记忆了。但是在中国内部，我们有没有内部的斗争、内部的调整？这种斗争肯定是有的，这么多年的历史，它已经充满了斗争。

但是斗争情况，很多基本上不是因为身份问题出现的。如果我们都是汉族人，汉族内部的改朝换代，并不是因为身份问题引发的——这是我原来在电话里跟你说的——而是因为阶级的问题。到现在我们的老百姓也是这样，因为老百姓对于西方意义上的人权、自由、民主这类东西没兴趣，但是老百姓对什么有兴趣呢？对平等有兴趣。你究竟平等不平等？公平不公平？他对这个东西有兴趣。这个平等的观念，它是一个阶级意识的副产品，过去是不平等的；关于平等的说法，它就是社会主义价值观的一个核心。当然西方也讲平等，它的知识分子也讲平等，但是对我们来讲平等有一个特殊的意义，平等就是社会主义、共产主义。当人们不能理解这个“共产主义”是什么的时候，你就告诉他“人人平等”，他一定是热爱的。所以在平等观念背后，它所隐含的阶级观念是比较清楚的，我们的社会不能够承受过大的贫富差距。

我们由于看到社会的不平等，我们每个人都会多多少少表现出焦虑。焦虑就是因为你怎么就行，我怎么就不行？你怎么能走后门，我怎么就走不了后门？你怎么能挣那么多钱，我怎么就挣不了那么多钱？你怎么能出名，我怎么就出不了名？你爸爸是谁，我爸爸是谁？所有的这些东西都是跟阶级因素有关系的。老百姓经常表现出来的不满，背后的出发点是阶级意识，这个在今天已经很少讲了，因为“文革”的时候天天讲阶级斗争，所以在20世纪80年代，最早所谓觉醒的一批人，启蒙主义者，大谈关于个人的价值，这当然是对中国社会一个很重要的介绍，关于个人价值的介绍。

等到启蒙的因素越来越弱以后，尤其是伴随着大家有钱，又并不真正地保持一个文化记忆的时候，大家会发现我同时也在遗忘，因为一个人变成有钱人，他经常付出的代价就是对很多东西的遗忘。在历史走了这么一段以后，处在底层的老百姓，其实阶级意识还是挺强的，所以在这个社会当中你只要敢点阶级意识的火，立刻就能点起来，这是一个政治问题，但它也是一个文化问题。

在印度不是这样一个情况，印度的贫富差距比我们中国要大得多，但是印度好像对于贫富差距的承受力要比我们强得多。为什么？是因为印度有种姓这么一个问题，种姓这个问题就是，你生下来是哪个种姓的，你就是哪个种姓的，生下来是婆罗门，你就是婆罗门，或者是刹帝利、吠舍，或者是首陀罗，或者是不可接触者，你就是这个阶层的人。当然现在不是所有的印度人…… 因为如果你是在印度，你信伊斯兰教，你就没有种姓，你信基督教，你就没有种姓，你信佛教你也没有种姓，但是如果你信印度教，你又不想离开印度教，就意味着你接受种姓这么一个现在的身份规定。所以印度人不焦虑身份，因为他生下来就有身份。他不像美国人：我从乡下到城里，我从一个农村丫头变成一个城里丫头，这里边他（她）是有身份变迁的。印度人不是：我生下来是这个村里，我一辈子死也是死在这个村里，或者我不死在这村里，我死在恒河边上。因为千百年来人们都在恒河边上等死，这是我在瓦拉纳西看到的一个特别刺激我的景象：有些人还没死，就已经躺在恒河边上了，在瓦拉纳西的恒河边上等死了。因为那是圣河，要守着圣河死掉。你现在去印度，你会发现它军队里边的那些人的种姓，大多数人还是第二种姓，叫作刹帝利，刹帝利种姓就是国王和武士的种姓。国王并不是第一种姓，第一种姓是婆罗门。我们中国人说起婆罗门，可能有一个误解，以为婆罗门就是有钱人。这个最高种姓过去属于宗教僧侣，跟这些人有关系，但是现在，实际上婆罗门并不意味着你就是有钱人，你可能是一个穷人，但你是婆罗门。但如果你是婆罗门，你就有一个责任，这个责任就是传承知识，不论你穷成什么样，你都得读书，因为你是婆罗门，你就必须读书。印度的种姓因素到现在依然很强，在宪法里边已经取消了种姓制度，大学名额里边会专门留出名额给低种姓的人，政府部门也会在公务员录用方面专门留出一部分名额给低种姓的人，但这并不意味着种姓这个东西在印度已经没有了，在印度方方面面都能够体现出它的存在来。

在印度你要是讨论身份问题，其实一上来面对的就是种姓问题；在中国讨论身份问题，一上来面对的就是阶级问题；当然如果你在美国讨论身份问题，是跟个人有关系，跟个人的成长、受的教育、野心、人脉，跟这些东西都有关系。有一次在印度，我，还有美国来的朋友，还有印度本土的艺术家——我记得有一个做实验电影的印度导演，古根海姆都做过他的回顾展，叫卡比尔·汗（Kabir Khan）——我们在那儿聊天的时候就发现，印度的文化话语和政治话语是围绕着种姓来的，美国的政治话语和文化话语是围绕着身份来的，而中国的政治话语和文化话语是围绕着阶级来的。

所以到今天，你在中国会发现…… 比如你是个作家，你也许会有一套写作的意识形态，尤其是小说家们，很多人都有这样一套写作的意识形态：我有时候跟小说家开玩笑讲，我说很多小说家都是要用现实主义的手法写小人物，而且要多写几个，要写得活灵活现，但是他们最终的文学梦想、文学抱负，特别逗，是《红楼梦》！尽管《红楼梦》写的不是小人物，是林黛玉、薛宝钗、贾宝玉，但是不少当代中国小说家会写小人物，而且要把写小人物的小说写得像《红楼梦》一样好。中国很多当代作家都是这么一个梦想，这个梦想在中国，它的的确确是一个很自然的想法，我不知道美术界有没有这种讨论，比如在诗歌界，有一个词是很响的，叫“草根”，你的写作是不是草根的？是不是写了底层人，是不是写了那些工人，是不是写了那些好像吃饭穿衣都有困难的人？这里边不光是一个文学立场，它也是你的道德立场，也是你的文化立场。

**鞠白玉：**也是作者身份的问题，还是回到了作者身份的问题。

**西川：**是作者身份的问题，但是这个作者身份是跟阶级有关系的，跟草根阶层、跟底层、跟小人物有关系。而且这种所谓服务于小人物，实际上就是为人民服务，说穿了，它跟咱们这个大的政治环境所主张的这些东西是不矛盾的。比如文学艺术，曾经说艺术要表现的东西，或者文学要写的东西是要让人民大众喜闻乐见的，这个人民大众当然是指的普通的老百姓，人民大众一喜闻乐见，这里边的阶级性就有了。它是有身份的问题，但是我刚才说，同一个词在不同的国家，它背后的历史逻辑、文化逻辑、政治逻辑，是有不同之处在里边的。

**鞠白玉：**所以我们谈身份的时候，其实是在谈各个国家、各个地域，它决定了一个身份的概念到底是什么，所以完全不可妄议。

**西川：**当然这个问题更复杂，如果是一个中国人或者一个印度人，比如他跑到英国去出版，这里边又涉及一个身份问题，才有意思。印度有一个作家写了一本书叫《白老虎》（*White Tiger*），好像这本书翻译成中文了，这本书得过布克奖。有一次我在印度……

**鞠白玉：**发现怎么得布克奖的都是印度作家？

**西川：**一会儿再说布克奖。我在印度跟几个印度作家一块儿逛街，看见一个书店，我们就进去了，进去以后我就看见这个《白老虎》了，当时刚得布克奖没多久。我说我要买一本，我要看一看他怎么写的。当时跟着我的印度作家说，别买，这种书都是写给西方人的。我说为什么，这个书写了什么呢？尽管我还是买了一本，但我到现在也没看过。印度人跟我讲它写的什么，才逗呢，中国人都不能想象，它写的是一个印度人给温家宝写的六封信，温家宝要到印度去访问，这个人给温家宝写了六封信，关于印度的。而这个书是要用英语出版，就是在英国出版，跟中国没关系。但是如果一个印度人给撒切尔夫人写了六封信，这本书在英国就没意思。他给温家宝写了六封信！中国人听都没听说过这本书，因为按说这本书写了他给温家宝的信，按说在中国就应该大卖，但这本书不是给中国人写的，这恰恰是印度人给西方人写的一本书。西方人觉得太有趣了，一个印度人给温家宝写信，在英语世界获得声望！它是一本小说，但是它充满了文化政治这种东西。这种东西，印度本土作家，我接触到的，他们是讨厌这个东西的。他们说这是他写给英国人的，你是个中国人，这不是写给你看的。我说他不是写给我看，他为什么要写给温家宝？所以这是一个文化策略，这里边背后的东西特别有意思。

刚才你提到布克奖。布克奖这东西在中国，又是好多人特在乎。西方的这些奖，比如布克奖、普利策奖，还有什么龚古尔奖、塞万提斯奖，每年这些奖颁布的时候，中国都有新闻报道。西方人从来不报道中国的茅盾奖、鲁迅文学奖——我得过鲁迅文学奖，如果你在国外，你说我得过鲁迅文学奖，没有用！

但是这些奖，可能我们对它们也有一些误解。比如说布克奖，我们中国人看布克奖，和英国人看布克奖很不一样。英国作家看布克奖，和我们中国的……不是作家，中国的读者，看布克奖，那感觉不一样在哪儿？特逗。我曾经参加过一个很大的会议，在爱丁堡举行的，叫世界作家大会，是它成立 50 周年纪念会，他们让我去参会我就去了。那年全世界请了 50 个作家，其中只请了 5 个诗人，我是其中的一个。当然我们讨论的全是政治问题，不是文学问题。中间有一个英国作家就在发言的时候，痛骂布克奖，特有意思。当时我就想，他为什么这么骂布克奖？他怎么骂呢？他说布克奖现在已经沦落为中产阶级文化趣味的一个奖项，同时这个奖项又表达了它对于英国前殖民地国家的一种政治歉疚。所以你就明白为什么这么多印度人得布克奖、巴基斯坦人得布克奖，都是英国过去的殖民地，包括非洲人得布克奖，都是它过去的殖民地。英国人特别在乎它过去的这些殖民地里依然用英语写作的作家，然后把这个奖发给他们，实际上这背后有一种文化歉疚在里边。

**鞠白玉：**我想起来有一年，是布克奖的50周年，有一个金布克奖，这个金布克奖颁给了《英国病人》的作家翁达杰（Michael Ondaatje），他就是斯里兰卡出生，加拿大长大的。《英国病人》写的英国病人不是英国人，他是一个匈牙利的伯爵，护士是加拿大的，里面那个士兵是锡兰人，当时他那本书写得也非常好。

**西川：**很好，也拍成电影了。

**鞠白玉：**但您说到殖民地的问题，我突然想到，比如现在有一种就像刚才您说到的叫后殖民写作。

**西川：**后殖民主义。

**鞠白玉：**但是因为中国没有被真正地殖民化过，所以我们又何谈后殖民主义的写作。

**西川：**所以很难谈，后殖民这个意思，你在印度会非常强烈地感觉到后殖民问题。

**鞠白玉：**对，所以我觉得我们中国并不在这样的殖民历史中。

**西川：**不在这里边。

**鞠白玉：**不会产生这样的后殖民主义的文学，所以我们也不会纳入这种视角下的文学奖中，不会考虑。

**西川：**中国人，不说我们最成功的艺术家们，普通的中国艺术家和中国作家，我已经屡次说过这种话了，是全世界最孤独的一群作家和艺术家，我指的是普通的，不是最杰出的这些人，基本上是没有世界同行的。没有世界同行，他只能在中文这个环境里面自己玩自己的。但是全世界因为它过去的殖民系统——这不是说殖民好，它是一个历史结果——比如你碰到一个印度作家，当他说起伦敦的事或者是纽约的事，他会非常熟悉。咱们湘豫（录音师）是湖南人，又是河南人，那就好像咱们说起河南的事和湖南的事似的。中文本身是在当下和世界上其他语言都隔绝得很深的一个语言。

**鞠白玉：**比如您是一个可以掌握两种语言的人，本身就是西语系，然后又要有那么好的中文。对您来说有什么样的……

**西川：**障碍？跟国外的作家交流？

**鞠白玉：**我对您的印象很奇怪，我很少会在讲到西川的时候，说这是中国诗人如何如何，只会觉得这是诗人西川，当然虽然您对中国古代的哲学诗词有这样一个理解，我能说是倚傍着这样的传统文化吗？我觉得您跟传统文化是那么贴近，刚才我说您的历史记忆都很远，我指的是您的历史记忆都是您不在的那个历史记忆。

**西川：**我在的历史记忆里也有，我刚才说了这么多“文化大革命”，我也有。开玩笑，但是我明白你的意思。

**鞠白玉：**是“文化大革命”的东西，但是我不觉得它在您的诗歌和词语中。

**西川：**是你没看见。我专门写过一组东西叫《词语层》，但是我处理这个东西跟别人处理这个东西不一样，别人处理这个东西是把它经验化，而我是把它对象化。比如说在《词语层》中，我就是用一种考古学的方式来讨论的，是近些年来在我们生活当中快速消失的这些词汇，和我们不知道究竟该怎么使用的词汇。比如快速消失的词汇，“大哥大”，很快就消失了，但曾经有过这么一个词，所以我专门写过一段关于大哥大的文字。我不是一个拿着大哥大抒情的人——一般人的方式是拿着它抒情，但是我不甘于那么工作——所以我对这些词语做一些观念的清理，而且我又不是要写成理论性的东西，我有一种一本正经地胡扯在这里。我这一段一段的文字是正经的，但是里边说的东西是胡扯，一本正经地胡扯，所以它还是属于诗歌的范畴。我表面上有一个理性的因素在里边，但是实际上它是一个假的理性，它不是真正的理性。其实这个东西我有一次跟徐冰也聊过，他不是说我的胡扯，他说他自己，他说我们应该像《人民日报》一样严肃地认真地工作，但是你做出来《天书》是没人能看懂的，就是这个意思。那么我也可以这么讲，我可以像《人民日报》一样写文章，但是里边我的讨论的内容完全是朝着另外一个方向走的。

**鞠白玉：**这个和您可以掌握另外一种语言是不是有关系？因为那

天我还真是听梁文道在讲博尔赫斯的时候，说博尔赫斯通读英语、法语、西班牙语，甚至是古伊朗语等，所以梁文道认为博尔赫斯他在文学上当然不是为了讲个故事，他是在进行观念上的冒险，而这个观念上的冒险很大程度上是来自他对各种语言的熟知和了解，他在做词语的观念的冒险，我其实在阅读您的诗歌的时候，我有这样的感觉。

**西川：**对，这个可能是我们好多人共同之处。

**鞠白玉：**所以这是为什么我们也认为您是一位当代艺术家。

**西川：**对，是有这个因素。我跟好多诗人有点不太一样，但是这个话如果说下去就有点凡尔赛了。

**鞠白玉：**凡一下。

**西川：**不是，招人骂了，不符合中国的政治正确了，因为中国有中国式的政治正确，就是大家都有平等这个观念，这与阶级意识有密切的关系，如果你开始凡尔赛，尤其是这种文化凡尔赛，别人就会骂你，我非常清楚。这是我的现实感造成的，我并不要讨好谁，但是这是我的现实感造成的。我知道中国就是这么一个情况，不光美国有政治正确，在中国，尤其是网络，人人都可以在网络发言以后，实际上中国已经形成了自己的一套政治正确了，我不得不说这是一个很麻烦的事情，但这是我们当下的一个文化现状。这又是一个话题。

**鞠白玉：**当然何况是您这样，就是我们这样的一个普通的写作者，我记得我以前在腾讯《大家》的专栏下面，经常会有人评论，说这个作者令人讨厌的就是她总是在秀她的优越，我哪有！

**西川：**我知道。当然别人也这么骂我，但是我知道你刚才那个意思，就是比如说西川不是一个中国诗人，而就是一个诗人，那么这个里边是有一点凡尔赛，我的确跟不同国家的诗人保持着联系。比如说在哪儿的诗歌界发生了什么事情，或者文化界发生什么事情，会有人告诉我。前几年土耳其有过一场大辩论，就是关于伊斯兰的世俗化的这么一个辩论，土耳其就有一个诗人专门给我写了一封很长的信，给我讲这事，都发生了什么，这里边都有什么，都怎么回事。

**鞠白玉：**我觉得除了资讯方面，还有一个这是我个人的看法。我其实刚看到您在解释中国古代诗词的时候，对我来说全是现代性，就像我在故宫第一次看《石渠宝笈》，然后还看了四僧展的时候，其实我会发现那些明末清初的移民艺术家们，其实他们那个时候已经做到了现代性。我再看您阐释我们的中国古代诗词、古代哲学的时候，因为以前我会认为那些传统离我如此之远，那是祖宗的事情，跟我有什么关系。但是在您这儿我看到的都是现代性，还有我觉得您是一切可以为我所用，比如说西方的、古代的。

**西川：**西方的中世纪的。

**鞠白玉：**都在中世纪，都在您这儿，它不让我感觉到是一个人在努力去抹除这种文化的差异性，它怎么那么契合自然，就好像我不觉得你在哪个国，我不觉得需要用一个国别来去界定你是哪儿的诗人，哪儿的知识分子。

**西川**：对。我这么说吧，我对全世界的文化都是持着一种完全开放的心态，而且我走的地方越多……我原来看世界还是一个……当然是中西的角度，但后来是因为我在 1997 年第一次到印度以后，我看世界的角度就已经变了，不再光是中西角度，这里边也包括了印度的一个角度。那么所有这些东西对我来讲，都满足我文化上的一个好奇心，就是我对不同地区和不同时代的文化都有一个好奇心。当然我也想知道它为什么会是那样的情况，就是它的历史逻辑是什么样的。所有的那些我知道的东西，都会反过头来让我理解我的处境，就是理解中国当下的历史的情况。我在不同的地方，尤其在国外的时候，我想的很多是中国的事。在中国我也充分地接受各种信息，我没有这个是中国的、那个不是中国的这样一种障碍，我不接受或者是我抗拒它，我从来没有这么一个东西。另外还有一个，这可能是跟我经过 20 世纪 80 年代有关系——我不愿意回顾 80 年代，别人回顾 80 年代我觉得他是怀旧——

**鞠白玉**：还有从我的想象，就我们这一代人对 20 世纪 80 年代所谓的文化黄金时代的那种想象。

**西川**：对。那么对它的想象和我这一代人对 20 世纪 80 年代的怀旧，我都没有。我对 80 年代并不怀旧，我也没有什么想象在里边。80 年代它是我的生活的一部分，生命的一部分，但是现在回过头来看，我想为什么我会走到今天这一步，是因为我经历了 80 年代的启蒙。那么经历 80 年代启蒙的一个好处是什么呢？就是我让我自己变成了一个现代人，那么在今天我更进一步说我要让自己做一个当代人，我必须是一个当代人。有些人他们觉得什么当代不当代，或者什么现代不现代，这个可能也是我跟其他写东西的人的一个区别，就是说你不是一个当代人，或者你不是一个现代人。我觉得一个人的自我现代化，尤其是中国人，一个人的自我现代化是非常重要的。当下很多你在街上碰到的人，他是活在当下，但是他跟一个 20 世纪 30 年代的人或者一个清朝人、一个明朝人没什么区别。尽管他都用电脑了，但是他整个的意识状态是一个清朝人的状态。对，他就是那样一个情况。但就是因为经过 20 世纪 80 年代，所以也许虽然不能说我完全是一个现代人，进而是一个当代人，但我是一个活在当下的人。

然后活在当下，我反过头来看古代，我就越过了很多的坎。过去的人看古代…… 比如因为知识也是有等级制的，知识、艺术这里面全有等级制——这是英国人贝尔（Clive Bell）说过的，他曾经在中国待过，是弗吉尼亚·伍尔芙的侄子，他写过一本小薄书，这本书特薄，叫《文明》——在这本书里他说，我们在一切领域里都可以讲究民主，讲究平等，只有在艺术领域里是绝不可能有民主的，它就是等级制，谁做得好，谁就在他们最上头。

**鞠白玉：**不得不同意。

**西川：**不得不同意，这是贝尔说的。我觉得说得有道理。过去理解中国古代文化的时候，我们也都会觉得这里边有等级，但是我想我自己一方面同意贝尔的说法，另外一方面，因为我在20世纪80年代已经自我现代化了，所以我觉得这些等级是可以越过去的。

我看古人跟很多人看古人都不一样，我看古人我会觉得亲切，我以前没有太注意，但是这两天我再重新读曹操、曹丕和曹植的诗，我又一次意识到这一点。过去我是从选本里读的，曹操就是“神龟虽寿，犹有竟时”，或者是“东临碣石，以观沧海。水何澹澹，山岛竦峙”。然后你读曹植的《洛神赋》，你读曹丕的诗歌和他的《典论》，但是过去我都读的是选本，我最近开始比较全面地要读他们的时候，我发现他们根本就不是选本里边那个样子。曹操那个诗写得太好玩了：他有的诗是要唱的，他就开始重复，两句重复，几行然后又重复。你一看就是这老头当年是要唱的，要跟乐器配合在一起，这里边它又是关于游仙的、升仙的这些东西，我觉得太有意思了。包括曹丕，写了那么多关于弃妇的诗歌，可他写的那弃妇身上又佩着玉，又懂《诗经》，我想那也不是老百姓中的弃妇，一定是贵族的弃妇。这些东西都没有人跟我讨论过，也可能后头我会写一篇文章，就是关于“三曹”的，不光是“三曹”，包括建安的其他那些人物，我都觉得特别有意思，一下我觉得跟他们就特别亲近。

前一阵子我刚写了一篇文章，里边谈到白居易和元稹，还有陆游，我就说他们的诗里有什么问题。文章还没发表，发表后我估计又是一片骂：你敢说白居易写的诗有问题！等我那文章发表了，你们就会看到哪里是有问题。

但是特别有趣的是，那个文章里我专门说到，你如何跟古人亲近？你不能总是供着他，你供着他，古人永远都高高在上，但是如果你跟他成为哥们儿，就像在酒桌上饭桌上的哥们儿，互相挤对、互相调侃，这是亲切的人才能这么干的。你跟古人如果发展不出这种互相调侃的关系，你实际上是走不近古人的。所以在这一点上，我觉得我就敢拿古人开涮，因为我读他们读得很多，而且我能记住很多。他哪儿写得好，哪儿写得不好，我都觉得有意义，尤其是从他们写飞了的地方，写得不好的地方，写坏了的地方，这样你才能够发现贴近他们的门道。为什么我们无法靠近古人，无法靠近伟大的艺术家？是因为我们不知道他们的缺点。一旦我们抓住了他们的缺点，他们留下的那些“小尾巴”，你逮住那“小尾巴”，你觉得太逗了这些人。

**鞠白玉：**我能不能把您理解成一个在文化长河里面神游、遨游的人，而不是在政治历史和社会历史中遨游的那个人？我的意思是说，因为我们上次见面时，有好多人，我们随便聊了几句，然后我发现您看待政治历史的时候是有一个更宽的维度。但是我不借此就把您看成一个历史虚无者，我指的是有些东西，比如说对政治历史您的看法不同。但我在这其实不方便说，等以后吧……

**西川：**不是。你可以说，而且我也知道怎么说这些东西。我是一个非常关心当下中国的各种情况的人，我曾经当过记者，那么我对于正在发生的事情以及它的历史逻辑，我都是非常关心的。刚才咱们聊的是对古文化的神游这些东西，它属于我的另外一部分，属于我的哪一部分呢？就属于——我做不到但是我希望如此，属于我的爱智这一部分，爱智，eum qui habet scientiam 或者 philosophe。对从古希腊以来的爱智者的身份，世界上很多人都是很认同的，但在中国，大家对于“爱智”这个说法了解得很少。我们只是把“爱智者”简单地等同于哲学家。所以刚才你说在文化里边神游，过去中国古人也这么讲，叫“精骛八极，心游万仞”。

当然我是这么一个人，但是与此同时，刚才我说了，我又是一个百分百的当代人，特别强调“当代”这个话题。那么在“当代”这个话题里边，艺术家们又不懂经济问题，又不关心更多的历史细节，那么大家关心的就是政治问题。我坦率地讲，大家有兴趣和有能力了解的就是政治问题。而政治问题——因为你是一个艺术家，所以你很容易采取一个态度，这个态度就是把政治简单化。

曾经我们有过一个讨论，关于一个女作家，也是一个导演，她已经去世了。这个女作家或者是女戏剧人叫尚思伽，她本名叫尚晓岚。她写过一个剧，这个剧没演过，叫《中书令司马迁》。她写完以后，我们几个朋友在清华大学给她做过一个讨论。这几个朋友做讨论的时候就意识到一个问题，就是司马迁这个人和汉武帝之间，究竟是什么关系？汉武帝是一个现实的君王，而司马迁是一个写《史记》的人，也就是说他是一个保持着整个历史记忆的人，他遇到汉武帝，你想想这关系怎么处？所以汉武帝和司马迁的关系并不融洽，对不对？

**鞠白玉：**对。

**西川：**所以一个记住了一切的人，司马迁他有点像孔夫子，孔夫子叫“素王”。司马迁没人说他是什么“素王”，他不是这么一个人，但是他是历史记忆之王。当这么一个历史记忆之王和君王，也就是现实中的汉武帝遇上……汉武帝也不能简单化。当时我就说汉武帝统治的汉朝和刘邦统治的汉朝是很不一样的，因为汉武帝统治的汉朝，它的人口已经达到6000万了，是空前规模的宇宙王朝，太大了，它的经济达到那个程度，他的人口达到那个程度，所以他才敢跟匈奴人开仗。汉武帝也不是一般的君主。而司马迁、汉武帝两人是同时代人。然后你看司马迁怎么写汉武帝——太有意思了——他写汉武帝的时候只写汉武帝封禅这个事，汉武帝那个时候的军功，他都分到别的《列传》里写。所以你能看出来他对汉武帝的态度，就是：一个人保持了巨大的历史记忆的时候，他一定跟现实生活要发生关系，这个关系要么是和谐的，要么是不和谐的，要么是有些地方和谐，有些地方不和谐，所以它不是一个简单的话题。

这我就回答你了。刚才我说我神游于历史，但我神游的那个历史里边充满了当下。比如我在写《唐诗的读法》的时候，我写进士文化我又不是白写的。

**鞠白玉：**是的。

**西川：**那么只有在进士文化里边才产生唐诗。你在今天没有进士文化，你产生什么唐诗？你管我要唐诗，你这不是胡扯吗！我怎么可能写出唐诗来？因为我没有进士文化。这本小书是关于唐代的，但是实际上也是关于今天的。

**鞠白玉：**明白，怎么总结一下，您是一个在历史和在文化中神游的人，在寻找的人。可是当谈到身份的时候，我就想起来您跟尹吉男和李军聊到，刚才您一坐下就说“我的自我都很小，但是我有很多的自我”。我能不能理解为我有很多的身份，我的身份是多样性的。

**西川：**说得好，我的确有很多身份，而且我在日常生活当中，比如说我又是个诗人，但是我也不完全是个诗人，我也做翻译，我是个译者。你做诗人你就完全自己神游，你做译者可不能神游，你必须一个字一个字地准确地表达原作者的意思，这时候你就是一跟班。当然你可以在中文里边有所发明，但是你不能跑太远，这又是一个身份。与此同时我又做一些研究。比如说我写唐诗，我写宋代的绘画，写这些东西时我既不是诗人，我也不是翻译者了。我并不是一个严格意义上的学者，但是我的工作里面带有研究的性质，所以的的确确我有多种角色。有些人只看到我诗人的角色……

前些时候我给英国的利兹大学写过一篇文章。这所大学离曼彻斯特没多远，他们马上要创刊一个网络刊物，就让我写一篇 keynote essay，就是一个主旨性的随笔或者文章。因为要创刊，所以他们找了我，他们还找了梅布尔·李（Mabel Lee），梅布尔·李是翻译《灵山》的那个人。我说我不知道怎么写，我不知道你们想要什么，他们说你就讲讲你的日常生活。所以我在文章里说——很短的一篇文章——我说我的生活分好多块，它培养了我的一个情况，跟别人不太一样：翻译和教学——因为我同时还是老师——它们培养了我的客观性。因为你如果给学生上课，你不能说你想到什么就跟学生讲什么，你一定是要跟学生讲一套客观知识，你只能是把不同的观点摆出来，让大家自己选择。不能你说李白伟大，你就带着学生说伟大，你得让学生自己判断，但是你的责任是可以把李白的伟大讲出来，而且历朝历代是怎么看李白的、李白自己的工作的性质是什么，这里边包含了一套客观的工作。你刚才说的我身上不同的自我、不同的身份，这个问题就浮现出来了。

比如说在翻译当中我是这个身份，在写作当中我是另外一个身份的，就是说我是有不同的身份，但是有没有一个综合的身份？

**鞠白玉：**我认为有一个综合的身份。

**西川：**我曾经在自己的文章里说，我有小小的自我，但是有很多自我。我在另外的文章中说了几次了：我说我的身体就像一个旅馆，这个旅馆里住了很多人，这很多人他们会吵架的，所有的人在一块儿都会吵架的，最后你听不清楚他们怎么吵架，你离远了，你听不清楚，你就听的是嗡嗡一片。所以当别人能够清晰地说话的时候，我的声音是一个综合的声音，就是嗡嗡一片，当别人这么说话的时候，我的声音是这么一个声音，它的确也造就了我的一个写作风格。我这个风格跟当下很多人的写作风格都不是一回事，我们关心的东西也不是一回事，我跟大家也不是一回事，我的审美的侧重点跟大家也不是一回事。这个时候我反倒觉得就是这样一个综合的声音，又是古代的，又是现代的，又是高大上的，又是很街头的。这些东西如果混在一块儿，就是我的声音。

你刚才提到我前阵子写的"屎尿屁"文章（《貔貅思维的盲区》）。我要是一个纯粹的学者，我不会讨论这个问题，我要是纯粹一街头混混，我也觉得没必要讨论这个问题。就是因为我有多重身份，所以我就决心把屎尿屁讨论成形而上学，这就是我工作的性质，跟别人不一样。我在文章里说，你不能总是处在一个肛门期，在这儿讨论什么屎尿屁，你要跟我讨论屎尿屁，你就把屎尿屁作为神学问题来讨论。在这个意义上，我进入历史，而所有的那些讨论都没有什么意义，像一阵风一样就吹过去了。

**鞠白玉：**但是不管怎么多样化的身份，我对您有一个东西还是很清晰，我觉得您是一个捍卫诗歌的人。

**西川：**我不光是捍卫诗歌，其实我捍卫语言，我捍卫智力，我自己在一首诗里边……

**鞠白玉：**捍卫精神与道德。

**西川：**捍卫精神、道德、智力这些东西。我们曾说到杞人忧天这个事，我自己在一首诗里专门写过杞人怎么忧天。在那个诗里我就说："与其说我关心一个普遍的道德退步，不如说我更关心一个普遍的智力退步。"我觉得在当下中国，这种智力退步是一个很麻烦的问题。你在世界文化当中开始变得不体面的时候，它就是一个智力的退步，你没有能力来讨论、进入、发现问题，这个问题不一定非得是一个文学问题，或者是一个诗歌问题，或者一个美术问题，它有可能是一个经济问题，它也有可能是一个历史问题，它也有可能是一个政治问题。所以这个时候我觉得我特别的……

**鞠白玉：**智力的问题的退步，确实是让人太焦虑了，我现在已经把微博这些社交媒体全都关闭了。以前你还可以有一个梗，有一个双关语，但现在所有的东西都变成了一个特别粗陋的语言，不是语文，就是所有的语言都必须得简化和粗陋，要不然就没有办法谈论。

**西川**：简化、粗陋，然后变成娱乐，变成一个好像大家表面上都很幸福的样子——因为开心，大家把幸福理解成开心。这样的话，不说我们大家挣多少钱，我觉得你有这么多年历史的一个文化，连续不断的文化——有这么多年的历史一直保持着，那就是犹太人和中国人——然后你忽然变成一个——不能说白痴——变成一个在智力上特别可笑的人，或者一群人，我们不说别的，这太不体面了！所以在这一点上，我始终保持着我自己的批判性，这个批判性始终都在，而这个所谓批判性就是当下性，我一直都是有这种当下性。当然这个当下性不是说一个生理的反应，我觉得这个东西有问题，那个东西有问题，我不愉快，不是这个。而是我希望我自己能够援引到什么样的例子，我就援引到什么样的例子，能够援引到什么样的说法，我就援引到什么样的说法。

**鞠白玉**：这就是你的捍卫。

**西川**：对，这就要求我自己在所有的维度上，不光是在过去这个维度上，也在上下四方这个维度上，应该充分地展开。

**鞠白玉**：谢谢西川老师。

**西川**：谢谢小玉。

2021 年 5 月 26 日整理

# 精英、专业、业余与跨界①

## ——答黎衡问

**黎衡：**你最近出版了《唐诗的读法》。广东在唐代是边远之地，但也有一些诗人贬谪到这里，比如韩愈对潮州的影响就很深远。

**西川：**我在《唐诗的读法》里就专门引用了苏轼写韩愈的《潮州韩文公庙碑》，苏东坡对于韩愈的概括简直太了不起了，那首诗也使得我对苏东坡大吃一惊，因为一般我们对苏轼的印象是什么“大江东去浪淘尽”，或者“明月几时有”，当他写韩愈的时候，完全不是这种感觉，“公昔骑龙白云乡，手抉云汉分天章。天孙为织云锦裳，飘然乘风来帝旁。下与浊世扫秕糠，西游咸池略扶桑。草木衣被昭回光，追逐李杜参翱翔。”全是这种句子。最后是“公不少留我涕滂，翩然被

① 本访谈系诗人黎衡为《289艺术风尚》杂志2018年11—12月合刊所做，采访录音由实习生张少帅整理。原题《与西川谈论西川》。黎衡为此访谈写下了长篇《西川印象记》，摘选部分内容附于本文后。

发下大荒”。哎哟，我读到这儿就觉得真是好啊，“翩然被发下大荒”说的就是韩愈，就是走了。我觉得对于苏轼来说，只有韩愈这样的作家担当起这样的称赞，这种祭奠。也只有苏东坡这样的人，他的文笔是配得上韩愈的，他为了写韩愈，已经不用自己原来的方法来写了，而是用接近韩愈的方法来写，这说明苏东坡身上有一种本领，这种本领就是他可以使用别人的本领。这个太厉害了。

我在《唐诗的读法》里专门提到了这首诗。我觉得到今天必须重新认识韩愈。我们多少年来对韩愈的认识全都被周作人给搞坏了，周作人要打倒孔家店，结果把韩愈当成了靶子。在宋朝，每一个人都热爱韩愈，从欧阳修到王安石到苏东坡，到苏辙，全都是跟着韩愈，知道韩愈是那种大才华。可是现在我们读唐诗变成了李白、杜甫、白居易、王维，没有韩愈什么事了。

**黎衡：**你以前写过旧体诗吗？

**西川：**写过。我现在也偶尔写写旧体诗，从来没发表过。……但是呢，有一个问题，所有旧体诗写得好的人，写不了新诗。所有新诗写得好的人，旧体诗写得也不好。因为旧体诗的上下文是古文，书面汉语也是古文，新诗的上下文是现代汉语，然后你看一个特别典型的例子，比如说什么《楚辞今译》《诗经今译》《唐诗今译》《宋词今译》，一塌糊涂，比如说《楚辞》，在楚辞的这个系统里还不错，你试着把它翻译成现代汉语，一点意思都没有，特别无聊。所以有时候你会自问，古汉语和现代汉语究竟是个什么关系？

**黎衡**：有时候像个外语。

**西川**：它毕竟不像中文跟欧洲语言的关系，那个差得太多了。但是古汉语和现代汉语区别很大。现代汉语是个杂交的产物。我这么多年呈现出来的形象一直都是一个写新诗的人，而且特别热爱实验，可是实际上我同时对古代文化很有兴趣。我在纽约大学和加拿大的维多利亚大学访学，开的课是"翻译中的20世纪中国文学"，但也涉及古文学。中国很多古文，像《论语》《老子》《孟子》《庄子》《墨子》《荀子》《韩非子》，包括《文选》，英文都有翻译，就是你能想象到的东西，全都译过去了，一直到20世纪。

**黎衡**：你喜欢埃兹拉·庞德，跟这种兴趣也有关吧？

**西川**：有关系，庞德对于中国文化的态度我觉得很有意思。庞德不光翻译了中国的李白之类的诗，出版了《神州集》，他也翻译了中国其他的好多东西，有《大学》《中庸》《诗经》。有个美国朋友对我说，你应该把庞德翻译的《诗经》再翻回中文。这样你们就有两本《诗经》了。但这个活太难了，做不了。不光是辛苦活，庞德那个博学，他翻《诗经》，有时候前头缀一句希腊文，所以这就没法弄。当然庞德不光是翻中国的东西，也翻意大利的东西，译成英文，像卡瓦尔坎蒂，中文都没有翻译，是但丁同时代的一个诗人。我对庞德的兴趣不仅仅是他跟中国文化的关系。庞德代表了整个的开拓精神、创新精神。我发现拉美现在的年轻人只读北美的诗人，没人读欧洲的。邪门了。当然二战后东欧也出了几个人，但是整体上，二战后欧洲已经没有那种文学上的源泉性的力量了。

**黎衡：**中国读者只盯着得了诺贝尔奖的。

**西川：**是因为他们不了解世界文学的格局，从来不在世界文学的现场，目光就全看着那边儿。所以就变成了今天是布克奖，明天是诺贝尔奖，后天是普利策奖。我有次在香港开会，在座的人中有九个得过普利策。我跟他们开玩笑，你得个普利特奖，不就跟我得个鲁迅文学奖一样吗？什么时候把心态调整成这样，就开始有点了解国际文学奖是怎么回事了。

**黎衡：**能否讲讲你得鲁迅文学奖的经过。

**西川：**好多年前了，可能是第二届鲁迅文学奖。忽然有一天我接到一个电话，说我们想给你这个鲁迅文学奖，你要吗？我就说谢谢你们，也没有说要还是不要。后来呢我想这是个事儿，就跟几个人聊起来，他们都劝我还是拿这个奖。有的人说你拿这个奖对别人有好处，比如说我的书，责编在他的出版社会有奖金什么的。另外，你要是不要，等于咱们先锋派以后谁都得不着。就说咱得给人留条活路吧。后来我说行吧，所以就拿了。当时网络不发达，但是已经有人在骂了，那意思就是我成了黑白双吃。然后下一届又给了于坚嘛，于坚也接受了，我要是当时拒了，后头也没有于坚的事了。当年奖金我只得了3000块钱。现在好像都多少万了，而且你要是给地方做贡献了，人家好像还给你一套房子。

**黎衡：**鲁迅文学奖借用了“鲁迅”这个被一再误读的符号。你怎么看待鲁迅的文学和思想遗产？

**西川：**前一阵子在澳大利亚开一个研讨会，主题叫“作为远极的中国”，有人开始贬低鲁迅，因为他受到了过高的吹捧，我就生气了，我说鲁迅 1936 年就死了，跟后来的吹捧没有任何关系。我曾经遇到过一个德国的小说家和非虚构作家，叫克里斯托弗·布赫，他跟我讲鲁迅对于他的意义相当于卡夫卡对他的意义。实际上，鲁迅在欧美没有那么大的名声，但是在非洲，大家读鲁迅。1997 年，我在印度，当时在我住的地方有一个图书馆，我很偶然地发现了林语堂编的一本英文书，叫“东方智慧”什么的，其中就有鲁迅。我忽然觉得英文的鲁迅跟印度的现实太密切、太默契了。整个一本中国的现代文学史，写的全部是文学青年、文艺青年，没有成熟的作家，只有几个例外，其中之一就是鲁迅。为什么我觉得鲁迅比那个时代的人高了很多层呢？当其他作家向往光明的时候，鲁迅也向往光明，但是鲁迅是一个可以跟黑暗打交道的人。我在澳大利亚也这么说，当其他人努力地要理解上帝的时候，鲁迅对魔鬼是有兴趣的。鲁迅是没有所谓的“普世”的爱的，但是他理解黑暗。我说完了，他们那边就鼓掌。

**黎衡：**鲁迅在广州短暂地生活了几个月，他在广州没写什么东西，但是编订了散文集《野草》，写了那篇著名的序。现在很多人纪念新诗百年，把《野草》里的篇目也选进去，把鲁迅看作一个现代诗人，也挺有趣的。

**西川**：当然我也不反对把鲁迅看作一个诗人，问题是中国人如果用他们普通的理解“五四”的方式来理解鲁迅，就把鲁迅给读小了、读窄了。我们经常会有这种情况。比如以为李商隐就是写无题诗什么的，其实李商隐要宽得多。把鲁迅的《野草》放在诗里面，我觉得也还行。我不是一个特别在乎现成定义的人，我这有一本英文版的现代诗选，连卡夫卡的小说和乔伊斯《芬尼根的守灵夜》的片段都选进去了。

**黎衡**：早些年有所谓的知识分子和民间写作的论争，当然，这些概念很没意思。但如果有“知识分子写作”这回事的话，精英主义应该是它的一种鲜明的立场。你是一个精英主义者吗？

**西川**：启蒙主义就是精英主义立场的，你启蒙老百姓你就是精英了。那么20世纪80年代的启蒙主义与思想解放当然首先是从知识分子开始的，这是顺理成章的事情。但是到了90年代，消费主义、娱乐什么的都起来了，时代环境已经跟80年代很不一样了。这个论争，一开始我就没把它当成一个特别严肃的事儿，都想写文学史，但是你现在想想会觉得可笑，文学史100年以后再写吧。谁这个时候写啊。

我现在也不是精英主义。我是属于，比如咱们比赛“腐烂”，我就跟你比赛腐烂，我能一直烂到你都受不了。但是你想，不光是当代艺术他们不懂，古代艺术他们也不懂。我读中国古典的东西，我说哪天谁要是摆开了跟我说咱们聊聊战国诸子，也行。那我既然了解那么多古代的，我也可以说我有一个精英背景。但是呢，我不觉得自己就是个精英，我也可以很大众化，没有那么多的严肃。鲍勃·迪伦获得诺贝尔奖，很多人都反感，但是我没那么反感，我就说歌唱得挺好的，我也喜欢。

**黎衡：**你是英语系科班出身，对两种语言的使用有什么体会？

**西川：**现在人们喜欢谈丝绸之路，唐朝的时候，安禄山和史思明都是牙郎，牙郎就是翻译，他们两个人都懂六种语言，我就想，那个时候大家做贸易的语言和现在使用英语，都是全球化，但是那个时代是没有英语限定的全球化，现在是有英语限定的全球化。19 世纪是英国世纪，20 世纪是美国世纪，全都是英语世纪。有人说 21 世纪是中国世纪，但是中国人不要太得意，因为这是一个英语表述的中国世纪，它和英语表述的美国世纪是完全不一样的。除非是用中文表述的中国世纪，才相当于用英文表述的美国世纪。英语怎么成为一个这么普及的语言，不外乎帝国主义和殖民主义。这个我们放在一边，英语本身的魅力，英语文化本身的魅力，莎士比亚、摇滚乐、亚文化，文学艺术有它自己的魅力。还有一个，就是英语国家的这些作家、批评家、思想家，也做了很多的努力。

**黎衡：**你在诗歌翻译中是怎么处理韵律的？

**西川：**很多人把韵诗理解成是有一定规律的，我非常注意诗歌的音乐性，但是音乐性并不表现在比如一个豆腐块或者整齐的排列，它可以是错落参差的，可以有长有短，但是必须有节奏，如果更好的话，你这个语言应该有一种旋律感。我举个例子吧，你看我翻译的这句诗，很长的句子，当时翻出来就觉得很有旋律感：“那时你将在霞光里思念我如火的歌喉赞美你漆黑的美丽。”甚至不只是这些东西，还有一些小的东西。我翻译了一个南非的诗人，叫彼得·克拉克，他写的就是特别小的东西，咱们也写日常生活，但是他写小羊倌洗脚，说“粗壮的脚趾张大又并在一起，又张得更大”，就写脚指头、小羊倌，特别好。好多中国诗人，好像语言上都炼句了炼字了，很简洁什么的，但是语言本身的音乐性没有了。

我很少翻译西方传统韵诗，我不以翻译名著为己任，只是业余做翻译。所以我译的都是现场的、当代的东西。比如这个克里斯蒂安森，我译过，丹麦一老太太，已经死了，我曾经跟她一起朗诵，特棒。她写的东西很简单：“有人走进一幢房子，从他的窗口看街道。有人走出一幢房子，从街道上看窗口。有人走下街道，一路走一路看别人。有人一路走来看一幢房子，好像那是他自己的房子。有人总是走在路上，但从不看房子。有人从不关注别人，当他走在街道上。有人将死，躺在房子里，灯全亮着。有人死在房子里否则他就被完全抛弃。有人死了没有人还想在那里找到任何人。有人死了又忽然活现在众人中间。有人死了从旁边经过的人总会看他一眼。有人死了被抬出他的房子当黑暗降临。有人死了看着他的某人最终眼瞎了。有人安静地最终孤单地站着与其他死人在一起。”我推荐这个。

**黎衡：**太好了，这是真正的诗，有那种声音的神秘性，声音和意义是有关联的。你特别有意思的一点是“媒介对话”，写作、翻译、学术、艺术，现在开始画画，还演过贾樟柯的电影《站台》。

**西川**：演《站台》的起因是在（欧阳）江河家的聊天，江河先认识贾樟柯的。那电影需要一个说普通话的北京知青，要会写诗，我就去了。这次澳大利亚“作为远极的中国”活动放了贾樟柯的《山河故人》，我去看了，之前没看过。因为赵涛我也认识，知道很多他们的故事，看他的电影我是带点私人感情的，挺感动。

**黎衡**：你的画是属于文人山水画传统吗？

**西川**：不完全是，但也不是当代美术，我是画山水画，但是古代人不这么画，我画的全是山石，没有树没有草，其实我这个东西是有点抽象的，全是线和点。我能画叶子、树之类的，但是我不画那些东西，只画石头。我有时候坐在家里，会看古画。我对宋画特别感兴趣，反倒对文人画没有那么多兴趣。文人画不够宇宙，宋画是有宇宙观的。上留天，下留地，你就能看出他们的世界观。文人画比较轻灵，宋画比较重，我写的东西也比较重。

我跟中国大多数诗人不一样的地方，就是美术、当代艺术对我有巨大的启发。中国的诗人、作家对外国美术的了解，大多下限到印象派晚期，再到后面就什么也不懂了，这是一个特别大的问题。我看到的一些外国作家，人家都会去参与一些美术活动，一起玩。所以我老觉得中国诗人特土鳖，就是写点诗，网上骂骂人，就是这点东西，组织个作家协会什么的，全是这个。

2016 年 6 月，我在美院，那时候已经知道自己要去北师大了，毕业季最后让我出一个节目，我问我前头是谁，他们说是几个说 Rap 的，我说那他妈我也盖不住呀，他们让我朗诵，就是读诗，结果给我搭了三层集装箱，三层，我说再给我准备一面鼓，我最后就在那个三层集装箱上打着鼓，带着现场上万人，朗诵屈原的《少司命》，美院 4000 人再加上过去毕业的学生、校友几千人，再加上望京地区的居民，上万人，我说跟着我读，秋兰兮青青，Duang，打鼓，我说这是第一遍，然后第二遍，第三遍……

**黎衡：**这些艺术活动，对你的写作有什么影响？

**西川：**当代艺术是不断跨界的，我自己的写作也是不断跨界的，这个跟当代艺术特别一致，跨界对我来讲是天天干的事情，我天天都是跨着界的，对自己的束缚就会少。人家是做视觉的，我是写字的，这个肯定不一样。但是好多观念是一样的，而且美术批评当中喜欢用一个词“当代性”，文学界讨论的还是“现代性”。我在《读书》上发表过一个谈话，跟许知远也说到了这个东西，叫作“短暂的现代与漫长的当代”。现代性是趋同的，就是全世界都要民主，都要科技，都要福利，如果全世界实现了现代性，最后一定变得都一样。但是当代性是趋异的，印度跟斯里兰卡不一样，斯里兰卡跟巴基斯坦不一样，巴基斯坦跟智利不一样，智利跟美国不一样。

**黎衡：**像视觉艺术，它有美术馆、展览，包括电影有电影节、艺术片院线，它有工业而且有一个更具公共性的传播机制，跟诗歌之间是有落差的。

**西川：**诗歌咱们没做啊。国外做一个东西叫“现场诗歌”，你一般的一个朗诵会去个二三十人、三四十人。我认识德国一个做现场诗歌的小伙子，我问你吃什么，在德国怎么生活，他说我就做现场诗歌，每一场都五六百人，卖票，就够我吃饭了。现场诗歌是绝不用乐器，就是语言本身，我曾经请三个做现场诗歌的诗人到美院给学生做表演，一个澳大利亚人，一个马来西亚人，一个是波兰人。太好玩了，波兰人是在波兰教英语的，外语课文很简单嘛，所以中国学生也能够听懂，他能把英语的课文改得像诗歌。马来西亚那人是比较快的那种，有点像Rap，学生们听得很高兴，从没见过这个，最后我说鼓掌也不够了，拍桌子吧。在国外，有一些诗人的朗诵的的确确是带有表演性质的，它是performance，甚至就是一种表演艺术。中国的诗人几乎都不会，开个什么朗诵还上个台什么的，拿个话筒，还有个主持人，很土。

**黎衡：**我看过你读诗的时候打快板儿。

**西川：**后来人家还笑话我呢，其实好玩嘛，诗也不能老是那么一个读法。在斯图加特，他们请了德国的舞台剧演员给我朗诵，在三间屋子里，观众跟着走，从这个屋进那个屋，从这个厅到那个厅，整个朗诵是移动的。然后找了当地的美术学院的学生在屋里，墙上设计了一扇窗户的投影，总在下雨。人家都是玩这个。

**黎衡：**你涉猎的领域这么广泛，对科学有兴趣吗？

**西川：**有兴趣，但是我不懂。我特别迷恋哥德尔的数学结论，他的推论我完全不懂，但结论是：数学的无限可能性不能保证它的始终一致性。我这就蒙了。说得太好了。有个美国人写了本书叫《数学精英》，在序言里他说，没有诗歌头脑的数学家不是完整的数学家。科学是人家的那一套，但是好多科学家特别迷恋博尔赫斯，他的思维、想象太奇怪了。

**黎衡：**那你会害怕人工智能吗？

**西川：**就是如果它是机器的话，它一定有指令，机器是不能自相矛盾的。它如果收到矛盾的指令，是会死机的，要是能让自己死机，我可能就真害怕了。它一直要活下去我倒不怕它，就怕机器哪天一块儿死机，那就吓坏我了。听说现在也有机器要往水里跳，我说它往水里跳不是自杀，不是死机。人朝东走忽然是可以朝西的，我可以同时在相反的状态。上帝创造人类不是反讽，上帝创造死亡，就是反讽。人是可以自相矛盾的，我们在惠特曼的诗里读到，意思大概就是：我是人，所以我自相矛盾。自相矛盾实际上是人对机器的一个秘密。当然，自相矛盾也是我做社会批判的时候使用的一个东西，我认为一个不好的社会组织是不允许人自相矛盾的。我们都应该变成英雄，都应该变成高尚的。我怎么不能又立牌坊又当婊子，如果想通了，你就是个人。

## 附

### 肖像

西川个子高，走起路来，身子微微弓着。他位于望京花园的工作室，布满了障碍：古物、书籍、字画，层层叠叠，堆得横看成岭侧成峰。他像个老猎手，逡巡在挂满战利品的洞穴，又像个隐士，小心闪避着屋子里的重重机关。这是2017年的冬天。工作室暖气效果一般。“冷吗？”他问，然后起身去泡了两杯热茶。

一幅广为流传的西川肖像，他也微弓着身子，长发，大黑框眼镜，右手扶后脑勺，低头，眯眼，欲言又止，似乎在慵懒地表达歉意。那是20世纪90年代初摄影师肖全跑去新华社找西川拍的。在新华社，西川工作了八年半，一度跟水均益对桌，后来两人一个去了中央美院，一个去了央视。西川跟肖全在北京西单一带转悠，不知道去哪儿，他一撩头发，就被肖全抓拍下来了。

1963年，西川在徐州出生，4岁多跟着父母迁居北京，住在海军大院，一直到读初二搬出来。父亲是海军，后来转业，为了照顾儿子上学，放弃了回老家的打算，留在北京。在随笔《词语层》里，西川回忆了那段时光的趣闻：

小时候，我们楼上住着一位远近闻名的“大流氓”，名叫崇项羽……他常打架。若是打群架，他便有了壮士出征的味道：身后总会跟着几个狐朋狗友，再后面跟着的就是几个将来有可能成为其狐朋狗友的小朋友。小朋友们负责操家伙：三角铁、刮刀、链子枪。崇项羽打架有一个程序：通常是他走上前一把抓住对方的脖颈，厉声问："知道我是谁吗？"对方若回"不知道"，他就一边断喝"今天老子就让你知道知道"，一边挥拳就打；若对方回"知道"，他就会一边断喝"知道还敢犯刺儿"，一边也是挥拳就打。

海军大院在公主坟，当时属于北京西郊。一直到1978年7月搬家之前，"进城"还不是常事。虽然城墙早已拆毁，但沿着长安街，从西到东，走到复兴门才算进城。小时候，西川凭双脚能去的最远的地方是翠微路，有家百货商场、卖玩具的柜台。每逢节庆，他会随父母步行到军事博物馆，看城里的礼花在天上炸开。

## 80年代的余烬

西川考进北大时，他的系还叫西语系，也即西方语言文学系的简称，到他毕业前才改成英语系。他和几个同学，李东（笔名白玄）、陶宁、张凤华、傅浩，编了一本手刻蜡纸油印诗集《五色石》。后来傅浩成了叶芝的译者，张凤华在深圳跳楼自杀。当时他们跟社会上一帮哥们儿常去圆明园的废墟里"刷夜"。其中有个李杰，在食品店卖糕点，夜里吃的东西，全是他从店里偷出来的。这些人，现在大都不写诗了。

当时的北大，一个校园诗人叫沈群，写的是"爱情就是一个小帆船，我就是那船，你就是那帆"这类东西。西川说，现在提起来会哈哈大笑，当时他真是太有名了。

认识海子要稍晚一些，是 1983 年，海子上学早，不久就毕业分到政法大学。之前，西川跟同在“五四文学社”的骆一禾交往密切。

燎原写《海子评传》，请西川作序。燎原在文章中说，海子真是天才，看他用的词“圣火燎烈”多好。西川就指出来，“圣火燎烈”这个词，其实是他在早期的长诗《雨季》里“发明”的，海子觉得好，就用了过去。提到海子，西川的语气开始迟缓，似乎他们的青年时代的余烬，腾地一下燃了，在 2017 年冬天阴沉的北京，兀自燃着。“其实并不是谁像谁，也不是相互影响，只能说我们早期写诗都是那个路子。海子早期的诗我整理了出来，做了总结，但是我自己早期的诗大部分没有拿出来。”“五四文学社”帮西川印过一本小册子，叫《星柏之路》，那时候，他和海子都喜欢凡·高，喜欢写大自然。

海子毕业后，单位分了宿舍，常有一些流浪汉诗人跑到他那儿住。有个云南人叫马哲，在海子那儿住了一段时间，晚上聊天，白天就跑去邮局，趴在斜面的电报桌上写长篇小说。有一次，马哲来西川家，大冬天的只穿了一条单裤，西川的妈妈怕他冷，把西川的秋裤外裤什么的全给了他。马哲有次吹牛说，西川你看着吧，我过两天肯定上《人民日报》头条。西川就笑话他，你一个“马贼”，还上《人民日报》呢。不曾想，过了没多久，“马贼”犯事被抓了起来，西川看电视，新闻审判现场，“马贼”穿的还是他的裤子。西川的妈妈虽然跟诗歌界没什么关系，但说起当年的诗人们，她全都认识。因为西川家有洗衣机，张枣出国前，曾拿一堆脏衣服、袜子来洗。西川的妈妈就说，枣啊，你怎么有这么多双袜子呀！她叫海子“小查”。海子死后，她还常常念起来，说小查那张小脸可真够俊的。

许知远问过西川一个问题，大意是，作为80年代的那一拨诗人，你没有留下传颂一时的名句，会不会感到遗憾？其实，相比于海子生前的默默无名，西川在二十几岁，已经发表过《在哈尔盖仰望星空》《把羊群赶下大海》等“名篇”：

请把羊群赶下大海，牧羊人，
请把世界留给石头——
黑夜的石头，在天空它们便是
璀璨的群星，你不会看见。

请把羊群赶下大海，牧羊人，
让大海从最底层掀起波澜。

“86诗歌大展”上，朋友向他约稿，必须得有个流派，他找不到人“结派”，只好单枪匹马，自命“西川体”。1988年，各种刊物上都是他的作品，有人开玩笑说，今年是西川年啊。不过，西川跟同辈诗人之间通信，都是互相批评，你说我这儿写得不好，我说你那儿写得不行。他自己也纳闷，《在哈尔盖仰望星空》怎么就成了好诗了，1985年那趟青海之旅，他还写了一首更满意的诗《高原》。

西川说，他不愿做“本事诗式”的文学解释，但海子的《面朝大海，春暖花开》里有一句“愿你有情人终成眷属”，其实是说给他和骆一禾的。骆一禾是1961年的，海子比他小三岁，比西川小一岁。当时海子不想结婚，也反对他们结婚，但两个老大哥没听他的。海子于是送上了这样的祝福。

1989 年 3 月，海子在山海关卧轨。骆一禾去他的安徽老家帮忙料理后事，西川在北京为他们家募捐，两人做了分工。没想到，连日的劳累，使骆一禾也在这年 5 月昏倒在街头，医治无效而早逝。他在诗里一语成谶：“这一年春天的雷暴不会将我们轻轻放过。”

### 隐秘意志

因为整理和主编《海子诗全编》，西川感觉得了“后遗症”。有人在网上质问，西川，你为什么不继承海子的诗歌？西川哭笑不得，“我们是哥们儿，我比他还大呢，我有什么好继承的”。

西川说，如果说他的经历跟骆一禾、海子有什么不同，大概就是他后来有一些国际同行，而他们两人去世时太年轻了。1995 年，32 岁的西川第一次出国，是去荷兰参加鹿特丹国际诗歌节。他精通英语，也学过法语，不过法语后来用得少，全忘了。

1997 年，西川第一次去印度，感觉这地方有意思，很“邪门儿”。开会遇到一个上流社会的印度女性，没见过中国人，见到西川就说，我很热爱日本。西川连忙解释，他不是日本人。结果第二次碰到这人，她又对西川说，日本的樱花太美啦。在印度的经历，让西川一下子觉得“解放”开了。街上全是各种动物；大白天人来车往的，找个墙角就可以小便；有些底层印度人喜欢睡在地上，肤色跟土差不多，衣服也是土色的，走路一不小心就被绊倒；旧德里空气污染严重，1997 年，西川看到那儿的警察戴着防毒面具指挥交通。另一次，在新德里，朋友带他去一个废墟，小黑洞里都点着蜡烛，好多人写了小纸条在这儿许愿，相传精灵要是喜欢你就跟你走了。都是些怪力乱神、神神鬼鬼。

在意大利，西川曾住在一个15世纪的古堡里，当地人开车带他去附近的小城买冰激凌，看到城里在要大旗，夸夸夸的，很威风，原来是在庆祝建城1500周年。在阿根廷布宜诺斯艾利斯，有一座大楼，20世纪二三十年代按但丁《神曲》的结构盖的，100多米，当时的南美第一高楼。地下到地面一层是地狱部分。西川说，但丁怎么也想不到，他写《神曲》是为了别人模仿此书结构，建一座写字楼。

西川翻译过不少外国诗人的作品：博尔赫斯、米沃什、斯奈德、达维什……最近，他推掉了翻译一本美国诗人庞德作品的邀请。他的书架上，关于庞德的英文书就有几十本之多。他说，翻译庞德太耗精力了，没有五六年啃不下来。庞德经常冷不丁冒出一句希腊文，找希腊的朋友一问，人家说这句话是庞德自创的，查都没地方查。

在阿根廷，一位叫卡洛斯·路易斯的老人送给西川一本西班牙语版的博尔赫斯的《创造者》，上面有博氏的签名。卡洛斯在卡片上写了一段话："这本书是博尔赫斯1961年复活节送给我的，当时我是他盎格鲁-撒克逊课上的学生。保存多年之后，我很高兴把书送给您。当年博尔赫斯写下自己的名字，就知道——以博尔赫斯的方式——并不是送给我，而是送给一位未知的译者，后者将他的作品译成遥远而陌生的语言。把这本书送给您，我知道自己有幸成了隐秘意志的成全者。"①

① 博尔赫斯的学生卡洛斯·路易斯的题词由范晔先生翻译。

## 工作与时日

西川有一份和博尔赫斯一样的工作：直到去年调到北师大以前，他曾担任中央美院图书馆馆长。同时，他给本科生上中国古代文学史的课，带研究生做中国当代视觉艺术的文化研究。给学生出的题目有：中国当代宣传画中的知识分子形象、中国绘画中的少数民族角色。

“这都涉及当代中国的‘中国想象’，我一直感兴趣，就是中国人自己怎么想象中国，这和外国人的‘中国想象’是不一样的。”他说。

古代，既是西川授课的内容，也是他写作的素材。他的工作室里有一柄矛，从古玩市场上一个老太太手上买到的，只花了两百多。因为是杀人的东西，别人害怕。从孔子时代的墨玉砚、汉代小狗的陶塑、西晋的砖头，到各个朝代的陶罐、瓦片、青铜戈，还有埃及暴乱时从当地小村子里收的器物。不同时代、地域的“材料”东一个西一个，只有西川自己知道线索，“我不光读这个时代，还要摸到这个时代，这就使得我跟历史有了直接的身体接触”。最近，西川的新书《唐诗的读法》，也有他自己阅读唐代的线索。

虽然长期在美院工作，但参加画展对西川来说还是件新鲜事。他从小会画画，但很多年没碰过。一次开会，西川坐在下面无聊，拿钢笔和圆珠笔在纸上瞎画，被坐在旁边的一位策展人朋友看见，说画得还可以，别扔了，结果被拿去参加了一个叫“清风三百里”的画展。这事被欧阳江河知道，告诉了准备策划诗人、作家书画展的“梦边文化”。那边的工作人员跟西川约了时间过来取画。到了之后说：“西川老师，那咱们签个合同吧，我从您这儿取走几幅画，创作年代您得填一下。”西川说：“创作年代？就是昨天。”

艺术家徐冰问他，画画是什么感觉？西川说，比写诗简单多了。他忽然觉得，还可以靠这个吃饭呢。

几年前，西川在一篇受奖词里说：“我们正在体验，从时代生活获得语言，获得文学形式和文学意识。我已人到中年。一般情况是，一个人在越过了成长期之后，要么获得历史意识、思辨能力，要么就走上成‘仙儿’之路。‘仙儿’和‘仙’不是一回事。李白是诗仙，不是‘诗仙儿’。到目前为止我始终警惕着不要变成个‘诗仙儿’……”

# 提高我们的智力生活水平①
## ——答王雪问

我打开一本书
一个灵魂就苏醒
…………
我阅读一个家族的预言
我看到的痛苦并不比痛苦更多
历史仅记录少数人的丰功伟绩
其他人说话汇合为沉默……

史铁生曾在书里这样引用诗人西川的诗，而西川却自顾走进了书里，赴约一场跨时代的当代现场。

西川，诗人、散文和随笔作家、翻译家，在这个时代“孑然一身”

① 本次电话访谈做于2018年7月间。后发表于网刊《初见知旅》。导语为记者王雪所写。

地活着，年轻诗人曾说他，“不与读者的阅读期待合作，这是西川摆脱自己广受好评的早期写作风格的手段之一。然而吊诡的是，诗人真正不愿与其合作的，是那些没品位的人，或者说那些欣赏平庸之美的人。”

初次独家采访西川，一开始就感受了西川对美的自我要求，然后一起共同回溯了古人的创造现场，谈到后面，西川和我们讨论了当代人对时代的忧思，对思考力的思索，对文化研究的反向思维。

西川说，文学的讨论更是思想的讨论。

作为一个诗人，他不停地在伟大的头脑里穿梭前行，让我们看到他对语言、存在、文化、历史和社会生活所具备的高强感受力和思辨力。

当他用最具感染力的语言表达出他的思想的那一刻，我们被感染到，觉得这位诗人终将打破一切，掀开我们世界的一个角。

破，而后立。

## 西川 & 日常

**王雪：您说您是一个理性的人，滴酒不沾，可从您的言谈中我发现您也是一个性情中人，遵循自己本性就是性情中人，您怎么看“性情”这个词？比如北京人口中的“爱谁谁”，您是这样的状态吗？**

**西川：**待人接物方面不能“爱谁谁”，否则我就是“痴活”了这么多年。但在文学表达方面，我当然是“爱谁谁”。在我年轻的时候，我想这样但做不到，但是在有了一定的见识、阅历，见到了不同的风景、文化、人之后，当自己知道自己在说什么的时候，当别人有不同看法的时候，你就干你的吧。或者当文化主流朝一个方向走的时候，你也可以不朝这个方向走。

但如果没有准备就“爱怎么着怎么着”，那咱就是一个傻瓜蛋了。“愚蠢的爱谁谁”和“有背景的爱谁谁”是不同的。你总有你的思索、阅读、你与人的交往经验、你对对方思考路径的了解……这是一个综合的思考过程。

**王雪：**可以透露下您今后的创作方向吗？

**西川：**具体的我暂时先不透露了。我对于中国古文化一直都有兴趣，除了唐诗这一块，我对其他方面也有兴趣。如果还写这类论文、随笔的话，我会写一些和中国古文化有关的东西。

**王雪：**您最近看的是哪本书？

**西川：**我最近看一本有关中国古代商贸的书。作者从古代重农抑商的历史状态里重新整理出一些商贸史料。因为这本书，我又重读了司马迁的《史记·货殖列传》，那是一篇写得很好的文章。但说到司马迁，有些人会注意到《货殖列传》，有些人会想到别的东西。

## 西川 & 视觉艺术

**王雪：**艺术和文学怎样去结合？

**西川：**现在国外有些年轻人流行用 instagram 在网络上发表作品，

诗歌和插图相结合着发表出来（不是我们的诗配画），中国好像暂时还没有。在美国，年轻诗人有一些人是用 ins 来表达的，这个很有趣。

**王雪**：*您经常会去看艺术展吗？*

**西川**：我经常和朋友约在 798 见面，也经常会去看展，也会有朋友约我过去看。我不光在 798 看展，也会去故宫看古画的展览，比如春秋两季故宫晒画的展览，我一定会去看。有一些好的展览都会看。

我有幸看过很多中国古画的原作，在国内，在国外，包括前些年上海博物馆搞的"翰墨荟萃——美国收藏中国五代宋元书画珍品展"我也去看了。那时我还在中央美院，我们学生们都是一早坐飞机过去看展，晚上回来。当时我正好在上海附近开会，就撺掇着十来个朋友一起过去看了。中国美术史中介绍过的一些作品，我有幸见过不少原作。前段时间中央美院百年校庆时央美美术馆展览了《八十七神仙卷》，徐悲鸿收藏的，只展三天。美术馆的朋友一给我打电话我就立刻跑过去看了。那是唐代的东西，原作，很难见到。

我现在虽然离开了美院，在北师大了，但美术、视觉艺术一直以来对我都很重要。

**王雪**：*有的诗人的诗是情绪化、情感化的表达，但您的诗作就很有画面感，和您喜爱美术有关系吗？*

**西川**：和我长期在美术学院教书以及我的个人爱好都有关系。我除了关注中国古代的东西，也关注，有时候更关注当代的东西，比如当代艺术。“美术”这个词已经不足以涵括当代视觉艺术了。

比如前几天我刚去798看了保罗·麦卡西的录影艺术，他是当代艺术中非常重要的艺术家，但我本人我更喜欢另一位艺术家——比尔·维奥拉。美国还有一位大艺术家，叫马修·巴尼。看他的影像作品我感到震撼。他们的名声都很大，对很多艺术家有影响，了解他们的创作理念在我认为是必须的。我在看展的时候会做笔记，我日常的生活状态就是如此。世界当代艺术中我喜欢的艺术家还有一些，比如做大地艺术的克里斯托夫妇（Christo and Jeanne-Claude），比如日本的井上有一，比如塞尔维亚的阿布拉莫维奇（Marina Abramovic），还有捷克摄影家扬·索代克（Jan Saudek），等等。

## 西川 & 古人现场

**王雪**：我在读《唐诗的读法》的时候，会有种广阔的、不拘泥的感觉，而不仅仅是在研究中国古代文学读法，这和您多年来专注西方文学有关系吗？

**西川**：我写唐诗也会和其他人的写法、介入问题的角度有一定的差异。我是世界文学的阅读背景，而许多人是在中国文学的上下文里读中国文学：从《诗经》《楚辞》这样一路读下来，是中国文学史的概念。我了解这个系统，因为我在中央美院长期教中国古代文学，但我读中国古代文学，比如唐诗——虽然我在《唐诗的读法》里面并没有太提到世界文学，但我的视野和背景是世界文学的——所以我看到的问题和别人不太一样。这些年我也从只看西方文学逐步扩展开来，我也会看印度当代文学，拉丁美洲当代文学，等等。

我的工作是一种打破局限性的工作，我了解到会有一些人不容易接受，但我必须要给大家呈现出更多不同的看问题的角度。

要讨论诗歌问题和文学问题，这背后的文化准备是很重要的。我接触到一些国外的好作家，我感到我们有必要开拓探讨问题的方式和加强思考问题的力度。我曾经反复强调，在当代中国，我们得提高我们的智力生活水平。中国有不少的专家和学者，但没有普遍意义上的智力生活。且不提所谓知识分子生活，那太奢侈了，别人会觉得你煞有介事。

智力生活关系到对很多问题的辨析，比如现在很多人练书法，都练二王，但二王那个时代根本没有桌子，所以那个时代的书法是不可能趴在桌子上写的，但现在大家的书法都是趴在桌子上写的，和王羲之写字的姿势不同，如果我们多个心眼儿，把自己置身到那个时代场景里，就会发现很有意思的问题。我们现代人用不是王羲之的姿势和工具去写王羲之风格的字。

同样的道理可以拿来看唐诗，为什么没人从这个角度回到唐朝？

**王雪：**比如王羲之的《兰亭集序》，宁波天一阁收藏的神龙本《兰亭集序》石碑，尺寸是非常小的，和我们现在常规所见到的帖子是有很大的区别的，而且，他是在流觞曲水的场景里写出的，的确没有桌子。

**西川：**是的。尽管装裱可以追溯到晋代，但到唐朝，书法挂轴的概念并不普及，所以他们书写的很多东西不是为了挂出来看的，所以尺寸不大。过去书法的功能和现在的功能是不一样的。当然唐人要写碑，画出的画要装裱到屏风上，或者直接在庙宇、道观、住室、墓室的墙壁上画壁画，那个大，但不是卷轴的概念。如果我们研究器物史的变迁，会发现很多不同。

那时候用的毛笔和现在的也不一样。很多人喜欢用长峰笔，但长峰笔是在宋朝以后才有的。

为什么我在《唐诗的读法》中强调要回到他们那个现场，因为我有我的现场，他们有他们的现场，我不可能完全回到他们的现场，我不可能完全成为一个唐代的诗人来写诗。我的当代性不等于唐朝人的当代性，但是我发现两者的结构性是一样的，他们有他们的当代性，我有我的当代性。

现在我们很多阅读的问题就出在这里，大家又不能回到唐朝，然后又不充分意识到自己在当下的当代性，与此同时摇头晃脑地背唐诗背宋词。我不希望把这些中国古代的东西变成程式化的东西，程式化的东西会驱逐所有创造性因素。

我虽然只写了《唐诗的读法》，但完全可以用这种方法再写本《楚辞的读法》——我本人近期不会写，这不是我的主要工作——如果我们回到屈原当时合纵连横的战国时代，会发现这个时代和战国初期也不太一样，所以还原到那个时候就有意思了。只背诵“路漫漫其修远兮，吾将上下而求索”有什么用？把屈原变成鸡汤文作者、励志大师我们就能心安理得地长五斤肉吗？你得问：屈原的时代究竟什么样子？他的朋友是谁？他的老师是谁？屈原一个楚国人为什么接受的是北方的思想？他是通过什么途径接收到的北方儒家思想？庄子也是南方人，他们家原先是楚国人，后来跑到宋国。那为什么庄子、屈原两人思维方式是一样的，但是对国家、天下的想象是不一样的？当这些问题提出来之后，我们就真正进入到要了解战国的状态中，这时我们才有可能明白屈原是怎么回事，明白屈原和他的作品之间是什么关系。屈原和大多数被系于其名下的楚辞作品之间的关系，是到东汉王逸作《楚辞章句》的时候，才完全确定下来。这都是可以写书的。

**王雪：**任何一个时代都有它的当代性，您给读者提供了一个新的角度和思维方式，让他们恢复到了当时的时代，那为什么做这个讨论？

**西川：**因为当代人也要写东西，那当代人在当下的工作状态里怎么工作？他在他那个时代工作，你在你这个时代工作，工作的方向和背景都不一样，但有一个是相同的，就是他和他的当代生活之间的关系，与我们和眼下当代生活之间的关系，这个结构是一样的。我更多是从写作、创造这样的角度来介入中国古代文化这个话题。

我写《唐诗的读法》，是为了更好地讨论当代，我们回溯到古代，回溯到当时的环境之下，是为了讨论我们当代人。没有这个意识的人肯定不明白我为什么要这样做。

**王雪：**所以您的着墨点是在这些古人当时的创新性和开拓性上，是吗？

**西川：**当然。只不过时间长了，过去了，我们把这些事忘了。我们拿过它们来就说这些是大经典，但所有的大经典都是被一笔一画写出来的，在当时它们被一笔一画写出来的时候可不是大经典，有可能明天就丢了。它们是经过这么多年，被不断重新解读，被后人赋予了很多东西之后，才成为大经典的。

**王雪：**后来您又采用相同的方法去介入更多的古代文人现场吗？

**西川：**我并不是一个研究中国古代文学的专家，这个我非常清楚，我的本职还是一个诗人。有些人有误解，认为《唐诗的读法》是一本研究性的工具书，希冀读过这本书就能更好地欣赏唐诗，他们搞错了。我希望他们能更好地理解唐诗的生产，并理解我们今天为什么写不来唐诗而不得不写另外一种形式的诗歌。扩大说来，我们今天的一切文化创造都与我们的处境相关。当然，毕竟唐诗、现代诗都是诗，所以我也努力呈现出唐诗的高度。

这本小书的性质属于文学批评，只不过批评的对象是唐诗。我用了一套批评的眼光来看待文化。我不是做唐诗研究的角色。但大众读者不是很了解这一点——大众读者可能根本就不关心什么叫“文学批评”（报纸杂志上的吹捧文章、豆腐块文章、文学知识小常识，那都不是“批评”）——大众可能更关注传承和保护中国古代文化的问题，他们不会用批评的眼光来看待古文化。

我非常受益并且景仰做中国古代文学、文化、思想研究的学者，但他们不是做批评的。

## 西川 & 创作方法

**王雪：**那之后，您会更加着重文学批评的工作吗？

**西川：**我同时会做许多工作，写作、翻译，文学批评是其中一部分，我做不同的事，但都会有批评的眼光，连我自己写作当中也会使用这种批评眼光。20世纪初期法国象征主义晚期有一个诗人，叫保罗·瓦雷里，他说当代写作（当时的现代写作）是把批评带入写作当中。这是现代派以来很多人都在做的事，不完全是19世纪的工作方法。

**王雪**：*写诗歌有方法吗？*

**西川**：写现代诗没有格式化的方法，但有不同的风格。现在大多数人写的是抒情诗，其实古代诗歌中也有很多是叙事性的，比如杜甫就有许多这样的诗歌。他的《北征》是夹叙夹议，现在很少有诗是夹叙夹议了。当我们接受了现代主义文学观以后，再回过头看中国古代文化，发现里面本来就有很多类似的东西。但后来大家慢慢忘了，忘了之后大家理解的中国古诗词就显得特别单薄，我们理解它们的方式就变得比较窄，我们能够欣赏的中国古典文化也变得特别少。

这就是我经常会说的，我们去了解唐诗，不能仅限于《唐诗三百首》，那是用来作启蒙读物的，蘅塘退士是不满意《千家诗》的编法，所以才选编了《唐诗三百首》。读者不能给自己设定，以为唐诗就是《唐诗三百首》，“唐诗”是一个大得多的、更丰富的概念。

所有儿童读物必须满足两个条件，一是道德正确，二是语言平易。但这无法满足真正的文学创作的要求。比如古人的阅读背景是经史子集——唐诗写作的文化背景其实就是经史子集——中国古典诗歌背后有一套政治、文化体制，非常复杂。所以人们说的“熟读唐诗三百首，不会作诗也会吟”，是不能说给李白、杜甫、王维、韩愈、白居易、李商隐听的，会被人家笑话死你。任何一个年代的文学创作都不会这么简单。读点诗，写点诗，拿“儿童文学”自己娇惯自己，都没有问题。但古代士子们背后，那一套文化背景是非常深厚的。咱不能以为古代士子们也是拿“儿童文学”自己娇惯自己。

但是，现代人没有了与古人相似的阅读范围和伦理观念、政治观念。当然，当代人也没闲着，我们的阅读广度也是古人不能想象的，但阅读内容换成了其他一些东西，比如物理、化学、地理、统计、社会学、人类学、考古学等等，外国文史哲就更不必说了。咱们还看电影、听贝多芬、听摇滚、喝咖啡——咱们喝的酒都不是唐朝人喝的酒。我们得充分意识到，除了语言不一样（古汉语、现代汉语），当代人读的东西和古人也不一样。

**王雪：**怎么处理现代科技和古代人文的冲突和时间分配？

**西川：**咱们生在科技、金融时代，过的是现代人的生活方式。我有个朋友，梦想着去终南山隐居，但条件是必须能在山上接发快递！对许多人来说，所谓文化就是古代文化，这是个错位。没办法，只能这样拧巴着。知道自己拧巴就好。

## 其他

**王雪：**您的金钱观是怎样的？

**西川：**够用就行。当金钱数量到了一定的地步，生活就不会再有改变了。到了一定的岁数，你也懒得在生活方式上更上一层楼了。

我们处在现在这样一个财富阶段。中国人和外国人的金钱观其实挺不一样的，在那些顶级富豪那里尤其如此。比如做对冲基金的索罗斯，他有这么多财富，却是为了推动世界民主化，他要在这个世界上建立开放社会，他要用赚来的钱实现他老师波普尔的理想——开放社会，所以他设立了民主基金。我曾经在纽约街头见到过他的女儿，就是很普通的一位中年妇女，钱对他们来说，就是改造世界的手段。再比如比尔·盖茨，他赚的钱很多用在了在非洲治疗艾滋病上，他的家族还在中国设立了敦煌保护基金会。这基金会的主席是比尔·盖茨的继母米米·盖茨，亚洲艺术史专家。我曾经专门请她去中央美术学院做过关于敦煌保护的讲座。他们挣钱，然后改造世界。

但对中国很多人来说，钱还是意味着私人会所、私人飞机等等。钱可以用来彰显身份——我管这叫"富人穷骨头"。中国的有钱人和明星们也做慈善，但总让人觉得那其中多数人是把慈善做给闪光灯看的。其实想一想，我们就处在这样的社会观念、科技水平的时代，能够享受的生活也就是这样了。

**王雪：**您可以推荐给读者一本书吗？

**西川：**赫茨勒的《乌托邦思想史》。这本书曾经让我受益良多。我这里还有一本费伯版《乌托邦文选》(*The Faber Book of Utopias*)，约翰·卡雷（John Carey）编，但这本书没有中译本。这本书中收有陶渊明的《桃花源记》。全球对乌托邦思想的研究一直都在进行。一方面我们保持着心里的乌托邦，另一方面我们关注着历史按照它的逻辑往前走。我们的喜怒哀乐全在这里。作为个人我们无法逃脱。

**王雪：** 您想过要描写苦难吗？

**西川：** 我关注苦难，也关注无聊，关注社会，也关注自己。我并不认为写了苦难的文学就比写了灵魂的文学更伟大。卡夫卡没写过苦难，但他是 20 世纪最伟大的文学家。他写的是荒谬、约瑟夫·K.、永远走不到的城堡，那个并不是苦难，但他提出了 20 世纪关于存在的最核心的问题。

# 我把保守的一面都留在了画里

## ——答佳作书局问

2019年6月29日至7月28日，北京798艺术区佳作书局举办由丛涛策展的尹吉男、徐天进、西川书画展“无意于书”。展览期间，佳作书局对西川做了如下访谈。Q为采访者，A为西川。

### 谈作品

**Q：**您平常经常画画吗？

**A：**不怎么画，小时候去少年宫学过，之后就不怎么画了。2017年时，今日美术馆组织了一个作家的画展，我有几张画参展。过去古人拿毛笔写完字就可以同时画画，现在人写字用电脑，要想画画，就得在桌子上腾出一些地方。我正好有一些日本的纸，都是一尺乘两尺，折后正好一尺乘一尺，然后就画了这些画。刚才陈文骥老师说，一看你这画就知道没什么野心。他说你看美院的人的画，全有野心，换句话说，全都有抱负。我画画就没什么野心。

Q：所以画画对您来说就是怡情养性的事情？

A：它甚至都不是怡情，因为怡情得是自动地做这个事情。我平时不怎么画画，就是开会无聊的时候随手画。有时会用开会预备的两张信纸，一张写发言的内容，另一张画点东西。之前随画随扔，或边上坐的人想要，就送给他了。直到美院的一位策展人提醒我，“留着吧，也许将来有点用”。现在开会时候乱画的我也留着。画画时也没什么想法，上面只有线和点。其实我什么都能画，能画树、房子，能画人，但是这次展出的只是笔和墨、线和点，这些最简单的元素。

Q：您有考虑笔法吗？

A：只是中锋运笔，我自己也写字，我知道有人用侧锋，但我主要是中锋。我对于美术这块没有野心，但我喜欢看画，累的时候翻翻画册。当然，我实际上真正喜欢的画不是我画的这种。我喜欢宋代，尤其是北宋。北宋的山水是伟大的成就，这是个人爱好。另一方面，因为我在写诗的时候，绝对不是老派的写法，有前卫和实验的地方，但是每一个人身上除了有比较实验的地方，也有保守的地方，这种保守就留到了我画画的时候。好多人身上都有这种特点。比如你看《尤利西斯》的作者詹姆斯·乔伊斯，他把所有的保守都留在他写的合辙押韵的诗歌里，他的小说会疯成另外的样子。

我有比较保守的一面，这是我保持一点点跟中国古人的联系。我一方面觉得自己是很实验的人，但是另一方面，我对中国古代也很热爱。当然这种热爱跟中国当代的搞国学的人不太一样。我自己的基本观点是，每一个古人都有他自己的当代，就是每一个古人都生活在他的当代。他跟他的当代生活有密切关联，就像我们现在与我们的当代生活密切关联。在结构上面这个是一样的。中国古人只不过之后被经典化了。其实国外的很多大经典，比如《神曲》，已经是大经典了，可是在当时不是经典。但丁的革命性太强，他写的天堂里面引着他走的那个女孩叫贝雅德丽采，是他在街上看到的女孩，因为喜欢就给人写到诗里了，然后就永垂不朽。那个位置本来应该是圣母玛利亚，他敢让在街上看见的一个邻居站上这个位置。而且当时的人是用拉丁文写的，他直接用意大利文。现在咱们把这个都忘了，现在都觉得这是大经典，文艺复兴的第一部伟大的诗篇，实际上革命性太强。中国古代也一样，李白当时的革命性也很强，所以王维不喜欢他。我写的《唐诗的读法》很多人都接受不了，都是中国伟大的诗人，你怎么敢说他们俩关系不好。很多人不能理解一个活生生的创作的现场。其实每个人都不能免除这样一个心理，就是对于过去东西的经典化的眼光。这样也挺好，但是对于一个搞创作的人来说是不够的。

Q：您现在开始做一些水墨画。您未来对画上面有什么期许吗？

A：我没有野心。我一天到晚忙不过来，精力有限。还有我现在之所以敢画，还恬不知耻地拿出来，是因为我现在已经不在美院了。我要是还在美院我绝不拿出来。我长时间跟画画的人在一块儿混了这么多年，不敢乱说自己的画。

## 谈艺术

Q：您觉得人们画画的野心体现在哪里呢？

A：很多人画画的野心体现在想卖钱。所有要卖钱的人有两种，一种是老老实实画一种传统的画，也能卖钱，比如西方的油画或者是中国古画。还有一种是和当代艺术有关系的画，虽然当代艺术里的画确实是很少了。他们就是搞怪，搞怪是为了有可辨识度，有一个风格，为了获得可辨识度的一定是想出名和卖钱。有人的雄心更大一些，就是进入艺术史。

Q：像这样的人普遍的状态表现的怎么样呢？创作上面如何呢？

A：这就要开始得罪人了。因为我和当代很多艺术家都很熟。我觉得他们挺好的，都给我带来很多的启发。他们给我创造了这么一个好的艺术氛围，使我开了很多眼界。

Q：但是您从来不收藏他们的画。

A：他们一个个的画都那么贵，我收藏不了他们的画。

Q：您可以用自己真心创作的诗集跟他们换吗？

A：人家不跟我换，诗集太便宜了。

Q：您觉得中国当代或者世界当代有您特别喜欢的艺术家吗？

A：不一定是画画的。比如克里斯托夫妇做的大地艺术、塞尔维亚的阿布拉莫维奇我都很喜欢。还有一个捷克的摄影家扬·索代克，很色情，但是又暴力，他使童话和暴力能够结合在一起，比较有意思。还有井上有一，很多人可能不觉得他的字怎么样。主要是他那股子劲儿，我有一次看过一个录像，一个小电影，他写《心经》。一般人写《心经》拿小毛笔，特干净那种，蘸着金色。他写《心经》是拿毛笔在纸上戳，当然那不是书法，就是现代艺术，我还是特别受感染。还有就是前些年在798林冠艺术基金会展出的比尔·维奥拉的作品我也很喜欢。

Q：那比较古老的艺术家的呢？比如中国现在很多人还是很喜欢文艺复兴时期的，还有印象派。

A：我喜欢文艺复兴。达·芬奇一直是我的偶像。他不只是一个画家，他对于世界的想象，他画的那些笔记，都太厉害了。当然我还看了另一本书，里面说达·芬奇其实没那么厉害，也挺逗的。那本书是一个美国人写的，他提了一个问题，就是你不觉得达·芬奇的手稿跟中国古代的《天工开物》里面的插图很像吗？我一听愣住了。如果按照他这个危险的提问问下去，达·芬奇其实只是一个秘书，因为中国的东西有可能是商队传过去的，有可能是蒙古人打过去的，当时的蒙古人都带着很多工匠。虽然《天工开物》最后的成书比达·芬奇晚一些，但是中国工匠的那些图纸都是代代相传的，一定是徒弟模仿老师。所以达·芬奇究竟是怎么回事我也不知道，但是到目前为止我还是觉得达·芬奇太厉害了，不一般。

学生年代我喜欢印象派。现在我喜欢中世纪。在国外大的博物馆，我主要看里面的中国馆藏，因为瓷器、雕塑、绘画，各种佛像和玉器等很多好东西都不在中国。我还会多看几眼中世纪，因为我不了解。另一个是因为它被文艺复兴干掉了，但是反过头来看，尤其是受到现代艺术洗礼后，你会发现中世纪的东西很有意思，它不是现实主义的。也恰恰因为不是现实主义的，所以它有意思。没有经过现代主义洗礼的人不会喜欢中世纪，但是经过现代主义、后现代主义这些东西一洗礼以后，回过头来看欧洲中世纪，会觉得特别有意思。当然我自己的兴趣不光是在西方，我对东方的东西也有兴趣，还有对印度、阿拉伯世界的。

Q：您看了尤伦斯的毕加索了吗？

A：我刚从尤伦斯过来，当嘉宾谈毕加索的诗。毕加索也写诗，非常实验的诗，全是疯话。著名翻译家余中先先生翻译了《毕加索诗集》，我觉得毕加索的能量感太强了，他不是人，是一个神。毕加索不是那种奔着一种艺术风格去的艺术家。毕加索是想怎么来就怎么来，他不是风格类的艺术家，他是发明各种原理的。所以毕加索今天能画写实的，他的素描画得好极了，但明天又搞乱七八糟的东西，对他来讲一点负担都没有。对于一个美院毕业的人来说，会有负担。而毕加索没有负担，好像有用不完的创造力。尽管他已经非常经典了，但是你每次靠近他的时候，发现这个人好能折腾。而且折腾到最后怎么折腾怎么是，怎么折腾怎么成，那个已经是很高的境界了。写一些疯狂的诗的时候他已经 54 岁了，真不是一般人。刚才有听众觉得毕加索搞成这样一定是深思熟虑，不是，毕加索完全是能量用不完。

## 谈书店

Q：咱们说说书店吧。大家都说 798 这一年很糟糕，但是我觉得现在，尤伦斯有毕加索，这里新开了书店，还是挺好的。

A：原来佳作书局就在美院边上。我在美院最后一个工作是在图书馆，和佳作书局还有合作。然后佳作书局又搬到这边，挺好的。

Q：您觉得好书店的标准是什么？

A：我在国外逛过一些特别好的书店。巴黎有一个莎士比亚书店，书店有床，进去可以躺着，愿意干什么就干什么。在国外我去过一些小的旧书店，特别舒服，犄角旮旯里发现的一些小书店。

Q：尹吉男也是对旧的小书店特别有感觉。

A：说明我们俩是一代人。现在实体书店其实挺难的。我刚从德国回来，我住的酒店边上，有一天我从侧门出去，发现这儿有一个大书店，里面有挺大一块是英文书，虽然没有那么多，但是也很好。国内一些书店的性质慢慢转变了，因为要生存。但是我想书店对于一个主要想买书的人，应该是你想找什么都能找到。在美国纽约的百老汇边上有一个书店，它有8英里长的旧书。像个图书馆，但是是买卖的，检索能力和找书的能力特别强。如果是某一个题目的书。我会找老的、可能断版的书，那种东西，就是比较绝门的。我喜欢逛旧书店，喜欢那个旧书的气息。

**Q：您对中国的书店有什么期许？**

A：从我私心的角度讲。我对中国书店的要求是，中国所有好的书店是卖诗歌的。所有国外的好的书店一定是有一个“poetry section”（诗歌区）。在中国你只能从“poetry section”找到非常差的那种诗歌。我刚看到一本诗集《唐纳德·特朗普的美丽诗篇》（*The Beautiful Poetry of Donald Trump*），在德国买的，是美国一个叫罗布·西尔斯（Rob Sears）的诗人编的，他把特朗普的推特发文摘编成了一本诗集。我在那看着看着自己就笑了起来，太好玩了。有一首是特朗普骂小布什的，第一句就是“小布什就是一摊狗屎”。这本书是美国《星期日泰晤士报》的畅销诗，特好玩。对我来说，诗歌又是写作的内容，也是玩的东西。中国人觉得诗歌太无趣了，就是因为不会玩诗，他们觉得诗歌都得是徐志摩那样的。讨厌的人也是讨厌这个，喜欢的人也是喜欢这个，这个都是20世纪30年代的，太老套了。我们诗歌就是没玩起来。像拉丁美洲的那帮年轻人，他们最近在写一种诗歌，加上当地一种很风骚的舞蹈，我把这种诗翻译成“骚俳”，就相当于用五言绝句讲广场舞。还有一种在欧洲挺流行的叫现场诗歌，一般普通的诗歌朗诵来个五六十人，三四十人就显得很多了。这种现场诗歌在德国每一次都能来五六百人，而且是买票的。年轻人可以翻着花样地朗诵。你在中国看诗歌朗诵都是那种舞台腔，国外的五花八门好玩极了。

Q：您带着年轻人玩。

A：我玩不动了。我建议年轻人做一个实验的小剧场那种。咱们把朝阳公园包下来。一边是摇滚乐，一边诗朗诵，一边广场舞。广场舞和摇滚乐太好玩了。我觉得年轻人应该做这个，应该有活力。

# 当代水墨画中的矛盾与问题，从宋画谈起①

## ——答杨公拓问

**编辑**（以下简称“编”）：您写了很多有关宋画的诗作，看来您一定很青睐和关注宋画？您怎么看宋画？

**西川**：我只写过三首与宋画有关的诗，不算多。宋画，其实可以上溯到五代，包括北宋、金和南宋的绘画，与后来成为主流的文人画，有很大的不同。我原来很喜欢元代以后的文人画，现在依然喜欢，不过对宋画，现在我可以说“痴迷”。

我们现在知道的北宋画家中大部分是专业画家或者皇族画家。他们和画院关系密切。像苏轼那类鼓吹文人画的人，在当时，在绘画舆论方面，还没有居于统治地位。北宋的绘画趣味，在山水画方面，是荆、关、董、巨、李成、范宽、郭熙等人确立的，不是苏轼确立的。

① 本文为2012年12月19日《藏画导刊》美术编辑、诗人杨公拓在中央美院人文学院采访西川的文字记录。本访谈发表于《藏画导刊》2013年第3期《开坛》栏目。

尽管后来的董其昌标举董、巨，但已经有人指出，像被归在董源名下的《夏景山口待渡图》《夏山图》《潇湘图》等，很像是出自元代的吴镇这一路画家。现藏美国纽约大都会博物馆的《溪岸图》倒像是宋画。元以来，尤其是明、清，文人画多是出自业余画家之手。至少自董其昌以后，绘画的业余性被格外强调，尽管明代也有仇英那样的“画匠”。

中国当代水墨画家（多数，但不是全部）沿着这样一条业余画家的路走下来，不知是否意识到了在他们的美学追求和他们具体的工作模式之间，存在着矛盾。当代画家多是美术学院专业训练出来的。画家们不是文人，也不是官员，也不像古人那样读圣贤书（可能会挑几本看看，但在这方面说不上训练有素），所以，现在的中国水墨画家是一群专业画家假装成的业余画家，也就是说他们的业余绘画风格是被专业地训练出来的，而这种训练，一般说来，又使他们远离北宋画家的那种“十日一水，五日一石”的专业性。倡导南宗画、文人画的董其昌把除董源、巨然之外的北宋画家，还有南宋的李唐、马远、夏圭等都归为北宗画。董其昌反对北宗画的理由之一是“其术太苦”，他认为这会使画家折寿！

宋画里典型的北宋画和典型的南宋画又不一样，它们有很大的区别，因为金人不仅把徽、钦二帝掳走，他们也掳走了北宋内府所藏的绘画。所以，实际上真正继承了北宋画风的是金人。这样南宋画家就被抢得没东西临摹了。在被掳向北方的宋人中有一位宫廷画家，李唐。这人中途逃跑，跑回了南宋，成为南宋的宫廷画家。所以，极而言之，整个南宋画家只能模仿一个人，就是李唐。李唐学的是范宽。范宽早年学李成，后来自辟蹊径。在李唐晚年，他在绘画上创用大斧劈皴。中国山水画里主要的皴法有两种：斧劈皴和披麻皴。

原来北宋画家讲究写实（但也不是我们现在说的“现实主义”），而且长于通景画，做巨障山水，上留天下留地。到南宋后，马、夏不再做全景构图，开始在画面经营个边呀角呀什么的，而且用笔刚硬。还有一些宫廷画家，业余时间开始做简笔画，这样慢慢就影响到了日本，成了禅宗画。文人画的观念可以追溯到唐代的王维，但真正的绘画本身的东西是这样形成的。到元朝，整个汉族文人阶层都退到了统治阶层的边缘或之外（赵孟頫、高克恭除外），时代的文化风气就变了。画家们就开始写心性了。

美国有个艺术评论家说过一句比较极端的话：“全世界艺术有三大高峰：古希腊雕塑、贝多芬交响乐和中国北宋的山水画。”看中国古代绘画，别的画你能说逸品神品什么的，但看北宋的画，你就觉得伟大。别的画不会让你觉得伟大，你会说构图了不起，笔墨真牛，可是心里你不会觉得与“伟大”撞了个满怀。所以，我对北宋画特别着迷，我对北宋绘画的热爱甚至超过了对宋词的热爱。我们现在能够看到的北宋绘画多与宫廷文化有关，但荆浩、关仝、李成、范宽、许道宁等都不是宫廷画家（李成是唐宗室，与宫廷趣味可能沾点边，许道宁是卖药的出身，后来与达官贵人往来）。所以也可以说是这些人塑造了宋代所谓的“宫廷趣味”。

**编：**当时是不是由于宣纸还没出现，所以国画没有出现写意性的画法，因为很多宋画都是画在绢上的吗？

**西川：**纸中国早就有了，晋代陆机的《平复帖》就是写在纸上的。王羲之的书帖全是纸本。我见过唐代的麻纸。像北宋李公麟的《五马图卷》、徽宗赵佶的《柳鸦图卷》等都是画在纸上的，更别说被后代文人画家们推重的米氏父子的“米点云山”，都是画在纸上的。当然那时画家们作画主要是用绢。纸在文人画时代大量使用当然与文人画家们追求笔墨趣味有关，这有玩儿的意思，所以说它是业余的。

今天的问题就是一帮专业画家假装自己是业余画家，这是中国绘画史留下的尾巴，是直到今天还有问题、有待理顺的尾巴。此外，我在中央美院这个地方，还能感受到一个有意思的问题，那就是写生在当代中国画实践中扮演的不是一个可有可无的角色。中国古代画家也写生，比如荆浩画太行山水，李成画营丘山水，范宽画关中山水，但他们写生，没有使自己变成现在所谓的“现实主义者”，这很有意思。如果非要给他们安个头衔，那可以是“宇宙主义者”或“天地主义者”。但自徐悲鸿留洋带回来写实主义绘画，和毛泽东《在延安文艺座谈会上的讲话》一文的出现，画家的写生开始与时代气息相结合。这使得当代水墨画实际上有点回到北宗画的意思。现在学院里倡导的写生和文人画写心性、拟古、仿古又不一样，我管现在的这种建基于写生的山水画、挂到人民大会堂、省委省政府里去的山水画叫“社会主义北宗画”。这不是宋代的北宗画，是社会主义北宗画。画个陕北呀，画个漓江呀，画个崇山峻岭呀，江山如此多娇。石涛有“搜尽奇峰打草稿”的说法，但他画的东西有任意性，他不追求和大自然本身的形似，他追求一种内心和大自然的应合。现在美术学院里教的那一套，实际上是要求你首先能画得像。这从宽里说是北宗画，是专业画家以业余画家的趣味画出的宽泛意义上的北宗画——这样说真够绕的。这是当代中国全部的文化矛盾乃至悖论的视觉表达。

现在画家们画的当然更不是董其昌所倡导的那种南宗画。南宗画那种逸笔草草，带有某种业余性，带有文人修身养性的性质，这种画现在也有人能画得挺好。但首先，现在已经没有过去那样一个文人阶层了，就是有，这文人阶层里也没有那么多画家了，而在当下文人阶层里的这些画家，大家又不享有一个共识。但有个别人能在过去的套路上画得很好，那套技法都会。一些年前，有个画山水的画家叫黄秋园，他好像一辈子都在银行里工作。他去世以后，中国美术馆为他做了一个很大的展览。李可染去看，看了以后说过一句话："国有颜回而不知，深以为耻。"李可染大人大德，看到黄秋园的画以后，有一种耻辱感。但这不是李可染的责任和问题。在我们中国当时那样一种历史环境中，黄秋园画那种画，就会被冷落，这没什么好说的，这是历史造成的结果。

**编：** 您曾写过《题范宽巨障山水〈溪山行旅图〉》《再题范宽〈溪山行旅图〉》的诗以及《题王希孟青绿山水长卷〈千里江山图〉》等。当时是出于一种什么样的想法来以古代画家的作品为题材写这些诗的？

**西川：** 我一共就写过这三首有关宋画的诗，其中两首写的是范宽。我非常喜欢范宽这个画家。如果不了解范宽，你不会知道，范宽在画面上使用雨点皴和条子皴，全是点，而且一层一层。所以读我的《再题范宽〈溪山行旅图〉》你会发现我的用句方式特别短促，这就是在模仿范宽的笔触。不懂画的人看不出来这些东西。这首诗被挂在了网上。我看到有读者留言，说这首诗，或散文诗，写得不够简洁——

这又是诗歌写作作为金科玉律的陈词滥调——范宽的绘画相当密实，并不追求倪瓒那种简远的风格。你不能拿文人画来要求宋画！

一般写诗的人都要跟唐代发生些关系，回到李白，回到杜甫，但对我来讲，写作不是那么简单的事。我能回到一个诗人那里，为什么就不能回到一个画家那里？也许我脑子长歪了，不太适合大家。但这跟我生长的环境，接触的人，小时候养成的习惯，长大后所认识的世界，对现实和历史的理解等都有关系。

北宋的北宗画——比如郭熙的画，他在北宋画家里也是大个头——对我的写作有所启发。比如郭熙画山，不是按照画山的方法画，而是按照画云彩的方法画。他画的树，很是树，但枝子都是用画螃蟹爪的画法画的。按照画蟹爪的方法画树，按照画云彩的方法画山，就有些像我的写作。你要想写一个人，你可以用写猴子的方法写人，这和只能用写人的方法写人，效果会大不相同。这就像博尔赫斯用英语写西班牙语，一个意思。还有另一个启发：北宋山水画实际上是通景画，这种巨障山水就相当于文学中的长篇小说。我现在写的东西中有一些比较长，就是由于铺开来写的缘故，我可以写得像北宋山水画一样。我的诗体积感很强，体积感和北宋通景山水画是一致的。我注重视觉上的一些东西，对诗人来说，视觉想象力很重要——这应该是T.S. 艾略特说过的话。

**编：**现在元画似乎受到很多人的喜欢？您怎么看明清的绘画，近现代的呢？

**西川：**大多数人喜欢什么，不喜欢什么，我不在乎。“很多人”

和我没有关系。元画很好，但元代画家也不一样。比如说元四家，元四家的倪瓒一直被认为是最好的，我也很喜欢。倪瓒的那种精神性、空间感，那种简洁、邈远，我都很喜欢。但元四家的王蒙就很繁复，王蒙和倪瓒两人关系好，但这两人是各有一道呀！黄公望和吴镇也都很好。但董其昌认为在黄公望身上依然存有些“纵横气”。元画给我带来一种安宁，一种精神上的滋养，但对我的写作不构成刺激。我总是从如何激活创造力的角度看问题。

明清的画我也喜欢，特别是沈周和龚贤的画。但四王的画和北宋的画放在一起，我就烦了。单独看，四王都很好。王时敏可繁可简，可以构图宏大；王翚甚至可以画宫廷画，比如他现藏北京故宫博物院的《康熙帝南巡图》，简直像另一个人画的。我也喜欢八大山人，石涛，但更喜欢八大一些。2011 年我去美国巡回朗诵，走到华盛顿，去了弗利尔美术馆。我和女诗人周瓒。BBC 为我们在那里做了一个视像的采访。采访的时候，在一间专门的屋子里，弗利尔美术馆把自己收藏的中国古书画挂在墙上作为背景，把一些长卷摊在了桌子上。我感到特别愉快，也很荣幸：他们为了这个采访，把八大山人的书法原作都挂出来了。这在国内不能想象。八大我很喜欢，他的秃笔、他的残山剩水、他不拘程式的构图、他画面的空白、肃杀和宋画里一丝不苟的天地宇宙有一拼。

我前些日子和几个朋友一起去上海博物馆看“翰墨荟萃——美国收藏中国五代宋元书画珍品展”，看到了董源的《溪岸图》、李成的《晴峦萧寺图》和范宽的《雪山楼阁图》，还有黄庭坚晚年的书法《廉颇蔺相如传》，都是最大的名头。太震撼了！真使人有一种感激之情。

**编：**中国画讲究诗书画印一体，但这里的诗是指古诗，您也曾写过五言七律，您认为新诗对国画有没有作用和影响？如果有，在哪方面能感受到一些？

**西川：**宋画就不是诗书画一体，到了元、明、清诗书画才形成一体的样式。新诗对应的也不是传统的水墨画，古诗对应的是传统水墨画。新诗不对应传统艺术，新诗对应的是当代艺术，新诗对应的有架上的，也有不是架上的。“诗书画印”的诗应该是古诗。诗书画印有意义的地方，不在于要不要组织在一起，而是在于在过去这是一套综合的东西。那么，你的诗歌和你的绘画之间的关系，你的绘画和你的书法之间的关系，你的书法和你的印章之间的关系，这是一套综合关系。现在，没人问这些问题了，现在不一定是诗书画结合在一起了，今天一个艺术家也好一个诗人也好，应该依然是综合性的。但问题是在今天已经是画画的就是画画的这样一种情况。当然写诗的这里面有喜欢画画的，画画的也有读点古书的，但这已不是一种体制性要求。“诗书画印”是一个体制性要求，它们始终纠缠在一块儿，对艺术家的综合素质要求很高。今天的生活和市场对艺术家的综合性要求已经无法和古代相比了，问题出在这个地方。所以这不是诗书画印是否依然还结合在一起的简单问题，这是一个结构性的问题。通才和元代以来文人阶层业余绘画的性质是有关系的，比如一个诗人也能画几笔，一个画家也能写几首诗，能写几首诗和能画几笔画的人还能当官，不当官还能做隐士。但现在的专业画家就是画画，学笔墨的就是学笔墨，别的修养就差了。当代和古代的区别就是画家的综合素质不一样了。

还有，当代诗歌都是横着写，竖着写当代诗歌没法写，因为当代诗歌要空行，我看台湾印的新诗，是竖着印的，句子有长有短，和不分行的、整齐划一排版的古代诗歌看下来，感觉是不一样的。

**编：**古人说“艺无古今”。中国画和中国古诗一样到了近代以来都面临一场新的革命，中国古诗面临新诗的革命。中国画现在面临了油画、版画、装置等艺术形式的冲击，您认为国画这种艺术形式是否代表不了当代了？

**西川：**中国画和油画的很大区别在于，油画是什么都可以画，画个电灯泡、淋浴喷头用油画画是没问题的。中国古代绘画很多东西是不画的，除非你的画带有漫画性质。我曾看到美国学者高居翰讲到过这个事情：中国古代绘画是不画战争的，油画可以画战争。中国古代绘画也不触及死亡，它会表现吕洞宾、得道升天，而西班牙戈雅的绘画里就触及战争、死亡和噩梦。中国古代绘画有笔墨、文人的意识和技法的训练，它背后有一套精神性的东西，特别是道家的东西。这一点很重要：它有些东西是不画的，油画就没有这个讲究，油画什么都画。所以说中国古代绘画和西方油画是两种绘画。这两种绘画不仅仅是技法、绘画工具、装裱装框上的区别，它是两种绘画思想的区别。这样一来，你要求中国画在今天画生活当中的物象，实际上是多余的要求。或者你这样画了，你心里应该明白，这不是古人的绘画，这是新玩意儿。这是一点。

从另外一点上说，在当下，中国画有一个扩展艺术语言的问题。实际上从20世纪二三十年代起（如果上溯到清代广州的外销画，甚至上溯到明代的写实肖像画，那就更早了），艺术家已经在扩展自己的艺术语言了。从20世纪二三十年代起，真正的职业画家一直在做尝试，以使水墨画与时代生活相合拍。然后到了新中国成立以后，像江苏的钱松喦、宋文治、河北的赵望云等这些画家开始画一点日常生活，画人民公社，画革命历史题材，画移山填海，画大吊车、大桥、拖拉机等物象，人物画家中像刘文西、方增先等人已经可以画农民、工人、解放军了。连吴湖帆那样最文人化的画家、收藏家都在1965年画过《庆祝我国原子弹爆炸成功》。当然吴湖帆画的蘑菇云说不上是原子弹的蘑菇云。所以说，可以看出，中国画家一直在探索、扩展绘画语言。他们要使他们的绘画语言能够容纳当代的生活。这一方面显然是靠近了西方的绘画意识（当然是在一种革命意识形态的包装之下）。在这方面徐悲鸿带进来的一些东西发挥了重大作用（这和“赛先生”被引入中国是合拍的）。另一方面是毛泽东《在延安文艺座谈会上的讲话》。于是，政治力量和现实主义这两股力量合在了一起，使得中国的画家愿意扩展他们的艺术语言，而且愿意建立这样一种“社会主义北宗画”。

举个例子，比如李可染。他的山水画和清代以前的山水画，在题材上有一个巨大的不同，不同在什么地方呢？从东晋末刘宋初的宗炳开始讲究山水画的“卧游”品质，到李成画山东营丘山水，荆浩画太行山水，范宽画关中山水，这些都和他们的生活有密切的私人关系。文人画开始写心象，当然也画人在大自然中的行走坐卧——但已不是出现在北宋画中的渔夫、贩运者、推牛车的人，而是变成了文人雅士自己——但所有的这些东西都和李可染有巨大的不同。李可染画的是漓江、井冈山……这种画我管它叫“旅游山水”，而且是“胜地旅游山水”。古代画家和自然之间的私人关系，到今天只剩下一个程式化的旅游的关系——我不是住那儿，而是多少次去那儿，画一堆写生——已经变成这样的东西了。人和山水之间的关系都变了。我们且不说宋文治、钱松喦、何海霞这些人，即使像李可染，他和自然的关系也变了，他的画中有时代烙印在里面，有社会意识形态在里面，笔墨可能很好，画面满而黑，又透着光，是一种山水画的革命，但革命的意思就是，这里面的意识形态已经变了。古代的那种人和自然山水之间的关系、庄子的思想推动的中国人和大自然的关系，在今天已经变了，古代的山水在今天已经成为祖国的大好河山了，它是另外一种东西了。"大好河山""江山如此多娇"都是意识形态。都同样面对山，但你对它观看、体验、揣摩的角度、入手处会不一样。这是社会变迁的结果，这种社会变迁不是艺术家能够左右得了的，这也不是艺术家的责任，但艺术家生活在这样的历史潮流当中也跑不掉。我也看到有些人的传统画画得非常好，但是他们的命运就是被抛在一边。美术市场和美术史不完全是按照一个人的笔墨功夫来进行取舍的。这是接受美学、场域理论要处理的问题。

**编：**"五四"时期，康有为、陈独秀等都对中国传统文化，包括国画之类的艺术形式提出过尖锐的质疑和批判，而当年留日的画家陈师曾、傅抱石却极力维护国画的传统不被西化，大家都以为国画已经穷途末路了，但还产生了齐白石、黄宾虹这样的艺术大师。现在中国由于时代语境的变化，以后还会不会出现这样的国画大师？

**西川：**齐白石。艺术家徐冰曾经跟我说过：齐白石太好玩了，哪一个画家都达不到他那种状态，像齐白石的虾，老百姓人见人爱，知识分子也喜欢。你看中国哪一个画家的画被印在搪瓷脸盆上？只有齐白石能做到这一点，他和受众之间的关系，不是一个士大夫画家和一个受众之间的关系。他真正做到了让老百姓喜闻乐见。当然他这种绘画的日常化也受到了国家的鼓励。齐白石和现实社会走得特别合适。不过他虽然也画万年青、祖国万岁等题材的东西，但他基本的精神状态和绘画语言走的是民众一路。他本来是个木匠，不是士大夫。他后来的画和党的要求、艺术让人们喜闻乐见的原则很合拍。我曾见有人撰文，说齐白石是“近代疏体代表”，是“文言文的浅白化”，黄宾虹是“近代密体代表”，是“文言文的复杂化”；前者风格可以上溯到米芾、简笔梁楷，沿倪瓒、沈周、徐渭、八大、石涛下来，直至钱慧安、吴昌硕一系。后者风格可以上溯至王维、荆浩，沿董其昌、四僧、四王、整个南宗的密体墨彩系统，一路下来。我想，除此之外，我们还可以看到，黄宾虹在中国美术界的地位有点像沈从文在文学界的地位。黄宾虹解决的是绘画本身的问题，齐白石除了解决了绘画本身的问题，同时也解决了，或者说也处理了绘画和时代生活、时代语言之间的关系的问题。像我们刚刚提到的那些画家，钱松嵒、宋文治、赵望云等，他们要解决的问题主要不是艺术本质的问题、绘画本身的问题，他们主要处理的也是艺术和时代生活之间的关系的问题，他们要解决的是这些问题。石鲁是又一种情况，石鲁也画毛泽东转战陕北。可是他画的毛泽东很小，他在那个摆毛泽东的位置上画一个放羊娃也行，所以他主要还是画山水，但用墨用色都不是文人画了。石鲁是另外一种画家，他走的是一种打政治擦边球的艺术道路。说到这里，可以对他们这些现当代画家表达一下敬意：他们政治层面的艺术空间不大，但就是在这样有限的空间里，他们使自己成了可辨识的艺术家。

这已经很不容易了。

**编**：清代画家石涛说："笔墨当随时代。"但艺术家对这句话的理解并不相同，你是怎么理解这句话的？当代的画家根据您的了解，哪些画家"当随时代"了？

**西川**：我同意石涛的"笔墨当随时代"这种说法，但我觉得这话说得不全面，笔墨不仅仅是主动地"当随时代"，笔墨也是被动地"当随时代"。笔墨和什么有关系是问题的一个方面；什么笔什么墨是问题的另一个方面。这也是大家很少谈到的问题。除了一个时代的政治条件、主流文化价值观，仅仅从最基本的物质层面说，笔墨也不得不"当随时代"。你看汉代的毛笔和宋代的毛笔那是不一样的。汉代的毛笔和唐代的毛笔也不一样。我看过汉代毛笔的照片，在博物馆里见过唐代的毛笔。汉笔笔锋长一些，唐笔前面的毛特别小，一个小尖，有点像钢笔尖。当然我见到的实物有限，不能以偏概全。但据我听来的说法，软毫长锋笔到宋代以后才推广开来。又比如写字的姿势：我听研究这类学问的专家讲，王羲之不是趴在桌子上写字，他有可能一只手斜拿笔，另一只手斜持纸页——是不是下面还垫个东西我不知道。他写字时据说两只手同时动。我见过书法家曾来德写字。他可以在案子上写字，但他也可以把纸挂在墙上的毡子上，自己手攥毛笔，像攥把刀子那样在墙毡上戳着写。如果这么说，"笔墨当随时代"的说法中就包含了很多东西。它不仅仅是说我现在用小写意的方法，我画工人的脸用小写意，衣服大写意。不是这么简单的事。这里涉及你怎么看这个艺术，怎么理解这种艺术，你使用什么样的工具，什么样的工具被发明了，等等。现在有一种排笔，那么，你在绘画当中使用排笔吗？刷油漆的毛刷子你用不用？有些人就不用，坚持悬腕和中峰用笔。他们管这叫功夫。但宋朝人如果坚持使用唐朝人的短锋笔，那你也就不可能欣赏到黄庭坚。时代已经用长锋了，你写出的非得像短锋写出的东西，你这是和谁较劲呢？一个艺术家应该要穷尽手里工具的可能性。我以前写过一篇文章，是说文学界的人，诗歌界的人，20世纪的诗人假装自己是19世纪的人。后来别人还批评我，说我要和时代“对表”。它不是对表不对表的问题。有个研究红学的老先生叫周汝昌，他说，唐以后的书法全不足观，宋代的苏黄米蔡算啥呀！按照周汝昌的看法就是这样。我觉得这些说得也很莫名其妙。时代不断地变化，每一个时代的艺术家都应该穷尽手里工具的可能性。笔也好，墨也好，颜色也好，构图也好。每一个时代的艺术家都面临这些问题。

写作也是这样，语言特征和时代特征是互相映照的。比如你一天到晚开着汽车东跑西颠，你旅行的速度非常快，这和古人步行的速度是完全不一样的。步行或者骑马，坐着马车或者驴车，你穿过一座山或一个城市的速度，和现在穿过一座山、一个城市的速度已经完全不一样了。这种速度的不一样，使你看到的东西也不一样。当你慢慢走在山道上，你看到的是山边的小石子、小石子上的青苔、小花小草……你要是开着车“轰”一下过去，你只能看到一座山的大概，你的时间感受会不一样，这时候语言就需要有一个开拓。

我刚才说的当代艺术家想开拓自己的语言，容纳更多的当代生活，我认为这些东西完全是可以理解的，而且，我认为是对的。但困难出在哪儿呢？困难的是他不能超越自己的笔，他不能超越宣纸——也可以超越宣纸，但那就不是水墨画了。你用毛笔画一个钢铁厂试试，画不了，因为毛笔软，还有它和墨、纸之间的关系，这些都不让你表现工业题材的东西，表现不了。中国画表现农业题材，怎么表现怎么是，表现工业题材就困难了——“文革”期间的水墨宣传画除外。我这么说都是客气的：让你表现金融题材试试。只有画变成钱了，那是金融了。所以这些东西都是中国画家遇到的问题、难题，西方画家就不会遇到这个问题，西方画家对当代生活可以任意处理。

回到材料的话题上。绘画材料本身也有很大的局限。所以对中国画家来说，“笔墨当随时代”只是一个方面，另一个方面是工具也受到很多限制，而且不是在今天才受到限制，历朝历代的艺术家都受到工具本身的限制：笔锋有多长？用狼毫还是兔毫制笔？你的墨是松烟墨还是油烟墨？现在都用墨汁了。这些都是限制。在绢上怎么画？在宣纸上怎么画？在素描纸上怎么画？在木头上怎么画？这些都是问题。

**编**：*您关注了解“新文人画”这个流派吗？您怎么看这一流派？*

**西川**：我见过几个画新文人画的画家，我觉得他们画得都很好，但别叫“文人画”，因为不是文人，既不是老文人也不是新文人。古代的文人画家是业余画家，而他们都是专业画家，专业画家走业余画家的路。不是说这些画家没有知识，每个人读书都读得很多，但他们不是古代含义上的文人。古代文人接近于士，他们不是士，就好像我说我是诗人，但我这个诗人和古代诗人不是一回事儿。古代文人接受的都是儒家的那套基本教育。儒家教育包含了很多方面，诗、书、礼、乐、易、春秋；再比如说，“道不行，乘桴浮于海。”就是说这个世界没有道，那我就走了，儒家讲入世但也可以离开。现在画家不会想这些。现在的画家做不到“慎独”“吾日三省吾身”。当代画家不是不读道家，但他们在当代社会中的角色和古人的角色是不一样的。古人可以是内道外儒，内佛外道，或者相反。古人在社会生活中占有一个身份，要么是一个官员，要么至少是乡绅这个身份，有的画家是画工出身，但最后也是混迹于官场，而当代画家可以待在学校里，等到办展览的时候，请来个文化厅厅长、人大常委会副主任什么的踏着《运动员进行曲》步入开幕式现场，登上主席台，以充门面，以壮观瞻。

**编：**我看有些报道，您也时不时地收藏一些东西，能谈一下有关收藏的感受和想法吗?

**西川：**我在潘家园、报国寺和几家古董店买过些东西。我在国外旅行时也会在古董店、跳蚤市场买点儿中国的老东西。但我不是收藏家，也不是玩古董的人。我买的东西和我的写作、阅读有关系。都是些别人不要的东西，破烂，垃圾，但必须是真家伙，是历史本身。这类东西潘家园、报国寺还能找到，但越来越不容易找到了，几乎全是假东西。你看这个灰陶器，汉代的，不知道当时是做什么用的，我拿它当笔筒。我读诸子，我对战国的东西非常感兴趣，戈呀矛呀削刀呀钱币呀，还有盔甲件、车马件之类。这是孟子时代的东西！那是韩非子时代的东西！它们使我的阅读立体起来。

为什么我要读诸子呢？他们使我走出中国古诗的束缚，也使我走出当代西方诗歌、哲学、政治学、文艺理论的束缚。为什么要摆脱这些东西的束缚？是因为这些东西与我的现实感不能完全呼应。我读诸子很认真，一个字一个字地读，我读得很慢。读一本诸子和读当下的小说不一样，得下功夫。在读诸子的同时，我还会读一些它周围的书，关于这本书的其他的书。中国文化、中国学问、中国人的创造力、价值观，很多源于诸子。中国的知识形态和古希腊、古罗马、古印度的东西都不是一回事儿。现在咱们许多大学里的人对柏拉图比对庄子还熟悉，对亚里士多德比对荀子还熟悉。一些人对韩非子不屑，因为他讲专制，可你真正认真读过《韩非子》吗？中国的学问之源是乱世的学问，不同于古希腊也不同于古印度。一个人在乱世如何看世界？如何处理一些问题？如何看待国家？如何看待国家的未来？如何生存？如何持守道德？这些东西，诸子全碰到了。你读《晏子春秋》，晏子由齐使晋，与晋国的叔向全谈到了。

他们使我着迷。我希望我能跟那时的人有全方位的接触。我买这些东西要的就是这种感觉。我读到一段历史，我就要摸到这段历史的脉搏，所以我要和这些东西发生关系。我接触这些东西感受的是一种气息。我接触这些东西，就感觉古人在给我加持之力。古人会带给我力量、创造力，使我对身边有关艺术、写作、利益、政治的种种陈词滥调不屑一顾。

几年前我和几个朋友在日本诗人谷川俊太郎家里喝茶。他用的茶杯都是江户时代的。我问要是碎了呢？他说碎就碎了吧——这些东西就是自然淘汰，这是历史的必然，肯定会越来越少。要是我们，可能会供着，供着也很好，保存古代的一个东西。对我来说，有的东西我也会摆在书架上，但有些我会使用它们。我家里的烟灰缸是一只明仿战国的铁篮，不大，正好可以当个烟灰缸。

**编：**您曾说过，以前别人都问您与诗歌、文学有什么关系，从来没有人问过您和艺术有什么关系。那么，您和艺术具体是什么关系？

**西川**：前边已经说了那么多我对古画、古书的阅读和理解，你现在是要我说说我和中国当代艺术、外国当代艺术的关系吗？我当然不光是读古书、古画。我对当代艺术还是相当感兴趣的。我受当代艺术的影响很多。当然这是另外的一些东西了，不是宋画和诸子了。

外国做大地艺术的克里斯托夫妇。我觉得他们的大地艺术和宋画的全景山水有同样的力量。塞尔维亚有个女艺术家叫阿布拉莫维奇，做《巴尔干史诗》的。她作品里面的那些镜头，男人女人在旷野里……那些光着身子的老女人充满着生命力，也充满了苦难记忆。他们和大地之间的那种关系。这些东西对我触动很大。如果再说到对生命的理解，我们看油画，想一想，弗洛伊德（Lucian Freud）都已经把人画成那样了，你这里还小资抒情呢，这说得过去吗？还有捷克的一个摄影家扬·索代克的摄影。他拍的女孩都是裸体。有个女孩手拿一把刀子，这个女孩在这张照片里有乳房，在下一张照片里居然没有乳房了，这让你震惊。他的摄影多在室内。他在墙壁上画满了星星。他把这些残酷的东西放置在一个童话的背景当中。简直是未经润饰的、野蛮的、原初的格林童话。这样一些艺术家他们对于生命对于世界那种穿透性的看法，让我产生认同感。还有英国那个劈牛的艺术家赫斯特（Damien Hirst）。尽管我不太喜欢他的作品，有些看了也不舒服，可是我要问我自己为什么不舒服。还有英国的一个艺术家叫安东尼·郭姆莱（Antony Gormley），来过美院，我见过他。他的一个作品叫《欧洲大地》，是排列在一起的成千上万个粗简捏制的小陶人。他来美院做的是一个类似的作品。小泥人是找了一些老太太帮他捏的，最后展览时现场效果很有冲击力。还有不少艺术家的名字我就不一一列举了。

我在国外去过很多美术馆，我看过的西方古典和现代油画原作可能比我们学校研究和讲授西方美术史的老师看得还多。后来已经看到可看可不看了。但对西方当代艺术，我一直是关注的。对国内当代艺术我也关注，但现在觉得国内当代艺术给我一种疲倦感：缺乏真正的语言发明，多数艺术家只在使用中国政治和文化符号上打转转。艺术家们内心瞄着市场和时尚。不过我要说，世界当代艺术，也包括一部分中国当代艺术，对我颇有启发。

视觉艺术领域，对我重要的东西，宋画是一部分，三代青铜器是一部分，埃及、印度的古代建筑、雕塑是一部分，欧洲中世纪、文艺复兴艺术是一部分，东欧、南亚、拉美的当代艺术是一部分，西方当代也是一部分。它们都是使我获得解放的艺术。

2013 年 2 月 5 日整理

# 关于美国艾奥瓦大学国际写作计划和中国当代文学的海外传播[①]

## ——答胡少卿问

### 一

**胡少卿**（以下简称“胡”）：西川老师，你2002年受艾奥瓦大学的邀请，去参加“国际写作计划”，能否谈谈去艾奥瓦前后的情况？

**西川**：在这之前的情况我记不清了，恐怕是聂老师来过吧，然后见了面，怎么去的，我真记不清。当时同去的还有李锐和蒋韵，孟京辉和廖一梅。我老婆姜杰也去了。我们每个人拿钱的地方不一样。我

① 本文为2012年6月15日对外经贸大学中文学院副教授胡少卿在北京朝阳区望京西川寓所采访西川的访谈全文，记录者为对外经贸大学德语系学生余欣。胡少卿对西川的访谈访曾部分发表在《西湖》杂志2013年第2期和《诗刊》2014年第3期上半月号上。

是从弗里曼基金会（Freeman Foundation）拿的钱，孟京辉是从一个什么亚洲基金会拿的钱，李锐拿的钱，好像来自当地一些华人的捐款。

**胡：**他们那个项目不是有统一的经费？

**西川：**不是，那个项目叫“国际写作计划”（International Writing Program，简称 IWP），但实际上每个人去，背后拿钱的地方是不一样的。好长时间钱的来源都是麻烦的事情。我去参加 IWP，同时也有另外一个机构邀请，就是艾奥瓦大学的亚洲研究中心，所以我在亚洲研究中心还有课。我和一个日本作家，还有一个美国老师，一块儿给那里的学生——我也不知道是哪个系的——上一门叫作“今日亚洲新闻与写作”的课。我和另外一个老师还上一门好像是关于中国现当代文学的课。这跟其他去艾奥瓦的中国作家不太一样。

**胡：**其他作家不上课？

**西川：**他们不上课，他们讲不了英文。

**胡：**你在那边待了 3 个月？

**西川：**就一学期。我比所有人待得都长，好像是 4 个月。我记不清了。因为我 12 月回来的，圣诞节都是在艾奥瓦过的。有 4 个月吧。

**胡：**就是说，你在那边的活动包括两部分，一部分是上课，另一部分是写作和交流，是吗？

**西川**：对。

**胡**：那咱们重点聊聊写作和交流的情况。它有一些诗歌朗诵是吗？

**西川**：有，有诗歌朗诵，在那儿我做过几次朗诵。IWP 有一个好处，就是经常有讨论课。但是这些讨论课，实际上又不是文学课，而是跟政治有关。比如说讨论中东问题，有人来讲中东问题，你去参加这个讨论课。关于文化问题也有讨论课。实际上关于写作的课很少，或者说没有关于写作的课。大家之所以从各个国家去那里，都是因为你在你自己的国家还可以，所以大家在一起讨论文学不多，都是讨论文化问题、政治问题，甚至军事问题，反正就是世界事务。

**胡**：在那个地方作家更多是作为公共知识分子在讨论问题？

**西川**：作家在哪儿都是这样。比如说我参加过的一些国际作家会议，是不讨论文学问题的，都是讨论政治问题。

**胡**：那中国在这方面还有点特殊？

**西川**：中国的作家不懂，中国的作家在国际场合永远都是发不出言的，因为他不参与这些东西。以前我在希腊参加国际作家会议，主题是关于家园和土地的问题，之前还有关于正义的。昨天我还收到一个信，问我能不能8月份去爱丁堡参加世界作家大会（纪念1962年第一次爱丁堡世界作家大会50周年），会议要讨论的主题有文学应不应该政治化、文学应不应该是民族主义的、关于各国的审查制度、关于小说或文学的未来等等。国际作家们碰到一块儿实际上不会说这个人好，那个人不好，不会讨论这样的问题，讨论的都是很大的问题。

**胡：**这是否说明中国文学界已经严重专业化了？

**西川：**中国文学界是很严重的封闭，跟世界文学界是脱节的。你跟国外的作家见面谈的问题，和中国作家之间谈的问题，完全不是一回事。

**胡：**中国作家见面可能谈的是写作技巧、风格这些。

**西川：**中国作家现在连这都不谈，吃啊，喝啊，游山玩水，段子啊，笑话啊。然后自我感觉还特别良好：我书又卖了多少万册了，我又怎么着了。

**胡：**你接触的国外作家很多都是有人文关怀的？

**西川：**所有作家都是。

**胡：**国外那些通俗的畅销书作家是不是也有？

**西川：**那类作家我没接触过，我指的都是纯文学作家。

**胡：**你在艾奥瓦跟来自世界各地的 30 多个作家、诗人交流的主要是这种公共性话题？

**西川：**实际上我在艾奥瓦跟大家交流不是那么多。我跟李锐和孟京辉之间交流倒是挺多。李锐他们俩在那儿是狂看艾奥瓦大学收藏的中国独立电影，那边收藏的中国电影非常丰富。我跟孟京辉，我们俩是经常去听别人的朗诵，诗歌朗诵。孟京辉喜欢听诗歌朗诵。它那儿有一个叫作“草原之光”的书店。如果你懂英文，这个书店就很有用。书店里经常搞朗诵会，我跟孟京辉就一块儿去听。艾奥瓦大学还有些作家过来过去的，也可以去听他们的讲座。比如说沃尔科特，得诺贝尔文学奖的诗人，比如 U2 乐队的主唱博诺（Bono），他们来讲，我们去听。美国人搞竞选，我们也去观察，当时民主党的戈尔去了，我们也跑过去，还跟戈尔照了相。

2002 年我是第一次到美国，等于说看到美国的第一面就是艾奥瓦，够奇怪的。我去之前，人家跟我说，在艾奥瓦，你站在十字路口，四面望去，全是玉米地。吓唬我，当然没那么可怕。我很喜欢艾奥瓦，一个小城，一半是大学城，我觉得特别好。

我们还做了一个事情。艾奥瓦大学有写作系，我们跟写作系的学生合作，合作做翻译。一个学生跟一个作家合作，这个学生翻译这个作家的东西。当时有一个女孩翻译了我的几首诗。另外一个在艾奥瓦很重要的生活内容就是跟聂老师在一块儿聊天，听聂老师讲过去，比如说雷震啊，《自由中国》啊，还涉及胡适。

**胡**：对，她在《三生三世》里写到了。

**西川**：我在那里还有一个事跟别人可能不一样，我出门的时候特别多。我在艾奥瓦这4个月里，去了得有20多个地方，就是在美国到处跑。我去了好多大学，在大学里面做朗诵，开座谈会。

**胡**：那段时间比较奔波吧。

**西川**：奔波，也是新鲜，看看美国吧。

**胡**：你在IWP跟港台作家有交流吗？跟其他国家的诗人之间呢？

**西川**：有一些交流。比如说波兰诗人皮奥托·索莫尔，我跟他聊到波兰的一些情况，波兰的文学，波兰的几个诗人，像米沃什啊，赫伯特啊。2008年我还想请他到中国来，但是他当时在纽约一所大学有课。我在一篇文章，叫《米沃什的另一个欧洲》里提到过他。他跟我谈到另外一个波兰诗人，叫赫伯特。他说实际上在波兰国内，大家读赫伯特要比读米沃什更多。我就意识到一个问题：为什么米沃什可以被首先介绍到中国来？是因为米沃什获得了诺贝尔奖，又长期待在美国，又是个流亡作家，也就是说，“流亡”“诺贝尔奖”“美国”，这些因素都使得米沃什成为一个著名作家。而一个待在波兰的作家，一个在波兰更有影响的作家，反倒是我以前不太了解的。跟他这么一聊我就开始读赫伯特，后来发现非常喜欢。还有一个波兰的女诗人。当时也是因为我要翻译《米沃什词典》，所以跟他们俩就走得比较近一些。我问了他们好多关于波兰的情况。其他还有一些作家，比如有一个保加利亚的女作家，她讲保加利亚的90年代，说保加利亚的90年代就是美国的60年代，然后讲它这种社会主义经验，变迁之后他们国家是什么样。这里面的作家还有来自非洲的。

**胡：**去那边的作家是不是大部分都是发展中国家的，像东欧、非洲这些？

**西川：**对，但也有英国作家、法国作家。在国际文学界，我们脑子里面想到的可能是美国作家、英国作家这种发达资本主义国家的作家，但实际上在英语文学界里面待着的人，好多是来自所谓的第三世界，或者以前的社会主义国家，很多是这样。

**胡：**在艾奥瓦的经历对你个人写作有无影响？对你个人有哪些意义？

**西川：**因为你去那儿你就是一个比较成熟的作家，而不是一个正在读书，或者一个成长当中的人到那儿受谁的影响。实际上你本人已经写了那么多东西了，到那儿不过就是跟别人交流，也观察一下美国，也观察一下其他的作家，看看别人写什么，谈论什么。

艾奥瓦给我提供了一个平台。这个平台使我跟美国当地诗人有了一个广阔的交流。后来我到纽约的时候，北岛把我介绍给一个美国当地的诗人，叫艾略特·温伯格。然后我就跟艾略特·温伯格建立起了友谊。在我的书的英文出版方面，艾略特帮了不少忙。也认识了一些其他的美国作家，当然对美国文学也不那么迷信了。从心里已经能区分出好坏了。有好的非常好，但是一般化的东西也很多。在20世纪90年代中期以前，对于外国文学我总是会高看一眼。但是慢慢地，出国的机会多了，交流的范围越来越广了，他们写什么我大概也知道，他们这些作家、诗人当中有好的，也有不好的，慢慢就区分开了。原来就不敢区分，觉得外国文学都挺神，后来慢慢地这层东西就打破了。

艾奥瓦还组织我们出门。我们一起去芝加哥，参加芝加哥的人文艺术节。我在这个人文艺术节上还做过朗诵。在人文艺术节上我看到美国的阿瑟·米勒，写《推销员之死》的那个剧作家。阿瑟·米勒那时候还没死，他在那儿得了一个奖，我们在那儿看给他颁奖。整个芝加哥艺术节只颁这个奖。颁奖仪式特别有意思，是在一个音乐厅里做的，舞台上只有阿瑟·米勒一个人，他用戏剧的方式来演绎美国政治，比如小布什在这出戏里是个什么角色，克林顿在里面是个什么角色，还有美国过去的总统、现在的总统、国务卿之类。他是一个剧作家，他把美国政治用一出戏的形式给你讲出来，这是他的答谢词，我觉得太棒了。在艾奥瓦我还看到U2乐队的Bono。Bono讲话狂得很，Bono说我不习惯对两万人以下的听众讲话。沃尔科特也在艾奥瓦做过朗诵。那个场面真是开眼界，是你在中国永远见不到的。即使国外某一个大作家来了，我们在中国接待他，让他表演的那个方式，我们允许他表演的方式，跟国外也是不一样的。艾奥瓦不是艾奥瓦本身这么一个小城，更多的是一个平台，使得一个中国诗人，他在这里看到了他在中国看不到的东西。这个非常重要。

**胡：**沃尔科特做朗诵，听的人很多？

**西川：**对。

**胡：**他是一次朗诵很多首？

**西川：**整个那场朗诵会全是他的。中国好像很少做个人诗歌朗诵会，在国外一般不会有二三十个人做一场朗诵会，要么是一个人的朗诵会，要么是两个人的，要么是五六个人的朗诵会，这是撑死了。除非有非常特殊的情况，是 30 个人一起朗诵，一人读一首，但一般不是。

**胡：**你感觉他们诗歌的音乐感怎么样？是否适合朗诵？

**西川：**其实世界各国都没有中国人的关于“朗诵”的概念。中国人的“朗诵”，是拿腔拿调的，上舞台演戏式的朗诵。西方作家就是读诗，就是读。当然西方演员也朗诵，但西方演员朗诵时没有中国演员那么戏剧化。他就是读一首诗。朗诵在西方就是 reading（读）。

**胡：**像以前欧洲整个家庭围坐在壁炉边，大家一起品读小说的那种感觉？

**西川：**对。中国过去也不这么朗诵。中国的这种朗诵我不知道是从哪儿来的，可能和文明戏有关。话剧意识把朗诵弄成了一个舞台表演。西方专门也有跟诗歌有关的舞台表演，但跟中国的朗诵不是一回事。

**胡：现在中国有些地方也在模仿艾奥瓦“国际写作计划”的模式，比如王安忆在上海搞了一个“上海写作计划”，林建法在渤海大学建了一个“国际写作中心”。你怎么看待中国对于艾奥瓦模式的搬用？**

**西川：**艾奥瓦这个模式非常成功，曾经获得过诺贝尔和平奖的提名。这个写作计划和聂老师的功劳分不开。美国的一个特点是作家们都纷纷进了大学，都在大学里执教，教写作。你在欧洲会发现，欧洲的作家、诗人们都不在大学里，而是围绕着报纸，他们是给报纸写东西，成为专栏作家，用他们的观点影响别人。至于中国开始模仿这个东西呢，因为我没参与过，不能评论。但这里面有一个困难，即外国作家来了中国以后，他的工作语言是什么。现在全世界开会，工作语言是英文。但在中国，很多中国作家不会说英文，外国人很愿意到中国来，很愿意住在你这儿，反正白吃白喝，多舒服的一件事，但是这种交流的结果能否达到美国那样的效果，不好说。

这里面还有一个陷阱，就是千万不能把这个国际写作计划变成一个政绩。当地政府认为这是一个政绩，然后给你钱，你来办这个，这就完蛋了，就完全走样了。它基本的目的就是交流，不要强调有什么结果，交流本身就是结果，你要说想交流出一个结果，你这又走样了。所以中国这事很难说，弄着弄着全跑样了。本来弄的是国际化，什么什么都是国际，国际文学节，国际诗歌节，国际写作计划，但弄着弄着他弄得特别土，一点都不国际。很有可能变成这种情况。

## 二

**胡：**好，我们谈第二个方面：关于你的作品的海外传播情况。先从你参加的国际诗歌节谈起。

**西川：**世界上最有影响的是三大国际诗歌节，三大里我只去过一个，即荷兰"鹿特丹国际诗歌节"。那个我去得比较早，1995 年就去了，是我第一次出国，甚至是第一次坐飞机。那趟旅行带给我很多东西。在那儿见到好几个世界诗坛的大牌人物，像捷克诗人米罗斯拉夫·赫鲁伯、以色列的耶胡达·阿米亥、比利时的雨果·克劳斯等。我还在那儿做朗诵。当时我可能是诗歌节上最年轻的一个诗人。柯雷翻译的我的诗，翻译成荷兰语。当时那个朗诵会我真的很震惊。开始之前，大家才入场的时候，还比较乱，然后场子里有一男一女，裸体，当然身上画了点彩，在场子里就这么走。大家就说这两人干吗呢，两人也不说话——这就是活动的一部分——然后慢慢大家就安静下来了。不是我们说要开始了打铃，不是这样，就是两个年轻人，裸体。后来开始朗诵。我朗诵中文，我边上的一个演员朗诵荷兰文，我背后的幕布上是英文，就等于这个朗诵会是同时用三种语言，这就是国际化的诗歌节。

参加诗歌节的有各种各样的人，我记得包括荷兰当时的一个船王，也是自己掏钱买票进来的。因为在他们那儿，听一场朗诵会和看一场歌剧没什么区别。朗诵完了第二天，有一个活动是坐着船游鹿特丹，坐我边上的是一个荷兰的诗人，是个盲人——这可能就涉及另外一段：先是我朗诵完了之后，有一个英国女诗人走过来跟我说："我以为世界诗歌已经没有希望了，现在我看见了，你就是世界诗歌的希望！"我那一场整个把他们全拿下——坐船游鹿特丹的时候，我对那个盲人说我是西川，中国诗人。他说："你的朗诵我听了，在整个诗歌节上只有我们两个人可以交谈。"从这儿能看出他们对我特别好。当然这也证明我对自己的一个判断：我还不是一个混混。

**胡**：你朗诵一句，那个荷兰翻译朗诵一句，是这样的吗？

**西川**：不是，朗诵是有技巧的，尤其是你要跟另外一个人合作。有的诗呢，是我把中文全读下来，她读荷兰文；有的诗呢，是我读一节，她读一节。有点像中文和荷兰文的一个对话，我一句，她一句，我一句，她一句，这必须有一个配合。我是一个非常在乎朗诵和现场效果的人。

**胡**：我听过你多次朗诵，非常经典，你可以开个人朗诵会。

**西川**：我在北京开过两次个人朗诵会，全是英文。中国人不在乎给我开个人朗诵会，反倒是在北京的一个外国人艾利克斯·皮尔森（Alex Pearson），她是Bookworm老书虫酒吧的老板，他们搞了个"书虫国际文学节"，可能是北京真正的国际文学节——上一次请了来自不同国家的60多个作家。但是这个文学节主要面对北京的外国人（他们也在苏州和成都搞），中国人不太知道。他们请我去做单独的朗诵会，跟美国的一个音乐家，叫布鲁斯·格雷莫（Bruce Gremo），我们两个合作。他的乐器都是他自己发明的。

**胡：**你朗诵的你的诗歌的英文版是你自己翻译的？

**西川：**我从来不翻我自己的诗歌。

**胡：**诗歌节之外你感觉还有哪些国际诗歌交流的形式？

**西川：**太多了，出版，发行，研讨会。

**胡：**还有现在流行的书展、图书博览会？

**西川：**图书博览会不是。图书博览会这又是中国人不懂的地方。其实好作家是不去书展的。书展就是一市场（Market），书展不是让好作家到这儿来做交流的。好作家只在文学节、诗歌节、戏剧节、艺术节上做交流。懂行的人都知道，书展不是作家的天地，书展是出版商的天地，它会附带做一些作家的活动。这个中国的作家有点没弄明白，中国的组织者也没弄明白，它就是让你出了一趟国，有些人就是觉得出去玩了一趟，但真正文学交流的地方不是书展。

**胡：**接下来谈谈你的诗歌在国外翻译出版的情况吧。

**西川**：诗集总是不太容易出，我的英文诗集今年4月才出，叫《蚊子志：西川诗选》，不过出版社在英语世界是数一数二的。你在国外出版要看是哪一家出版社，因为国外小出版社特别多，如果是一个烂的你没听过的小出版社，就是出了也是白出。我的英文诗集的出版社是纽约的 New Directions，新方向出版社。

**胡**：你看你的诗歌译本，在英语里呈现的，和在中文里呈现的，是不是有很大差距？

**西川**：不同的译者可能做出来的东西不太一样。像我的英文翻译 Lucas Klein，中文名字柯夏智，我知道他是怎么翻的，他的那些稿子我都看过。有些译者是努力将原文翻成标的语言，target language，就是翻成他那种语言，这时他是翻成一个好的外文。但这样的话，你在英文里是不显眼的，在英文里你只是一个好文学。Lucas 的一个做法，是把我在中文里的边边角角全给我保留了下来，反倒显得比较特殊，他使得我进入英文以后，我的存在是一直在那儿的。有些作品进入另外一种语言之后，变成一个非常平滑的东西，我的东西进入英文，通过 Lucas 的翻译，它依然是那种坑坑洼洼，全都保存了，反而是一个更好的效果。

**胡**：因为异质性保留了，反而有一种新鲜感？

**西川**：对。有人赞成意译，有人赞成硬译，其实最好把握一个度，不能全是硬译，也不能全是意译。Lucas 在这个方面把握得很好。

我特别感谢我这个译者，我的东西有些方面是很口语的，但有些地方又非常不好翻。Lucas 的词汇量非常大。比方说我写到新疆，涉及维吾尔语，写蒙古，涉及蒙古语，他全能给我找出对应的词来。他甚至可以创造性地用一点拉丁文和从拉丁文变来的英文词。能有 Lucas 这个译者，我觉得非常幸运。这个译者就是美国那个艾略特·温伯格推荐给我的。所以我说艾略特·温伯格对我的帮助非常大。艾略特·温伯格是诗人、随笔作家、帕斯和博尔赫斯的译者，他还曾经是小布什打伊拉克时最激烈地批评美国外交政策的知识分子，在全世界都非常有名。美国的出版像一个工业，它的出版、评价，它的整个运作像一个工业，经常是一个人走了以后，另外一个人补这个缺，那么整个结构都在那个地方，他们作家和作家之间的关系，哪些作家和哪个出版社之间建立关系什么的，都有一套东西在里边。

**胡：**诗集之外，再谈谈其他途径的作品传播吧。

**西川：**这个情况多了去了，伦敦《泰晤士报·文学副刊》的文学副刊、美国的《波士顿评论》、《巴黎评论》网刊，这都是顶尖的报纸杂志，都发表过我的作品和关于我的东西。除了出版这一块，在杂志、报纸这个平台，中国作家实际上到现在还很少进入。中国作家只是比如说某一个出版社出版了他的书，然后他出去做点朗诵，能接触到几个读者，但与当地作家没接触，他实际上不参与国际上对很多问题的讨论，那么等于他不呈现，在报纸杂志上不呈现，在国际知识界基本上不呈现。有些中国作家的书也翻译成外文了，在有些地方也能看到，但是就我看到的——比如说在德国柏林，柏林有一条非常主要的大街叫库达姆，中国人管它叫“裤裆大街”，威廉纪念教堂就在边上，旁边还有个动物园，动物园旁边是火车站，那是柏林最市中心的地方，那儿有个大书店，那个大书店都是德文书——在那个书店我看见过中国作家的书，扔在书店外头，就是一欧元一本都没人买。翻成外文不是个事，翻成外文之后的接受才是个事。

**胡**：对，像以前中国政府也组织过一些这种译介。

**西川**：中国政府组织的都是不对的，出钱翻的都是不对的，尤其是中国的外文出版社，选的那些作家都是不对的，那些作家根本就没有能力让中国的声音传出去，只是翻成各种语言以后，成为一堆废纸。

**胡**：有效阅读量几乎就没有？

**西川**：没有。

**胡**：这还是得看有效阅读，是不是真的被人读了，而且人家真的觉得好。

**西川**：还有一个呢，是这个阅读分好几个层面：普通读者的阅读、汉学家圈子的阅读和作家圈子的阅读。这分好多层面。

**胡**：那你感觉你的作品在这三个层面是不是都有读者？

**西川**：诗歌的读者不多。但是我自己的作家圈子的阅读是有的，汉学家圈子也有。普通读者我很难说。

**胡**：像现在在国外可能真正的纯文学读者本身就不多，他读本国作品就不多，更何况国外的。

**西川**：他们读得最多的就是飞机场卖的那种长篇小说，够他旅行看完的。

**胡**：那以你的了解，你觉得在作家朋友圈子和汉学家圈子里，他们对于你的诗歌是一个什么样的形象定位呢？比如说提到西川和他的诗歌，这些人会想起什么？比如像你之前说的，体现了中国诗歌的异质性，或者诗歌当中那种思辨的色彩？

**西川**：其实对英文选集的出版，我曾经犹豫过，因为这书 2008 年开始做的，做了好久，大概 4 年，然后我就很犹豫，我写信去问我这书能在“新方向”出版吗？我配在“新方向”出版吗？后来人家给我写信说，我们当然认为你应该和 20 世纪最伟大的作家们在同一个出版社出版——这是别人写信告诉我的，我不该引述。从最消极的层面理解，我在他们那个出版序列里还不算差。别人怎么看你，怎么评论你，我实在是不好说。我的加拿大朋友、诗人蒂姆·柳本在一篇书评中说到我和我的几个朋友，翟永明、欧阳江河等，他说我们几个让他想到俄罗斯“白银时代”的诗人、作家。但我想，中国人也许不会这么看咱们自己的诗人、作家，至少不会这么表达。顾彬指一些中国小说家是“垃圾”，这把咱们的媒体和小说批评家们快弄疯了；但顾彬又说中国的诗人们“世界一流”，对此，媒体和批评家们无动于衷。

## 三

**胡：**我们再到第三个板块，你本人对于当代中国文学国际化的一些看法。不是谈你自己，而是谈概况。有些问题可能比较大，你就从你的视野出发来谈一谈。

**西川：**我也在想，我应该从哪些方面来说这个事。

**胡：**记得阿巴斯出过一本诗集《随风而行》，你给他做过序。阿巴斯是个伊朗电影导演，也是个诗人，他的诗歌作品翻译过来，之所以流行可能跟他是个导演有关。为他的短诗写序，我想，可能免不了一些客套话吧，他的短诗拿到中国来，从汉语的角度来看，到底是不是值得重视……

**西川：**阿巴斯不是一个诗人，一个不是诗人的人能把诗写成那样就非常好了。如果是真正在诗歌界那样写诗，而且写一辈子的话，当然是有些问题了，但那是作为一个专业诗人来讲。阿巴斯的东西简洁，短小，当然这是他的优点，但如果是个诗人的话，他一辈子，就像他拍电影似的，总不能在同一个声调上拍，他可能需要有高，有低，他得有跌宕，有多样性。

**胡：**阿巴斯的短诗翻译过来，至少中国有些读者还是衷心喜欢的。反过来讲，你觉得中国最优秀的当代文学作品，如果翻译到国外去，对国外的普通读者有没有吸引力呢？

**西川：**你可能不是很了解。我告诉你国外读中国书是哪几类。一类是关于西藏问题，一类是"六四"问题，一类是法轮功问题，一类是诉"文革"之苦的书，还有一类是家族史，当然可能还有一些其他的，比如关于老庄、禅宗这也是一类，中国古典文学也是一类。在西方，中国的作品就是以这几类书存在的。其中关于家族史和"文革"诉苦的书，最好是由一个女作家来写，讲她们家怎么遭受共产党压迫，这种书是最受欢迎的。这种书里面，如果是写家族史的话最好是从你奶奶裹小脚那儿写起，西方人觉得这太中国了，裹小脚！如果说到"文革"，最好写你是怎么受迫害的。一般西方人对中国的认识，就建立在这些书上。曾经有一个美国作家忽然跟我说到 Suku-literature，我没听懂，以为是个日文术语。他说不是，这是中国词。我说中国词？ Suku？哦这就是"诉苦"啊。诉苦的书，不是什么好的文学作品，只要你在诉苦，在控诉共产党，你就卖得动。所有这些东西都跟好文学没什么关系，也就是说他阅读中国不是阅读你的文学，他是阅读你的政治。这种情况 20 世纪七八十年代如此，到今天依然如此。

**胡：**他们有他们的中国想象。

**西川：**对。中国政府自己组织推出去的书，推不出去，因为你推出去的书跟人家的价值观是抵触的。政府做了好多比较蠢的事，花了太多的钱，可是做得真不好。

**胡：**在国外的普通读者那里，他们看的主要就是符合他们中国想象的作品。

**西川：**中国有一个在世界语境当中对中国的接受这样的问题，已经形成了一种态势。中国的一些宣传、文化官员，对于世界文化的交流和世界对文化的接受，完全不懂，门外汉！他就靠着他自己的一点想法，就想往外推。推不出去，你砸多少钱都推不出去。没用！这是一个非常悲观的事。不是说中国不能推出去，中国可以推出去，问题是这帮人不会推，他们太不了解整个世界是怎么回事了，完全是闭门造车，觉得我只要有钱做一个大计划就怎么样了，可没人接你这球。现在中国有些作家，懂了，写的东西是什么呢，人吃人，这个是受西方欢迎的，只要写人吃人。你只要分析一下高行健的小说你就知道了，高行健的《灵山》，里面什么都有，大熊猫，反右，野人，跳大神，我都记不清了，凡是中国有的东西，他那里面全有，凡是可以作为符号的，他全有，从古代到现代，中国古代的符号，共产党的符号，现代的符号，只要你用足了，你就成了，就变成这样。

**胡：**那他们只看符号，都不看作品的艺术吗？

**西川：**当然高行健也有人家的艺术嘛。不能说人家没有艺术，人家里面的那些对话，实验性的对话，中国20世纪80年代的现代主义，但同时他使用这种符号。这跟中国当代美术是一样的。

**胡**：中国接受美国也是接受一些符号，像自由、民主，还有美国梦这些符号，而美国在接受中国的时候也会只看中国的符号？

**西川**：对，就是最简单的那种。他理解你这个国家永远都是从一个最简单化的角度出发。

**胡**：你提到的东西特别有意义。

**西川**：曾经在北师大，他们开过一个关于中国文学海外传播的这么一个会。我在那个会上说，你国家汉办砸了这么多钱，你底下有没有一个专家委员会？你的作品是怎么遴选出来的？谁选出来的？然后选出来之后你跟国外的哪个出版社合作？然后你跟人家合作，人家愿不愿意跟你合作？就像你的孔子学院，我忘了是在挪威还是在瑞典，曾经有个小伙子陪我去一个地方，我问你在哪儿工作？他说我在孔子学院，他说我的朋友们都劝我不要拿孔子学院的钱，说你这是拿了中国共产党的钱，是为中国共产党做宣传，他说我都不好意思告诉别人我拿中国的钱。我觉得这个东西也一样，比如说出版，你跟谁合作，怎么合作，你推一些什么样的作家，你都没有一个委员会！你组成委员会的那些人里有几个是真正的作家、批评家？有几个真正了解世界文学界和文学市场？

**胡：**对，你的意见非常重要，我们也希望通过课题的研究，对以后的推广方式能够有些改善。

**西川：**希望有些改变。交流它不是一个大国工程的问题，它是一种，说得俗气一点，它是心灵和心灵之间的问题，它不是政绩和国家政策之间的那么一种东西。而且在任何交流当中你都应该预设出失败，有的交流能够成功，有的交流是根本就不可能成功的，你对这也应该有个预案。不是说我花了钱我就能买到什么，花了钱你也可能什么都买不到。

这种交流包含的不仅仅是钱的问题，还有别的方面，比如说，政府的海外机构。2009 年瑞典的 Wahlström & Widstrand 出版社为纪念该社成立 60 周年而出版了两本诗集（10 本“世界诗人丛书”中的头两本），其中一本是我的，另一本的作者是墨西哥一位女诗人。后来我在瑞典跟她一块儿做过朗诵。那个女诗人到了瑞典以后，墨西哥使馆立刻电话就追过来了，说你都需要什么帮助，你需要去哪儿，你需要参加什么活动，我们全都帮你安排，你是不是累了，等等。我到瑞典，中国大使馆哪儿在乎我啊！中国大使馆只知道赵本山来了该如何，他根本自己就不在乎你，当然了，我也不稀罕你在乎我，因为我的书也不是你支持我出的，也不是你组织我出的，我到这儿你爱知道不知道，这个也无所谓。但是你就看出墨西哥人对自己的作家在瑞典时呈现的那个态度，和中国大使馆对我在那儿呈现出来的态度，是截然不同的。这是一个方面。

另外一方面就是，你的文学的传播，跟你海外的移民社团是很有关系的。中国的唐人街是指不上的。比如说以色列人，你走到世界上哪一个地方都能看到以色列的文化人，这些人在全世界是互通信息的。即使是波兰人，你在纽约也能找到波兰人的社区，波兰人中间的文化人对于自己作家的那个态度，接受，传播，这都是有用的。中国的唐人街上只管听相声和耍狮子！就等于中国的海外社区里没有一个知识分子社区。你是个中国作家，你落地到美国，什么时候唐人街为你组织过一场朗诵会？从来没有过。中国作家你在你的海外华人社区里都产生不了影响，你还玩什么？

**胡：**聂华苓是一个例外。

**西川：**聂华苓是唯一的一个人。我太尊敬老太太了。海外移民社团，中国大使馆只是负责在那边组织个八月中秋节联欢会什么的，大家在一块儿。我在加拿大维多利亚大学参加过他们这种活动，大家庆中秋，一块儿模仿小沈阳，你说这叫什么玩意儿！我也觉得小沈阳好玩儿，但你拿这杂耍做所谓的文化交流，你自己琢磨琢磨这里面有什么问题。

**胡：**之前赵本山到美国去听说也被华人喝倒彩？

**西川：**他是不是被喝倒彩我不知道。我2009年在温哥华参加国际作家读者节，跟我一起朗诵的是英国桂冠诗人卡罗尔·安·达菲，还有美国前任诗歌协会主席海瑟·麦克休，还有加拿大的一个诗人，那在当地是大事，半个月之前票就卖完了。我去朗诵现场，一个中国人都没有！中国人根本也不来听，他不关心这个事。温哥华有《星岛日报》记者站吧，可一家华文报纸都没来。然后你知道在温哥华住着谁吗？住着几个赫赫有名的中文诗人，其中有人一天到晚往国内跑，见各个县长，卖他的书法，建自己的艺术馆。这边觉得“哦海外华文诗歌大师回来啦！活动活动！”——你活动个什么？你当地这种主流文化活动都不参加，光跟国内的县长、县委书记见面有什么用！这些人跟当地的文化界没有来往。这种事情太多了！还有中国作家在国外参加国际文学活动的那些个丢人现眼，具体我就不说了。你在中国读到的报纸，就是这个人又出国了，那个人又出国了，然后在国内就吹啊。

**胡：**回到诗歌这块，谈谈翻译中的一些问题吧。刚才好像没太展开。联系北岛《时间的玫瑰》那本书。他在那本书里好像就是通过中文译本来谈论那些大诗人，背后体现了北岛的一个观念，就是觉得诗歌这个东西是可以通过翻译来了解其全部的好处的，你对这个怎么看？

**西川：**我对传播类的翻译，跟对真正研究性的翻译，是有不同看法的。传播类的翻译是什么呢？只要你选对了人，第一拨翻译哪怕是糟糕的翻译都不怕。第一拨翻译不是翻译作品，第一拨翻译是选对人，就是你翻谁的东西这是最重要的。翻译是个技术活，选人那不是技术活，选人是一种眼光。一个人不怕糟糕的翻译，就像博尔赫斯说的，好的文学总是能战胜这些粗制滥造的翻译。中国那些不懂翻译的人，一天到晚嚷嚷着，因为中国文学没有好的翻译所以走不出去，我说这都是瞎掰，因为你不懂翻译，翻译的第一步不是好的翻译，翻译的第一步是对的翻译，是翻谁不翻谁的问题。中国每个作家都觉得自己该被翻译，这可没完了。

第二步，才是做细活。做细活才涉及北岛说的那些，什么人翻成什么样。而翻成什么样，甭说北岛举的这些例子，就说莎士比亚，翻成中文以后，其实和英文里的莎士比亚已经离得很远了。他最大的远是，莎士比亚在英文里有时候是挺坏的一个人，挺野的一个人，翻到中文朱生豪已经把他文雅化了，非常文雅，后来到了梁实秋那儿把他弄得特别弱。其实他是特别 strong 的一个人，胡说八道的高人，可以一方面赞美人类，一方面同时也可以骂骂咧咧，一方面非常高尚，一方面非常色情。但你在中文里读不出来，译者全给你弭平了。他们认为这是“文学”。莎士比亚是伟人，但“伟”在哪儿你实际上不知道。但是即使在这种情况下，我们也读了莎士比亚。所以我觉着，翻译这个东西，它是一个不断走样的过程。永远都是在走样。从中文到英文，从英文到，比如说保加利亚文，又走样了，保加利亚文到捷克文又走样了，它永远是走样的一个过程，但是这不怕。全世界文明之所以有今天，我觉得很多是翻译和翻译中的误读。误读其实是有它的正面意义的，误读和创造力之间是有关系的，所以我不是一个死抠翻译一定要正确、一定要翻得好的人。好的翻译对于本土语言，肯定是有刺激作用，有推动作用的。能够做得好，那当然很好，做不到最好，能够做到中等好，就不错了。

**胡：**就是说变形总是不可避免的，但有时变形本身也是一种创造？

**西川：**好的作品本身，即使你给它变形，它依然存在。

**胡：**你觉得好作品不怕翻译？

**西川：**不怕。

**胡：**我有时候读比如说雪莱、济慈的译诗，的确觉得很糟糕，汉译本没法读下去，进而影响到对这些诗人的看法。

**西川：**我刚才说的是到中等水平，这个东西只要到中等水平就可以了，那太烂就不是翻译了，那是瞎弄。

**胡：**诗歌是尤其难翻译的。美国诗人弗罗斯特说，诗歌就是翻译中失去的东西。

**西川：**这个你甭信他，这种说法就是传遍全世界的废话。弗罗斯特自己没做过翻译。弗罗斯特是这么说的，另一个人又那样说。这都不能一概而论。但是不管怎么说，我们也读了那么多翻译。你说不能翻不能翻，但中国的诗歌从20世纪80年代，实际上不是80年代，从戴望舒他们在新中国成立前就开始翻译了，中国现代诗歌也受到了这个的影响。

**胡：**翻译已经构成了传统的一部分。

**西川：**对。

**胡**：今天中国向西方输出自己的作品，包括一些思想，我感觉，好像是从低位到高位的样子，本身就处在一种比较被动的状态。

**西川**：我倒不觉得是这样。中国的文化，尤其是中国的古文化，是一个强势文化。

**胡**：但是古文化并没有有效地转化到我们当代作品中来。比如你刚才提到的禅宗的东西，道家的东西，它并没有有效地跟当代产生一个连接。

**西川**：你现在讲的是中外吗？你现在讲的已经是中国和中国了。

**胡**：我的意思是，你刚才提到，可能对国外来说，中国的古文化非常有魅力，如果说我们当代的作品传到国外去也要产生影响的话……

**西川**：不是说靠禅宗什么的，我不是那个意思。现在中国也有自己的好东西。但是中国的这个好东西传播出去需要有一套办法，需要真正的国际视野。前段时间都在骂那100个作家抄毛主席的“延座讲话”，很多人问我，我也没抄，轮不到我抄，我也不知道这是怎么回事。我在纽约大学讲过毛主席《在延安文艺座谈会上的讲话》，用英文讲的，当时白人的反应和黑人的反应不一样。白人是从个人主义、自由主义的立场来看，当然认为毛主席的这个东西对文学有妨碍，但黑人他从一个民族记忆的立场来看，看法就跟白人不一样。上课的时候白人和黑人有一些辩论。

如果要纪念毛泽东《在延安文艺座谈会上的讲话》，如果是我负责这件事，我不会让100个作家抄，因为“延座讲话”是一个战时文件，你在和平时期始终在弄一个战时文件，这个本身是有问题的。但是这份文献它有没有意义？有。它和当时的战时条件是有关系的。那是打仗的时候，整个延安如果是一个小资的延安，你仗就没法打了，所以只能那么弄。我跟我的学生说你们不能简单地看这个东西，当你反对这个讲话的时候我敢说你根本没看过这个东西。这篇讲话到底讲了什么？比如说一个作家又要走向群众，又要对群众的文化水平进行提升——我的美国学生说这是矛盾的，你要么是向人家学习，要么是提升人家，但你又是去学习，又要提升，这是怎么着？我说这是辩证法呀。后来我跟我的中国学生讲，实际上你们都没考虑过这个问题。这个讲话本身带有一般性的原则，是可以展开讨论的。如果是我负责，我一定在北京开一个《在延安文艺座谈会上的讲话》国际研讨会，我愿意请全世界非常优秀的一些作家、哲学家、思想家、历史学家，来一起讨论这个，比你100个作家来抄这个有意思得多。

**胡：**你的看法太有启发了，抄写还是在一个自我封闭的系统里做无用功。关于当代文学的海外传播还有什么补充的吗？

**西川：**还有一个我觉得很重要：与其让中国作家走出去，不如让外国作家走进来。你让外国作家到中国来，就是让他到中国语境当中了解中国，这些人回去都会写东西。你让中国作家出去旅行，中国作家又不会外文，就是旅行，玩一趟，他推广不了什么。外国作家请到中国来，他们会带来一些想法，他们跟我们本地作家实际上还是可以交流的，然后他们回去还会写中国。中国已经有几个国际诗歌节了，但中国缺少一个真正的国际诗歌节。中国邀请这些世界上真正有头脑的人来到中国，比中国派自己的作家出去丢人现眼要划算得多。

**胡**：对，刚才我们也提到过这个思路，比如王安忆的“上海写作计划”什么的。

**西川**：刚才我说，我不太知道他们是怎么运作的，比如说他们都请到了谁——这个很重要——来到中国后都干了什么，跟谁见了面，这些我都不了解。不论是中国人去国外，还是外国人到中国来，都是为了使中国的形象更饱满地呈现在世界面前。直接把外国的这些作家、艺术家、诗人带到中国语境里来，比他只是读一段新闻要强得多，他在中国可以接触到普通人的思想，他打出租车，出租车司机都跟他聊一会，比你跟人家讲我们中国这个那个强多了。我曾经带着艾奥瓦大学国际写作计划组织来的几个美国年轻作家去798。中国作协为这些美国作家安排活动的时候，没包括798。从长城回北京的路上，我就跟中方带队的人说——因为我被请做顾问，美国人觉得我可以把两拨人黏合在一起——我说，我们去798。美国人不知道798是个什么地方，我说798都是现代艺术。到798以后，一个英国作家，还是一个有爵位的英国作家，跟我说，都说中国有审查制，可是在798这儿感觉你们哪儿有审查制，根本就没有审查。我说中国也有审查，但不是你理解的那个审查，因为哪儿哪儿都审查，798里边中国艺术家才搞成这个样子。如果我们能够大量地请国外的作家、艺术家来，让他们真正地看中国是什么样子，比中国只是拿着几个小说跑到国外去，讲讲自己在中国的悲惨经历要好得多。

**胡**：你好像参与组织过“帕米尔诗歌之旅”？

**西川**：对，我当时就是把国外的作家请到中国来，但现在不做了。当时我请了一个斯洛文尼亚的作家，这个人叫托马什·沙拉门，他被称作美国一代年轻诗人的“秘密教父”，还请过罗伯特·哈斯，美国的桂冠诗人，得过普利策奖，以及垮掉派的第二代领袖人物安妮·沃德曼、加拿大总督文学奖获得者蒂姆·柳本等，全是这个级别的。来了以后我们一块儿爬黄山，那个托马什·沙拉门说：“以前我感到自己必须在纽约的街头思考世界问题，现在我觉得我应该站在中国的街头思考世界问题，而且看到黄山以后我知道你们为什么不需要基督教，因为黄山就是你们的教堂。”说得多好啊。他们说的话对我也有启发。

他们会影响周围的人。中国在他们脑子里变成一个立体的形象。我跟他们讲，中国是非常复杂的，有多个层面，沿海地区，西北地区，西南地区，都不一样。走一走，看一看，他关于中国的概念就都丰满起来了。包括那些批评中国的作家，都应该请到中国来。当年拉萨“3·14”打砸抢烧，完了之后我跟我文化部的同学讲，咱们开一个关于西藏问题的国际研讨会，你把那些攻击中国的人都请到中国来，那些人在国外攻击中国，国外只是报道他们攻击中国，如果你请他们来开这个会，他们依然攻击你，没事，在中国必然会有一些学者反驳他们，而且是面对面地反驳，那么这个时候如果他再报道，就不得不把两边的观点同时报道。我同学的官样回答是：“这个问题很复杂，你不懂！”

**胡**：《当代国际诗坛》还在出吗？

**西川**：还在出。但我只是挂名当个主编。我跟唐晓渡讲——他是真正管事的人——我们不能只介绍70岁以上的人，因为中国知道的外国作家都是70岁以上的，我们必须介绍四五十岁的这些在国外最年富力强的人，在中国很少听说过他们的名字，但是他们在本地都是非常有影响的作家。而且所谓的交流不是只跟美国交流，只跟英国交流，只跟法国、德国交流，还应该跟印度交流，跟巴基斯坦交流，跟土耳其交流，跟阿拉伯世界交流，还有南非、尼日利亚，都是文学大国。这都非常重要。这才是真正的国际文学交流。不是只有米沃什是个伟大的诗人，我认为阿拉伯世界的达维希也是个伟大的诗人，但是我们读的米沃什太多了，而达维希从来没读过。

**胡**：今天就交流到这儿，谢谢西川老师！

# 从国际文学现场回看中国诗歌[①]

——答吴投文问

## 一、置身于国际文学现场

**吴投文**：我注意到一个说法，说你是"中国最国际化的诗人"。在中国当代诗人中，你确实是展开国际交流最多的诗人之一。最近一次出国交流是什么时候？请谈谈。

**西川**：（前面几分钟未录上）……去年 11 月份，在澳大利亚，我参加了好几个活动，其中有一个是阿德莱德大学搞的一个工作坊，叫作"作为远极的中国"（Antipodean China Workshop）。我们以前没有 Antipodean 这个概念。所谓"远极"就是最远的极限，比如说这边是中国，那边是阿根廷，那么，阿根廷跟中国就成了"远极"，就是这

① 湖南科技大学人文学院中文系教授吴投文对西川的访谈删节版发表于《芳草》杂志 2018 年第 3 期。这里是访谈全文。

么一个会。这个会是一个系列活动，阿德莱德大学每年都搞。他们主要讨论“南半球”的话题。在那里执教的小说家库切（J.M. Coetzee）有一个关于“南方”的观念，他指的“南方”是南半球的“南方”：从南非到澳大利亚、新西兰、智利、阿根廷等。这是库切和他的同事们——比如小说家尼古拉斯·周思（Nicholas Jose）、阿莱克西斯·赖特（Alexis Wright）、盖尔·琼斯（Gail Jones）等——特别感兴趣的一个话题，与我们对“南方”的理解不是一回事。但我不知道他们这次为什么要谈中国，“作为远极的中国”……

**吴投文**：是谈中国诗歌吗？

**西川**：不是谈诗歌，谈的是中国文化，涉及很多东西：中国传统、中国现代史、中国当代文化、中国文学翻译等等。英国翻译《红楼梦》的汉学家闵福德（John Minford），还有意大利汉学家朱西（Giuseppa Tamburello）也参加了工作坊。

**吴投文**：活动都是在阿德莱德大学搞的吗？

**西川**：我这次去澳大利亚有三个地方的活动。先是在阿德莱德大学，之后我又去了西悉尼大学（Western Sydney University），然后在悉尼我有专场朗诵。朗诵会是 Giramondo（可以翻译为“四方行者”）出版社为我专门安排的。但我主要是奔着阿德莱德大学去的。

**吴投文**：记得你还去印度参加了一个活动，也请谈谈。

**西川**：印度我去过多次。本来 11 月份印度南方有一个诗歌节也邀请了我，但因为我要去澳大利亚，就推掉了。这些年来印度文学网刊《准岛屿》与《今天》杂志合作，组织过几次中印作家的对话活动。北岛、李陀、刘禾、韩少功、格非、欧阳江河、翟永明和我都参加了。《准岛屿》的主编叫莎米沙·莫汉提。她的先生叫卡比尔·莫汉提，是一位实验电影导演。卡比尔的父亲是印度钢铁大王，企业主要由卡比尔的弟弟在打理。这个家族的业务主要在加尔各答，但是《准岛屿》搞活动不仅在加尔各答，也在孟买，更主要的是在新德里，在不同的地方搞。当然我多次去印度也不仅是因为《准岛屿》，也有别的方面的邀请。例如 1997 年我第一次去印度是拿的联合国教科文组织的钱。2013 年底《准岛屿》把我单独请过去，跟匈牙利小说家克拉斯诺霍尔卡伊·拉斯洛一起与印度作家、诗人做对话。译林出版社刚刚出版了拉斯洛的小说《撒旦探戈》。他在欧洲被称为“伟大的作家”。这次对话活动阿什斯·南地也来了。他是印度思想界的重要人物，曾经被美国《外交》杂志评为全球当代 100 位重要思想家之一。我在那次活动上的长篇谈话刊登在 2014 年 11 月的《准岛屿》网刊上。在国内看不着，但在国外上谷歌，就能搜出来。我谈了我的基本情况，谈了我对中国现实的看法，谈了我对一些政治问题、文化问题、传统问题、历史问题的看法。为了给一本国内杂志整理稿子，我最近刚把这篇在印度的英文谈话整理出来，中文稿很快就会发出来。在国外参加活动，大多数情况下大家并不讨论诗歌或者小说。在中国开文学研讨会，大家都是谈这个诗人写得怎么样，但在国外很少开这样的会。国外作家们在一起讨论的全是公共话题，涉及社会问题、历史问题、现实问题、政治问题等等。在中国，作家就是作家，诗人就是诗人；在国外，如果你是一个作家，一个诗人，那么你实际上必然有一部分知识分子的角色。

**吴投文：**作家充当公共知识分子的角色吗？

**西川：**国外作家们会关心这些现实问题，至于充当得了充当不了，那是另外一回事。有一年希腊邀请我去参加一个国际作家会议，讨论的是“正义”的问题，但那一年我有别的事没有去成。等到第二年，他们又邀请了我，会议设定的话题是“土地 / 家园”。我在那儿做了一个英文发言。英文稿在谷歌上也能搜出来，题目叫《在矛盾修辞的阴影下》（“In the Shadow of Oxymoron”），谈的是中国社会的矛盾修辞。2012 年吧，我在英国爱丁堡图书节期间参加世界作家大会——这个大会于 1962 年第一次召开，到 2012 年是 50 周年。他们从全世界请了 50 个作家，里面只有 5 个诗人，我是其中一个。会议设定了 5 个话题，其中有一个叫作“今日世界审查”，讨论各个国家的审查制度，包括文学审查、文化审查、政治审查、宗教审查等。我以为我是从中国去的，肯定是要谈中国的审查制度了，结果到了那里发现，各国作家并没有把矛头主要指向中国。他们一上来就对美国开炮。美国的新墨西哥州或者什么别的州，出了一个法律规定：凡是书店里摆的书，里面如果有 Latino（拉美裔美国居民）这个词，那么这本书就要下架。这是一个严厉的审查。现场大家对此一致谴责。有人呼吁 50 位作家签字，给美国的这个州政府写信，表示抗议。大会的另一个话题是：“有没有一种民族主义的文学？”我本来也以为这是一个针对第三世界的话题，因为越是第三世界国家的人越愿意谈民族主义，结果是，英格兰作家和苏格兰作家在现场就吵了起来，互相骂。那个时候我就知道我的英文不够用了——有些骂人的话我听不太懂。这让我大开眼界！我发现原来文学中的民族主义不光存在于第三世界，在英国也有。另外还有3个话题，只有一个与文学密切相关，叫“文学的未来”。

**吴投文**：不一定都是纯粹文学的话题。

**西川**：极少。在这种情况下，为什么我说“中国作家是世界上最孤独的一群人”呢？因为中国作家参与不了这些话题，不懂这些话题，中国作家没有这方面的修养和知识背景，他只知道写他的小说，写他的诗。一旦要在一个更广阔的领域里来讨论这些话题，作为一个政治问题来讨论，作为一个文化问题来讨论的时候，中国作家就只能干瞪眼。

**吴投文**：1995年，你首次到境外参加文学活动，参加了当年的“鹿特丹国际诗歌节”。到现在为止，你在国外参加了很多文学活动，包括诗歌节、文化节、书展、在大学讲学等等。你参加国外的诗歌节，最大的感受是什么？

**西川**：去年9月份我在智利和阿根廷两个国家，10月份在美国，11月份在澳大利亚。从9月到11月，我多数时候在国外。中间会回来一下，然后再走。9月份在阿根廷参加罗萨里奥国际诗歌节，我一个最大的感受就是阿根廷人对诗歌非常热爱，这种情况在整个拉美都差不多。阿根廷是出博尔赫斯的地方，你要是没有足够的自信，就别去那里读诗。我感受到了当地人对诗歌的热情。一位女记者说我在罗萨里奥“像摇滚明星一样受欢迎”。按照阿根廷媒体的说法，我在那儿就算是出名了。诗歌节第一天的夜里十二点半（已经算第二天了），我在一个酒吧里朗诵。那时街上都没什么人了，可酒吧里挤得连站的地方都没有。我的朗诵赢得一片叫好。第二天我在主场朗诵，好多人是听了我在酒吧里的朗诵后专门跑来听我的主场朗诵的。我用中文读，一个当地的青年诗人读西班牙语译文。有时我读一首诗，之后他读译文，有时是中文和西文穿插着读。我朗诵一结束，听众中的不少人轰的一下就都走了——他们都是奔着我来的。阿根廷的 Bajo la luna 出版社出版了 Miguel Ángel Petrecca（中文名字为明雷）翻译的我的诗集《夕光中的蝙蝠》。我和明雷在布宜诺斯艾利斯的一家书店里做书的首发式时，发生了一件令我特别自豪的事。听众里有个老头是博尔赫斯当年的学生。他说他有一件礼物送给我。我一看，是博尔赫斯 1961 年送给他的书《创造者》(*El hacedor*)。博尔赫斯在书上面签了名。他把这本书转赠给我，还为我写了一个书面说明。他说当年博尔赫斯把这本书送给他的时候，有一个未言明的愿望，就是希望有一天通过他将这本书转赠给一位来自远方的说奇怪语言的诗人和翻译家。他说：“我听说你来了，在网上查了你的情况，你就是这个人！”当时在场的阿根廷诗人和作家都很嫉妒，其中有一个青年诗人说，他将来一定要去北京把这本书再偷回来！

**吴投文**：你的诗歌最早是什么时候被介绍到国外的？

**西川**：30 多岁吧。第一次出国是在我 35 岁的时候，去荷兰参加“鹿特丹国际诗歌节”。但是在此之前，我的诗就被翻译到荷兰了。要不然我怎么会去呢?

**吴投文**：最早是被翻译成荷兰文?

**西川**：最早也不是，先是零七碎八的有一些英文的、荷兰文的翻译，我也记不太清楚了。

**吴投文**：目前你的诗歌已经被翻译成了不少语种，进入了不少外文诗选，请你大致做一个介绍。好吗?

**西川**：已经成书的也没有几本。英文的有三本，有两本是比较小的书:《小老儿及其他诗篇》和《墙角之歌》。三本中比较大的一本是《蚊子志：西川诗选》。还有法文、西班牙文、德文、瑞典文的译本。我知道的已经做好的还有一本西班牙文诗集——我已经有一本西班牙文的了——日文也已经翻译好了，可能很快就要出来了。我的波兰文、阿拉伯文译本的翻译正在进行，波兰文译本差不多翻译好了。有一些国外出版的国际诗选里选了我的诗，还有几本重要的杂志，包括《巴黎评论》发表了我的作品。《巴黎评论》是国际顶尖文学杂志，我如果不是唯一的，可能也是国内极少数几个在上面发表作品的诗人和作家之一。我在不到 30 个国家的报纸杂志上发表过作品，大概就是这个数。

**吴投文：**能说得详细一点吗？

**西川：**再详细一点？感觉像是在自吹自擂！好吧，我记得的，英国的《泰晤士报·文学副刊》《现代诗歌译丛》，美国的《巴黎评论》《波士顿评论》《塞涅卡评论》《碧山评论》《艾奥瓦评论》《亚特兰大评论》《玛尔帕伊评论》以及一些网刊，加拿大的《粮食》和一个法语的什么刊物，德国的《写作国际》，法国的《行动》，比利时的《诗刊》，意大利的《诗刊》，荷兰的《阿曼达》《向导》《拉斯特》，西班牙的《虚构》《西方杂志》以及加利西亚语的什么刊物，日本的《现代诗手帖》，韩国的《亚细亚》，澳大利亚的《热度》，印度的《绅士》，等等，还有一些说不上名字的，比如斯洛文尼亚、克罗地亚、保加利亚、匈牙利、希腊、俄罗斯、越南、马耳他等国的出版物，很多。

**吴投文：**德国汉学家、作家彼得·霍夫曼（Peter Hoffmann，中文名字何致瀚）和 Brigitte Hohenrieder 等人翻译出版了《鹰的话语：西川诗文集》。这本诗选在国外的出版情况，你能谈谈吗？

**西川：**这是在德国出版的，好多年前的事了，我都快忘了。是一家小出版社出的。现在德国另有一位诗人兼翻译家正在翻译一本我更大规模的诗集。哦，对了，我在德国还出版过一本由我编选的中国当代诗选（有声读物）《挡风玻璃上的蝴蝶》。收了 11 个人的作品，包括昌耀、海子、欧阳江河、翟永明、于坚、韩东、肖开愚、陈东东、尹丽川、严峻和我。

**吴投文**：你在多个国家的大学讲过学，也请谈谈情况。

**西川**：没有多个，就两个。2007 年在纽约大学东亚系，2009 年在加拿大维多利亚大学艺术学院写作系。我看到一些人在他们的简历里说他们曾在多少多少国外大学里讲学——但对我来说，一次性的讲座或者朗诵不叫讲学。我在纽约大学和维多利亚大学是真教书，用英文上课，我有每周必见的学生，也有博士生挂在我名下做独立研究。我其实 2002 年在美国艾奥瓦大学参加国际写作项目时也同时是那里的亚洲研究中心的访问学者，也教过课，是与一位美国教授和一位日本作家一起给学生们上一门名叫“今日亚洲新闻与写作”的课——我早年当过记者。对了，我也是日本东京城西国际大学的客座教授。

**吴投文**：你在国外教书的时候主要讲什么？

**西川**：我教的是“翻译中的 20 世纪中国文学”，在纽约和加拿大教的是同一门课。

**吴投文**：主要涉及哪些内容呢？

**西川**：就是现当代中国文学，主要是诗歌，但也会涉及小说、文论，像毛泽东的《在延安文艺座谈会上的讲话》，我也会让学生们看，都讨论过。

**吴投文**：国外学生的讨论有什么特点？

**西川**：一个特点是白人的观点和黑人的观点很不一样。比如在纽约大学，班上有白人有黑人，基本上，白人学生认为里面有许多表达矛盾之处，他们认为这个讲话是对个人的一种剥夺。但是，美国的黑人学生对这篇讲话就有一种同情心，他们好像对民族解放、民族独立的观念感兴趣，他们认为毛主席讲得对。这个很不一样。

**吴投文**：实际上，他们还是从自身的处境出发来讨论。

**西川**：每个人都是从自身处境出发，但是我们中国人现在基本上也很难达成统一的认识。

**吴投文**：你教的那些学生对中国诗歌有什么了解没有？

**西川**：他们对中国诗歌没有什么了解，国外普通读者对中国现代诗歌几乎没什么了解。国外诗人了解一点朦胧诗，普通读者完全不了解。但是，国外的文化人多多少少都读过一点中国古代诗歌，比如唐诗。

**吴投文**：就是说，外国普通读者对中国诗歌的了解基本上是中国古代诗歌，尤其是唐诗？

**西川**：对！尤其是《唐诗三百首》，再多的了解也谈不上了。

**吴投文**：唐朝诗人里在国外最著名的是哪几位？

**西川**：唐朝诗人在国外最著名的，一般说来当然是李白、杜甫，但是有些人的趣味偏王维，有些人的趣味偏白居易，也有的人读寒山。

## 二、国外对当代中国诗歌的翻译与评价

**吴投文**：能不能再谈一下西方国家的读者对中国现代新诗的了解和评价？

**西川**：他们对中国新诗一般来说不了解。但对中国当代的少数几个诗人，国外的评价还是挺高的。我有一个朋友，加拿大诗人、加拿大皇家学院院士蒂姆·柳本，在加拿大杂志 BRICK 上发过一篇文章，题目是《中国的曼德尔施塔姆一代》，谈到我、翟永明和欧阳江河。美国前桂冠诗人罗伯特·哈斯曾经在美国《信仰者》（*Believer*）杂志上发表过文章谈于坚和我。了解中国当代诗歌的人对中国当代诗歌的评价并不低。蒂姆甚至说，我们几个干的活就相当于当年俄罗斯白银时代的那几位诗人对俄罗斯的意义。问题是，这样的评价通过我的嘴传递回国内，人家就觉得你在瞎吹。很多我在国外碰到的事情，我也不方便讲，因为当时边上也没有别人。但我知道人家对我是一个什么态度。比如说，1995 年，我去荷兰参加“鹿特丹国际诗歌节”，那是我第一次出国，才 30 多岁。在我朗诵完之后，英国威尔士女诗人、获得过英国女王金质诗歌奖章的吉莲·克拉克（Gillian Clarke）对我

说："我本来以为世界诗歌已经没有希望了，但听了你的朗诵，我知道你就是世界诗歌的希望。"诗歌节组织前来的各国诗人们乘船游览鹿特丹，有一位荷兰盲诗人正好坐我边上。他问我是谁，我说我是中国诗人，叫西川。他说："我知道你，那天我听了你的朗诵，整个诗歌节只有我们两人可以交谈。"

**吴投文**：他们还是有预见性的。

**西川**：不是预见性，当时我已经写出了《致敬》之类的作品，我在那儿读的就是《致敬》中的几章，当然，也读了别的。

**吴投文**：国外对中国诗歌的翻译质量，你觉得怎么样？

**西川**：我诗歌的英文译者很棒，他叫 Lucas Klein（中文名字柯夏智）。他因为翻译我的书获得了美国文学翻译家协会（ALTA）的两个大奖之一的卢西恩·斯泰克亚洲翻译奖（Lucien Stryk Asian Translation Prize）。

**吴投文**：不过，我觉得很奇怪的是，目前中国翻译国外的诗歌很多，但国外对中国当代诗歌的翻译不多……

**西川**：其实也很多，只不过没有弄出什么声响来。我刚才给你看的光是英文翻译出版的中国当代诗选都多少本了：王屏编的、张洱编的、明迪编的、王清平编的、托尼·巴恩斯通（Tony Barnstone）编的、杨炼编的……我没数过，这还是仅限于英语出版的当代中国诗选。法语的尚德兰（Chantal Chen-Andro）、意大利语的鲍夏兰（Claudia Pozzana）、德语的顾彬、西班牙语的明雷、俄语的邓月娘（娜塔莉亚·阿扎洛娃，俄语名字，拿不准是否可以拼为 Natalia Azalova）、日语的田原、葡萄牙语的姚风、斯洛文尼亚语的施派拉·奥伯斯塔尔（Špela Oberstar）等，都翻译编辑出版过当代中国诗选。翻了不少。不过中国当代诗人作为一个整体，水平没那么高，反正咱们整天就是在国内相互吹捧或者相互谩骂，自己玩自己的。

**吴投文：**据你的了解，现在世界各国对中国当代诗歌的翻译有没有什么差异？有哪些国家对中国当代诗歌翻译得多一点，哪些国家翻译得少一点？

**西川：**各个国家没有什么差异，但是不同的译者之间有差异。每一个译者都有自己的背景，每一个译者都有自己的趣味。比如，有的译者本身就喜欢很精致的东西。我觉得我自己的法语译者，她不太适合翻译我的东西，她更适合翻译北岛的东西。像我的英文译者和西班牙文译者就非常好。总体上说，美国出版的当代中国诗歌算多一些。

**吴投文：**现在中国诗歌被翻译成外文，存在什么误读没有？

**西川：**误读永远都有。别说别人对咱们有误读，咱们对人家也有误读，咱们对自己都有误读。误读是这个世界的一部分，是世界文化的一部分。

**吴投文：**中国诗歌翻译成外文，你觉得最大的问题是什么？

**西川：**中国当代很多诗人都希望自己的诗歌被翻译成外文，但是，翻译成外文以后基本上处于无效状态。没有什么用，只能说是被翻译了，可翻译成外文也无法为你赢得世界的尊重、国外同行的赞扬。所以，这不是翻译的问题，实际上还是一个写作观念上的问题。如果你自己的写作观念既不独特，也不充满创造力，而就是写点诗，就是对生活有点怨言有点伤感——这些东西对诗人个人来讲，我觉得都可以——但是这些东西对于世界文学的进程有什么意义？很多人的诗是没有意义的，在中文都没有意义，就更不要说翻译成外文了。

**吴投文：**现在政府也在以项目的形式，组织有关人员把中国诗歌翻译成外文。

**西川：**我已经反复批评过了。我曾在《人民日报》上发过批评文章。不光是诗歌翻译，目前整个政府主导的文化交流的方式和方向都不对。有一次我在西班牙，去了马德里的中国文化中心，那里正举办一个中国画家的花鸟画展。我就跟那个中心的主任讲，你也太小看马德里人了，你知道马德里的美术馆里展的都是谁吗？人家展的是毕加索、达利、委拉斯凯兹、格列柯、戈雅，你敢拿点那烂花鸟画在这儿展，还以为这是软实力，丢人现眼都不够！他问那你看应该展什么，我说只有把北宋的绘画拿过来才行，必须把那个程度的绘画拿过来才能吓他们一跳。珍品拿不出来拿复制品也好哇。诗歌也一样，这是同一个道理。你千万不要小看了人家的文化品位、人家的文化判断力。我再举个例子，我 2007 年年初在美国，当时纽约正在上演两出戏，一出戏是捷克裔英国剧作家和导演汤姆·斯托帕（Tom Stoppard）创作的《乌托邦的彼岸》（*The Coast of Utopia*），有 9 个小时长，讲的是俄国革命的形成。与此同时，另一出戏也在上演，是哈金的剧本、谭盾的作曲、张艺谋导演的《秦颂》。当时报纸上所有的好评都给了《乌托邦的彼岸》,《秦颂》获得的全是差评。这就是中国当代文化在国外的真正处境。关起门来，回到国内，自己给自己吹，但总有人看见过当时的情况。

**吴投文：**关于中国诗歌在国际上的影响，不同人的评价差异比较大。

**西川：**不是评价。很多人关心这个问题，就是国外究竟怎样评价中国当代诗歌。中国当代诗歌在国外只有几个名字，一个是北岛、一个是杨炼、一个是顾城，往后是比如多多、于坚、欧阳江河、翟永明、我。我们在世界上真正赢得同行认同的并不是所谓的“诉苦文学”，你也可以不诉苦。

**吴投文：**你认为在中国当代艺术中，诗歌占有一个什么样的位置？

**西川：**我有点不太明白你的意思。你是说中国诗人在国际上的处境？……哦，中国的诗人们，包括中国的小说家们算在一块儿，是全世界最孤独的一群人，因为他们在世界上没有同行。哪一个作家、诗人在国外赢得过哪个国家诗人、作家的高度赞扬？不是看哪个国家是否有新闻报道你，是要看什么时候国外那些真正有身份的作家是否出来表扬你，就像我们的作家都在表扬博尔赫斯。另外，花钱买来的赞扬不算，通过权力商量来、交换来的赞扬也不算。造成这种情况的原因，首先是语言问题：中国绝大多数作家诗人讲不了外语。第二个问题：在国外，尤其是在西方国家，意识形态因素依然存在。比如我生活在北京，就会有欧洲或者西方作家觉得我跟他们不是一路人。这种情况在东欧更严重些。那些在国际上出了名的东欧作家，由于历史的原因，对共产党相当敏感。当然，你在东欧也会遇到苏联留下的体制遗产：作协老作家们、作协老主席们。第三个问题：大多数当代中国诗人的写作从国际诗坛的角度反观，其实水平有限，其写作理念其实挺保守。

**吴投文：**中国目前在国外被翻译最多的诗人是哪几位？

**西川：**北岛是最多的，像杨炼、顾城、多多、舒婷等都被翻译成了不同的语言。

**吴投文：**我注意到了汉学家宇文所安的一个说法，他认为朦胧诗之后的中国当代诗歌，基本上都是翻译诗。

**西川：**他的原话是“经过双重翻译的外国诗”。这是说北岛，在他的文章《何谓世界诗歌》里说的。

**吴投文**：实际上，也涉及了中国其他诗人，他觉得似曾相识。

**西川**：宇文所安（Stephen Owen）是个学者。做中国古典文学的。其学术研究令人敬佩。但他对当代中国诗歌的看法只是一家之言。他认为台湾的杨牧是个大诗人，能够中西结合。这是他的判断。但我也可以给你引述点儿国外作家对我诗歌的看法：我新方向的那本集子，译者柯夏智为它干了好几年，反复修改。我就觉得新方向有可能不愿意出我这本书了，也许人家觉得我不够格，新方向的眼光太高了。后来，我就给他们出版社的一个人（著名作家）写了封信，说你实话跟我讲，我究竟还有没有机会在你们出版社出书？那个作家给我回信说："我当然认为你应该跟 20 世纪最伟大的作家们在同一家出版社出书。"你要是按照宇文所安的说法我哪配，当然他说的也不是我。我写的诗跟朦胧诗很不一样。美国汉学家陆敬思（Christopher Lupke）和莫楷（Canaan Morse）都认为我的诗正在摆脱中国古典诗歌和西方诗歌的双重束缚。陆敬思在他的《创造性辩证法与中国当代诗歌对新形式的追求》一文中说我"正在重铸当代中国的文学表达"。他这篇文章的译文很快会在《诗书画》杂志上登出来。

**吴投文**：是这样……目前有很多汉学家从事中国新诗研究，比如顾彬、柯雷等人，你如何看待汉学家对中国新诗的研究？他们的研究是否符合中国新诗的实际情况？

**西川**：柯雷有良好的学术训练，尽管他曾经在荷兰被称作"摇滚教授”。他在讨论中国当代诗歌的时候，有他的学术背景。顾彬、柯雷两人的区别在哪儿呢？柯雷是一个做田野调查的学者，他追踪的是诗歌现象，中国诗歌发生了什么，中国当代的时代变迁形成了什么样的诗歌？顾彬关心的不是晚近发生的诗歌现象，他是从他的德国文化背景来讨论，他关心的是有什么好诗，有没有好的作家。他们两人虽然都是汉学家，但是他们的学术背景不一样，他们的研究重点也不一样，讨论的问题也不一样，得出的看法和结论也不一样。

**吴投文**：顾彬说，相对于小说，诗歌实际上更能代表中国文学的成就，中国的诗歌在世界上已经达到很高的水准了。他的这个观点在中国引起了很大的争议，你如何看待？

**西川**：顾彬这么说的时候，你得知道顾彬在德语世界中是个什么位置，他是以一个作家的面貌出现，还是主要以一个汉学家的面貌出现？当然，他也可能是一个综合性的研究者，他又是一个汉学家，又是一个诗人。他对德国的文学界肯定是了解的，所以他才这么说，我想他是有一定道理的。当然，中国的诗人中只有少数几个人达到了国际水平，在国际上受到尊重，大多数中国诗人肯定不在这个行列里。所以，当顾彬说中国的诗歌达到国际水平的时候，他指的是几个人，像北岛、多多、杨炼，还有翟永明、欧阳江河、王家新，他一定指的是这么几个人。当然，他有时也提到我，谢谢他——提不提到我其实无所谓。

**吴投文**：哦！

**西川：** 顾彬是德国人（又跟奥地利关系密切），他在研究汉学之前是研究神学的，所以他特别要求文学的精神性。他为什么瞧不上中国的小说？他认为中国的小说没有这种精神性，中国的小说都是传奇，都是故事，没有真正的思想性。他认为中国的小说缺乏的就是这个东西。他把中国的小说与德国的小说比，可能就会觉得中国的小说有些问题。当然，他对中国小说的看法我也不完全同意，比如他对于莫言的看法。我曾经对顾彬说过我对莫言的看法，我说你有偏颇。顾彬并不是我的译者，我在德国有另外的译者，尽管我们也熟，也有一些交流。说到中国诗歌在国际上的地位，汉学家的看法只是一方面，我有很多汉学家朋友，除此之外，我直接认识一些国外的作家、诗人，他们对中国文学的看法，我也知道。说起来又有意思了。我以前也说过，了解中国诗歌的外国诗人没有那么多，但只要他们了解中国诗歌，就会对中国诗歌有比较高的评价。但他们给出比较高评价的对象，也是几个人，不是所有的人。

**吴投文：** 就是你刚才提到的那几个人？

**西川：** 甚至比那几个人还少。刚才我说的是顾彬的看法。因为顾彬跟这些人打交道，他退休以后就生活在中国。在国外，有些人不跟这些人打交道。像美国接替谢默斯·希尼出任哈佛大学诗歌教授的乔瑞·格雷汉姆（Jorie Graham）曾因读我的诗而睡不着觉，曾表示要将世界上她认识的所有的译者都介绍给我。像纽约非常著名的作家艾略特·温伯格，他说起中国当代文学来，会说到北岛、顾城和西川；艾略特是美国攻打伊拉克时，全世界最著名的三个批判小布什的知识分子之一。另一位是印度得过布克奖的阿兰达蒂·罗伊，就是写《卑微的神灵》的那个人。还有一个，我忘了名字。艾略特的朋友、诗人弗瑞斯塔·甘德（Forrest Gander）曾称欧阳江河是“天才”。如果换成美国语言派诗人查尔斯·伯恩斯坦（Charles Bernstein）——我曾经与他一起在纽约圣约翰大教堂朗诵，在我用英文朗诵了《开花》之后，他不得不临场改换本来准备好的朗诵内容——他说起中国文学，一定会提到车前子。澳大利亚诗人、英国剑桥大学的研究员约翰·金塞拉（John Kinsella）也会提到车前子，当然也会提到我。要是英国诗人，像 W.N. 赫伯特（W.N. Herbert）、帕斯卡尔·佩蒂特（Pascale Petit），他们一定一天到晚地说“炼，炼”——杨炼。而像阿根廷获得过 2010 年西班牙文学批评奖的青年小说家、诗人，也是波拉尼奥的好友的安德列斯·纽曼（Andrés Neuman）——他的《世纪旅人》已经翻译成了中文。我在西班牙碰到过他——我们的记者问他了不了解中国文学，他说了解一部分，说热爱几位中国诗人：李白、苏轼、西川。这个你在中国的网上都能找到。你还能在中文的网上找到日本诗人高桥睦郎的说法——他是三岛由纪夫生前的男伴——他认为当代中国重要的诗人是北岛和我。我在国外有一些真正的同行朋友，还有一些人的名字我就不一一列举了。国外的诗人、作家也是有好有差，你得能够区分出谁是真正有货的人。不能被他们的外国脸给唬住。顺便说一句：有些拥有台湾背景的、居住在美国和加拿大的所谓“诗歌大师”“诗歌泰斗”，其实根本进入不了国际诗坛的主流。只是由于国内媒体、诗歌教授们不了解真实的国际诗坛状况，信息不对等，所以对他们吹得很厉害。这层纸早晚会被捅破。当然，台湾的、台湾出来的，有几位诗人是我非常敬重的，例如已经故去的商禽。

**吴投文：**我们新诗研究者看不到这些，没有这个条件。……说到当代诗歌的翻译，好像朦胧诗人们被翻译得更多些。那么你们这一代诗人作品的翻译情况呢？请具体谈谈国外对你诗歌的翻译。

**西川：**好多话我没法自己说。你自己判断吧。刚才我提到我的作品发表在《巴黎评论》上，出版我英文诗集的出版社是纽约的新方向出版社。这是美国顶级的文学出版社之一。在国外，内行人不在乎你出没出过一本还是几本书，人家首先看你是哪个出版社出的。我在美国的时候，曾有美国诗人问我我的出版社是哪家，我说是新方向，对方立即表示他听了都起鸡皮疙瘩。

## 三、以国际视角回看中国新诗

**吴投文：**说实在话，国内做诗歌批评的人对中国当代诗歌在国外的影响了解有限……

**西川：**不光是这个问题。我去年 10 月份与咱们一个批评家一起去美国，曾经在阿肯色州一座当代美术馆里与几个美国诗人一起做朗诵，听众没有太多人，但参加活动的美国诗人都不赖。其中包括出任过美国诗人协会主席的施家彰、白萱华（Mei-mei Berssenbrugge）、语言派诗人汉克·雷泽（Hank Lazer）、批评家斯蒂芬·弗莱德曼（Stephen Fredman）等。他们都是做先锋实验的诗人和关注先锋实验的批评家。咱们的批评家自己并不写诗，就在现场朗诵了卞之琳、穆旦的诗，就是中国诗歌批评界、大学中文系里特捧的几个人。我就觉得在那个现场，朗读这样的诗人的作品特别不对头——在世界诗歌圈谁在乎什么穆旦、卞之琳！就是完全不搭界。我都觉得害臊。我只好通过自己的朗诵拼命找回点中国当代诗歌的脸面。咱们关起门来说，现在包括一些美国的华裔学者也还是在研究这些人。这些人可能称得上是学术研究的对象，但是他们的作品完全不能进入当代世界诗歌的现场，太土了，太老了，那个上下文完全对不上。

**吴投文：**对穆旦，你与欧阳江河好像批评得比较厉害？

**西川：**不是厉害。穆旦在他那一拨人里算好的了。穆旦在中国为什么重要呢？原因之一是穆旦有中国表述，是中国知识分子的良心。原因之二是西方现代主义被介绍到中国来后，穆旦他们是所谓现代主义诗歌信条的实践者。但是在穆旦身上，你感受不到作为一个诗人、作为一个艺术家的真正的创造力和思想深度。"五四"以来中国诗人的写作实绩其实一直挺弱的，只有几个人是例外，鲁迅是个例外，大多数人基本上是文艺青年。在我看来是这样的。当然，穆旦比文艺青年们好。我专门写过一篇文章《穆旦问题》，我在文章里说，穆旦因为分量足够，我才这么认真讨论他，他如果不够分量，我根本不会写这篇文章。对于不好的诗人我要么不提，要么就只会说好——所有你不愿意认真讨论的人，你都说好，就省事。但是，穆旦由于他重要，我才认真讨论他的诗里面有什么问题。

**吴投文**：中国新诗史上，你认为值得探讨的诗人还有哪几位？

**西川**：1942年的冯至，那是他最好的状态。当然，鲁迅很好。其实，艾青也不错，但是最近这些年，大家讨论艾青比较少。艾青是真正的诗人，一看你就知道，你能感受到他身上的那种艺术气质，那个劲儿，感受到他身上的那种艺术细胞。

**吴投文**：徐志摩怎么样？

**西川**：徐志摩对我来讲就是文艺青年。徐志摩的诗从历史意义上讲有其重要性，但是，就一个诗人来讲，你的诗意和诗艺究竟在多大程度上禁得起颠覆，禁得起后辈诗人的批判性继承甚至挑战，都是看得出来的。我觉得，一个好诗人是由多方面构成的：其本身的才华、智力水平、思维深度，对偶然性和必然性的认识，对语言的使用——包括硬度和柔韧度，还有，其创造力能够展开到一个什么样的程度。徐志摩对我来讲，是比较差的诗人。他之所以受欢迎，是因为他新派文人的小资情感的浪漫表达正符合许多人对诗意的理解。当然，他也有写得不错的诗歌，例如《常州天宁寺闻礼忏声》。

**吴投文**：我注意到了，这是你一贯的观点。

**西川**：我相信50年、100年后，大家就会同意我的观点了。徐志摩的作品比他英国19世纪浪漫主义晚期的诗歌榜样们的作品差得太远了。但这也不能全怪徐志摩，他是现代汉语诗歌草创期的人物。只是现在还被一帮子教授、博士吹捧为新文学的典范性诗人。这构成了一个知识系统，你一旦认同了这个知识系统，就会无视当代文学的进展，就被套住了。1919 年到 1949 年这 30 年的新文学中真正精彩的东西太少。因为那是一个新时代，产生了这样一套文学，但这一套东西，都太不成熟了。

**吴投文：**我非常认同你的这个观点。

**西川：**咱们不用拿“五四”作家诗人跟国外比，就跟中国古代诗人比，他们也差那么多。这还用说吗？

**吴投文：**那你如何看待郭沫若的创作呢？

**西川：**不能把郭沫若仅仅当作一个诗人。现在好多人骂郭沫若，说他是“御用文人”。但郭沫若的“御用”与其他人的“御用”还有些不同：毛主席对郭沫若那是有知遇之恩的。像徐志摩一样，郭沫若也有几首诗写得不错，像《夜步十里松原》，是一首写得很好的诗，浪漫主义意义上或者泛神论意义上的不错。但是郭沫若有一些著名的诗以今天的眼光看就写得比较糟糕了。我在纽约大学带学生们读郭沫若的《凤凰涅槃》的英译文，我一个后背上刺着中文《道德经》第一章的白人男学生笑着对我说：“怎么中国现代诗人能把诗写得这么蠢！”——我这话真不该说出来。得为尊者讳吧。但其实我为尊者讳的东西可多了。我也知道日本当代诗人怎么看我们老一代诗人的作品，我就不说了。像理解徐志摩一样，郭沫若早年也是处在新诗的草创时期。不过，说到郭沫若，我是把他当成一个大才子来看的，郭沫若并不是只有写诗这点才华，他的甲骨文研究、历史研究、书法都有很大成就。他在新中国成立前的政论文章写得也好，他还是歌德《浮士德》以及英国的布莱克的翻译者。他的《马克思进文庙》这篇东西写得很有深度。这篇东西只收在《郭沫若全集》里，不见于任何他的单行本。余英时说郭沫若在《十批判书》里抄袭了钱穆，但后来中国社科院有两位专家专门写过一篇文章来批驳余英时的说法——只不过这篇对余英时的反驳文章没什么人感兴趣，也就没人提了。也有人拿郭沫若和陈寅恪做对比——当陈寅恪成了文化英雄的时候，郭沫若就成了小丑。但总体说来，郭沫若是有多方面才华的人，不是仅有写诗这点才华。

**吴投文：**哦！

**西川：**我碰到好多这种骂郭沫若的人，有一次在人民大学我差点掀了他们的桌子。我说你们这帮子人也配贬损郭沫若！我当然不觉得郭沫若的诗怎么怎么好，但他是得风气之先的人。他把胡适的《蝴蝶》和《匹克尼克来江边》一下带上了斯宾诺莎泛神论的天空。因为胡适，在今天的中国，杜威成了香饽饽，那我们就该忘记斯宾诺莎吗？

**吴投文：**那你如何看待戴望舒的诗歌呢？

**西川：**戴望舒的修养、品位都不错。他特别逗，他年轻的时候在法国——罗大冈也在一块儿，这是我看人家的回忆录里面记载的。戴望舒说，将来我得了诺贝尔文学奖，我要让你们一个萝卜一个坑，咱们一块儿让中国文学产生一个飞跃——当年他也狂得不得了啊！但实际上他没写出太多的东西来。现在能数得上的不外乎一个《雨巷》，另外晚期的一个《我用我残损的手掌》。戴望舒翻译了很多东西，他的语言能力特别好，他翻译的加西亚·洛尔迦太好了。他也翻译别的诗人，翻译了好多人。我们今天看来，戴望舒作为一个艺术家，他的创造力并没有那么足，或者说，戴望舒的创造力的开合度没有那么大。现在我们都看得清清楚楚，包括戴望舒，包括卞之琳，在创造力上更像是"读者诗人"，而不是自然长起来的诗人。卞之琳和戴望舒读什么就写什么，比如他们读了西方现代主义诗歌，他们就也写点这样的诗歌，他们翻译了谁的诗歌，他们就也写点这样的诗歌。这种诗人都是"读者诗人"。

**吴投文：**你提到戴望舒年轻时想得诺贝尔文学奖，实际上反映了中国作家比较普遍的一个心态。顺便插一句，你怎么看待作家的这种心态？

**西川：**诺贝尔奖这个事啊，怎么说呢？一个人年轻不了解情况的时候，你会想想诺贝尔奖的事，你会觉得将来你也有可能得个诺贝尔奖。等你真正进到国际文学交流的现场，你就会发现那是瑞典那些人颁的一个奖。国际上没有得诺贝尔奖的大师多了去了。其他国家的文化人，其他语言的作家们是不是真那么在乎诺贝尔文学奖，也很难说。当然诺贝尔奖是个很大的事，但世界上有很多好作家都没得过诺贝尔奖。像我喜欢的很多作家和诗人，博尔赫斯没得过，庞德没得过，波兰的日比格涅夫·赫贝特也没得过。一天到晚想得诺贝尔奖的人是不了解诺贝尔奖的人。瑞典最重要的出版社之一 Wahlström & Widstrand 2009 年出版了我的诗集《面孔与历史》，我因此也去过诺奖评审的那个小办公室，在他们的图书馆里，也在诺奖得主朗诵的舞台上朗诵过。当然，在那里做朗诵的不光是诺奖得主，也有一些没有得过诺奖的好作家，其中包括写《午夜之子》的萨曼·拉什迪。诺贝尔奖很遗憾只能颁给很少的几个人。前阵子，诺奖评委会前主席埃斯普马克去北师大时说，有一年进入决选名单的有好几位全是顶尖作家，包括英国小说家格雷汉姆·格林，他们没给格林的原因是格林太受欢迎了，算了，就给了另一个小众一些的人，好像是贝克特——如果我没记错的话。

**吴投文：**回到原来的话题，现在有人对卞之琳评价很高。

**西川：**为什么你知道吗？是批评家们、做现代文学史的学者们学会了一套现代主义的语汇。他们对卞之琳的评价是从美国传过来的。美国有几个华人，他们在美国学到了一些关于现代主义的术语，发现可以用来研究卞之琳，就拿来套在卞之琳身上，于是，卞之琳就变成了一个重要诗人。卞之琳也可能对中国现代文学是挺重要的，问题是卞之琳的创造开合度不是很大。卞之琳就那么几首诗，正好符合现代文学批评里的一些学术概念，正好能套上。就是说，人家有一双 39 号的鞋，卞之琳那双脚正好 39 号，能穿进去，就是这么一个关系。美国华裔学者、有台湾地区背景的华裔学者和受到这些人影响的中国学者们所推举的这些诗人，都不是那么意识形态化的诗人，研究者们在意识形态化的中国现当代文学之外找到了几位不那么意识形态化的诗人和作家，就找到卞之琳了。他们把郭沫若打倒，把郭沫若忘掉，把艾青在某种程度上也踢到一边，然后去关注卞之琳。这有点像做小说研究的夏志清，把其他中国小说家都撇到一边，却关注张爱玲，关注钱锺书的《围城》，好像就有了新的发现。这有背后的政治考虑，有时代思想背景，你能看得非常清楚。其实，中国现代诗歌到底怎样，那些过来人中有的就看得很清楚。不用美国华裔学者来说，不用夏志清来说，就是中国诗人自己都很清楚。冯至晚年写过一首诗，是赠给卞之琳的。冯至当年在中国社科院的一个场合读这首诗的时候，卞之琳就坐在他身边。我也在现场。冯至在这首诗里说得很清楚，他说，歌德、雨果都享有高龄——大概的意思是——他们曾经攀上过崇山峻岭；如今我们也到了这把年纪，回头看，走过的却是些低矮的丘陵。这是冯至写给卞之琳的，是冯至对卞之琳，对他们那一代人的看法。这是他的反省，就是这样一个情况。那么，其他人出于各种目的来吹捧这个诗人，打压那个诗人，你可以跟着他们跑，你可以信他们，也可以不信他们。现在夏志清已经去世了，他当年在哥伦比亚大学说，中国新诗就是一个失败，我当时在现场直接反驳了夏志清。我才不信他这一套呢，我就直接反驳他。我们有一位大学者当时也在场，是汪晖。汪晖事后对我说，他本以为夏志清提出的这个问题挺复杂，没想到你用这么简短的一段话就把他驳倒了。

**吴投文：**当时在哪里？

**西川：**美国纽约的哥伦比亚大学。

**吴投文：**哪一年？

**西川：**应该是 2002 年。我正好在美国参加艾奥瓦大学国际写作项目，中间去纽约参加活动，在哥伦比亚大学参加了这么一场对话，我当时就面对面地驳斥了他。

**吴投文：**他的反应怎么样？

**西川：**他就不说话了。

**吴投文：**你怎么看待北岛的诗歌？

**西川：**我和北岛写不一样的诗歌。诗歌观念和文学趣味也不相同。但这并不妨碍我把他看作开拓性的人物。没有北岛和他身边的那几个诗人，就是“朦胧诗”的那几个人，就没有我们现在的这样一个文化局面。

**吴投文：**现在也有人对他存有质疑，可能是因为时间的问题，他的作品还没有来得及被充分经典化。

**西川：**每个活着的人都会被质疑。别说活着的人了，郭沫若死了还被质疑呢。这有什么呀？太正常的事了。北岛的《八月的梦游者》

和《触电》写得很好。

**吴投文**：今年是新诗诞生百年的纪念之年，诗歌界和学术界都开展了很多纪念活动，你如何看待百年新诗的成败得失？这是一个老生常谈的问题了，还是请你谈一谈。

**西川**：已经说了很多遍了。五四运动确立了一个很重要的东西，就是白话文——我们现在已经把它发展成现代汉语了。由于语言的变更，我们的思维方式也变动了，这是一个巨大的成就。但是，“五四”以来的新诗里面，以今天我自己和我身边的一些朋友们的写作实绩来看，从新诗真正取得的成绩来看，我认为中国当代诗歌已经超过了“五四”以来任何时期的诗歌成就。“五四”所谓的“新文学”，产生了几个伟大的人，首先一个是鲁迅，也还有其他几个诗人。比如说，冯至，他在1942年写作《十四行集》的时候非常了不起。另外，我觉得艾青也不错，是个真诗人。也可以把卞之琳和穆旦包括进来。但是我不得不说，大多数写新诗的诗人们当时都是文学青年，整个一本中国现代文学史里提到的那些诗人、作家们，其中有很多在今天看来都是文学青年。再过100年，我相信文学史绝不是现在这个写法。

**吴投文**：你认为中国新诗对中国文化最大的贡献是什么？

**西川**：我以前说过，中国当代诗歌是中国当代文化的秘密发动机，多少新观念都是从当代诗歌里出来的。只不过直到今天，可能传播还不是那么直接。我以前屡次公开讲过这个话，不论有多少人读中国当代诗歌，中国当代诗歌都是中国当代文化的秘密发动机。

**吴投文**：那么，你认为中国新诗最大的局限或失败之处是什么？请谈谈。

**西川**：我发现你提的所有问题都是全称判断，我不喜欢做全称判断。所以，你每一次问我一个全称判断的时候，我就落实到一个具体的问题上，就是具体的少数几个人的工作。说实在的，别人看中国当代诗歌，爱怎么着怎么着，跟我没什么关系，一群庸人要继续庸俗下去，那随他们去，跟我有什么关系？我能够管的事只是自己的写作，能够让我自己的工作推进到什么程度，仅此而已。有些人能看到，有些人看不到。

**吴投文**：我只是为了表达上的便利，才用全称判断的，不然有些问题没有办法表达。

**西川**：是表达上的一个便利，但是也能够看出来，其实这种表达不光是你一个人的便利，多少批评家、文学研究者都是这样。比如说，我的写作，我去了那么多的地方，我的作品发表在那么多的国际刊物上，然后，你让一个在地方上当作协副主席的人来和我类比，我们能是同一类中国诗人吗？我们写的能是同一类诗歌吗？

**吴投文**：对！确实不是同一类中国诗歌。

西川：如果你有一个国际视野——也不用国际视野——如果你有一个纵深的中国历史视野，你也能够做出一个判断来。问题是中国当代，他们无法判断我，也不光是我一个。欧阳江河的写作也很重要，于坚也很重要，尽管我们的写法不一样。但是，有谁做出过真正有价值的判断呢？所有的判断都说这个人有名那个人著名——有名没名算什么啊！

## 四、中外诗人的差异及跨界写作

吴投文：你最早接触外语是什么时候？

西川：我从小学外语，我是北京外国语学院附属外国语学校出来的，从小学四年级就开始学外语。那个时候还是“文革”呢。不过那时我不喜欢外语，我喜欢中国古代文化。

吴投文：那时学外语的人很少吧？

西川：很少。我是从原来的北京羊坊店街道七一小学（海军办的小学）考到北京外国语学院附属外国语学校的。当时不知道怎么就考上了。那个学校基本上是培养外交官的学校，所以我有些同学后来确实做了外交官，他们跟我走的不是一条道。

吴投文：再后来你考上了北大英文系。

**西川**：对，后来我考上了北大。其他同学考的是外国语学院、外交学院、经贸大学、洛阳军外等，他们就去从事外交、外贸工作了，我走的是文学这条道。

**吴投文**：你是在北大开始写诗的，还是在更早之前？

**西川**：要看怎么讲。如果说写新诗，我是从北大开始的，要说写旧体诗，我从中学就开始了。

**吴投文**：原来你还有对旧体诗的爱好。

**西川**：说不上爱好，但对旧体诗并不是很无知。

**吴投文**：我看了你翻译的那本《重新注册》，里面选了很多的诗人，有一些是非常杰出的，但也有一些在中国影响不大。

**西川**：我故意的，我故意选那些在中国没什么名气的诗人，因为所有在中国有名气的外国诗人大多数都死了，或者是七老八十的。我特别强调，要了解国外诗歌的现场，看人家诗歌界正在发生什么。至于50年前发生了什么，当然也重要，但那已经算是"知识"了。中国人欠缺的就是对国外文化现场的了解。

**吴投文**：你在翻译这些诗歌的时候有没有一个大致的判断标准，还是单凭自己的喜好？

**西川**：我翻译的都是在他们本国非常活跃的诗人，只不过中国人不知道而已。中国人只了解得诺贝尔奖的作家，没得过诺贝尔奖的作家中国人就不知道。中国人有不少是文化势利眼，整个上上下下的人都是文化势利眼。我刚才就讲了，要是走进人家的文化现场，你就知道谁重要、谁不重要，不用他得什么诺贝尔奖。我觉得我收在那本译诗集里的诗都挺好的，只不过有些人的文学趣味偏向于文雅，有些偏向于威猛，有些人比较偏向于文化，有些人比较偏向于生活，所以，每个人的趣味都不一样。偏重文化、思想的人对偏重生活的诗就没有兴趣，偏重今天的人对偏向古风的诗就没有兴趣。

**吴投文**：我有一个疑问，现在很多诗人翻译外国诗歌，你怎么看？

**西川**：他们中很多人不适合做文学翻译，首先他们的外语都不过关，尽是错误。

**吴投文**：包括王家新也是这样吗？

**西川**：王家新总是与别人合译。我这一代待在国内的诗人里谁的外语好？以前张枣的外语好——当然他曾长期生活在德国。另外是黄灿然的英语好。还有树才的法语、田原的日语、汪剑钊的俄语、胡续冬的西班牙语、姚风的葡萄牙语。肖开愚的德语也不错，我的英语也算说得过去，然后还有谁，又是诗人又是译者？我自己能比较自如地使用英文，有好多不同国家的诗歌我也是从英文转译的，我知道我的局限。

**吴投文：**但是，我怎么觉得你翻译的很多诗歌，水平远在你自己的诗歌之下？

**西川：**哈！我自己也有这种感觉！有时候是别人让我翻的，有时候我一边翻一边骂，我就说这破诗也配让我来翻！但是，要以一种开放的心态来看翻译，就是别以为翻译就是翻译经典，不能把翻译跟经典完全挂钩。你可以翻译经典，你也可以翻译正在发生的那些东西，那些东西不是经典。我跟你说，中国读者的毛病就在于品位全是经典化的，这毛病不能使大家的心态完全敞开。永远要读叶芝的、瓦雷里的、里尔克的、保罗·策兰的等等，都是这种趣味。

**吴投文：**你是不是经常用英文写作？

**西川：**也不是。我用英文只写过几篇文章，国外有时候需要，比如他们要求我参与一个讨论，请我做一个发言，我就会直接用英文写。但是我从来不用英文写诗。因为我有很好的英文译者，我完全信任我的英文译者。

**吴投文：**你对用英文写诗是否有顾虑呢？

**西川：**因为我并不是从小在国外长大的，英语并不是我的母语。我们学的英语，我管它叫“课本语言”，我学的是“课本英语”，那么，“课本英语”就意味着是“正确英语”，当一个作家使用语言的时候，也应该在不正确的意义上使用。但问题是，什么样的不正确语言又是有意义的，我就没法判断了。

**吴投文：** 就是说，你可以用英文写论文，写文章，不写诗。

**西川：** 写文章、演讲、教书、谈话都可以，但不能用它来写诗。

**吴投文：** 那你对于我们中国人用英语翻译我们中国诗歌，实际上是不信任的。

**西川：** 中国人把我们自己的诗歌翻成英文，全是无效的，全是扯淡！抛开误译不说，完全没有英语的劲道（vigor）。只不过当有些人看到自己的诗歌印成外文的时候，他有一种窃喜，他觉得挺好看，挺高兴，觉得自己已经国际化了，但是，那种东西是没有任何意义的，全是垃圾。

**吴投文：** 国外的读者恐怕很难接受这种翻译，感觉不到诗歌的那种原生态的美。在翻译的过程中，诗意可能不存在了。

**西川：** 不是，这是好多人的一个说法。比如说，大家都引用弗罗斯特说的，“诗歌就是翻译中丢失的东西”，认为这是弗罗斯特的说法。别人告诉我，你去查弗罗斯特全集，找不到这句话。不知道这是不是他说的，还是他哪一次偶然说的。弗罗斯特自己不做翻译，但是很多诗人都是做翻译的，如果他们认为诗歌是在翻译中丢失的东西，像T.S.艾略特也就不会去翻译圣-琼·佩斯，那么帕斯捷尔纳克也就不会翻译莎士比亚，保罗·策兰也就不会翻译曼德尔施塔姆。好多大诗人都在做翻译，而且翻译他们的同行。汉语之外其他语言的诗人们，有一些很在意翻译别的语言的同行的作品。所以，不能只听弗罗斯特的说法。当然，这是在实践的层面上讲的。如果从哲学层面讲，你可以说诗歌是不能翻译的。或者说不仅诗歌不能翻译，任何一种文字都是无法翻译的。从本雅明的《翻译者的任务》来看，他要求译者的语言一定要达到源语言，那么才有可能有一个过渡。那是一套更复杂的哲学层面上的对翻译的讨论。我们只是局限在实践层面上来讨论，我们对世界的理解，全都是靠翻译得来的。否则，中国当代诗歌不可能变成现在这个样子，因为我们读了大量的翻译诗歌。

**吴投文：** 你最早开始写诗的时候，有人说你没有受到过朦胧诗的影响，也有人说你受到过朦胧诗的影响。请谈谈。

**西川：** 我没有受到过朦胧诗的影响。因为我是学外国文学出身的，我从小学外语，北大读书时，我们直接读外国诗歌。那时老师直接给我们上浪漫主义文学的课，我们一学期只读几个人，特别细地读，读威廉·布莱克、华兹华斯、雪莱、柯勒律治、济慈。教授是美国人，叫赫伯特·斯特恩（Herbert Stern），他带着我们一行一行地读。我们也有美国教授专门讲莎士比亚，也是一行一行地讲。我们的中国老师也讲外国诗。我知道朦胧诗挺晚的，那时我已经开始写诗了。中文系有一个学生说你写得有点像朦胧诗，我才第一次听说“朦胧诗”这个词。但是，海子的情况跟我不一样，海子早年模仿过顾城的组诗《布林的故事》，我没有。我为什么从来不说朦胧诗不好，因为我对朦胧诗有一种历史性的尊敬。不是朦胧诗开创了中国这样一个文化氛围，就没我们什么事儿了。所以，在这一点上我会感激他们一辈子。

**吴投文**：你经常与国外的诗人直接对话，在你看来，中外诗人的创作方式有没有什么差异？

**西川**：有巨大的差异。这个差异在哪儿呢？就是大多数中国人理解的“先锋”，主要指的是道德层面上的东西，就是写点诗、泡个妞、写写悲摧人生、表达下不满，这就是“先锋”了。国外理解的先锋当然也包括这些，可能也涉及性啊什么的，但更重要的一点是语言形式上的革命，是语言形式本身的问题。对于语言的改造，人家会做很多语言实验。中国诗人的工作全放在了我怎样写我的生活上，写法还是现实主义的，加一点垮掉派——垮掉现实主义——我编的说法。还有一种情况是回到古典。基本上是这样。这就是巨大的不同。

**吴投文**：你如何理解“先锋”？

**西川**：中国批评界一直对于“先锋”没有一个准确的定义。“先锋”（avant-garde）这个词本来是指跑在前头的人，这个没有问题，但是先锋有它的特质。先锋特指的是现代主义，现代主义里面包括了很多东西，如超现实主义、未来派等。其实回过头来看，中外历史上的大作家们很多在他们自己的那个时代都很先锋。比如说，现在我们觉得但丁是经典了，但是但丁在他那个时代不用拉丁文写，而是改用意大利文写。这太先锋了，比后来的先锋还厉害。用“颠覆性”、用“先锋”这些词都不够，所以说他开创了一个时代。

**吴投文：**现在中国诗坛号称“先锋诗人”的人太多了，“先锋”应该是少数人，但是现在变成了一个多数人的概念。

**西川：**我刚刚说了，我们现在使用的“先锋”主要是从西方现代主义来的，也只能说，可能当代有很多人慢慢接受了现代主义的写法，但接受了现代主义的写法可能不会是百分百的现代派。在当代，这是不是先锋就很难说了，“先锋”的的确确是指跑到前头的人。

## 五、一个抒情的我变成了一群历史的我

**吴投文：**张清华教授说，你是一位“令人生畏、难以把握”的诗人，在你的诗歌里，“思想的复杂性和文本的复杂性，语言的复杂性和技术的复杂性都是显在的”，确实如此。你自己也说，“我有时候会觉得我自己是自己的陌生人。人通过写作、文学、艺术创作，不断探索，就会不断呈现出一个新的自我，惊讶于自己的潜力和创造性。”我觉得你有坚定的艺术主见，对自己的探索坚持走到底。

**西川：**我之所以要这么写，就是因为我要诚实地面对我自己。我今天下午还跟别人谈到这东西。我说，如果你想成为一个超现实主义

者，成为一个未来派，想成为一个意象派，那你做下去就好了。你做上几年，可能就没什么兴趣了。风格意义上的现代派是无根的现代派。有一段时间文学界有一个普遍的倾向，尤其是小说家们，他们说，告别现代主义。好多人都告别了现代主义，重新回到现实主义上。但是，对我来说，告别不告别这个问题并不存在，因为我并不想成为一个波德莱尔式的象征主义者，或者艾吕雅式的超现实主义者。我没有这个想法。我的想法就是我如何能够真正地表达出我自己。如果你想诚实地表达你自己，而你对这个社会中的方方面面又有一个更复杂的认识，那么，相应地你的东西一定就会写得更复杂一些，你就会自发地进行文学实验，你跟别人就是不一样。比如说，我的作品里之所以有那么复杂的“我”，那一定是因为我本人对生活的理解变得复杂了，所以形成了这样一种形式。另外，我使用什么样的语言？我当然不甘心使用过去那些人使用过的所谓文学语言，因为我觉得那种语言不足以使我充分表达我对今天生活的感受，我必须为我真正的感受发明自己的语言。我发明自己的语言，从哪儿发明呢？从哪儿获得滋养呢？我当然还是从社会生活之中获得滋养，获得启发。有些人认为生活不如意的时候，他们就骂人，但是对我来讲，生活不如意的时候，我就会把不如意的生活变成我的语言，变成一种不如意的语言。这是我跟好多诗人不一样的地方。好多诗人是用过去的语言、别人的语言、现成的语言，来写他们现在的感受，而我需要与我现在的感受正好相吻合的语言方式。那么，这就需要我为我自己发明许多东西，否则我对付不了我的生活。我并不是想让自己变成一个后现代主义者，想让自己成为一个带有实验色彩的作家，根本就不是这个意思。这种实验也好，开拓也好，跨界也好，它是从我身体里长出来的，必须是这样。

别人的生活状态与我的生活状态不一样，他就没有意识到这一点。但是，既然我意识到了，我就必须这么做，至于别人懂或者不懂，那就与我没什么关系了。我不劝读者非要读我现在写的东西，你能读哪些就读哪些吧，不能读就算了，我无所谓。当然，我也知道，探索性的文学写作在当代，不会那么容易就被理解。我举几个可能不恰当的例子，比如陶渊明，在他那个时代就不被认为是顶一顶二的诗人，到了唐代，大家才对他有了认识。到了宋代，像苏东坡这些人对陶渊明崇拜得五体投地，这有一个过程。杜甫活着的时候，不被认为是多么重要的一个诗人，他死后 30 年，到了韩愈这些人出来以后，他的声望才起来。一个时代能不能理解这个时代的创作者，有不同的情况，有些创作者很幸运地被接受了，有些创作者真的不幸运，没有这个运气。这在文学史上是一个司空见惯的事情。自 20 世纪以来，有些作家知道自己的写作不会马上被接受。乔伊斯说，我的小说就是要让那些教授们读 50 年也读不懂。

**吴投文**：我注意到，在谈到你的诗歌的时候，很多人都提到了你在文体上的“综合创造”，比如你的《致敬》《厄运》《鹰的话语》等诗……

**西川**：“综合创造”是我自己的说法。国内的评论界对我使用的批评词汇或者诗学概念，实际上不少是我自己先说出来的。这让我感到尴尬。

**吴投文**：在你看来，诗的“综合创造”包含哪些元素、哪些层面呢？请谈谈。

**西川**：当我说“综合创造”的时候，我是指诗歌的抒情性、叙事性和戏剧性应该被综合使用。“综合创造”还不仅仅是就文学写作而言，也包括了诗人对时代性精神困境关心不关心、对这个时代思想界的状况关心不关心的问题。昨天，我跟欧阳江河还在一块儿说起这个事：中国现在的很多读者，包括诗歌作者和批评家，他们只是就文学论文学，很多问题都说不清楚，基本上讨论来讨论去都是修辞和文体，但是，文学比这些要大得多。对我来说，文学创作一定跟这个时代的很多方面有关：精神环境、物质环境、资讯、同时代的人等等；同时代的人还不只是中国同时代的人，还包括国外那些同时代的人，人家在想什么，人家在怎么写，你如果能够把这些东西全收在你眼里，你就会发现这里面有无穷无尽的可能性，你的写作就会有无穷无尽的可能性。

**吴投文**：从1992年写作《致敬》起，你改变了此前“纯诗”写作的路子，从原来的“纯正”“澄明”走向了含混的“不确定性”，从抒情走向了反抒情，越来越趋向散文化。《致敬》被你称为自己创作的转折点。你把这种写作形态称为“变体诗歌书写”，你的创作经历了一个从“纯诗”到“不纯诗”的变化。请你谈谈这种创作上的变化。

**西川**：我谈过很多次了。阿多诺说“奥斯威辛之后写作抒情诗是不道德的”，但有人理解错了，以为奥斯威辛之后写诗是不道德的，不是，人家是说，奥斯威辛之后写作抒情诗是不道德的。1989年海子和骆一禾的去世，要面对这么多的事情，我不可能再像我 20 世纪 80 年代那样用同样一个腔调来写东西了。那段历史使我整个人都崩溃了，原来的审美也崩溃了，那么，我必须艰难地建立起一套新的语言，寻找新的文学形式，来面对这个世界。

**吴投文：**对，你是在一些地方谈到过。我还注意到，你在《诗歌炼金术》一文中说，“一般来说，可以从短诗看一个诗人的基本功，从长诗看他的综合创造力”。我觉得这个确实是这样，那么你如何看待目前兴起的长诗写作热，因为我们目前写作长诗的很多，我觉得长诗写作需要非常强的功力，但是目前的长诗写作存在着很多问题。你看呢？

**西川：**首先，长诗我只看欧阳江河的，别人的长诗我看得不是太多，也看过翟永明写的稍微长一点的诗。长诗不是史诗，在中国经常搞混。中国的读者，包括中国的批评家中，不少人一天到晚胡说八道。当他们说任何一种体裁的时候，他们都没有定义。史诗（epic）是有严格定义的。什么是史诗？叙事性、民族性，包括道德因素，还有一个民族的起源，包括主人公所代表的“善”要战胜“邪恶”的观念，史诗基本上就是这样。中国没有这样的史诗——中国就没有史诗。那么，长诗究竟多长算长，也没有一个准确的说法。美国的埃德加·爱伦·坡在他的《创作哲学》一文中说过，诗歌最好的长度是 100 行，他认为诗太短主题就没法完全展开，若再长了，就有点令人厌倦了。所以，他认为 100 行左右是最好的长度。但是，这显然不适合中国读者对诗歌的理解。中国古典诗歌中当然也有长的，但大多数诗歌都短小，所以，我们也不必非得认同爱伦·坡的观点。我的意思是说，在别的国家，比如说人家说一个长诗或者短诗，人家是有定义的，有具体的一个数字。但是，在我们中国基本上是一个模模糊糊的感觉，什么诗算长，什么诗算短，全都是很模糊的。

**吴投文：**对，确实没有明确的界定。

**西川：**所以，当我们说到长诗的时候，首先面对一个问题，多长才是长诗？没有一个界定。在这种情况下，中国人写长诗的时候，会面临着很多困难。长诗和短诗的写法不同：写长诗是需要有文本结构能力的，作为诗人，你的结构能力行不行，你得问问自己。除了长诗的结构能力，我们还遇到一个问题，这就像我们每个人的肺活量是不一样的：有的人肺活量就小，有的人肺活量大，那肺活量大的人，他的气儿就长，有的人肺活量小，他的呼吸就急促，那么，如果你的肺活量足够大，你的气也足够长，就可以写长诗。但这还不能保证一定能写好，长诗又要有结构，又要有能够保持在一定高度上的"一口气"，而且要能够保持很长时间，至少几个月吧。另外，写长诗要求你的思想能力非常强，没有思想能力，也写不了长诗。你不可能拿一堆感觉来写长诗，感觉是可以写短诗的，也可以拿十个感觉去凑成一组诗，这叫组诗，不叫长诗。组诗和长诗不是一回事。长诗是必须要有想法的，或者有几个交织在一起的想法，中国的诗人们其实最麻烦的地方就出在这儿，就是中国人的思维能力不强。中国人的感受力挺强的，但是，汉语不是一种擅长思考问题的语言，于是，你写那种所谓的长诗，就会遇到天生的很多麻烦。这就是我为什么好多长诗不看的原因。实话说，看诗我不需要全看，一个小短诗我看那么两三行，就知道这首诗值不值得看，一个稍微长一点儿的诗，我看那么一两节，我就知道这诗值不值得看。如果诗的架子没显出来，我就知道我刚才说的那些东西他都没考虑过。

**吴投文：**对！现在有些长诗确实写得太长了。可能由于网络时代的出现，写长诗的很多，有的上万行，甚至写到了10万行，这些长诗我很怀疑它们的价值，看不下去。

**西川：**这个情况还不是今天才有，在没有互联网的时代，也有一些人写长诗，写很长的诗，有些人一首诗要把上下五千年都写遍，直接写历史。但那都不是长诗。上下五千年的结构那是历史结构，不是诗的结构，那些诗人根本没想明白就这么写了。

**吴投文：**你被称为“文体家”，我觉得这确实符合你的创作实际。你的创作具有一种“非常态化”的特质，你是否有意识地在诗歌的文体形态上做出各种尝试？

**西川：**说不上有意识，但是我知道我写得跟别人不一样。既然不一样，文体一定跟别人不一样。我曾经应约给印度《准岛屿》杂志写过一篇文章，用英文写的，叫“Style Comes as a Reward”，翻译成中文就是《风格作为一种奖赏》。在这篇文章里，我一上来就说，托尔斯泰、陀思妥耶夫斯基这样的文学家，他们都是有风格的，但是我们从来不讨论托尔斯泰的风格、陀思妥耶夫斯基的风格，我们讨论的都是托尔斯泰与俄国革命，陀思妥耶夫斯基与人的存在。我们讨论的都是这些。到了巴赫金，他讨论陀思妥耶夫斯基写作中的复调因素。那么我们会讨论谁的风格呢？我们会讨论那些我称之为“文体作家”的作品风格，这类作家比如说英国的E.M.福斯特、美国的萨洛扬，像我们中国的比如说……

**吴投文：**像鲁迅也算。

**西川：**不是，鲁迅是另外一种。还有谁？写《边城》的那位……

**吴投文：**沈从文。

**西川：**沈从文、汪曾祺，像这类作家有明显的风格，他们是风格化的作家。鲁迅肯定是有风格的，但我不称他为“文体作家”，鲁迅是一位“道德作家”。鲁迅是一个进行社会批判的，可以称之为道德类型的作家。而文体类型的作家主要还是汪曾祺等人。在《风格作为一种奖赏》这篇文章里，我说看你要成为什么样的作家：如果你想成为托尔斯泰、陀思妥耶夫斯基那样的作家，你一定会获得风格，但是风格对你来讲是不重要的。这也就是说，如果你是在风格意义上工作，那么，你就不会成为托尔斯泰那样的作家。所以，我不认为自己是一个风格意义上的作家。我是要处理问题的，我是要表达的，那么，我的表达走得太远了之后，别人就会觉得你有风格，觉得你跟别人不一样，但是，实际上我并不首先追求风格这个东西。另外，各种各样的修辞手段我都熟悉，这种东西你在我的译文集里能看出来。从我的译文集里，你会发现这个人是这样一种方式，那个人是那样一种方式，我用不同的语言方式来翻译不同的作家。《重新注册》里面就有这些东西。所以，我并不是不知道那些风格类型。对我来说，我首先不是一个风格类型的作家，首先不是一个文体作家。风格和文体是同一个词。

**吴投文**：我们回到刚才的问题上来，你觉得中国诗人中，在文体上有独特创造的，有哪些人呢？

**西川**：凡是有比较稳定的声名的人，都有自己特殊的风格。一个人有了比较稳定的声名，就意味着他的作品已经有可辨识度了，你不需要知道这个人的名字，看他的诗，你就能猜出来这是谁写的。这就叫作有可辨识度。凡是获得了可辨识度的诗人，都是有自己的风格的。只不过有的风格更是一个文体作家意义上的风格，有的作家的风格其意义可能超出了文体的概念。

**吴投文**：像于坚是有可辨识度的……

**西川**：欧阳江河也是有可辨识度的。

**吴投文**：现在有很多诗人都不能看到自己创作的局限性，或者不愿意谈自己创作的局限性。我非常冒昧地问你，你能谈一谈自己的创作局限性吗？

**西川**：创作局限性，就是，你一旦在写作中遇到困难，你知道你的局限就在这里了。比如说，前一阵子我想写一个东西，是关于欲望是怎么来的。我写过一首诗叫《论读书》，后来又写了一首叫《论高尚者》，于是我就想写一个系列。然后，我想写一篇《论欲望之所出》，有些灵感，就写了一个草稿。但是我发现我完全无法在前两首诗的强度、高度和综合度上处理这个题材。一旦我打开“欲望”这个词，我就发现它不是我最初理解的那样。比如说，性欲还好写，一些人也写过，但欲望有多种，甚至大到国家政治里面也充满了人的欲望。我发现我完全驾驭不了，所以东西就废在那儿了。这种情况我以前也有过，一旦这个东西废在那儿了，我当然知道我的局限性就在哪儿了。

**吴投文：**这首诗到现在还没有写出来？

**西川：**写不出来，至少目前为止，我觉得我处理不了。我写了一个草稿，但是我发现不对劲，就是那个感觉是不对的。怎么说呢？也可能我没找到一个恰当的方式来处理它。我本来有灵感，也有写的冲动，可一到我开始写，我发现并不是靠这点灵感就能够处理得了这个题目。这种情况我太熟悉了，就是我的能力达不到的地方。我太熟悉了。

**吴投文：**你在写诗的时候，比如说写一首长诗的时候，是不是也经常遇到这样的情况呢？

**西川：**对！当然会遇到这个情况，而且有些东西后来就废掉了。

我最近还废掉了一个。我已经发表了一首诗，后来我觉得这首诗还需要修改，修改了挺长时间，只好放弃。就不要了。我估计以后也不会要了。话说到这里，我想说，我害怕将来那些多事的人，牢记住这首我已经放弃了的诗。

**吴投文：**非常可惜！

**西川：**没什么可惜的。每个人的工作里面都充满了失败。你失败的时候，你就知道你的局限性在哪儿了。这太清楚了。

**吴投文：**你认为做一个诗人最重要的才能是什么？

**西川：**每个人的要求可能不一样。对我来讲，一个诗人最重要的东西就是创造力，你有没有创造力你自己知道。一个艺术家，包括一个诗人，你的尊严就是你的创造力，一旦没了创造力，你也就不再是个艺术家了。一个人自己有没有创造力，只有你自己知道，骗人是没用的。你自己能够感受到你身上的创造力，你就继续往前走，感受不到的时候你就结束了。

**吴投文：**这种创造力就等于才华吗？

**西川：**才华可以拿来在一个有限的、已知的、给定的范围里翻筋斗。创造力是面向未知世界的。在具体工作的时候，你不断感觉到可能性，这就是创造力在发威。创造力仿佛是一种欲望和欲望的发泄，是所有内在动力的一个综合呈现。创造力是你随时准备着有所发现，而且你相信你还能有所发现，你也的的确确不断证明给你自己看。我最近就有一个新的发现，过两天我要去一个场合做一个演讲，我也许会讲一下我这个新的发现。

**吴投文：**是个什么题目？

**西川：**怎么说呢？是一个有关知识类型的话题，是关于当下中国作家、诗人的文学知识构成的一个讨论。我在别的地方谈到过普通读者的文学知识构成。

**吴投文：**我注意到了，有些诗人写了很长时间，不管怎么写，都写不出好诗，写得就不像诗，而有的人开始一写诗，就很快进入了写作状态。

**西川：**一个人可以写得不像诗，他依然是有创造力的。诗人不一定非得只写诗，也可以写五花八门的东西，不要自己限制自己，说自己是个诗人。我有一位学者朋友，不是诗歌圈的，他说你们诗歌界有一种特别强烈的“唯名论”倾向，就是我一定要写出真正符合标准的诗。其实你也可以不写诗嘛，就像一个画画的人，干吗非要画什么油画？也可以去做装置，做设计，但都是艺术家。那么，诗人也可以不写诗，可以写些别的。只要他的基本存在状态是一个诗人的状态，他就是个诗人。

**吴投文**：实际上，这是一个很高的境界了。

**西川**：我认为每个人都应该处在这样一个自由的精神状态中。你自己不给自己自由，你还等谁给你自由？

**吴投文**：我注意到你谈“跨界写作”，你对当代艺术非常关注，与戏剧、电影和美术领域的艺术家都有合作，你的一组诗《镜花水月》曾经由导演孟京辉排成了实验戏剧，当时反响非常热烈，据说取得了商业上的成功。你自己也说过：“诗歌与戏剧的合流让我看到了诗歌的可能性。”这种跨界交流到底给诗歌带来了什么样的可能性？可以谈一下吗？

**西川**：这就算了吧。因为实际上孟京辉排的《镜花水月》在国内并没有取得那么大的商业成功。但情况特别逗，在北京和上海演出的时候，观众都说看不懂。孟京辉把这个戏带到墨西哥塞万提斯艺术节上去演，观众起立鼓掌 5 分钟，有一个观众甚至冲上舞台向我们的一个女演员求婚——居然能有这么强烈的反响！后来，这个戏又被拿到法国的阿维尼翁戏剧节，在那里上演。这就变成了孟京辉专在国外上演的一出戏，在国外更受好评。国内的观众没有受到过现代主义、后现代主义的洗礼，他们更喜欢老舍《茶馆》那样的戏。这个戏在国内有接受上的一些问题，在国外上演倒是没有什么问题，情况就是这样。

**吴投文**：这对诗歌传播有某种特殊的作用。

**西川：**我不觉得它对诗歌传播有什么特殊的作用。这是从我的诗歌改编的戏剧。纽约的“戏剧车间”也演过我的诗，是8个演员演我的《鹰的话语》，当然是在很小范围内演出。

**吴投文：**你的长诗《远游》也由郭文景谱写成了管弦乐作品。

**西川：**对。《远游》是郭文景谱的曲，后来由香港管弦乐团在香港文化中心首演，指挥是艾度·迪华特，荷兰指挥家。首演的时候，我在现场。郭文景曾经跟他的学生们讲——他们都是中央音乐学院作曲系的学生，郭文景说如果你们要写歌，不要拿乱七八糟的歌词和一些什么诗人的作品来将就，要用就用海子或者西川的诗歌。他要求他的学生这么做。他有一个学生最近在天津做了一场音乐会，他谱的歌全是我的诗。

**吴投文：**这种“跨界交流”是否使你对诗歌写作产生了新的观念？产生了一些新的想法？

**西川：**当然，我对诗歌的看法和不了解“跨界交流”的人肯定是很不一样的。但是，也不是说通过一场演出就不一样了。我生活的环境就是一个艺术家的环境，我原来在中央美院，现在不在中央美院了，刚到了北师大，但跟美院还是有很多联系。今天还跟美院的人聊了一下午，刚刚给你打电话的时候才聊完，昨天也还在给美院的学生上课。实际上，我一直生活的环境不完全是一个诗人的环境，一定程度上是一个视觉艺术的环境。我受到了视觉艺术中各种新观念的启发。视觉艺术里有很多新的艺术形式就是跨界的。

**吴投文**：像你这样的创作环境，是其他诗人不具备的，我特别好奇。这个环境和你的诗歌创作之间有什么联系没有？

**西川**：这个联系我也没法说得很细。其实，不只是它们影响我，我也影响它们。这是一种相互的影响。这个环境让我从传统的对于诗歌的定义当中解放出来，不再认为有 100% 的诗歌标准。在我看来，诗歌可以是各种各样的，就像以前的视觉艺术只是指架上绘画，后来架上绘画被宣布死亡了，美术的概念被视觉艺术的概念代替——至少在一定程度上。而视觉艺术的所指就宽泛得多了，包括行为艺术、录影艺术、装置艺术、大地艺术、方案艺术等等，全是新艺术。视觉艺术已经走得很远了，而反观中国诗歌，咱们的榜样还是唐诗、宋词，李白、杜甫——我不是说李白、杜甫不好，我只是说传统的知识构成就是这样——再加上徐志摩、戴望舒等。在当今这个时代环境里，我特别不愿意用一个词儿，叫“落伍”——别人又要说我在“对标”了。但是，我想说当今这个时代真的已经变化非常大了，我不仅指我们的生存环境。但是，在文学圈里，大家对诗歌依然是一种老式的理解。大学中文系做现代文学研究的人还是抱着“五四”以来的那几个人研究来研究去，不外乎徐志摩、戴望舒、冰心、卞之琳、穆旦、冯至、艾青这些人，再加上个废名，再加上个“你是人间四月天”的林徽因（美国的西尔维娅·普拉斯说：“我吞噬男人像吞噬空气。”）在各个大学里，中国当代诗歌研究不被认为是一个重要学科，它被看作是一个正在进行的东西，而大学里那些研究中国当代诗歌的人又没有真正的国际视野，所以“打工诗歌”出来了，就说“打工诗歌”重要，后来又出了一帮子人，为“地方主义”叫好。我都不愿意具体说了。所有这些东西都没有一个更大的坐标系来作参照，都是自己玩自己的。当然，自己玩自己的也可以，我觉得也挺好。我没说“打工诗歌”“地方主义”不好，这中间也有好作品，但是这些诗本身也面临着一个考验，就是怎么发展。如果还是在现实主义的层面上来讨论“打工诗歌”，阐释出“打工诗歌”也有一些意义，那也就到此为止了。我只是说要有一个更大的坐标，能够提供一个比现实主义更大的视野，我们讨论起问题来才会有更切实的意义。

**吴投文：**你曾说过，“我在诗中有时写到‘我’，但那个‘我’或多或少与他人有关，其中包括着虚构、想象和借用。像叶芝一样，大多数时候我宁肯戴着面具写作。……过于私人化的东西难免令我怀疑。它们虽然也是世界的一部分、历史的一部分，但它们毕竟缺少文明所需求的普遍性，它们存在的意义绝超不出社交生活的小圈子。”（西川：《命中注定的迟到者》，见西川《让蒙面人说话》，东方出版中心，1997年版，第1—2页。）如何处理诗歌中的自我形象？如何处理诗歌创作中的真实与想象、虚构的关系？

**西川：**这个我没法回答。一个诗人不可能在诗歌里面展现给你们一个什么样的形象，一个诗人的形象不是他说自己怎么样就是怎么样，诗人的形象是通过他每一个词的使用，他的每一首诗，他调动了什么样的资源体现出来的。我在一篇文章里说过，诗人的形象并不是被描述出来的，诗人的形象是被带出来的。当我很雄辩的时候，我的形象就变得雄辩了，当我喃喃低语的时候，我的形象就变成了喃喃低语。一定是这样的。不是说我塑造了一个我的形象，这个形象是被带出来的。

**吴投文：**不过，我有一个感受，我觉得你的早期诗歌里的自我形象实际上是隐蔽的，但现在你的诗歌里面的自我形象更真实一些。我不知道这样看是不是符合你的创作实际?

**西川：**我只能说，早期我还不摸门儿，所以那个不算。那个时候，当我说到我喜欢的时候，我可能说的是别人喜欢，因为我只是从别人那里学来的。现在我也不能够肯定永远说我自己，有可能，怎么说呢？当然，有一部分肯定是跟我现在的整个处境有关系，与生存的感受有关系，但是也很复杂。我刚做了一个访谈，回答别人提问的时候，我说“我”对我来讲是非常复杂的一个东西：真的我、假的我、过去的我、现在的我、高亢的我、卑贱的我，“我”里面可以套一个“我”，这个“我”对我来讲是复杂的。这是我后来意识到的。实际上，我们每一个人都是自相矛盾的，以前我不觉得自己自相矛盾，但是，20 世纪 90 年代以来，我越来越强烈地感觉到我不是我自己，每一个人都是自相矛盾的。那么，你一旦诚实地面对了你自己的自相矛盾，你会发现昨天的那个你跟今天的这个你不完全是一个人。

**吴投文：**是的。我觉得，你在诗歌中表现的那些人物、那些情绪，都是非常复杂的。

**西川**：我跟别人的一个区别，就是别人写他们自己，但我是要写别人的。你看我的《厄运》,《厄运》不是写我自己的,《厄运》写了大概 20 个人，我提供了观察他们的角度而已。然后，我写的《万寿》，整个是写晚清的，不是写我的，包括我给你的那本书《鉴史四十章及其他》里面，全是写历史，古代生活、当代生活、“文化大革命”。就是说，如果你写抒情诗，那么你这个写作主体永远都是放在首位的，但如果你不完全是在写抒情诗，你从抒情的立场上往后撤的话，你会发现你自己就不再是那个抒情的我。一个诗人可以化身为一万个我。一个抒情的我变成了一群历史的我。

## 六、对于当代中国诗歌批评的批评

**吴投文**：我们谈另外一个话题。我注意到你刚才谈的时候，你对当代的诗歌批评有很大的意见，那么，你认为理想中的诗歌批评应该是什么样的？可以谈谈吗？

**西川**：现在说不好。我以前在《中年自述：愤怒的理由》那篇文章里写道：“我所说的批评，是按照本雅明所说比历史更重要的批评，是结合了时代精神、其理论创造力不亚于艺术实践创造力的批评，是富含信息量、富含发现、富于历史、哲学、文化纵深感的批评，是不以批评家自己为主要表现对象的、与发飙截然两立的批评，是对于我们这个国家、我们时代的文化结构有所助益的批评。这种批评听起来有点老派，但一个社会中没有人做这个事，其他附着于其上的，或由此延伸开来的所谓‘批评’，不过是垃圾而已。我对这种‘老派’批评的最低限度的要求是，哪怕它能够仅仅描述出我们工作的抱负、规模、深度、难度也是好的。但是如此之要求，我们的大多数所谓批评家看来做不到。”

**吴投文：**你认为批评家的创造力到底是指什么呢？

**西川：**能够鉴别人所鉴不出的东西，不能全是套话，不能全是用现成的概念来套一个诗人。一个批评家居然一个新词都发明不出来，那还做什么批评？诗人们向前走，而批评家们以不变应万变，就是看住自己10年或者20年前学来的那些概念。

**吴投文：**但是，目前在诗歌批评界内部，批评家对诗人同样有这种看法。他们认为，他们是站在客观的立场上来观察当代诗歌的。

**西川：**他可能是站在一个客观的立场上，但是，他那套知识系统全是别人提供的，是从国外学来的，从他的导师那儿学来的，他自己发明了什么？

**吴投文：**我对这个问题很感兴趣。很多诗人对当前的诗歌批评不满意，实际上有很多的诗歌批评家在追踪当下诗歌的变化，有他们自己的看法。

**西川：**他们是在追踪。但却是用一种老眼光追踪。他们也需要打开他们自己。他们也需要展示自己的才华。别说诗歌批评家了，干哪一行都需要有才华，有没有才华，我一眼就能看出来。我们每一个人的谈吐都会显露自己的才华，不打开可能性的讨论就是没有才华的讨论。咱们撇开诗歌这一块。譬如，有多少人在研究历史，但是你一旦读傅斯年，你就会发现傅斯年才华横溢，他就能够看到历史当中很多别人看不到的东西；然后，你看另外一个人写的历史著作，你就觉得没劲，全是罗列一些事实，顶多能够找到一些文献——能够找到一些有用的尘封的文献就已经不错了。即使像历史研究，咱们都能够一眼就看出来谁是有才华的，谁是没有才华的。不是说只有诗人需要才华，干什么都需要有才华，连挣钱都需要有才华。比尔·盖茨挣那么多钱，因为他有才华。批评家不能成为诗歌写作推进的绊脚石。有些人就是在充当绊脚石的角色。

**吴投文：**我也对目前的诗歌批评感到困惑，目前的诗歌批评确实和当下诗歌的发展不是保持同步的。但是，这种研究上的时间差距似乎也有某种合理性，很多东西需要时间来沉淀。

**西川：**每个人都认为自己是合理的，不是批评家认为自己是合理的，诗人也觉得自己是合理的，大诗人也觉得自己是合理的，小诗人也觉得自己是合理的，教授们觉得自己是合理的，博士生们也觉得自己是合理的。每个人都是从自己的角度出发的，那么如何尽量客观一点地说话呢，我们就需要坐标了。比如说，你对诗歌做出的批评力度，与美国的哈罗德·布鲁姆相比，与海伦·文德勒相比，与玛卓瑞·坡劳夫相比，与伊格尔顿相比，达没达到他们那种力度？左派、右派、保守、激进，都可以，看你的批评力度。伊格尔顿是怎么做文学批评的？伊格尔顿不断涌现出新鲜的观点，不断地有发现，哪个中国的批评家达到过这种状态？没有。你看一个批评家的行文就能够看出来，他的批评行文中有没有激情——个别人的批评里我也读到这种激情——但大多数人都没有。如果我不了解国外的情况，我就认了，问题是我知道国外批评家是怎么做的。实际上，好多东西都已经翻译成中文了。我坦率地讲吧，我在学术界有很多朋友，人家根本瞧不上咱们的诗歌批评，这真让我窝火。人家跟我讲，为什么我们不读中国当代诗歌，因为你们没有好的批评。这是学术界其他领域做学术研究的人跟我讲的。

**吴投文：**这倒是一个警醒。

**西川：**这不是一年两年了，多少年都是这个样子。几十年不进步。还有就是，诗歌界内部有一个小江湖，谁的身份高一点，谁的身份低一点，老师是谁，后进者是谁，分得很清楚。同样是学术界，你去政治学研究领域去看一看，去历史学研究领域去看一看，甚至也可以去经济学研究领域去看一看，人家都做成什么样了？只有诗歌批评是这个样子，从不拿自己和别的领域的学者做任何比较。

**吴投文：**我也注意到了，现在有不少诗人，自己同时又是批评家。

**西川：**因为没办法，有什么办法？只好自己跳出来说话。你现在不就是在诱导着我说话吗？

**吴投文：**你如何看待社会公众对当代新诗的质疑？如何看待先锋诗歌的读者问题？

**西川：**这个问题我在别的访谈里也回答过了。我说，社会公众对当代诗歌的质疑是出自他的知识结构，他们的诗歌知识结构不外乎由三种东西构成：一个是唐诗、宋词，他把对唐诗、宋词的理解拿来套在中国当代诗歌头上；第二个是老苏联传下来的“积极浪漫主义”，这也是一种看待诗歌的方式；还有一种就是中国“五四”以来的新文学，这里面也包括了革命文学。很多人就守着这三种知识，就是这样一个知识结构，这样，他们对中国当代诗歌就不会有好的看法。因为中国当代诗歌已经超出了他们的知识框架。

**吴投文：**对。经常有人对当代新诗进行指责，有人说看不懂，有人认为新诗无意义，有人认为新诗和中国的古典诗词成就相比相差太大，没有继承中国的诗歌传统。

**西川：**我谈了很多次了。你看我马上要出版的《唐诗的读法》，包括我刚在1月3日《中华读书报》上发表的文章，里面有大段文字讨论这个问题。我都不跟这些人讨论中国新诗，你要是觉得中国新诗不好，我就跟你讨论中国古典诗歌，你也讨论不过我呀！我对中国古典诗歌的了解，也比那些人对中国古典诗歌的理解不会少吧，我不能说更深刻，至少是更独特的。

**吴投文**：还可能更全面一些。你在中央美院教的是“中国古代文学”？

**西川**：嗯，我给本科生上“中国古代文学”课，给研究生上“中国当代文化研究”课。

**吴投文**：这两门课差别很大啊！

**西川**：都是关于中国的，而且我觉得它们之间有内在的关联，有历史逻辑上的关联。你看，讲“中国当代文化研究”时，我会讲到中国历史，许多当代问题会直接牵扯到中国古代文化。

**吴投文**：你讲“中国古代文学”有什么重点没有？主要讲哪些作家？

**西川**：我用的课本是林庚的《中国古代文学简史》，但是我的课基本上是对林庚的批判，我觉得他书写得太抒情了，有时候挺矫情。而且由于成书早，许多这个领域的最新学术进展都没能被包括在其中。我自己最关心的几个重点，一个是战国诸子，这是我用力比较多的地方。然后，唐代诗歌也是我感兴趣的部分。

**吴投文**：你对唐诗讲得多吗？

**西川**：我就讲到唐代为止，从中国文学的开始讲到唐代。我讲唐诗的方法可能跟别人也不太一样。

**吴投文：**你是采取什么方法呢？

**西川：**就是我对唐诗的认识与别人不一样，比如对李白、杜甫的看法。你是不是已经看了我的《唐诗的读法》？

**吴投文：**我还没来得及全看，就是在网上下载了一些片段看了。你的看法与林庚先生的看法有很大的不同吗？

**西川：**我跟好多人对唐诗的看法都不同。中国古代的东西对我来讲，不是死的，它必须是活的东西。比如说，讲杜甫大家都会讲到安史之乱，但是，我立刻问你安史之乱死了多少万人？唐代在安史之乱之前的总人口数是多少？唐代在安史之乱之前的754年的总人口数大概是5300万到5600万之间——那时只有户的统计没有人口的统计——整个安史之乱死了2000多万不到3000万人，死了一半人，这才出了一个杜甫。你要是不讲到这个份上，杜甫究竟为什么会出现？怎么唐诗到杜甫就转向了？为什么会有这个转向？与安史之乱死了多少人有密切的关系。但是，文学史一般不会讲到这一点，只是提到安史之乱，提到杜甫怎样颠沛流离——那颠沛流离到什么程度，他每天看见多少死尸等，这些都没人讲。也没人把安史之乱作为中国古代历史的分水岭来讲，也没人来分析中国古代思想到这个时候的转向——儒家传道系统彻底取代传经系统。做文学史研究的人不借助社会学、思想史的角度来展开工作，真正的历史就不能被带入，大家讲的都只是从文学到文学的东西。讲文学只是从文本出发，只是分析诗写得如何好，这没有太多的意义。我在《唐诗的读法》里提出了一个尖锐的问题，就是唐代诗人是怎么写诗的？你别光说唐代诗人伟大，他们究竟是怎么写的？我们写诗的人都知道，不是随时都有灵感，我经常长时间没有灵感。而那个时候，参加个宴会或者送别，你都会写诗，可要是没有灵感怎么办？在这种情况下，一定有一套办法。这套办法我在《唐诗的读法》里提到了，它记录在日本人空海法师的《文镜秘府论》这本书里，那里边有关于唐代诗人怎么写作的记载。

**吴投文**：他们随身带着韵书？

**西川**：那不叫韵书，叫"随身卷子"。他们身边是有参考书的，使用随身卷子就能写诗。我们现在管唐诗叫"类型化的写作"，就不是我们现在写的新诗。因为是一种类型化的东西，用一本参考书现场就能编出一点儿东西来。

**吴投文**：我前段时间看《杜甫诗选》，觉得杜甫确实有时代造就的一面，他是一位和时代现实紧密相连的诗人，他的诗里面表现了自身的真切感受。但是，这在李白身上是不是一样的，两人有什么区别没有？

**西川**：李白、杜甫、韩愈、王维，每一个人都不一样。我们今天看到的唐诗选，我把它叫作"安静的人名排列"，王维之后排李白，李白之后再排谁？高适或者刘方平或者岑参。但是，真正回到唐代，你会发现每一个活生生的人之间都不一样，这种不一样到今天，我们已经模糊了。我在文章里面专门提到了韩愈，韩愈在今天都已经排不进唐朝的前几位诗人的行列了。但是在宋代，苏辙说“唐诗当推韩、杜”——宋代最捧的唐代诗人是韩愈和杜甫，韩愈甚至排在前头。在宋代，欧阳修、王安石、苏轼都热爱韩愈。韩愈的影响一直持续到五四运动之前的“桐城派”。现在写古诗的人写的都不是真正的古诗，我跟写古诗的人说，你们别吓唬我，你们根本就不会写古诗，为什么呢？因为你们的文化准备是写词的，就你读的那点古文够你写个曲儿，写个词，但写不了古诗。因为写古诗需要的文化准备是经史子集，你没读过就别跟我谈古诗。这种传统一直到桐城派都有，但到五四运动一下翻过来了……

**吴投文：**你对中国古代文学做了这么久的研究，这对你的创作有没有具体的影响？

**西川：**中国古代诗歌对我的影响肯定有，但那都在我的血液中了。我读了那么多，你要说没影响，那肯定不对。但真要说起影响来，我从中国古代文化中受到的影响不仅来自诗歌，也来自散文，来自战汉诸子，来自绘画。我马上要写一篇关于北宋山水画的文章，材料已经准备得差不多了。古代诗歌的影响肯定有。但我觉得一个当代诗人努力变成古代诗人的影子，这是陈词滥调，这么讨论诗歌就没劲。对我来讲，这不能满足我的智力要求。所以，你说我受到过李白的影响吗？我受到过，我年轻时读《李太白全集》，一半内容我都是朗读着读下来的。但问题是，我们这么谈李白对我的影响，没有意义。

**吴投文**：我感到忧虑的是，我在大学的中文系任教，有很多博士、教授也读不懂诗歌，中文系的学生绝大部分不读诗，也读不懂诗歌。我作为一个站在讲台上的大学教师，感到非常尴尬。

**西川**：没有什么好尴尬的，因为当代诗歌是正在进行中的东西，还没有成为“知识”。所有已经过去的东西对这些学者来说就是知识了。比如说，一个研究现代文学的人觉得自己挺牛逼的，觉得自己研究的是冰心，那是一门学问。当代诗歌，他不觉得这就是知识。当代新诗还没有“晋升”到知识的阶段。好多大学里研究新诗的老师，都遇到同样的麻烦。大概是2015年，我去湛江的广东岭南师范学院做了一个演讲，讲完以后，那里的张德明教授特别感慨，他说我的那场演讲让他感觉到当代文学研究是有尊严的。中国当代文学背后的文化思想、文学趣味、创造力的展开方式、它与中国古代文化之间的关系、与外国文化之间的关系，由这些因素所构成的当代性，那些研究现代文学的人哪懂？

**吴投文**：哦，像我们的知识结构就比较有限。

**西川**：诗歌界有一些很烦人的人，诗人群里也有一些很烦人的人，他们把诗歌的门槛拉得特别低，人人都可以进来，自由进出，他们就以为诗歌的门槛是特别低的。

**吴投文**：是的。有时我在外面参加学术会议，同样是研究中国现当代文学的学者，有些人对新诗的了解就非常有限，他们对当代新诗的评价不仅比较低，而且对新诗也充满误会，我觉得这是一件令人忧虑的事情。

**西川：**这时候你就可以跟他们讲——就说是西川说的——中国是当代世界诗歌写作最活跃的四个地区之一。这四个地区一个是拉丁美洲，一个是北美，一个是东欧，一个就是中国。这四个地区的诗歌写作是非常活跃的。东欧诗歌是由不同的小语种构成的，要是东欧不同的小语种不能算成一个语种，把它除外，就是中文、西班牙语和英语是当下最活跃的诗歌语言。那些人如果认识不到中国当代诗歌的好处，那我只能说他们就是白痴，因为他们的的确确没有真正的国际视野，没有一个广度，也没有历史的纵深度。

**吴投文：**是这样。所以，我觉得大量的博士和教授读不懂新诗，这种情况非常奇怪。

**西川：**我也不要求人人读诗。诗歌如果人人都读懂了，那就成了怪事。汪国真的诗人人都能读懂，刚去世的余光中某种程度上也是人人可以接受的，还有台湾的席慕蓉。诗人和诗人太不一样了，余光中当然比汪国真要好多少倍，他还是一个稍微像样的诗人。人人都知道李白，大众最熟悉的就是《静夜思》“床前明月光，疑是地上霜”，但李白诗里面的“扬马激颓波，开流荡无垠。废兴虽万变，宪章亦已沦。自从建安来，绮丽不足珍”，这就是摊给那些真正理解诗歌的人去体味的东西了。同一个人都有不同的诗歌。

**吴投文**：现在写旧体诗的人很多，可以说与新诗旗鼓相当，甚至还要多，我身边就有很多写旧体诗的人。

**西川**：一定比写新诗的人还多。

**吴投文**：你怎么看待这种现象呢？

**西川**：首先人家喜欢写点诗，我觉得那挺好，让自己的生活变得有趣，也不用打击人家。但是，我想提醒他们，我在《中华读书报》上已经提醒过了，他们写的所谓旧诗不是真正的古体诗，他们大多数人，甚至 99% 的人，他们的知识储备、文化储备都不是用来写诗的。他们的文化储备是用来写词的。中国古诗背后的知识储备是什么刚才我已经说过了，是经史子集。所有中国现在写古体诗的人，你问他们，经史子集读了多少？一般人可能读过点《论语》《孟子》，但是大量的文献他们都没有读过。基本上他们对古文的了解是《古文观止》，对古诗的了解是《唐诗三百首》。《古文观止》和《唐诗三百首》构成了他们的古代文化趣味。他们能写点古体诗，合辙押韵，但平仄谁不会啊？平平仄仄平平仄，仄仄平平仄仄平，仄仄平平平仄仄，平平仄仄仄平平——我张嘴就来，谁不会？这没有难度。而且他们喜欢用一些古词，而那些古词在古代可能就是陈词滥调了。到了今天，由于古汉语已经死掉了，他们就觉得这全是精华。现在中国好多写古体诗的人，以为他们在写古体诗，但其实他们写的充其量就是“诗化的词”。如果你想重新成为一个真正的古体诗写作者，你就得重回经史子集，重回进士文化。那可不是一天两天的工夫，要多少代人的工夫才能回去，而且，回得去回不去，我就不知道了。

**吴投文：**一个诗人不是一个时代，也不是一个人可以判断出来的，要在长久的历史时间中逐步阐释。可能与目前中国的文化环境也有关系。很多研究者对世界诗坛确实缺乏了解。对你在国际上的影响，国内诗歌研究者确实都不太了解。最后一个问题，请谈谈目前你在北师大的工作状态。

**西川：**我刚到北师大，还没开始上课，到下学期才开始。

**吴投文：**目前的写作有什么计划没有？

**西川：**不用什么计划，我一直都在写。当然大部分我在写的东西不是诗歌。诗歌也在写。我根本忙不过来。我最近在给一个杂志准备40页的稿子，一直都没闲着，都在干活。

2018年1月26日吴投文核校

# 我的写作现场[①]

## ——答舒晋瑜问

当年叱咤风云的“北大三剑客”西川、海子、骆一禾，如今只剩下西川孤军奋战。生活还在继续，西川也身不由己地在时代大潮中继续他的诗人生活，并屡屡斩获大奖：鲁迅文学奖（2001）、腾讯书院文学奖致敬诗人奖（2015）、中坤国际诗歌奖（2015）、诗歌与人国际诗歌奖（2015）、德国魏玛全球论文竞赛十佳（1999）等。

然而，最近西川再度进入我的视野，却是因为他的《唐诗的读法》（北京出版社）。“诗不诗的不仅在于语言是否精简，词汇是否优雅、古奥，诗意是否噬心，诗格是否快意恩仇或者嬉笑怒骂或者块垒独浇或者空阔寂灭，当代古体诗即便守平仄、押古韵，而没有士子精神、儒家道统、道释之心，那和中国古典诗歌也是差着十万八千里。”西川的见解很独特，这独特使他无论是在大学还是在诗坛，都拥有相当数量的拥趸。

① 本访谈发表于2018年1月3日《中华读书报》。原题《我是个在写作现场的人》。导语为舒晋瑜女士所写。

## 我不客气地讲，大多数读者跟不上我的写作进展，批评家们也跟不上我思维的进展

**舒晋瑜：**2012年，您出版了《大河拐大弯——一种探求可能性的诗歌思想》，对于诗歌理论和思想的探讨不乏真知灼见，可否简单解释一下，您的写作发生变化的原因？

**西川：**20世纪90年代之前，我是努力写“好诗”的人。我想像别人一样写作，写得像某几位西方现代主义诗人前辈，这对我来讲是一个学徒期。从20世纪80年代初算起，我的学徒期大概持续了10年左右。后来慢慢地，我发现自己没有榜样了，只能走到哪儿算哪儿了。从原来想让自己成为专业诗人到成为“业余诗人”，从写“好诗”的状态到写“坏诗”的状态——这是我写作的方向性变化。这是我自己的专业表述。在这样一个时代，诗人需要在意的东西太多了，包括在意自己的社会生活、历史生活吞吐能力。一旦我关心这个，就意味着我的写作变得泥沙俱下。

传统意义上的写作要求写作主体是单纯的“我”，但后来我发现我的写作主体变得非常复杂，我开始充分理解“我”的自相矛盾：真“我”、假“我”，抽象的“我”、具体的“我”、做梦的“我”、理性的“我”、反理性的“我”、伪理性的“我”、过去的“我”、现在的“我”……这一切都变得非常复杂。我不客气地讲，大多数读者跟不上我的写作进展，批评家们也跟不上我思维的进展。我注意到一个滑稽的现象：在网络媒体，甚至在一些据说是具有学术价值的书中，读者或者批评家或者教授、博士们，会引述别人对我后来创作的还算靠

谱的评论，但所举出的例子又是我学徒期的作品。他们似乎没有发现这其中评论和作品的错位。完全不过脑子。

**舒晋瑜：**无论是教学，还是诗歌创作，您都特别自信。这种自信，缘于什么？

**西川：**我知道这世界上与我年龄相仿或者比我年轻的诗人们的工作进展到什么程度、我自己的工作进展到什么程度。我去过很多地方，参加过很多文学交流活动，我知道别人对我作品的反应。我有一些真正的同行。举个例子，2014 年我写过一首长诗叫《醒在南京》。在《诗刊》发表后，遭到一些人的振振有词的批评。我从网络上了解到，有的人批评我没有民族道义的担当，应该向柳忠秧学习！有的人批评我胡言乱语、啰里吧嗦，没能继承海子的精神！有的人批评这作品缺乏结构，不是标准的后现代（好可怜的自以为是的文学知识储备）。有的人批评我丧失了抒情的能力。有的人认为他也能写，于是在网上贴出几行模仿我的风格写出的诗，完全不明白长诗写作和短诗写作的不同（写长诗需要一口气贯穿始终，而短诗只需要灵感乍现）。他们完全看不懂，不知道我在说什么，不知道我为什么这样写，他们认为我的写作和我学徒期的写作相比已经大失水准。太好玩了！2015 年这首《醒在南京》的英译文发表在全球顶尖文学刊物《巴黎评论》上，我看到有人在《巴黎评论》的网刊留言，说这期杂志只有《醒在南京》是一个 spectacle（壮观，惊人之作）。今年 11 月份我在澳大利亚悉尼一个专门为我组织的酒吧朗诵会上朗读了与《醒在南京》一同发表在《巴黎评论》上的另一首诗《悼念之问题》，听众中有一位青年诗人想起《醒在南京》，立刻就认出了我——这类事我已经多次碰到了。这是个有趣的情况：国内读者读我早期的诗歌，也就是我学徒期的诗歌，国外读者读我后来的诗歌。9月份我在阿根廷的罗萨里奥参加诗歌节，当地记者说我“像摇滚明星一样受欢迎”。我理解这是说阿根廷听众一听就明白我在干什么。但是在国内，我不得不说，我没有这个运气。凭我学徒期的作品我不可能获得机会真正地周游世界。

**舒晋瑜：**您说自己理解的诗歌比一般只读中国诗歌的诗人丰富得多。能否谈谈您对诗歌的理解“丰富”，体现在哪些方面？

**西川：**比如说关于诗歌的界定。中国普通读者的诗歌知识构成，基本上是三个方面：1. 中国古代诗歌尤其是唐诗、宋词；2. 经过苏联表述的欧洲19世纪的所谓“积极浪漫主义”文学；3.“五四”之后的新文学包括革命文学。但是对我来讲，20世纪的拉美文学、印度文学、欧洲和美国的现代主义、后现代主义文学和现当代哲学、文艺复兴前后的欧洲美术、西方和中国的当代艺术、中国先秦两汉诸子著作、历史著作和历史研究、文人画之前的中国绘画等等，都是我关心的领域——我的兴趣点要多得多。所以我看问题和只读中国古代、当代诗歌的人不太一样，这就意味着我们对诗歌的定义不一样。比如有人主张诗歌要用词节俭，我就问，为什么不能口若悬河？我当然充分知道语言精练的好处，但屈原和司马相如不就口若悬河吗？莎士比亚不就口若悬河吗？有人认为诗歌要优美，我就问，为什么诗歌不可以泥沙俱下？韩愈的诗歌有些就不优美。有人说诗歌要抚慰心灵，我就问，为什么诗歌不能让你的智力产生风暴？为什么不能摧毁或者颠覆你过去认为正确的东西？我并不是一个品位恶劣的人。但通常所谓的好品位其实躲不开俗气的嫌疑。我强调创造力。

**舒晋瑜：**您认为诗人如何才能保有持久的创造力？

**西川：**我一直关心我的此地，关心时代生活的此时此刻，我对于各种事物的好奇一直都在。我对当下生活，对各种知识也充满了好奇，这些东西会一直推着我往前走。我对低智力的、自我满足的、单纯抒情的东西不屑一顾。我不觉得诗人一定是无时无刻不在写诗。法国诗人瓦雷里就曾经停过20多年不写诗，但那些年他完全投入哲学思考，到晚年他又写出了重要的诗篇《海滨墓园》。但是这么多年，我没有间断过写作，也从来没有间断过阅读。我不断认识到自己的缺陷，然后就有一种愿望，修正这种缺陷。在当代诗人中，我不光写诗，也翻译作品，也做古典文学研究。

## 我们有我们的当代生活，古人也有古人的当代生活

**舒晋瑜：**你的《唐诗的读法》即将出版，可否谈谈您解读唐诗有何契机？

**西川：**那实际上是我的长篇论文，不是照着一本书的框架写的。我总是被问题牵引着走。我当年学的是外国文学，又做了很多翻译，出版过五本翻译著作，一般人以为我偏向外国文学，其实这只是我的

一个面，我对中国古代文学的阅读和思考从未停止过。我曾经长时间在中央美术学院教书，本科教学的内容就是中国古典文学，所以研究中国古典文学是我的日常。我在书中使用到的文献和材料不是我临时查找的。

但我不是研究唐诗的专家。写这本书的原因，一是被很多问题——姑且用一个词——“骚扰”。不断有人拿唐诗和新诗做对比，老在质疑我们什么时候才能写出像《唐诗三百首》中的诗。我非常反感这种比较。当然我不否认唐诗很伟大，但那伟大背后是有一些小秘密的。二是我认为在当代中国，古典诗歌研究在方式、方法和介入角度方面存在一些问题，这直接导致了一些对于古典文学的文化误解——不是语词、句读、审美上的误解。我得说我受益于当代专家学者们的研究成果，但由于我是一个书写者，实践者，在写作现场的人，我看到了一些他们大概不敏感的东西。这是在什么意义上讲呢？任何一个时代的写作都有一些慢慢不为大多数人所知的秘密。不光是作为诗歌作者，我想任何思欲创新的人——无论小说家、画家还是音乐家、电影和戏剧导演——实际上都会不自觉地关心古人究竟是怎么工作的。支撑古人写作的，不光是个人才华，还有整个社会系统，这让我特别感兴趣。三是去年的某一段时间，我不断被人请去谈古诗。我对古诗的理解就有了些零碎的说法，后来我想，索性把这些东西整理成完整的著作吧。

**舒晋瑜：**那么您的解读和古代文学专家的解读相比有何不同？

**西川：**有很大的不同。我不认为我们和古代诗人之间只有简单的继承关系，我不认为我们对古人只有欣赏的份儿。我们有我们的当代生活，他们也有他们的当代生活。尽管我们和古人的“当代生活”不一样，但古今诗人与生活的结构关系是一样的。我是从当代人的角度读唐诗，同时又尽量让自己变成唐代诗人的同代人，近距离查看他们究竟是怎样生活和写作的。这样一个角度使我可以反思我们的当下。虽然这是一本关于唐诗的小书，但书中也包含了观察当下时代的角度。我自己有一个基本的看法：古代文学的确是我们的文化遗产，但每个时代的作家所写出来的东西，在当时，都不是文化遗产。很多背古诗、写古诗、研究古诗的人，都把古诗当成了文化遗产、高高在上的东西。他们不知道，或者不理解——不敢理解东汉王充在《论衡》中所说的“夫古人之才，今人之才也”这句话。他们无视文学艺术的发生现场。这和我的切入点非常不一样。

## 我们总是一厢情愿地为世界文学做无意义的贡献！而且总是盲目又狂妄地下自我肯定的判断。这种情况应该努力加以改变

**舒晋瑜**：“在没有灵感的情况下，你写什么？你怎么开始？当然这里面有很多的秘密，究竟他们是怎么写的？为什么好诗人集中在唐代？写诗跟他们生活之间是什么关系？”——您所有问题的提出，都是一种引导式的思考讨论，而不仅仅是说唐诗伟大。

**西川**：不光唐诗，楚辞也一样。屈原的朋友是谁？他和谁来往？他是楚国人，为什么接受的是北方文化，接受的是儒家思想？他的花花草草有巫术的致幻作用吗？在读屈原的时候，要有能力“回到”战

国，“回到”合纵连横的时代，“回到”屈原的贵族身份，“回到”古代中国人对屈原的接受过程，同时还应充分意识到现代中国的历史环境、当代革命、当代生活对屈原形象的改造，这样呈现的屈原才更清晰更立体。现在写古诗的人很多，但恕我直言，他们大多数是用写词的方式写古诗——这样写出来的东西不是真正的古诗，毋宁说是诗化的词——这都是好听的。他们没有古人的文化准备，没有古人所依凭的社会运作系统，没有古人的宇宙观、价值观，不理解某些在今人看来精雅的表达其实是古人的习语套话，换句话说，他们把古人的某些陈词滥调当成了精深的学问。

**舒晋瑜：** 以这种切入点读唐诗，呈现出来的作品有何独特的风格？

**西川：** 我读唐诗不仅仅是因为它的语言、表达形式很美，我也会关注唐朝诗人所生活的时代、他们面临的复杂的社会历史局面。这些因素导致了他们的诗歌、文学反应。我在书里特别提到了韩愈。我发现宋朝人对韩愈评价极高，他们对唐代诗人的排序是杜甫、李白、韩愈。我们今天的排序是李白、杜甫、白居易、王维。造成排序不一样的原因是五四运动“打倒孔家店”——韩愈当然是孔家店里的人。当然他也是真正的大诗人。韩愈在当代选本中位置越来越弱。而在宋代，苏东坡的弟弟苏辙认为唐诗当首推韩愈、杜甫。欧阳修、王安石、苏轼他们都非常钦佩韩愈。还有一点，由于我们对韩愈写作的忽略，使得我们把李商隐早年学过韩愈的事实也忽略了，读李商隐我们只读《无题》，其实他也写过《韩碑》这样的移步换景、步步顿挫、酣畅淋漓的诗，是模仿韩愈所作。李商隐的诗歌开合度还是挺大的，我们把他读窄了。

我们读古典文学的趣味，如果等同于《唐诗三百首》的趣味，那我们就不自觉地成了清朝人。《唐诗三百首》本来是清朝中期编给小孩子的发蒙读物，今天成了文学大名著。我没有说它不好，但是要警惕这种“好”——尤其是对写作者而言——纯粹读者的事我们管不了那么多。在阅读中国当代文学、外国文学的时候我们也应留个心眼儿，不能傻乎乎地被人牵着鼻子走。

**舒晋瑜**：在这种背景下，您的解读角度也很特别。

**西川**：我和别人读唐诗的角度不一样。这也涉及一个话题：中西文化结合。对很多人来说，所谓“中西文化结合”其实是把中国文化砍掉一半，把西方文化砍掉一半，然后“结合”在一起。他们实际上是把中国文化最强势的部分和西方文化最强势的部分都砍掉了。而要实现不被弱化的结合其实很难，因为各自的独立性太强了。举例说，你把《庄子》或者《史记》与亚里士多德或者但丁的《神曲》结合个试试？没有可能。我对时代性的陈词滥调非常反感，比如人们老说“越是民族的越是世界的”——你连世界是什么样都不知道，世界人民需要什么都不知道，你有什么资格谈“越是民族的越是世界的”？我们总是一厢情愿地为世界文学做无意义的贡献！而且总是盲目又狂妄地下自我肯定的判断。这种情况应该努力加以改变。即使把话题约束在古典文学研究领域，我们也只有在获得新的角度、新的思想、新的工作方法的条件下，才能让我们的工作与当下中国的生活推进过程相吻合、相对称。

**舒晋瑜：**做完《唐诗的读法》之后，您觉得达到自己的目标了吗？“过瘾”了吗？

**西川：**我不期待大众的见识、理解能够在一天之内翻个儿。我只是把我想到的东西写出来，把心事了了，让我们能更好地理解古人——不仅理解唐朝人，也要理解战国人，理解屈原，理解《吕氏春秋》《淮南子》《论衡》，理解宋代、明代那些伟大的诗人和哲人，甚至延伸到理解古代那些伟大的画家、书法家、建筑师、发明家、医学家等等。

## 我不反感鲍勃·迪伦，但我也不是鲍迷

**舒晋瑜：**2016年鲍勃·迪伦获得诺贝尔文学奖，您和马世芳等人在很短的时间里翻译了《鲍勃·迪伦诗歌集（1961—2012）》（全8册）。此前，在1995年，您的朋友就曾送您一本700多页厚的鲍勃·迪伦的英文歌词集。那时您对他的英文歌词评价如何？鲍勃·迪伦对您产生过影响吗？

**西川：**这里有一点儿误会。我做的很多事情都是别人要求我做的。我不反感鲍勃·迪伦——他的有些歌词写得挺好。但我也不是鲍迷——他是西方亚文化的核心人物——我对亚文化一直心存好感。广西师大出版社“新民说”编辑部让我翻几首，我懂人家的意思，是让

我署个名，我就翻了。这书后来变成了多人合译的产物。

**舒晋瑜：**您还翻译过《博尔赫斯八十忆旧》和《米沃什词典》。也是被动？

**西川：**作家版《博尔赫斯八十忆旧》（后来广西师大版改名为《博尔赫斯谈话录》）是我自己主动翻译的。20世纪80年代，我对博尔赫斯特别感兴趣，就翻译了这本书。今年9月份，在布宜诺斯艾利斯我的西班牙语诗集《夕光中的蝙蝠》的首发式上，博尔赫斯当年的学生、已经快80岁的语言学家卡洛斯·拉斐尔·路易斯（Carlos Rafael Luis）把博尔赫斯1961年送给他的首版《创造者》这本书转送给我，上面有博尔赫斯的签名。当时在场的阿根廷作家、诗人都挺嫉妒，其中一位开玩笑表示他会来北京把这本书再偷回阿根廷。卡洛斯说当年博尔赫斯把这本书送给他的时候，其实有一个未言明的愿望，就是将来这本书应该转赠给一个来自远方的、说奇怪语言的诗人和翻译家。卡洛斯听说我来到布宜诺斯艾利斯，上网查了我的情况，认为这个人就是我！我当时感到非常震惊。我想到了博尔赫斯的小说《莎士比亚的记忆》，鸡皮疙瘩都出来了。得到这本书我感到很荣幸，同时也感到很神秘。

**舒晋瑜：**这说明博尔赫斯知道您翻译他的作品？

**西川：**不不不。我不能装神弄鬼。

**舒晋瑜：**在翻译中有何难度？这些难度包括哪些方面？又是如何处理的？

**西川：**最大的难度是不了解别人的文化。首先，你的外语要过关，即使这样也会出错。我翻《米沃什词典》的时候，中国还没有出版过一本《波汉词典》，我是从英文转译过来的，但英译本中也有些波兰文的英文拼写，所以非常需要波汉词典和波英词典，没办法，我自己在美国生生认识了两位波兰诗人，和他们成为朋友，向他们请教关于波兰的历史文化，甚至波兰人姓名的读法。

2017 年 12 月 14 日

# 我接唐朝的地气儿 ①

## ——答刘净植问

我们都知道唐诗的伟大，但是，我们真的了解唐诗吗？比如《全唐诗》近5万首诗中70%都是应酬诗；比如唐人为应付写诗，很多人都带着“随身卷子”随时“打小抄”；比如浅白如白居易并不在乎在老太太中间获得铁杆粉丝；比如王维一定不喜欢李白；比如写下“二十四桥明月夜”的杜牧还是优秀的军事学家……诗人西川刚刚面市的新书《唐诗的读法》（活字文化/北京出版社出版），就揭示了唐诗许多不为人熟知的“真相”。然而仅以此来介绍这本气象开阔的诗论未免轻浮，充满着当下思考和问题意识的西川，在书中大胆而直率地引领今天的读者重返历史现场去学习如何读懂唐诗，并将唐诗的“创造秘密”带回当下，为今天的新诗创作和阅读提供参考。

---

① 本访谈的删节版发表于2018年3月30日《北京青年报·青阅读》。导语为刘净植女士所写。这里是访谈全文。

## 我需要与我的文学经验相称的、透着历史感的文学批评硬度和强度

**刘净植**（以下简称“刘”）:《唐诗的读法》开宗明义就强调了此书不是对唐诗的全面论述，而是针对当代唐诗阅读中存在的种种问题，从一个写作者的角度给出看法。您一开始就谈到我们熟知的大部分人阅读古诗文的态度，即把古人供起来、仅从文化意义上去获取熏陶和滋养的读法，您认为这离李贺所说的“寻章摘句老雕虫”不远了。做下如此鲜明的否定，您是否已经做好得罪多数好读古诗文、能背诵和使用古诗词的读者的准备了？

**西川**：我长期在大学里教书。每次开始一门课程，我都会对学生们讲，既然你们来上我的课，你们就得准备好告别你们过去习得和养成的一些审美习惯和思维方式，真正进入由伟大灵魂创造的文学。我们自己不一定是伟大灵魂，但能够获得接近伟大灵魂的机会也是好的。这里涉及两个问题：一个是审美问题，究竟什么是美的、美的多样性、美和俗气的关系、美和崇高的关系、美的难度、美的当下性（时尚的和反时尚的）、美的变与不变等等；第二个问题是文学艺术的发生问题，包括创作现场、时代的文化与政治环境、主流和支流的文化趣味、历史逻辑、人们说话的对象、经济条件与物质条件等等。您已经注意到了，我是“从一个写作者的角度给出看法”，这也就是说，在讨论问题时我不可避免地会带入个人经验所赋予我的看问题的角度。从事文学艺术创造，你会敏感于一些所谓“秘传”的东西。它们不见于书本，是你必须自我提升或下潜到一定程度才能看到、听到和

悟到的东西。我一向尊重学者们皓首穷经的工作，他们的工作使我受益良多。当然我也能够区分有才华的学者和没有才华的学者。

**刘：**事实上在我们大多数人的教育经历中，普遍接受的，都是以提纯的方式，也就是说单纯从文学或者文化的角度来学习和阅读古诗文，相信在您的阅读经验里，也有过这样的经历吧？

**西川：**我的阅读经验里当然包括了大量的“提纯阅读”，也就是我书中说的“以面对永恒的姿态”来面对古圣先贤的文化遗产的阅读。但当我思欲向他们靠得更近一点的时候，思欲与他们同台演出而不是仅做观众的时候，我发现自己找不到登台的阶梯。于是我就知道了“提纯阅读”的局限性。“提纯阅读”是句读和风格意义上的欣赏型阅读，是非历史化的阅读，指向格式化了的审美和道德的自我塑造。但要参悟创造的秘密，这是远远不够的。

**刘：**不仅是教育，连学术界古典文学研究的主流，至今也多是进行纯文化领域的研究。您认为这种阅读和研究的传统是如何形成的呢？

**西川：**这个问题我不好回答。我认为自己首先是一个诗人——艺术家诗人——而不是学者，尤其不是学术史学者。但我想，中国古人的历史书写和学术研究总会包括“究天人之际通古今之变”的因素。在文学研究方面，《文心雕龙》以后，《诗式》《诗品》以后，涉及诗歌写作与鉴赏的多为“诗话”类著作。这是传统批评，有人把它看作“诗余”之事（元好问以诗评诗并不常见）。在更广阔的学术界，经过明代的覆亡和清初向汉儒致敬的乾嘉学派的兴起，所谓学术，就必须容纳严谨的考据，避开义理讨论。这当然符合历史逻辑。但其不足之处也显而易见。“五四”以后，白话文写作（包括文学的和学术的）登场，现在我们已经把白话文发展成了现代汉语。与此相应，我们的学术也变成了现代学术、当代学术。但有趣的是，“文革”结束以后，一些文学研究者，尤其是中国古典文学学人转回传统考据式的学术，认为这是真学术，“可以镇浮躁”。与此同时其他领域的学术研究则向充满新观念的现代学术敞开。我本人说不上有什么研究。我读书，与其说是为了做研究，不如说是为了我自己的写作和进行文学、文化批评。我关心学术研究成果。我对作为现代学术的考古学颇感兴趣。福柯的“知识考古”也是我的兴趣点。我觉得孤立地讨论文学问题不够过瘾，所以我向考古、知识考古、社会学、思想史敞开，我希望自己最终靠近的是一种当代批评。另外，《唐诗的读法》潜在地指向当代文化创造，也就是说有些话我是说给诗人们、艺术家们听的。可能古代的诗人们也在偷听。

**刘：**您是从什么时候意识到，这种脱离了具体历史现场、以永恒的态度来面对古诗文的阅读是有问题的呢？

**西川：**不记得从什么时候开始的了。我曾长期教“中国古代文学”这门课。我用的教材是林庚的《中国古代文学简史》。我基本上用这本书做讲课的线索，但具体的讲课内容有不少是对这本书的补充或者批判。例如书中说《诗经》风格简洁质朴，可我认为《诗经》虽简洁质朴但不是风格问题，这与当时的书写条件、文字的数量、思维的发展阶段、乐器的原始性有关。另外，现当代写就的文学史多重视《诗经》中的“国风”部分，而对“颂”这部分重视不够——这可能是受了革命现实主义文学趣味的影响。现在很多人在生活方式上都已经很洋派了，但文学趣味依然是革命现实主义加积极浪漫主义的，而这种趣味又被媒体拉过来和娱乐结合在一起，其势力巨大。再举个例子，对《楚辞》的阅读。人人都知道屈原喜欢“香草美人”，那“香草”只有装饰作用或者象征作用吗？魏晋人服五石散，垮掉派吸毒，那“香草”是不是有致幻作用？没见有人研究过。屈原是楚国人（当然屈原和《楚辞》的关系也是一个学术问题），既然楚人好巫鬼，那他们不需要致幻吗？——全是悬置的问题。植物学家、药物学家们，请加入文学研究的行列里来。

**刘**：对经典的阅读是个永远有效的话题。不知道您注意到没有，相对于我们熟悉的把经典供起来读的方式，如今还非常流行一种不供着的“接地气儿”的读法，就是用现在时髦的语言和价值观去进入古代诗人的世界，比如说非常受欢迎的《六神磊磊读唐诗》，不知您是否了解，怎么看待这种读法呢？

**西川**：《唐诗的读法》出版以后，有朋友借给我《六神磊磊读唐诗》。这本书我读得很愉快。王晓磊读过很多书。他注释里提到的文献，有的我没读过。“接地气儿”是一种时代风气，与我们国家意识形态的反作用力、经济发展状况、自媒体发展的状况、大家对于娱乐的需求、对于生活方式的想象等都有密切的关系。我也生活在这个时代，但我年龄比王晓磊大一些，也就是说我有我这代人的经历，以及由此形成的关怀和问题意识。此外我接触过不同国家的诗歌和诗人，我需要与我的文学经验相称的、透着历史感的文学批评硬度和强度。我接唐朝的地气儿。

## 我们不能以《唐诗三百首》来对至深至广的文学做出判断，就像我们不能拿科普读物来判断科学的深浅

**刘：**您在书中首先谈到，我们今天对唐诗的封神，是建立在大规模缩小对唐人的阅读的基础上的，也就是说，大部分人对于唐诗的谈论和认识，都只建立在清代人所编的《唐诗三百首》的基础上。这对于我们今天认识和了解唐诗，产生怎样的影响？

**西川：**某种意义上说《唐诗三百首》是儿童读物，就像《红楼梦》也有少儿版。儿童读物的特点是：道德正确、用语平易且美好。我们不能以《唐诗三百首》来对至深至广的文学做出判断，就像我们不能拿科普读物来判断科学的深浅。这是第一点。第二点，清代社会的生活方式和人们对世界的想象与今天已经有了很大的不同。你现在开汽车听摇滚，在过山车上喝卡布奇诺、行贿受贿又大话连篇、读黄段子过小日子又操心教育问题，然后“白日依山尽，黄河入海流”——这不很逗吗？第三点，在这种情况下，建立或者恢复我们的智力生活就有了相当之必要，当然难度也摆在那里。唐代是一个大朝代，唐诗是大诗。我们不必回到唐朝，但我们得向唐代的文化高度看齐。若以为熟读《唐诗三百首》就向唐朝看齐了，就相当于我们去曲阜旅游了一圈（还参加了当地的祭孔大典），就觉得自己接续上了儒家道统。

**刘：**您说读《唐诗三百首》只能领悟唐诗那没有阴影的伟大，也许有读者会反驳：继承我国丰富的文化遗产，领悟其伟大不就够了吗？作为一位普通的、非专业研究的读者，为什么了解唐诗伟大之下的阴影那么重要呢？（到今天人们越来越不敢批评唐诗，是不是跟这种没有阴影的阅读有关？）

**西川：**20 世纪英国诗人 W.H. 奥登说过，你读一位大诗人的诗歌全集，500 页，800 页，或者 1000 页，也许其中真正堪称经典的只有 20 来页。但这不是说他那些不甚重要的作品就没有价值。你只有读过他的非经典作品，你才能了解其重要性的由来。西班牙马德里索菲亚王妃美术馆在常年展出毕加索的《格尔尼卡》的同时，也常年展出毕加索为《格尔尼卡》所做的大量草稿。德国慕尼黑康定斯基美术馆里展出的是康定斯基的一条命，其作品从具象到抽象，能看得人震惊和感动。这就是“阴影”的力量。阴影确定事物的真实。

**刘：**书中您谈论唐诗，时时落脚点都是今天的诗歌批评和诗歌创作。您认为，诗歌书写牵涉到一整套写作制度，因此认为季羡林、夏志清等人站在古诗的立场上来批评新诗是极片面之语，能详细谈一下吗？

**西川：**季羡林、夏志清，还有别人，我相信他们了解古诗，但不了解新诗——顶多了解 20 世纪 20 年代到 40 年代的新诗，可能也了解点 50 年代、60 年代的革命诗歌，并对它们评价不高——这个我完全同意。但我相信他们不了解 70 年代后期及之后的新诗，也就是中国当代诗歌。他们认为新诗是一个失败。这影响了不少人，也给不少瞧不惯新诗的人壮了胆。由于他们不能将新诗写作与现代历史进程、现代汉语的历史进程、现代汉语思维方式的转变以及由此带动的现代审美、现代写作观念的转变，联系在一起，他们得出他们的结论。他们不曾看到，或者说忘记了，古典诗歌写作方式到清朝末年已经走进了死胡同，所以才逼出了五四运动，新诗的出现是不得不。当代古体诗写作与古代诗歌写作在语言的上下文、诗歌功能和指向、文化制度、政治制度等方面存在很大的不同。“躲进小楼成一统”地玩点古诗词，这没什么，但以此断言新诗就失败了，太过分了。新诗或现代汉语诗歌的写作历史不长。新诗就是苍蝇你也不能灭了它，除非你想毁掉整个大自然。况且，现代汉语诗歌写作近40年来取得了长足的进步。现代汉语在当代成了与英语、西班牙语并驾齐驱的最活跃的诗歌语言。如果从地区看，近几十年来，中国、北美、拉美、东欧这四个地区的诗歌写作充满活力。季、夏等人对新诗的盲视令我怀疑他们对古诗同样存有盲区。夏志清常年生活在美国，我认为他对美国当代诗歌也所知有限。我曾与他在纽约哥伦比亚大学有过当面争论。季羡林给五四运动的德先生和赛先生补充了一个爱国主义，他当年在北大外面的风入松书店这样讲的时候我在场，感觉老先生真能信口开河——不是说爱国不对，而是说爱国主义咱们的文化中本来就有，它不是“五四”的发明。

## 我们的文化中若没有这样的庞然大物镇着，我们轻浮起来就会略无底线

**刘：** 书中您对很多诗人的论述也不同于我们在通俗阅读中得到的结论，比如您认为没有安史之乱，杜甫就可能只是一个二流诗人；因为安史之乱，让杜甫具有了当代性，他创造性地以诗歌书写介入了唐宋之变……为什么能以诗歌处理当下的问题会使杜甫变得伟大？

**西川：** 每一个诗人其诗歌写作的语言、形式、观念，要么是从别人那里继承来的，要么是自己摸索鼓捣出来的。诗歌写作是创造性劳动。如果一个诗人怀有写作抱负（有些人虽然写诗，但没有针对写作本身的抱负，只有出人头地的抱负或满足于抒情，说漂亮话），那么他就面临几个致命的问题：你的语言从哪儿来？你的写作观念从哪儿来？你如何区别于其他诗人，获得可辨识度？而诗人处理当下生活，会逼得他诚实地面对自己。所有学来的东西都是修养。只有处理当下，你才能够从“读者诗人”群里脱出身来。而当你告别了你的“读者诗人”生涯，你就不得不寻找，并且思考你的说话对象。诗人们、作家们、思想家们，甚至宗教大宗师们，在某种意义上是被他们的说话对象所塑造的。战国诸子是被乱世所塑造的，佛教是被婆罗门教所塑造的。杜甫赶上了安史之乱，他也被安史之乱所塑造。唐代其他诗人也赶上了安史之乱，但他们拒绝被安史之乱所塑造，因为他们没能从这乱局中发现创新写作的契机。

**刘：** 因为谈论杜甫在唐代的当代性，您谈到古往今来人们都认为

当下是没有诗意的，而面对现今复杂的现实话题，用传统的诗意符号处理不了类似环境污染、股市崩盘等现代问题。那么，今天的诗人们应该用何种语言来面对当下问题呢？这样的诗，诗意何在？

**西川：**这里触及了一个我在《唐诗的读法》中没有谈到的问题：对现代主义文学的接受。现代主义以及后现代主义文学大大扩展了我们的文学胃口。为了与现实生活发生历史性的对称，我们可能不得不在写作、艺术实践中进行一些实验。实验精神不能在风格意义上讨论。风格意义上的现代派、先锋、前卫都持续不了太长时间。风格意义上的艺术实验有似身体排毒。真正的实验精神得从我们的身体里长出来。真正的实验精神首先表现为对于实验的需要。无论中外，古代那些大经典，哪一个当年不是实验——或者创新的结果？李白不是创新吗（以复古的形式）？杜甫不是创新吗？但丁不是创新吗？莎士比亚不是创新吗？数百年以后，或者上千年以后，他们的作品成了大经典，我们就忘了他们在自己时代的种种逆行。这就是为什么我们应该回到他们的写作现场并从他们的写作现场回望我们自己的写作现场。即使一无所获，这样旅行一趟也不错。

**刘：**您对韩愈的两句评语令我印象非常深刻，一是“韩愈在今天是一个没有被充分估量的诗人”，二是“韩愈要是活在今天，肯定会蔑视我们”。为什么您认为韩愈对今天的我们如此的重要？

**西川：**韩愈一直很重要，直到桐城派都很重要，但遭到了周作人那一干人的抹杀。也就是说韩愈被弄得无足轻重是近一百年的事。先不说他的历史地位，他的诗歌若摆到我们面前，直接就会对我们的智力构成挑战。面对韩愈，鸡汤读者和鸡汤作者们会感到不适应和不自在：他语词的重量、他的仄韵、他有趣的奇思怪想、他有时被斯文放开的恶趣味、他的危险性、他反对美文学的姿态、他对生活和历史的吞吐能力、他的以文为诗、他行文的没完没了、他诗歌所带出的思想的辽阔与深远，都会令我们晕眩。当大多数唐代诗人安慰我们时，他打击我们、掠夺我们。今天的主流文学趣味、媒体文学趣味可能接不住他，他是个庞然大物。但我们的文化中若没有这样的庞然大物镇着，我们轻浮起来就会略无底线。周作人回到晚明小品，而晚明小品的出现当然也有它的历史逻辑和文化思想逻辑（心学和心学末流对理学的反抗）。而今天，在不同于晚明的文化逻辑中，在我们思欲创造我们自己的文学、文化时，在我们经历了对来自西方、俄罗斯浪漫主义、现代主义、后现代主义文学的消化之后，在我们直面时代问题与可能性的时候，我们发现，韩愈分量足够。

**刘**：阅读您这本书最大的感受，一方面是您尽量带领读者重新回到历史现场为唐诗祛魅，另一方面您也同时由衷赞美唐诗的伟大。您不认为当代写作必须回到唐朝，“因为我们必须处理我们这充满问题的时代，并以我们容纳思想的写作呼应和致敬唐人的创造力”。那么，您认为，唐诗留给我们最有价值的遗产是什么？

**西川**：我在《唐诗的读法》中已经给说过了：唐诗“塑造和发明了”我们的世界、我们的语言和我们感受生活的方式。这很伟大。但唐朝那个时候还没有现代意义上的“世界”这个概念，而一个世界中的中国和这中国中的我们，需要今天的作家、诗人、艺术家、思想者们再次去发现、塑造和发明，仅凭“抒情”（尤其是传统抒情）肯定不够。所以我们既无须回到唐朝，又要以唐朝的文化创造作为坐标之一。

## 我只讨论问题，有时会发牢骚，但从来不为自己辩护

**刘：**这是一本容纳了您对于唐诗的思考、批评以及对当下文化环境很多问题的思考和批评的诗论，它的写作源自何处？换句话说您为什么要写这本书？

**西川：**这本书其实是一篇长文。起因有点偶然，是因为在过去的数年里我多次被人拉去谈古诗。网络上能找到我的一些零星发言。在一些讨论新诗的场合，我也常遇到以《唐诗三百首》为楷模的对新诗的不屑。我的反应经常是，那好，那我们就谈古诗——古诗也不是你想象的那么简单。我也在网络上看到过一些人对古诗的热情洋溢的却又是陈词滥调的、煞有介事的却又是高雅小资的赞美，感觉好蠢！古人要是能来到咱们的文化现场，得气得跳脚。一些学者们对于删除了经史子集、删除了“诚意正心、格物致知、修身、齐家、治国、平天下”的时代性萌蠢推波助澜，也让人讨厌，因为这萌蠢拒绝真正的见心见性的文化创造。我们一边高喊文化创造，一边对历史上真正的文化创造视而不见。我并不是要今人恪守修齐治平那老一套，但既然要讨论古文化，把这根都挖了那还谈什么！就别谈了，就省点事儿吧，就八大强国伺候我一人地玩儿吧，还非得让古人伺候你玩儿！——这真是

时代奇观！

**刘：**书中您有很多鲜明而尖锐的观点，必然会在不同层面引起争议。例如您再次提出了唐代为其诗歌成就付出了没有大思想家的代价的观点，并在书中正面回应了张定浩对此观点的批评。近期媒体上一篇名为《西川：偏离诗歌的力量》的文章中，也再次以“唐代即便仅仅出了一个慧能便胜过太多思想家”来反对您的观点，这是您期待中的争论和对话吗？

**西川：**你说的这篇文章发在由张定浩做主编或副主编的《上海文化》杂志上，朋友刚传给我，刚看到。我对于别人的批评已经习以为常了。但为张定浩和文章作者木叶着想，我认为这篇文章要是发在另一本杂志上，会显得更客观些。中国现在的杂志毕竟都是公家的，不同于民国时期几个文学青年就能自己弄本杂志。公家的，就是公器，就得避嫌——既然我和张定浩之间本来有些争论。当然，这也不是什么大问题。别人对我文章中硬伤的批评我都接受，我的那本被张定浩批评的《大河拐大弯》以后若有机会重新出版我会改正其中的硬伤，例如错别字。谢谢。至于《偏离诗歌的力量》这篇文章中说“慧能便胜过太多思想家”，这显然是在跟我抬杠。我在《唐诗的读法》中也用较大篇幅讨论了慧能，对他多有赞叹。但若说慧能是“思想家”，那我们就得先给出“思想家”这个词的定义和它的边界。对我来说，信仰和思想是两个互有交叠的领域。信仰涉及灵魂、生死、解脱或解救；宗教大宗师们给出超时空的启示，并由此派生出他们的道德训诫；他们的启示和训诫被称作大智慧。而大智慧不包括属于人间的推理判断。这也就是说，信仰本身是至高的、不容讨论的。所以我愿意称慧能为“思悟者”，而不是思想者或思想家。如果把慧能定位为“思想家”，那是冒犯慧能，就如同把《圣经·新约》四福音书的作者定位为“思想家”，那是冒犯福音书的作者们。“思想家”是世俗概念，属于人文、社会科学范畴。在印度，佛教中观宗的龙树被算作“思想家”，那是由于他有思想家推理判断的一面（因明学的影响）；西方基督教的托马斯·阿奎那也被作为思想家讨论，那是由于他有严密的推理判断，也就是说他的思想包纳了思想过程。而慧能所有的开示都是终结性的。我这样说没有任何贬低慧能的意思，他不属于世俗性的“思想”这个领域，尽管他后来对思想者们产生了重要的影响，这就好比穆罕默德不是思想家，而所有的伊斯兰思想家都与穆罕默德有关。说到这里我忽然想起一件事：数年前我曾邀请美国的中国古典诗歌翻译家、禅宗修行者比尔·波特（Bill Porter，翻译笔名 Red Pine）去中央美术学院演讲。现场有听众提问，让比尔概括一下禅宗的核心思想。比尔的回答是：“禅宗没有思想！”（我知道有人会立刻反驳：不是有“禅宗哲学”一说吗？）比尔的话语机锋令我吃惊。那天被我请到现场去的还有我两位佛教界的朋友，其中一位曾在五台山做过多年的苦行僧，后因一个非常具体的原因不得不还俗。我问他对比尔的印象，他说比尔“有所悟”。

**刘：**同样在这篇文章中，作者说看您近期的文章和访谈，包括对唐诗的看法，很多说法都对，但称不上卓绝的洞见，大多是常识性的。并认为您“有时流露出不为旁人所理解的心态，有时示人以一种自诩超前的姿态，有时对问题的论述似是而非，令人怀念当年写海子、骆一禾纪念文章时的真挚深切而又自我怀疑——说出自己的不确定，自己的未知，自己的困惑，自己的探求——那也是自己的发现”。您如何看待这样的评价呢？

**西川：**您刚才说我的观点“在不同层面引起争议”，前面还说我“得罪多数好读古诗文、能背诵和使用古诗词的读者”——如果我给出的全是“常识性的”见解，怎么会有这样的“得罪”？逻辑上讲不通。我在其他访谈里已经多次说过，我不是唐诗研究的专家。作为一个诗歌写作的实践者，我只是把一些远距离材料拉在一起，得出了我的看法。对学术研究而言，发现新的文献材料当然重要，但能够在大家习以为常之处发现问题、提出问题、指出问题其实是需要超越性的思想能力的。你能不用陈词滥调把李白和杜甫的伟大比较出来，你就证明了你智力的存在——这是我对我学生们的基本要求。况且，在这本小书里，我对文学生产现场的强调，对杜甫当代性的强调，把杜甫和唐宋之变联系起来，把杜甫和孟子的做大联系起来，把韩愈重新拉回唐代一流诗人的行列，以及对李商隐诗歌的分析，等等，都不是今天常见的文学史写法和批评话语。对全世界的文学界、艺术界、思想界来说，“当代性”（区别于“现代性”）的说法都是一个崭新的、还没有形成共识的话题。如果这都是“常识性”的看法，那我就不会写这本《唐诗的读法》了。也许对木叶来说这都是“常识”，那么在此我就只能说抱歉了——我抢在他前面把这些“常识”写了出来。至于说我“自诩”如何如何，我没法回应。不过，你从所有这类对我的批评中其实都能看出批评者的自我评价。我深入诗歌江湖已经很多年了。我充分理解别人对我提出批评的动机。我只讨论问题，有时会发牢骚，但从来不为自己辩护。另外，也有国内和国外的批评家、汉学家、作家、诗人对我有完全不同的看法和评论，我可以把它们编成一本书，不过现在不会——总体说来我还不是一个过分自恋的人，我的自我没有那么大。

2018 年 3 月 28 日

# 为了说清当代事，居然往回找这么远①

## ——答宋宇问

诗人西川开始写自己的童年了，诗写到了第八首。“我很少写童年，但是我现在已经55岁了，我觉得已经有点资格反过头来看我的童年。看我的童年不仅仅是怀旧，我写那个时代。”在5月上旬的采访中，他告诉《南方周末》记者。

在较早出版的《唐诗的读法》中，西川追溯得更远。他希望考察唐诗的时代背景，具体的典章器物，以期回到“唐人的写作现场”。他格外推崇杜甫，认为他是“安史之乱塑造出的唯一一位大诗人”，他的许多诗歌都在“处理当下”。

与对诗歌处境、唐诗的关注相似，西川对杜甫有长久的敬意。在20世纪80年代末，他曾写过一首诗《杜甫》：“在一个晦暗的时代，你是唯一的灵魂。”10年前，他又以墨西哥诗人奥克塔维奥·帕斯翻译的杜甫名篇《春望》，来阐明现代汉语与古代汉语的迥异之处。

---

① 本访谈原载于2018年5月24日《南方周末》。导语为《南方周末》记者宋宇所写。

西川越发能感觉到当代诗人与古代前辈的联系。谈到工人诗歌触及社会表面的粗糙感时，他抚摸身畔凹凸不平的墙壁，仿佛那隐喻着现实。他总用比喻补充自己的阐述，严肃的话题也时常说得哈哈大笑。但他仍旧愤懑："我经常觉得，这个话跟谁说啊，说不通，他意识不到这些问题。"

这时，西川想起自己笔下的李商隐。这位时常陷入回忆的诗人鲜有说话对象，即便有对象，张口时"话却说给了另一个影子一般的倾听者，而对影子开口，他说出的话就成了幽幽的自言自语"。

谈及诗歌的当下意义时，西川想起17世纪捷克教育家夸美纽斯的话："瞧，这些野蛮人，他们比上帝还有创造力。"创造力之外，创作也需要持之以恒的努力，"不是披荆斩棘，就是你得往前走，没有路，你就蹚吧"。

## 李白拿杜甫当小老弟，才拿他开涮

**宋宇：**对你来说，唐诗什么时候成为一个问题？

**西川：**时间点说不上来，我早就觉得这里面有问题，对于我是好玩的事。我说李白和王维关系不好，很多人觉得受到伤害，他们热爱王维。李白显然很欣赏孟浩然，"吾爱孟夫子"嘛，而王维和孟浩然又是好朋友，那么李白跟王维有点别扭就有意思了。这涉及很多，比如大家在长安时的关系，也能感受到什么是宫廷趣味，李白和宫廷趣味之间的关系。李白那么"野"的一个诗人，是不可能被装在套子里的。对创造力没有感受的人，我这么说，人家会觉得被冒犯：你居然说王维是一个二流诗人。我其实是说安史之乱来了，他处理不了，像钱锺书就说他是一个“小的大诗人”。我们面对当代社会，实际就不纯粹是欣赏，跟你从谁那儿能够获得更多启发、更多滋养有关系。不写东西的人意识不到，唐诗对他来讲就是一个阅读材料。我说达·芬奇和米开朗琪罗，福克纳跟海明威关系不好，大家就不觉得被激怒。说王维和李白关系不好那不行！因为说他们跟说自己家里人似的。

李白讥笑杜甫也特别好玩。看到“饭颗山头逢杜甫，顶戴笠子日卓午”，一般人就说李白对杜甫没那么尊重。但我的解读是，两人关系“腻”才敢这么胡扯。李白比杜甫大 11 岁，怎么就不能涮一下。但两个人的关系肯定很好，杜甫为李白写了这么多诗，挂念李白。他们的关系让我很感动。李白尽管没说什么——也可能丢了，至少从杜甫的态度看，没有任何迹象表明李白对杜甫有什么不好。李白肯定拿杜甫当个小老弟。所以我一直特别强调“认出”。“认出”就是马尔克斯讲的，一个作家一下认出另一个被写作训练出来的头脑，只有真正的同行之间才会形成这样一种关系。杜甫对李白绝对是“认出”。

**宋宇：**你考察唐诗发展的具体环境，是不是可以形容为祛魅，把高尚性还原到一个更真切的语境里？

**西川：**用这个词当然可以。但一般来讲人们不给诗歌祛魅，好像诗歌应该保持它的“魅”，才永远有效。只不过，如果我们从当下写作现实出发就会感到，唐诗写作表面光彩，背后的那些东西如果不能揭示出来，实际上我们无法靠近唐诗。我们不一定非以唐人的方式作为榜样，而是应该靠近那样的创造力，那样的高度。我讨论的虽是唐朝，里面却包含了很多当代问题。我在书里并没有展开讨论李白，只是提到李白诗歌里有一种无意义言说，都是幻象构成。“幻象”我就没有展开说，这个词是我们从国外批评里面引进的，它给了我们一个角度来看唐诗，看李白的诗歌，过去的批评里没有这种角度。一个人看古代文化有多远，和你看今天的生活有多远密切相关。

考古学是不允许打扮的。一旦洛阳考古挖出来履道坊的白居易故居（历史记载占地面积17亩），你就知道白居易在洛阳是多大的地主。这时候你说白居易跟老百姓有多么密切的关系，就没戏了。没见过唐朝的锦，你就很难想象唐朝达官贵人的生活场景。也不一定都是考古资料……比如我们都知道高力士给李白脱靴的故事，特别逗，不可能存在。在陕西的泰陵，唯一一个陪葬陵就是他的墓。他墓碑上写的官职是：开府仪同三司兼内侍监上柱国齐国公赠扬州大都督。阿倍仲麻吕是赠璐州大都督；被李林甫扳倒的张九龄赠的是荆州大都督，而他是丞相。

在这些实物面前，唐朝就能不完全任由我们打扮。唐朝的等级、社会秩序、社会结构，都展现在你面前了，唐诗就是以这些为背景的。每一个活着的诗人和现实之间的关系，唐朝诗人和他们社会生活之间的关系，两者结构是一样的。从中我们能看出一些门道。

**宋宇：**就书中所写，唐代诗人中，你最认可或赞赏的应该是杜甫了。

**西川：**我对杜甫有太多感触了。他真是个大好人，见谁都夸，你也可以说他识人不敏。他急了才说点狠话，什么“尔曹身与名俱灭”。他在一般情况下特别宽仁。有时他对别人的好，显得自己特别蠢，比如疏救房琯。唐军在陈陶和青坂打了败仗，都是宰相房琯弄坏的，杜甫跟房琯是老关系，他这么小一个官，还疏救房琯。肃宗皇帝震怒，就要审讯他。审讯他的是三个人，其中有一个是颜真卿！诗人圈子特小，互相之间都有一些关系，颜真卿居然审讯过杜甫！太逗了！后来皇帝让他回家省亲，别在这儿待着。从此他又上路了。他一辈子颠沛流离，就这么死了。过去的文学史把杜甫搁在安史之乱的背景里面，但没有搁在一个大的所谓“唐宋之变”的背景里。这个背景是研究思想史的人讨论的问题，又涉及日本的内藤湖南这些人。我写这么一个东西，背后的因素不仅仅是文学的，也包括思想史、观念史，包括所有这些器物。

每一个活生生的人都离不开这些东西，我们应该回到唐诗的写作现场。每一首诗刚写出来，不是经典，可能明天就丢了，问题是隔了这么多年，它成经典了。我有很多图，跟唐代有关的器物，比如从敦煌散到英国、法国、俄国，后来公布出来的图像文献，有些在书里有，有些在网上能找到。一看敦煌曲子词的手写稿，你就知道唐朝诗人写诗，纸就是那样，寄给一个人，那人抄一遍，再寄给另外一个人。那时候不发表，又没有杂志，都是手抄本，很有可能就丢了。雕版出书是很贵的事。

## 超现实主义的杜甫和20世纪40年代的杜甫

**宋宇：**书里除了杜甫，写大白话的诗人王梵志也令人印象深刻。也许正因为丢失，或者不适于各朝代的宏大叙事，导致现在大家对他没什么认知。那他的意义何在？

**西川：**他不是一个有诗歌抱负的人，就是写诗上瘾。今天也有这种人。每年春节，多少人发短信祝我新年快乐，很多就发古诗。我不是中文系的，读中国古代文学的背景是世界文学。我在书中虽然没提现代主义、后现代主义，但它们是给我这些眼光的。王梵志写的这样的诗歌太好玩了。《全唐诗》没收王梵志，邪门了。

我用了好多宋朝、明朝或清朝的材料，这涉及接受史。今天我们理解的唐诗是清朝人接受下来的，《唐诗三百首》是乾隆年间成书。我们对唐诗的认识后来又经过一个“五四”，经过周作人这么一折腾。你读“苦雨斋”那些散文，就能感知他的趣味。他欣赏不了韩愈，当然更重要的原因是他们要打倒“孔家店”。我很钦佩鲁迅，鲁迅也不喜欢韩愈。但是韩愈的大才，宋朝人吹捧到什么程度，后来这些人就看不见吗？我们今天所谓的“唐诗”，已经被宋朝人、明朝人、清朝人塑造过，被“五四”这一代人塑造过，和刚发生时的唐诗隔了多长时间。

**宋宇：**有意思的是，你认为帕斯翻译杜甫的《春望》，译出了超现实主义意味。

**西川：**对于写诗，我觉得只有帕斯的这种译文是有效的。他说“三月的绿色的海洋，覆盖了街道和广场”，太好了，仔细一琢磨，是“城春草木深”。我搜集了大量译成外文的中国古典文献，不光诗歌，也包括《论语》《老子》《庄子》《墨子》《韩非子》这些子书，以及《史记》的英文译本。我去石家庄办讲座，想索性讲英文翻译中的唐诗，唐诗怎么在西方呈现，会涉及阿瑟·韦利、庞德、威廉·卡洛斯·威廉斯。他们说这太专业了，又涉及外文，可能普通老百姓没有兴趣，我说那就算了，就换了个题目讲。

**宋宇：**为什么中国学者试图把《春望》译成现代汉语，却译出了20世纪40年代的味道？

**西川：**有人认为“民国范儿”汉语是好的现代汉语，实际上今天的现代汉语比民国时丰富得多。书店里卖多少翻译作品，翻译对现代汉语的塑造特别厉害。一个美国作家朋友曾建议我把庞德翻译的《诗经》再翻译回中文（书名直接翻译回来叫《孔夫子颂歌》）。我试着翻了两段，一开始“关关雎鸠”就太难翻了。而且不知道为什么，庞德在诗前面还加了一句希腊文，我就没招了。后来去希腊，我就问希腊人，希腊人说庞德的希腊文是错的——这怎么翻！文学里有很多东西，能吓你一跳，一旦你了解了真相就觉得逗了。庞德早年从费诺罗萨（注：19世纪美国东亚美术史家）的手稿来介入中国古诗，那时他中文一点都不懂。到晚年，他身边有几个中国人，他学了一点中文。二战美军开到意大利后，他被关在比萨斜塔旁边的铁笼子里面，进去时带了《大学》《中庸》《诗经》和梁实秋编《远东汉英大辞典》，翻译中国古典文献。翻译是各民族之间的你来我往和误解，它构成了我们的现代文明。

**宋宇：**虽然有误读存在，但现在阅读一首杜甫的诗，读者也会有感触，这就是他的诗对当下的有效性吗？

**西川**：任何一种文化，某一部分一定是有效的。但无论杜甫，还是韩愈、李白、王维，有一部分可能就没了。比如王维对于音律非常熟悉，我们觉得王维好，但是在我们不了解唐代音律的情况下，欣赏王维，也不敢说那是一个丰满的唐代的王维。可即使这样，我们依然记住了“渭城朝雨浥轻尘，客舍青青柳色新”。我们接到的信息只能是这样，它是一个当代人跟整个历史的妥协，多大的学者都只好这样。我能唱几首唐代的诗，可是我知道那都是明代的曲子，唐朝诗人怎么展示自己的诗歌我真不知道。我们说普通话，很多人开玩笑说这是契丹话，我们就用所谓契丹话读唐诗，这又是一个妥协。比如读屈原，“香草美人”，一个人一天到晚往身上插花，傻吗？但是你会意识到，也许花花草草有致幻作用吧。除了研究文学史的学者，药剂师、植物学家们都在哪儿呢？社会学、人类学、地理学、思想史，全应该被容括到中国古代文学的研究里面。

## “我不能假装没看过这些东西”

**宋宇**：为什么古诗从唐代开始偏文人化，到明清就愈发衰落了？

**西川**：我只能说，明清之后文人就太有文化了。宋朝开始大批量印刷书籍，每个人都可以变得很博学；唐朝还多是手抄本，雕个版很费劲的。唐朝人没有明清的人那么有文化，这很好。所以唐朝人对世界的感受很敏锐，比如“复恐匆匆说不尽，行人临发又开封”那首诗，这种东西是第一次被表述。这是大能力。明清也有科举，怎么就不行了？太有文化了，所有的表述都是过去别人表述过的。今天我们处在这么复杂的环境，我才说它是“大河拐大弯”。满街霓虹灯，你处理蜡烛，你只觉得烛光有诗意，问题是它已经不是第一次被处理了。

**宋宇：**这种处理究竟是怎样的？是一种触动、凝固，甚至迷茫的感觉吗？

**西川：**发现和命名。这些生材料在你面前出现，你一下能用文字捕捉到；所谓命名不是你管它叫什么，你捕捉到之后，把它固定在你的诗歌里面，这时候它就开始有诗意了。经过你的使用，它成为诗歌材料。把现实安顿到语言当中，甚至摁到语言当中，这是“当代”诗人的工作。发现和命名的能力，对于一个当代诗人非常重要。

**宋宇：**你的生活里面，这种感觉多吗？

**西川：**会有，当然不会随时。有些人写作的时候能够感觉到披荆斩棘，没路就往前趴着走，一定走得慢。有些人走得快，是因为路都铺好了。不论写得多还是少，只要你是一个真正的写作者，都会面对一个问题——厌倦。做了几十年之后烦了。所有不是真正干这行的人，一直都觉得有乐趣，好玩。他不跟自己较劲，也不跟古人较劲，一切都是顺着的。

**宋宇：**在你的经历中，诗歌写作从集体行为变得相对原子化了。

一个诗人如何想象自己在诗歌体系里的位置，现今似乎非常困难。

**西川：**是难，但你不考虑那么多，写作本身不可能容纳太多功利性的想法。比如我写这个东西是为了永垂不朽，没用，不可能的。写的过程就是愉快和痛苦，自己跟自己较劲。我这一辈子遇到的事太多了，2011 年我去埃及，一下飞机正赶上了埃及革命！到了开罗解放广场，全是抗议者和警察。后来在卢克索，青年在街上烧轮胎，外国人全躲进了神庙，这全让我赶上了。这些都是我的资源，我不能假装没看过这些东西，我得慢慢地把它转化，就是说这个记忆你必须转化到纸上，这口气才能喘得过来。不然这些事一直压在你这儿，后来我发现卸包袱本身是有意义的，它就转化成处理时代的想法。

**宋宇：**虽然当代诗人已经充分个体化了，但你可能对诗歌共同体仍然很有责任感。因为外界有一种中国当代诗歌日渐萎缩的刻板印象，10 年前你就表达了愤怒。

**西川：**不，我对“共同体”没有太明确的概念。但他们说中国当代诗歌这个问题，那个问题，说的就是我。我在这里面混了这么多年，已经写了这么多年，刚写诗的人不觉得是在说他。原来不说“诗歌共同体”，就是“诗人们”“诗坛”，说的都是当代的情况，你跟你的朋友们。慢慢写的时候你会发现，其实古人全在那儿，这个诗坛跟过去某个时代的诗坛也有关系。我说袁枚的时候有一句感慨：为了说清楚当代的事，往回找，居然找这么远！你会发现，你跟当代的同行是一个共同体或者社区，实际上你开始秘密地发展起另外一个社区，就是你跟唐朝的、六朝的这些大影子们。他们一直都是你的同行，这些“幽灵读者”一直都在。你在今天写东西，人家说不定就在楼顶上瞥你一眼。

## 杜甫的现实主义，与他每天见到的死人有关

**宋宇：**你曾提到，在西方历时性的现代主义、后现代主义，到中国变成共时性的，同时展现在中国人面前。这会产生什么影响？

**西川：**那是阅读的事。碰到外国作家，我就会把他们的阅读经验和自己的比较。你得充分意识到，用汉代汉语写东西，已经不像使用孤零零的古汉语，边上只有小语言，现在法语、英语、日语、西班牙语都满满地在你边上。当代的好诗人、好作家，好多我打过交道，有些人就是我介绍到中国来的。我会比较人家对文学的接受是什么情况，这时候才发现我的特殊：浪漫主义、现代主义、后现代主义混在一起了。但人家很清楚，知道自己处在哪个阶段，要干什么。西方文学像一个又一个波浪，下面一个波浪来就要盖掉前面的。中国不是，这些东西都是我们从外面引进，翻译进来的，它们混在一起。

你如果是一个当代的写作者，你会问自己的发明性在哪儿。写作需要发明。杜甫面对安史之乱，其书写非常有创意。而一般读者和作者不考虑这个“创造性”，只有面对世界文学的作者才会考虑和面对这个问题。面对世界文学，只知道欣赏一点《唐诗三百首》不够。

我回到现场，方法是研究说话者的说话对象。有一次我跟几个朋

友在印度——因为我多次去印度，对印度挺熟悉——就跟那几个人说：在中国你理解的佛教，里面全是大真理，到印度你才知道佛教说话的对象是婆罗门教。由于不了解婆罗门教，我们以为佛说的全是大真理，实际上它在印度是有说话对象的。得研究唐人说话的对象，你才能真正读懂唐诗。

说到杜甫也是，所有人都说杜甫是现实主义者，表达了安史之乱，这都是废话。安史之乱死了那么多人，你要说杜甫平均每天见多少死人，才知道杜甫的现实主义不是你脑子里面从苏联、高尔基那里来的现实主义。杜甫为什么这么写，他身旁天天多少人在路边就死了，这是他说话的对象。你说杜甫挨饿，他饿到什么程度，尤其是家人怎么挨饿？杜甫写首诗，让朋友快给他送酒肉来，要饿死了。我说的“现场”就是诗人的说话对象。诗歌是表达，是有一个对象的。好多人谈《唐诗的读法》，不论批评我还是称赞我，都没太提最后那部分我对李商隐的解读。我说李商隐说话没有对象，才有了他的那种敏感。

**宋宇：如果说处理中国当下现实，让工人写诗，直接从流水线、螺丝钉里寻找诗歌，是一种好的办法吗？**

**西川：**我觉得打工诗歌里面最有才华的是郑小琼，她就是个诗人，只不过碰巧是打工妹，写自己打工的经历。许立志、郭金牛都是打工诗人，写得也挺好。所谓“处理现实”就是处理生材料，但除了触及生活表面的粗糙感，诗人还应该触及它的历史逻辑，这可能需要这个人的思想能力。时代生活已经给我们提供了这么复杂的局面，我们得面对这个时代，但我们的思想能力、智力水平可能还不够。我认识一些东欧作家，包括刚翻译成中文的《撒旦探戈》的作者，匈牙利大作家克拉斯诺霍尔卡伊·拉斯洛，你知道人家是怎么看世界的，当然就知道中国作家、中国当代写作的不足。你在唐朝的现场、当代中国的现场，也得在当代世界的现场。

**宋宇**：那么，当代的写作者和读者该做些什么？

**西川**：我也不知道，只是意识到这个问题。对我来讲就是阅读，而且中国很多问题我都是在国外想透的。我第一次去印度是1997年，住的那块儿有一个图书馆，在地下室，经常一天到晚就我一个人在那儿瞎翻。我发现了林语堂编的一本关于东方智慧的英文书，由两部分构成：一部分是印度古代和现代的典籍，包括了印度现代三个大圣人，甘地、泰戈尔、室利·阿罗频多——我对泰戈尔在中国被接受成这个样子感到无奈！第二部分是中国古代文献，最后结束在鲁迅。在印度读英文的鲁迅，我觉得鲁迅说的就是印度，他讨论的那些社会问题、历史问题很多在印度看到了。从这样一个角度看中国，第一步只能是提升我们的智力生活了。你是不是一个真正的诗人，在你触及了生活之后，文学可能性在哪儿？这是一个特别尖锐的问题。这就涉及我们智力生活的水平了。你去满大街找，哪个诗人有历史观？他就是写了点中国历史，没有历史观。

**附**

## 读书问答

**问：最近有什么书让您觉得耳目一新，甚至惊艳，为什么？**

**答：** 最近有一本书，是李锐的《人物、文本、年代：出土文献与先秦古书年代学探索》，讨论中国古代典籍的成书，通过考古来重新定义古代典籍年代。我以前就意识到这个问题，他说得更清楚。他说中国古代既没有发表观念，又没有出版观念，所以任何一本书都是在漫长的历史过程中形成的。说这本书是战国的，有些人立刻就来论证说不是战国的，汉代才有，或者到六朝才有。李锐这本书说，任何中国典籍的形成都是漫长的历史。我们熟悉，汉代说战国诸子“九流十家”。李锐认为这只是一个目录学意义的说法，实际上战国还是百家，一人是一家。这对我的启发特别大，比如我们相信过去“九流十家”的说法，相信过去司马迁他父亲谈的道家、法家什么的。他说除了道家，战国并没有“家”这个词，是后来到汉代才有的，通过大量出土文献、出土文物得出了结论。这就是为什么我一直重视考古学，喜欢读跟考古有关的书，它能够修正我们很多对于历史的判断。我对战国诸子有长期兴趣，所以会读这些书。

**问：有什么书让您觉得失望或者糟糕，为什么？**

**答：**有，另外一本写战国诸子的书。我看到关于战国诸子的书基本都买，这是一个大名鼎鼎的人，曾经在电视上一天到晚……是很有名的一个所谓的“学者”。我一看，这本书基本上把战国诸子说得像说书，这跟我理解的战国诸子差得太远了。我为什么要买这本书呢？

**问：**您现在手头在读什么书，为什么要读它？

**答：**我最近都在读论文，出门书包里面都装着学生的论文，要开始答辩了。因为都在读论文，我反倒把唐诗拿出来随便翻一翻。我最近也在看一部英文书，没看完，是一个美国人写的，这个人叫孟席斯（Gavin Menzies），书叫作《1434》。美国的学术界一直不承认它是一本严肃的书，就觉得是一本畅销书。它提出的一些问题特别逗，说原来在大航海的时代，麦哲伦、哥伦布的环球航海号称是第一次，为什么手里会拿着世界地图。他认为都是中国人传过去的，有一些文献表明是中国人传过去的，郑和的手下到过威尼斯，中国人把自己的地图作为礼物送给威尼斯的什么人，于是在欧洲能够画这种地图。不是后来经纬度的地图，是中国式的画法，也是世界地图。这涉及一个我关心的话题——中国古代文化对文艺复兴的影响，我以前就提过。我无限热爱达·芬奇，书里有一个观点特别逗，说达·芬奇画的那些机械手稿，对比中国的《天工开物》，你会发现达·芬奇那些图全是从《天工开物》里来的。当然《天工开物》最终成书比达·芬奇稍晚一些，但中国的文化，在它成书之前一定已经有这些东西了。这时候他说了一句话特别逗，对我也“毁三观”，他说达·芬奇是一个“秘书”，只不过把别人的图抄下来、画下来。我觉得太好玩了，这都是 Gavin

Menzies 问出来的问题。但是很多西方学者不承认他，就觉得这个人胡扯。

**问：**未来一段时间您会读什么书？为什么会读这些书？

**答：**我现在读书都跟我下一步的工作有关系，报纸到年底的时候经常会问我：今年都读了哪些书，你推荐几本书。我说你问我的方式就不对，你应该问我今年关心哪些问题。我如果关心一个问题，读的是围绕这个问题的一堆书。所以我后面要读的东西肯定跟要写的东西有关系。我会偶然读一下，读个小说，读个诗。后面我有很多旅行，说不上会坐下来写什么诗，诗这种东西很多时候是有偶然性的。我头两天刚写了一首诗，写童年的东西。我很少写童年，但是我现在已经55岁了，我觉得已经有点资格反过头来看我的童年。看我的童年不仅仅是怀旧，我写那个时代，不一定写我自己。我一直在写，已经写到第八首了，叫作《第八次写到童年》。除了写诗以外，翻译我暂时不会做，我也做文学文化批评。我估计后面还会写，有可能写宋画，但是我没有想好究竟开始写宋画，还是写另外的东西。

# 把唐诗窄化成《唐诗三百首》，还有比这更大的灾难吗？①

## ——答张进问

西川是当代“在场感”最强的诗人之一。无论写诗、译诗、做文学艺术批评、参与文化事件，西川和诗，乃至当代文化紧密相连。他对艺术的热爱是全方位的。他说自己是个艺术家诗人，“诗歌是我使用的一个媒介”。在中央美院和北师大教书、看展览、收集古物、做学问，活得像个艺术家，对西川来说，这一切就这样自然而然发生了，并一直继续着。

“在场感”强，争议就多。关于西川的写作，自有一批喜爱者，但也不乏批评者，包括他对文化的一些讨论，甚至性格，都能引起争论。当被问及有人说其自大的问题时，西川回应道：“别人骂我我不接招，就不会有人说我自大。别人叫我一起吹喇叭我不拒绝，就不会有人说

---

① 本访谈发表于2018年4月25日《新京报·书评周刊》。导语为张进所写。

我自大。李白说‘余风激兮万世’，我没说过这样的话怎么就自大了？”自20世纪80年代开始创作以来，西川说自己从未停止阅读和写作探索，至今已30多年，渐渐体会到什么叫“斯文一系”。他说，当你面对李白、杜甫这样的大诗人时，你又哪敢自大？

近期，西川出了本小书《唐诗的读法》，回到唐代诗人写作的现场，讨论了李白、杜甫等如何写诗，写诗的大背景是什么，唐诗的评判标准等问题。在书中，西川认为唐诗是“类型写作”，把王维视为二流诗人，唐代没有思想家，这些观点又让他置身于争论之中。关于这些争论，在本次采访中他一一给出了答复。

在诗词热的当下，出版《唐诗的读法》也有意无意地回应了当下的文化热点。西川写作本书的原因，是有些人质疑现代诗人写不出像唐诗那样的经典诗歌，站在古诗的角度批评新诗。因此，西川从一个写作者的角度给出了“如何读唐诗”的看法。现今的读者接触的唐诗，大部分来自课本，有些读者读过《唐诗三百首》，而了解《全唐诗》的人少之又少。其次，一般读者评鉴唐诗时思维僵化，如李白是浪漫主义、杜甫是现实主义，而更深的缘由并不知悉，对这些诗人的日常也缺乏了解。西川试图向读者展示，在“以诗赋取士”的唐代，诗是如何写出来的，唐人又是如何写出一首首杰作的；而且唐诗也不全好，唐人写诗时竟是有“小抄”的，如《古今诗人秀句》《泉山秀句集》等，这些在唐代被叫作“随身卷子”，诗人随身携带，以便不时查阅。

不过，西川并非想把唐朝大诗人们拉下神坛。他认为，尽管是“类型写作”，唐朝诗人中却也不乏天才。“这些天才一定对这些（类型）通则没兴趣。他们要打破这些东西，李白可能就不信这个。”西川说。他之所以回到唐代的当下写作现场，是为了和那些大诗人进行对话，挖掘唐诗的秘密，而且是通过不断提升自己的方式，以“努力够得上他们”。他说：“你不能通过削弱古人来把他们拉下神坛，只能把自己修炼到可以理解他们。”

**张进：**写这本书的起因，是有些人对新诗作者提出质疑，认为你们不能写出像古诗那样琅琅上口的经典诗作。接收到这种批评的诗人应该不少。

**西川：**不光是我们这一代人，我们前头的人，比如艾青那一代，郭沫若、闻一多那一代，一定都受到过这种质疑。

**张进：**但用写书方式给出回应的好像是只有你一个。

**西川：**闻一多写过《唐诗杂论》，冯至写过《杜甫传》，郭沫若写过《李白与杜甫》。在我这一代诗人中我勉强具有这个能力。

**张进：**是不是因为你觉得有这种责任感，需要给出回应？

**西川：**没有那么大的责任感。有几个原因。其中很主要的一个原因是，我曾长期在中央美院教中国古典文学，书中这些材料不是我为了回答这些问题去专门寻找的，它们是现成的。对中国古典文学的阅读是我的日常生活。当然，我也坦率讲，唐诗不是我阅读的主要部分。中国古代的绘画也是我的关注点，战汉诸子我也很关注，我也读古代历史。

**张进**：近些年出现了“诗词热”的现象，您怎么看《中国诗词大会》这类节目？

**西川**：我家里没电视，所以也不看，不知道节目具体什么样，但我在网络上看到过一些报道。我跟背古诗词的人的不同是，我是个写作者。当我面对一首古诗的时候，它对我来说就不仅仅是一个修养的问题，而是一个创造力的问题。所以出发点是完全不一样的。我觉得别人背古诗词挺好，但问题是，那些并不是真正写东西的人——偶尔照葫芦画瓢写点古体诗的不算真正的写作者——由于背了古诗词以后，便制造出一种舆论，开始对写东西的人形成压力。一个社会如果形成了对文学的某种认识，而它又妨碍到这个社会本身的文学创造，这就麻烦了。

**张进**：在《唐诗的读法中》你也提到，很多人背古诗词，是让自己获得文化身份感。为什么现今社会会出现“诗词热”“国学热”这种现象？

**西川**：第一个是中国人的心理结构，就是老往回看。比较一下，二战以后，西方社会要重建，但没有人说咱们就回到 19 世纪末。但中国有一种在历史上长期存在的心理模式，就是往回走、往回看，回到民国，回到《唐诗三百首》。第二，也许是老百姓觉得当代文化资源匮乏或者不足信。

**张进**：即便诗词很热，但普通读者看待唐诗，还是有一些问题，比如以偏概全，比如思维僵化。如果这么认知唐代诗人和唐诗会造成什么样的后果呢？

**西川：**这样一来，诗人就被装在一个套子里了：李白是浪漫主义，杜甫是现实主义。但我们这么认识文学，就把文学搞得太简单了。它造成的后果就是，每个人都自以为了解唐诗，每个人都自以为了解历史，但是他了解的是诗歌最皮毛的那一点。如果他认识到自己了解的是皮毛也行，但问题是，这些认知最后变成了妨碍今天创造的一个武器了，开始对创作指手画脚，这就成问题了。

**张进：**在这本书中，包括在一些采访里，你多次提到个一个词就是“智力阅读”。

**西川：**不光是阅读，因为智力这个东西，在阅读上有，就意味着你在别的方面也有。我觉得当代缺这个。当代中国经济发展这么快，但好多人的智力没跟上。我觉得这是我们太需要提升的一块。在刚写的一首诗里我借忧天的杞人之口说：“与普遍的道德退化相比，我更关心普遍的智力退化。”

**张进：**那如何提高智力呢？

**西川：**就是通过阅读。所谓的“智力生活”就是阅读讨论、思考问题。现在我们真不缺有滋有味的日子，可真正的智力生活水平不高。

**张进**：这本书中有很多插图，比如说唐朝钱币、女鞋、画作等等，翻起来现场感很强。这是你跟出版社要求的吗？

**西川**：有人会有些误会，以为安排插图是为了让书厚些，不是。图片都是我给他们找的。我手里还有更多的图。为什么我对图像感兴趣，就是因为我曾长期在中央美院工作。我们做研究，除了文献资料，图像资料也是很重要的。许多图像资料直接跟考古有关系。我过两天要在石家庄做一个讲座，叫“唐诗写作的视觉现场”，专门展示与唐朝有关的图像。看了那些图你就会发现，实际上我们对唐诗、唐代社会生活的理解可能有偏差。我们对唐代的很多看法，恐怕就只是我们自己的想象。

**张进**：书中说，唐诗写作是“类型写作”，这个观点受到不少质疑，为什么会得出这样的结论？

**西川**：我也看到别人质疑这个观点。是这样：我手里有一部日本模仿中国，在明治十七年（1884 年）始印行的诗歌写作参考书，叫《增补诗学金粉》。如果你手边上有这种书，你就会非常吃惊，直观地了解我说的“类型写作”的意思。所以，别人不同意，说明他没碰过这类东西，也没接触过这个批评概念。其实，中国古代不光诗歌是类型化的，咱们的艺术全是类型化的，比如佛造像、戏曲、山水画、剪纸，甚至青铜器的铸造。你看《芥子园画传》，艺术家徐冰说那就是本绘画词典。所以我这么说中国古代诗歌，好像在贬低它，实际上我说的是中国古代艺术的一个通则。但是，你知道了它的通则以后，就知道为什么中国艺术不同于其他国家的艺术。当然，不能说由于这个门类的艺术是类型化的，就不允许天才存在了，一定是有天才的。这些天才一定对这些通则没兴趣。他们要打破这些东西，李白可能就不信这个。我说的类型化是指基本形态，你当然也可以写得反类型化。

**张进**：谈到韩愈时，书中有一句话是这样的："韩愈以文字处理当下生活的涉险勇气和杂食胃口深刻打击着我们这周作人、林语堂、张中行化了的、晚明小品化了的、徐志摩化了的、以泰戈尔为名义的冰心化了的、张爱玲化了的文学趣味。"你一句话批评了一众作家。

**西川**：我还漏了胡兰成！——这并不是"一众作家"，而是一个系列的作家。我多次去印度，了解一点印度的情况。泰戈尔本来是用孟加拉语写作，自己又把它翻译成英文，所以泰戈尔的英文和孟加拉语的写作又不一样。我听印度的两个作家跟我讲过，一个叫莎米沙·莫汉提，一个叫维瓦克·纳拉亚南，他们说孟加拉语的泰戈尔是比较硬的。但是泰戈尔通过英语进入中国，变成一个娘娘腔的人，被大大地窄化了，就跟我们今天读《唐诗三百首》，把唐诗给窄化了一样。你说还有比这更大的灾难吗？

**张进**：你的意思是，与韩愈处理现实的勇气相对比，他们缺乏这个？

**西川**：处不处理是一方面，另一方面是，想处理当下，也得有这个能力。有些人可能想处理，他处理不了，原因是语言是从别人那里来的，自己对语言没有发明。比如您的语言都是从王维那里来的。有些人认为我说王维是二流诗人就疯了，其实王维也是很了不起的诗人，但是王维把一切都变成风景，用这套优美的处理风景的语言，是处理不了当代生活的。

**张进：** 你觉得一个写作者用文字处理当下生活，是本该承担的责任吗?

**西川：** 所有的好作家都摆脱不了现实生活，现实生活一定会给他们提出一些问题，他们得面对。处理也分好多种：有些人是现实主义的，有些人是象征主义的，有些人是寓言化的。

**张进：** 你认为，包括自己在内的当代写作者，在处理当下现实时，处理得怎么样?

**西川：** 中国当下的生活有不少诗人都处理，比如打工诗人写关于打工的诗等等。别人也问，说这叫不叫处理当代生活？我说当然，这是处理当代生活。但我们回头看中国古人处理他们当代生活的时候，背后背了一个东西，就是“道”，而中国当代的诗人、作家们不背这个东西。为什么我一直强调思想性，思想性会让你在面对一个复杂社会现实的时候，获得纵深感。

苏轼讲唐代“拙于闻道”，我的理解是说唐人对“道”的认识没有更多贡献。与此同时，虽然没有崭新的发现，可是唐代毕竟有进士文化背景，但我们没有这个背景。这就使我们当代的写作，我只能更准确地说是触及了现实生活，但是并没有真正地处理好现实生活，因为没有纵深感。其实我说唐代没有思想家，是建议我们时代的诗歌写作、文学写作增强思想性——可人家就是看不懂！当然，文学与思想的关系很复杂。这需要专门找时间讨论。

**张进：**你觉得为什么当代诗人、作家们没有了自己的“道”？

**西川：**这跟历史变迁有关系，跟近100年来中国的激进革命有关系，跟西学东渐有关系。我是一个当代人，所以也不要求自己和别人变成一个古人，完全秉承过去的那套儒家的东西，我不是这个意思。但是当我们谈论古代文化高度的时候，我们得清楚，那些文化和古人的写作是绑在一起的。我们不能对古文化有误会，你如果误会了古文化，也就误会了自己。

**张进：**唐诗的伟大毋庸置疑，在《唐诗的读法》中你也称赞了很多作家，那当代创作应该以唐诗为坐标吗？

**西川：**我们可以有多重坐标。唐诗是一个坐标，宋词也可以是坐标，六朝的那些作品也可以是坐标，《史记》也可以是坐标，更别说战国时代的作品，都可以成为坐标。而且不光文字可以成为坐标，绘画、雕塑、音乐也可以成为我们的坐标。所以这是很宽阔的。另外，我们也读了那么多外国翻译过来的东西，那些东西也都是坐标。我读中国古代文学的背景是世界文学。

**张进：**我们现在已不使用古汉语，如何以唐诗为坐标？

**西川：**以他们的高度为坐标。不光是古代诗人给出的高度，诸子文章、历史书写给出的高度、中国古人学问的高度，全在那儿。

**张进：**关于诗人排序的问题在书中也有提及。宋朝、明、清和当代，对唐代诗人的排序不是特别一样，但李白、杜甫至少都在列。这说明，尽管时代变迁，人们对诗人和诗歌的欣赏还是有一定的稳定性的。那好诗人的标准是什么样的呢？

**西川：**没有人明确地给出一个标准。这跟一个人的创造力、写作的开合度、语言能力、对文本本身的抱负、具体实践、信仰等等都有关系。我想把这话岔到另一个地方，就是关于谁是最伟大的诗人，在任何一个当代都充满了争议。比如韩愈写“李杜文章在，光焰万丈长。不知群儿愚，那用故谤伤。蚍蜉撼大树，可笑不自量”，一定是当时那帮人在挤对李白、杜甫，否则韩愈不会维护。古人跟今人一样，也是叽叽喳喳，把杜甫都惹急了，所以才撂狠话：“王杨卢骆当时体，轻薄为文哂未休。尔曹身与名俱灭，不废江河万古流。”他接着又说：“不薄今人爱古人，清词丽句必为邻。窃攀屈宋宜方驾，恐与齐梁作后尘。”——杜甫要是活在今天，一定也被认为说大话。

**张进：**具体到杜甫，书中写到他时，说安史之乱推出了中国最伟大的诗人，给出了一个极高的评价。

**西川：**我对杜甫的伟大认可，对李白也认可。《唐诗的读法》是一本讨论问题的书，并不是要给文学立标准。为什么讨论杜甫？我实际上讨论的是杜甫之所以成为杜甫，他和他的历史逻辑之间是什么关系。我们都说谋事在人，成事在天，他有“在天”的那一部分。安史之乱以后，历史就把杜甫送到这个位置上了。当然他也“谋事在人”，一直在写。

**张进：**你认为杜甫的伟大之处在哪里？

**西川：**让我一句话说他为什么伟大，我说不上来。稍微具体一点讲。杜甫的写作越来越自如，同时“晚节渐于诗律细”。他逮着什么写什么，想怎么写就怎么写，而且怎么写怎么是。那些差一点的诗人，他们就得合辙押韵，讲究章法，才觉得自己是个诗人。黄庭坚写字，说“老夫之书本无法”。一个道理。

在杜甫的诗里，有两首完全是象征的写法。一首叫《佳人》，是写他在山里碰到的一个女人，这女人是被抛弃的；另一首叫《瘦马行》。试着来比较一下，杜甫的《瘦马行》和俄国布罗茨基的《黑马》，都是象征写法，而杜甫的身世感特强，布罗茨基的哲学意味更浓，都很好。所以，你读杜甫的时候从来不觉得过时，你会觉得，他怎么在那个时代就抓住这种写法了？安史之乱之后，他有一行诗把我彻底惊着了，这行诗说他的女儿饿得不行，叫“痴女饥咬我”，饿得她都咬我！我们大多数人记住的是“香雾云鬟湿，清辉玉臂寒”。“咬我”这种诗句让我震撼，别的人哪达到过这种力度！这行诗，你今天读今天震撼，下个月读你还震撼，他的诗句永远有效。这些在《唐诗的读法》里都没写到，因为《唐诗的读法》只是给出一个批评的框架。

**张进**：你个人从唐诗中获益最大的是什么？

**西川**：他们的语言能够带动我。2007年我在纽约大学教书，从我住的地方到办公室要穿过一些街巷。我一开始觉得新鲜，到处乱看，后来不新鲜了，我干吗呢？每次走在路上就背古诗。1996年我在加拿大，边上没有中国人，每天全是说英文，说得嘴都麻了，为了从英语的感觉中恢复中文的感觉，我就是背古诗。

2018年4月18日

# 了解古代是为了充分做一个当代人[1]

各位朋友下午好。很高兴在这儿跟大家交流关于诗歌的一些想法。首先非常感谢欧阳江河老师的介绍，我觉得他说得很好，他说天上的云是前现代的，但是水泥地是现代的，然后我就看到树木是前现代的，但是这过去的厂房，都是现代的东西。实际上我们每个人都会不断地发现，在当下中国，生活当中的各个时代的因素全部都是混在一起的，我们对于各个时代艺术的感受全部都是混在一起的，对于各个时代诗歌的感受也全部都是混在一起的。那么它们混在一起，对我们究竟意味着什么？我觉得这不光是一个文学话题，实际上它是一个更大的文化话题。你要往深了走，它也可以是一个思想的话题。经常发生在我们自己身边的事情，我们就会把它放过去了。没有进行足够

---

① 由贾樟柯艺术中心发起创办的吕梁文学季，2019 年 5 月 9 日至 16 日在山西汾阳贾家庄举行。8 天时间内，文学季围绕主题“从乡村出发的写作”，举办了多场活动。5 月 11 日，西川在贾家庄做了题为《前现代诗歌写作与现代诗歌写作》的演讲。5 月 16 日凤凰网将演讲内容整理成文字，以《西川：我们要了解古代，也要充分地做一个当代人》为题目予以发表。本文在此基础上略有润色。

的关注，就把它放过去了。这个时候我就觉得有一点点可惜。

我觉得咱们这个场地就很有意思，这边是贾樟柯的种子影院，但是那边竖着的“中国航天”（火箭模型）是怎么回事？我不明白。咱们这一块跟航天有点关系吗？后面的标语：“清洁”“生产”“节能”——还有“减”什么？被树给遮住了——可能是“减排”。就这个场地好像就需要来一个讨论，关于现代和前现代的这么一个讨论。

来到贾家村的时候，我住的地方桌上放了些出版物：一些介绍咱们这个地方的出版物和本地的杂志。我就在那个杂志里翻，看看本地的作者写的诗歌。诗歌里有些是古体，但我很难说他们是古代诗歌。他们是当代人写的古体诗，一眼就能够看得出来。当代人写的古体诗和古人写的古体诗有很大的不同。所以我看这些诗，觉得挺有意思。

对于一个写新诗的人来讲，你不得不面对一个问题，就是你的文学资源里面，有很大一部分是中国古典文学，与此同时也有外国文学。中国古典文学里我们读很多的古诗。我也碰到这样的朋友，他们写新诗但是读的很多东西是古诗。我不知道写诗的朋友们有没有发现这样一个现象：古诗写得好的朋友，新诗都写不好；新诗写得好的朋友写不好古诗。这个是我意识到的一个问题，当然这是就一般情况而言，可能有例外。这究竟意味着什么？我觉得值得讨论。我知道今天要跟大家谈前现代和现代的问题，所以带来了一本书，好多年前出的，这本书叫作《唐诗新译》。

我从书中随便找出一首古诗今译，读给大家听听。这是一个叫徐放的老先生翻译的。他在“文革”中被关了牛棚，没事儿干，就用现代汉语翻译中国古典诗歌。……这有一首李白的诗：“你要走了 / 朋友 / 我给你送行 /——在这高入云霄的黄鹤楼头，/ 是烟花三月天哪 / 你就

要顺流东下 / 去到那淮左名都——扬州。/ 呵 / 望着你坐的那只小船的帆影 / 一点一点地远了 / 直到碧空的尽处，/ 而我仍没有离去呢 / 可是这时候 / 能看到的 / 却只有那浩荡的长江 /——还在天边上奔流！”你们一听就知道这是哪一首诗：“故人西辞黄鹤楼，烟花三月下扬州。孤帆远影碧空尽，唯见长江天际流。”当你背“故人西辞黄鹤楼”的时候，你会感觉非常熟悉。当我们读到“你要走了 / 朋友 / 我给你送行”，你会觉得这是什么东西！——我们这里没有对老先生不尊重，人家就翻成这个样子。

这两首诗，一首是原文，一首是新诗译文，意思差不多。可是我们就觉得古诗是成立的，而新诗好像不成立。如果我们摆脱了原诗，只留下新诗翻译，它会是一个什么样的局面呢？可以肯定这首译文诗很快会被忘掉：“你要走了 / 朋友 / 我给你送行 /—在这高入云霄的黄鹤楼头，”——这个是没人能记住的。但是“故人西辞黄鹤楼”，人们一下子就记住了。可能有些朋友就会从这儿出发，对新诗提出批评了，就是古诗它可以成为这样的经典，而新诗成不了这样的经典。我个人觉得这个译文不好——还不是人们常说的精练不精练的问题——可是与此同时，我又不同意这样的批评。那么我就得把我不同意的原因讲出来。

新诗和古诗的问题不仅仅是诗歌问题。在当下，每个人的生活状况甚至已经跟 30 年前都很不一样了。在这样一个时代，一个互联网的时代，你是不是还能够像古人那样写诗，这得打一个问号了。我昨天在中学里谈唐诗的时候，实际上已经提到这个话题了：很多当代人读古诗，但是读古诗的当代人里想要成为诗人的人，也许没那么多。其中有些人会成为诗人，但大多数人读古诗，是为了他自己的生活方式、自己的修养，为了让他自己的生活方式显得比较高雅。但如果问他，你通过读古诗、背古诗，能不能感受到古人的创造力？我估计很多人感受不到。所以这里边有一个区别，就是很多人读古典文学，实际上并非真要成为一个高级写手。而古代人，可以靠写诗来闯天下，靠写诗来接近甚至成为达官贵人，靠近权力中心。不少写诗的古人最终通过科举考试成了权力集团的一分子。当代人在写古体诗的时候，肯定没有那么多这种想法。写点古体诗可能会有几个朋友互相看一下，互相高兴一下。这是生活方式。

所以从今天的角度来讲，为了某一种教育、某一种审美、某一种修养来读古诗，和真正的要进到一个创作行列，通过写诗向上爬，这两种状态是完全不一样的。也就是说诗歌——我说的是古体诗——它在古时候的功能和在今天的功能，是不一样的。且不说其他的不同——有很多的不同，一会儿我会稍微进入这个话题——我现在只是给大家做这么一个开场。诗歌写作涉及“创造”这个词：古人也创造，今人也创造，但是今人写古体诗，是不是可以划入古人那样的创造范畴，这个我自己是有疑问的。

我们中国人在讨论问题的时候，所使用的概念经常是极其模糊的。既然我要谈“前现代”“现代”，那么就会有人问：究竟什么是“现代”？“现代”从什么时候开始有的？现在我给大家稍微交代一下：我们经常会用到“现代”这个词，说你这个人很现代，或者说他这个人不现代，他这个人是一个老派的人。“现代”不是新词，它是个外来词，它是从西方传进来的。“现代”这个词是什么时候出现的呢？是在欧洲的文艺复兴时期。文艺复兴时期相当于差不多明代那个时候。那时欧洲已经有了“现代”这个词了，它是顶着中世纪来的。

谈中国传统，谈中国历史，有历史学家认为我们现在遇到的很多问题，其实宋代人就已经遇到了。甚至有历史学家认为中国的现代——如果要是说现代的苗头——甚至可以追溯到宋代。比如说滥砍滥伐从宋代就开始了。我看到过一个观点，说中国社会一直需要一个前进的动力——不一定是中国社会，任何一个社会都需要前进的动力——是什么东西推着你往前走？比如说大家没有饭吃的时候，饥饿就成为推动人前进的动力。比如说国家处于分裂状态的时候，大家重新团结在一起的愿望就是推动社会前进的动力。中国大概到宋代的时候——这是历史学家说的——我们前进的动力，一个农业社会前进的动力，基本上已经耗完了。那么还剩下什么动力呢？当大家有饭吃了以后大家就要娱乐了，所以我们中国很多后来的娱乐都是从宋代开始的。瓦肆勾栏这些东西，都是从宋代开始的。说评书之类的活动，都是从宋代开始的。所以有些人认为，中国最早的“现代”可以追溯到宋代。当然也有人说中国的资本主义萌芽是到明朝后期才产生的。有各种不同的说法。但是不管你怎么追溯，“现代”这个词来自欧洲的文艺复兴。

现在讨论文学的时候我们会遇到一个词叫作“现代主义”，这个“现代主义”和“现代”不是同一个概念。现代主义文学大概产生在19世纪后半期，然后到20世纪初，有了一场大规模的文学运动，就是现代主义文学运动。这个运动发生在西方，跟当时的中国没有什么太大的关系。现代主义文学运动后来影响到很多地方，中国的当代诗歌写作也受到现代主义的影响。现代主义它要战胜的东西是什么呢？它要推翻、干掉的东西是什么呢？是浪漫主义，是19世纪欧洲的浪漫主义文学和艺术。到今天，我们的文学艺术意识中经常还会出现“你这个东西写得很浪漫”“这个电影拍得很浪漫”“这出戏很浪漫”“这首诗写得很浪漫”之类的看法，但是大家实际上又不太清楚“浪漫主义”指的是什么，大家只是觉得一些东西很有情调，表达了情感，这种东西就是浪漫的。

但是浪漫主义作为一个文学概念是有定义的。按照19世纪英国诗人华兹华斯和柯勒律治的解释，诗歌是情感的自然流露，这是第一点。浪漫主义文学所面对的是古典主义。古典主义后面是浪漫主义，再后面是现代主义。浪漫主义诗歌的第二个信条是，用简单的口语来替代古典诗歌语言。第三点，能够在平凡之处见出不平凡。第四点，面对工业社会的时候，诗人们要回到宗法制的时代，展开书写，展开想象。因此浪漫主义诗歌里面包含的想象都是哥特式想象、中世纪的想象，它实际上是一种倒退。浪漫主义实际上是要回到过去，它要面对的，它要避开的，它不喜欢的就是工业化这个过程，所以才有了浪漫主义文学和艺术。

当你说不清这个概念的时候，你就会陷入一个泥潭，你就不知道你究竟在说什么。我们中国人所理解的浪漫主义不是直接从西方来的，它是从苏联转手过来的。现在上了点岁数的人，头发还都有点白的人，还都记得苏联文学对中国文学的影响。苏联文学中一个很重要的人物是高尔基——到现在写东西的人已经很少再提到高尔基了——但是不写东西的，而且是上了岁数的人，反倒都还记得高尔基，而且都学过高尔基一篇散文诗叫作《海燕》。这种文学作品对中国文学的影响非常大。高尔基曾经把西方的浪漫主义区分为两种：“积极浪漫主义”和“消极浪漫主义”。他管欧洲19世纪倾向于革命的、进步的浪漫主义叫作“积极浪漫主义”，而对于要回到宗法制时代的、回到旧时代的正宗浪漫主义叫作“消极浪漫主义”。经过高尔基和苏联文学意识形态的过滤，中国人接受的浪漫主义，基本上是积极浪漫主义。所以在中国鼎鼎大名的诗人，如雪莱、拜伦、普希金这些人，在高尔基看来全是积极浪漫主义者。但这些积极浪漫主义者其实不是欧洲正宗的浪漫主义者，他们是浪漫主义者里边反叛出来的人。这个就是文化传播当中的误读，我给大家稍微理一下。

到19世纪后期，法国有了文学新人如波德莱尔；到了20世纪就有了现代主义文学的爆发。现代主义文学在中国，咱们的读者零零星星地读过一些，但大家对它没有普遍性的知识，个别人可能知道。如果说到"现代""现代主义"，那么还有一个词，大家关心文学文化的时候就会遇到，这个词就叫作"现代性"。现代性是个什么东西呢？现代性又是一个说不清楚的东西。在工业领域，大机器生产是现代性的一部分；大机器生产需要工人，工人从乡村聚集到城市，然后进入工厂，站在机器边开始生产，这种生活方式就是现代性的生活方式。一直到后来的流水线作业，这个都是现代性的一部分。人们原来在乡村里生活，后来到城市里生活，乡村组织结构是家族式的，大家到城市里来，这社会组织结构就变了。人们从不同的地方来到城市，都进入工厂、公司，这就等于改变了生活方式，成为一种现代性的生活方式。由于你脱离了过去的家族、过去的农村、过去的宗法这些东西，你在城市里混，你的道德观念和你在乡村时的道德观念也不一样了，所以从道德这个角度来讲人们也进入到现代性。从政治角度讲，你也有现代性：在过去你有皇帝、国王——我指的是在西方——但是后来多数国家都变成了选举，进到这样的一个国家体制，这是政治生活的现代性。现代性在不同的领域有不同的表现，但它们有一个共同的特征，就是与过去的切割。"切割"是一个重要的词，就是跟过去不一样。那么我跟传统切割，所以我写新的东西，我跟传统切割，所以我的文艺进入一个新的状态，这个东西是现代性。

把这些概念跟大家交代清楚之后，我们就可以考虑中国古代的写作问题了，我们就可以比较出中国古代的诗歌写作和中国现代的诗歌写作之间的一些关联和差别了。这里边有一些相同的东西，也有一些不同的东西；有继承性的东西，也有文学、文化的切割。我们就能够稍微清楚地看一看。

在做这些比较之前，我觉得也可以稍微看一看当代的中国关心文学的人，他们的知识结构大概是什么样的？我在网上浏览时发现，中国当代读者们的知识结构大概是这样一个情况：我们对于文学的理解，很多是建立在对于唐诗宋词的理解上的，这一点很重要。这是大家文学知识里的第一块。第二块就是我刚才所说的积极浪漫主义，大家知道雪莱、拜伦，知道普希金，知道“冬天来了，春天还会远吗？”或者“假如生活欺骗了你，不要难过，不要悲伤”这样的诗句。这是大众读者的文学常识。高尔基的积极浪漫主义。第三块应该是五四新文学，过去大家读的主要是左派新文学，现在年轻人会读些右派新文学，比如张爱玲什么的。

在我接触到的年轻人里，也有一些特殊的孩子。他们挺反叛，听摇滚，去各种实验艺术的展览场所，看外国电影。这些孩子的阅读就比较新了，但是这些孩子的特点是，读的全都是外国作品，外国文学对他们来讲，就是他们生活的一部分、生命的一部分。你跟他聊中国文学、中国古代文学，基本上他们没兴趣。但是你如果聊一个西方近些年出来的，比如某一本小说，或者日本的某一本小说，他们都非常熟悉。这又是当下年轻人里面的一个新奇的现象。我们到书店里边看一看，中国翻译了多少外国现代主义以来，包括后现代的这些东西呀！翻了很多。我刚才说到“后现代”，“后现代”不是我今天要谈的内容，但是今天已经把话说到这儿了，我还是稍微交代一两句。后现代也是从西方传来的一种文学、艺术、文化意识。但是后现代也很复杂，这里边有精英的后现代、大众文化的后现代，这又有一些区分。后现代是从现代主义这一块来的，有些东西跟现代主义很有关系：大家依然做先锋，依然做前卫，依然做各种实验的艺术，但是后现代跟现代主义至少在看待古典文学上，态度有一点不同，那就是，我刚才说到的现代性的一个特征，就是切割，但是到了后现代之后，大家已经没有那么明确的要切割的意识了，而是要使用，就是古代的东西拿到今天照样可以使用，这个是后现代文化理论中的很小的一部分内容，我顺便跟大家谈一谈。

刚才说到了“现代”“现代性”“现代主义”这几个概念。然后我又说到了中国当下普通人的文学知识构成，大概就是这样一个情况。在中国当代文学读者的知识构成里面很重要的一块就是唐诗宋词——你说在这些人中有多少人很了解楚辞？我觉得也没有那么多人。很少会有几个人聚在一起专门聊汉代诗歌的情况，大家聊的主要就是唐诗、宋词。传统小说读者的最高文学标准——写小说的人也包括在里边——其最高文学梦想——如果不读外国文学的话——就是《红楼梦》。所以概括来说，人们在古典文学方面的趣味基本上就是被唐诗、宋词、《红楼梦》塑造的。当然也有人读点孔孟，以及中国古代的其他文学、历史、思想作品。当然我也充分知道，在咱们老百姓当中，有一些人是很厉害的，读古书读得很多，在某一个领域甚至能读得很深，我也碰到过这样的人。我对贾家庄这一带还不太熟悉，但我在别的地方，比如说在甘肃，在浙江，在别的省里，碰到过当地的秀才，他们对于当地的历史、人文都清楚得很。遇到这样的人我就问，为什么不写一本书？人家说：不写，但本地的历史掌故全知道。然后人家带着你去这儿去那儿。这些人对于自己的家乡非常了解，我知道这些乡村秀才是非常厉害的人。我遇到过这样的乡村秀才。我只是就一般情况来说大家热爱的就是唐诗、宋词。

唐诗、宋词，当然是前现代的东西。它跟我们今天创造的东西，虽然都是文学，但其实有较大不同。我无限热爱中国古代文化、中国古代文学，但是我也充分理解这种不同。谈论古代文学所涉及的最基本的东西，就是语言：古人用的是古汉语（又分书面语和口语），现在人用的是现代汉语。我出门经常听到有人批评新诗写作，这个问题、那个问题，我不愿意跟他们争论，他们说的有些东西是对的，但是有些东西肯定不对。但我不愿意争论。如果把我惹得不耐烦，我就用一个方式来回复：你批评新诗的这些说法我全都同意，但请你把你的批评意见用古文再说一遍。一般批评者听我这么一说就会愣在那儿。他就会意识到他没法用古文来批评我，批评新诗。于是一个问题马上凸显出来：你站在古代文学的角度来批评我，但你的思维方式其实是现代汉语的，不是古代汉语的。这一点有些人不愿意承认，但是我们不得不面对。现代汉语跟古汉语一个很大的不同在于，古汉语的基本语义单位是字，而现代汉语的基本语义单位是词。词就意味着两个字以上的节奏。那么用词说话，我们的节奏，就是词的节奏。用字说话——当然古代也有词，但是它的最小语义单位是字——节奏与今天不同，也就是其音乐性与现代汉语不同。所以它构造的思维方式、它自然生成的感受世界的方式、它的节奏感和当下情况不一样。

古汉语，句子模式是短句子，不知道大家有没有意识到这个问题？古人都是短句子，“落霞与孤鹜齐飞，秋水共长天一色。”现代汉语是长句子，当然它跟西方语言比起来，句子长度依然有限，长不到哪儿去，但是和古汉语比起来它已经是长句子了。所以毛主席才这么说：“领导我们事业的核心力量是中国共产党，指导我们思想的理论基础是马克思列宁主义。”这么长的句子，而且是倒装句。那么这种东西是现代汉语。如果你使用长句子，你就必须用逻辑思维，你的思维里就必须包含某一种逻辑性。而短句子的长处是跳跃，所以它可以对仗。我们很多人喜欢对对子，逞能，但你用现代汉语对对子，虽然也能够对上，但对出的东西你总觉得不够帅气。用古汉语对出的对子很帅气，就是那种语言的形式感包含了对对子的可能性，语言本身允许我们进入对对子，对仗的状态，允许我们这么干。而现代汉语呢？对对子你会觉得好像不是那么回事，勉强是可以对的，但你就是觉得哪儿有问题，不过瘾。我这是从语言的节奏感、从句子的长度、从我们的词汇量来看现代汉语和古汉语的不同。

这个是古汉语。很多当代人写古体诗，实际上我刚才说了，写的不是古人的古体诗。古人的古体诗和当代人的古体诗，一眼就能看出来。古人对语言的感觉和今人对语言的感觉，已经很不一样了。那么这只是从语言本身讲，你要是从气质上讲，又很不一样。如果从气质上讲，我就进入第二个问题，实际上是进到一个意识形态的问题。“意识形态”是当下的一个词，一个很大的词。古人的意识形态，儒、释、道，到今天你可能依然知道一些，与此同时，你还有一些共产主义思想、马克思主义思想，还有些别的所谓具有普世性的思想，其实就是西方思想，这些东西你都是混在一起的。我不举诗歌的例子，举个画画的例子吧：大家都看过古代的山水画，现代人也画山水画，但是你老觉得现代人所画的山水画和古人所画的就是不一样，那么不一样在什么地方呢？笔墨没有什么不一样。你跟师傅学，师傅教的你，还是古人那一套，但是怎么一落笔，就画不出古人那个感觉来？所以说这个不是笔墨的问题——你也可以说是笔墨的问题，但是这是一个次要的问题——最重要的问题是你看山水的方式和古人看山水的方式不一样了。你现在看山水，你看到的是“大好河山”，而古代画家，他们和山水之间有一种私人关系。你现在看到的都是旅游景点，你脑子里是大好河山和爱国主义——这个意识形态与古人很不一样。

今天上午一位老师跟我聊起唐朝诗人们怎么吃饭，怎么挣钱，他们有怎样的交游。我就跟他说到杜甫的朋友圈。比如，杜甫跟李贺不是一个时代的人，李贺已经是中唐以后的人了，但是杜甫认识李贺他爸李晋肃。杜甫也不认识韦应物——两个人都经历了安史之乱，但那时杜甫已经是一个中年人了，韦应物还年轻——但杜甫认识韦应物的堂叔（或堂兄），大画家韦偃，画马高手。咱们去成都都会去杜甫草堂看看。我到杜甫草堂一看，这不是杜甫的草堂：首先，根据杜甫的诗，杜甫草堂里面，应该有韦偃的壁画。故宫里藏着一卷北宋画家李公麟临摹的韦偃《牧放图》，这个图我在故宫看过。现在杜甫草堂的墙壁上连个韦偃的影子都没有。而且，草堂本身的盖法也不是唐代的。我见过维修杜甫草堂的老头。据说他是方圆多少里以内唯一一个会修茅草房的人，我还跟他一块儿把杜甫草堂房顶上面的茅草整修了一下，我们当时在拍一个纪录片。但是一起整修下来，我就知道这不是杜甫的茅草屋了。杜甫说“卷我屋上三重茅”——那个茅是一重一重的。然后说“公然抱茅入竹去”——小孩抱着茅草逃跑，那个茅是可以抱着的。但是现在的茅草是铡刀铡过的，一段大概就这么短，是一小段一小段的茅草，小孩没法抱。杜甫诗中小孩抱的那个茅草应该更长一些。所以现在咱们就算去了杜甫草堂又怎样——你觉得杜甫在这儿待过——但那个草堂当然不是杜甫的草堂。我们对中国古代文化的理解，有很多类似的情况：就是我觉得我理解它，我觉得我已经见过真神了，但对不起，这不是真神，真神离咱们还远着呢！

所以我碰到热爱古代文化的朋友——我觉得热爱古代文化很好——但是会发现这种偏差，对古文化理解上的偏差。现在有一种时髦叫作回到民国，讲民国范儿，其实一些人理解的旧中国就是民国。那么你回到清代试试，然后你从清代更往回走，想象一下明代，想象一下宋代，想象一下唐朝，然后再想象一下隋代，不那么容易。朝代表在我们脑子里，但是真正回到某个朝代，回到那时的文化现场，实际上很难。我不得不说，让我们真正想象一下唐代是什么样子，已经是很费劲的事情了。你读过很多唐诗，但你没有见过、没摸过唐代的东西。去年秋天，我在日本奈良正好赶上一个正仓院的展览，我看到几件唐代的东西，感到惊讶。这几件文物，据记载，是杨贵妃、唐玄宗送给日本天皇的。其中有一面大镜子。在我原来从书本上，甚至从博物馆实物上获得的印象中，中国古代的铜镜，一般也就碗口那么大。但是正仓院的那个铜镜，大小像一个洗脸盆！然后我忽然就意识到，我原来对于唐代的想象不对。我本来知道唐朝贵族所使用的铜镜，装饰很奢华，但没见到那实物之前，我不知道它可以奢华到什么程度。当时杜甫再是一个小官，他也曾见过皇帝，他在朝廷里也见过这类东西，宫廷仪仗他也见过。所以这时我有了一个反省：我对于唐诗的理解，不应该仅仅只是对文字的理解，应该融入我对唐代建筑的理解，我对唐代衣物、食物、器物的见识。唐代的织锦我是见过的，太奢华了。所以这些东西都应该连在一起，文化都是连在一起的。你可以说我就喜欢这一行诗。这是一个欣赏者的态度。但是当你想回溯整个唐诗的创造状态时，孤立地看问题就不够了。你不得不放眼整个唐代的文化样貌。我刚才说到古人的意识形态时，就已经触及文化样貌的问题了。从这里，我们可以把话题过渡到整个唐代的国家政治体制、文化体制。

咱们今天讲座的这个现场边上的这些树，看着很养眼。风吹过，树枝摇曳，挺有诗意。但这里还有一个塔——不是过去的佛塔——还有几个当代的圆形建筑——整个这块地方过去是一个工厂，它生产什么我不太清楚。你们觉得这个工业塔、这几个工厂圆形建筑有诗意吗？如果我现在请各位写写这些东西，你们也许会感觉束手无策，完全不知道怎么下笔。为什么呢？因为我们接受的那些有诗意的词汇都来自农业社会。到现代主义的时候，欧洲产生过一个诗歌流派，叫作未来派。未来派要求大家不要再去写博物馆了，你应该写工厂，你应该写战争，你应该写爆炸，你应该写这些东西。未来主义者们，包括苏联的马雅可夫斯基，都希望文学写作能够成为一个当代行为，文学作品应该面向未来，而不是一天到晚依然纠缠于风花雪月。但是到今天我不得不说，我们这个社会当中 97% 的人所理解的诗意，全部都是风花雪月。

这对于写作者来讲就是一个很大的问题了，因为你生活在今天，得让文化往前走，你得推着它往前走。唐朝人就是这么干的，宋朝人就是这么干的。你光说老祖宗厉害，一个前现代的中国很伟大，这怎么行？你遇到什么事情的时候就背一段古诗词，你觉得就能对付过去吗？这对于一个正在进行创作的人来讲是远远不够的，他的智力无法得到满足。但是对古人来讲，这个问题不存在，因为那就是他的生活。为什么古人讲天时、地利、人和？天时——不是只有孟子在说天时——战国诸子中每一个人都在说天时，是因为那时的政治、日常生活直接跟种地、收获有关系，它是农业社会必须依赖的因素。我们很多人读古诗时，看到古代诗人悯农，就觉得他们很伟大，他们热爱老百姓，但这个是作为农业社会的官员们所必需的。当然，你是一个官员，所以你还要写宦海沉浮、写被流放，有的时候会写到国破家亡，有的时候你还得怀古。古人的怀古和今人的怀古又不一样。有时我也看到现代人写的怀古题材的古体诗，基本上就是在旅游景点发点感慨，没有家国之思。你怀古而没有家国之思，这就是旅游诗。

还有一点：古典诗歌的写作背后有一整套东西。他要把诗写下来寄给远方的朋友，而书信又有一套格式、写法。他写出诗来还要唱，所以他跟音乐之间还有这么一层关系。从音乐到唱和，到聚会，到书法，到展示，这是一整套东西。这次吕梁文学季做了一个欧阳江河的书法展。书法这东西如何表现现代诗？你们不想，我得想，欧阳江河得想。所以这个时候我们看到古代文化和当代文化的许多不同之处。

我已经没有时间谈更多了。我最后说几句：现代诗歌跟古典诗歌，它所面对的环境是很不一样的。比如说面对农业文明的古典诗歌里边，也会写到城市，但是它的那个城市是农业社会的城市，可以叫作衙门城市，而我们今天的城市已经不完全是衙门城市了，上海这种城市已经不完全是衙门城市，北京还有可能是个衙门城市——我指的不是意识形态或者政治，我指的是城市的规划设计、城市的结构，它是一个衙门城市。那么你今天不得不面对现代文明、城市文明。中国现下的城市化率已经到了 60% 的样子，中国在 20 世纪 80 年代初的时候，城市化率是 19%，也就是中国人口的 19% 是住在城市里，现在 60% 的人都住在城市里。你不得不面对城市化率的问题。

所以从乡村出发，我们不得不意识到，我们出来以后是要进城的，出来以后进城和古人的感觉就不一样了。诗人的角色也不一样了，因为过去的诗人，不管怎么说都是士子、是官员，家乡会有土地，现在的诗人多多少少得是一个最低限度的知识分子。此外当代城市还有一个跟古代很不一样的地方，那就是我们处在一个资讯的时代。你不得不面对，除了唐诗宋词，还有莎士比亚，还有荷马史诗——我们不一定非得说西方，拉丁美洲、印度、非洲，这些文学也都摆在那一块。你不得不在读唐诗宋词的同时，也多多少少知道一点。有些人知道一个词，叫作“诗意地栖居”。“诗意地栖居”是海德格尔提出来的，甚至有些写古体诗的朋友也跟我说“诗意地栖居”，我说诗意地栖居不是中国人说的，是德国人说的。

世界文学已经涌到我们面前了，在世界文学涌到我们面前的时候，如果我说我看不见，或者说我完全拒绝，这个时候你只能是自己骗自己，只能是让你自己成为一个落后于时代的人，没有别的选择了。所以我特别强调在今天我们一方面要了解古代，一方面要充分地做一个当代人。我知道在今天很多人想要做古人，我觉得这个愿望可能值得欣赏，但我也可以告诉你一个严酷的现实，这是不可能的！所以充分地做一个当代人吧。

谢谢大家。

# 做一个当代人[①]

今天的主题是寻找新的思想者。好像新的思想者就坐在你们中间似的。有可能，但也不一定。在今天这个场合，我可能是年龄最大的。

但有时我遇到比我小的人，觉得他比我还老。许多年轻人都在怀旧。这是焦虑的反面吗？这是无奈、厌倦或者失望或者绝望的反面吗？这至少是放弃当下。老派的诗风。老派的艺术趣味。练二王书法不管工具、姿势和身份。以凡·高为下限的美术知识。民国、晚清的好中国。或者另一种，外国的月亮。但我自己感觉一直在前进。而其他国家的年轻人朝气蓬勃。有点野。富于想象力。

我写作已经多年，令我自己困惑，也令人困惑。我 20 世纪 80 年代曾经自我成长为一个现代人。但我不喜欢回忆 80 年代。80 年代我们接受了“现代”，但我也并没有变成个外国人。我现在正努力成为一个当代人。我抓住每一个现在。

---

① 在 2018 年 12 月 9 日雷克萨斯、单向空间“新声实验室——寻找新的思想者” Lexus Lab 北京站上的演讲提纲。

折腾，跨界，接受影响，保持思维的活力，碰撞。被打开。艺术家比尔·维奥拉、阿布拉莫维奇、施林·奈沙。我打开自己，接受挑战。这是我有别于其他诗人的地方。我从来不曾被某一种东西完全整合。尽管我礼貌待人，用同情心看待他人，哪怕是蠢人。我不愿意给人下不来台。

我曾努力成为一个现代人。何谓现代性？理性。资本。城市。切割。趋同。百年来的中国人。现在我已不满足于只做一个现代人。我也要做当代人。那么当代是什么意思？瞬间。即时。共存。片段。趋异。短暂的现代和漫长的当代。容纳现代的当代。世界上有不同的当代。20 世纪 70 年代以来世界的变化。

我不觉得我真理在握。但我前行。谦逊和不屑。被古人启发。成为一个当代的古代人、当代的现代人。现实感。死路一条。30 来岁时的故事。矛盾修辞。可笑。逗乐。把这一切转化为创造力。文明。时代精神。大伙。窗外的天空。在一片龃龉中体验生命。忠实于自己，忠实于一小片天空。保持思想的活力、感觉的敏锐。去向哪里？不知道。但至少有趣。

# 在“明天·额尔古纳中国诗歌双年奖”颁奖仪式上的答谢词

各位尊敬的来宾：

我写诗已经有20多个年头。这20多年里诗歌界发生的大大小小的事件，我有幸或不幸地赶上过不少，有时我还处在一些事件的核心。我想我还不算老，可不知不觉我已经混成了一个“老梆子”。8月份我在北京参加过一场摇滚音乐会，台上和台下大多是20多岁的年轻人。现场气氛甚为热烈。我对我身边的人说：“瞧，青年人就是有劲！”我理解比我更年轻的诗人们对“老梆子”的厌倦，因为我对我这个“老梆子”同样不无厌倦。所以我要对那些不喜欢我站在这里领这个奖的人说一声“抱歉”。

感谢谭克修先生的《明天》杂志和额尔古纳市政府设立这样一个富于创意的奖项。从前我从未想到过，我的生命会与额尔古纳联系在一起。看来人的命运真是不可测度。本来，作为一个人，我只有顺从命运的份，而这一次我要赞美我的好运了，尽管我并不总是指望我能交上好运。如今，我生命的一部分已然属于额尔古纳。额尔古纳的美我们是亲眼看到了。天下的美有多种，比如令人绝望的美、令人伤心的美、令人不知所措的美、令人惊心动魄的美，而额尔古纳的森林、草原之美令人失魂落魄。天地有大美而不言，这就是额尔古纳。

我获得过一些重要的文学奖、诗歌奖，有些人甚至觉得我获的奖太多了。我自己也不明白这是怎么一回事，因为我从未争取过任何奖项，因为我觉得这个时代不完全了解我的工作，或只了解我早期的处于抒情阶段的工作。我为此而感到困惑：一方面我感到自己缺乏知音，另一方面我又在获奖。中国的文学奖项五花八门，都是中国社会制度、文化传统、现实生活的产物，它们与国外那些我们稍微了解一点的文学奖项在意义上不尽相同。在中国，在每次颁奖的背后，都会隐藏着一种属于小儿科的文学政治，每一个圈内人对此都心知肚明，这让我对获奖加着小心。

获奖是一件令人愉快的事，但多年来我们对文学的自然投入却不是以此为目的，或者可以这样说，我们在精神上、情感上、智力上、精力上对文学，特别是对诗歌的大规模投入，已经使我们超越了对获奖的关心。我常常自问：一个诗人除了要与自己达成有效的对话关系，如何才能与这个时代达成一个有效的对话关系？这既是一个文学问题，也是一个文化问题，也是一个政治问题。我既不愿意顺应这个时代的高端时尚，也不愿意顺应这个时代的低端时尚，那么我的写作应该建立在怎样的基础之上？也许我为自己设立了太多的写作难题。我认为，那种建立在反映论和表现论基础之上的写作毫无魅力。我需要一个文学的小宇宙，与生活的宇宙相称。在这个小宇宙里，日常生活应该被纳入历史生活，而历史生活应该找到个人化的表述途径。

为了这个文学的小宇宙，我需要感受事物的方式、观察事物的角度、思考问题的维度和一套既能向公共生活敞开，又属于我个人的语言。我深知要想全部满足这些要求几乎不可能。那些喧闹在我耳边的没有层次感的文学感叹、缺乏远见的诗歌理论急就章、简单的道德立场、避重就轻的插科打诨，以及装扮成重磅炸弹的千姿百态的小聪明、小机灵，都只能使我分心，不能对我有所助益。我们对西方和拉丁美洲诗歌的阅读也不能保证我们就能在自己的写作中解决真正属于我们自己的问题，搞不好我们会把一些假问题做成真问题。抒情、反抗、实验并不是诗歌写作的全部，我们的写作与文明有关。我可能是一个乏味的人，我要代表所有乏味的人说一句：我们需要货真价实的东西。

诗歌有其梦想，但不一定有其目的地。因此诗歌写作可能是一种无限的行为。那种紧抓一点，不及其余的写作经常是从胜利走向胜利，但也仅此而已。其安全性令人生疑。不是其安全性不可靠，而是其安全性本身回避了世界的诸多可能性。我曾偶然在一本杂志中读到过一位美国企业家的话："优秀是伟大的敌人。"很遗憾，这句话不是出自一位诗人之口。

说到这里，我想再引用两行米沃什的诗。这是我在《米沃什的另一个欧洲》那篇文章的开始引用过的。那篇文章放在了我和北塔翻译的《米沃什词典》的前面，作为该书的导读文章。《米沃什词典》不久前刚刚由三联书店出版。8月16号我正在新疆旅行，走到塔什库尔干时，我得到了米沃什已在两天前去世于波兰的消息。米沃什的这两行诗是"请理解，一个人必须独自在人间创造/一个新的天堂与地狱，是多么难哪"。

谢谢大家。

2004年9月19日 额尔古纳

# 在雷州“诗歌与人·国际诗歌奖”颁奖仪式上的受奖词

谢谢由黄礼孩先生主编的民刊《诗歌与人》把这样一个纯粹的、独立的、富有高度、富有品位、富有抱负的奖项颁发给我。

从20世纪80年代初算起，我写作至今已有30余年。在这30余年中，不论社会之风朝哪个方向吹，不论时代之潮朝哪个方向涌，我始终身处文学书写的现场，不间断地参与和见证了当代中国文学、艺术、文化、思想，尤其是诗歌写作的此起彼伏。今日回头眺望，不禁心生丝丝感慨。

我曾用“大河拐大弯”的说法形容过我所身处的这样一个历史时段。面对经济的发展、资讯的包围、社会矛盾的生成与凸显、价值失范、知识群体的分裂等问题，我和我的同代人历经了前所未有的思想变化。与此同时，文化、文学的可能性也向我逐一打开。在广阔的诗歌江湖、文化原野和思想的天空，我和我的同代人展开质疑、批判、辩论、书写和对于不确定性的确认。我从同伴们身上感受时代，从同伴们身上认识自己，并与同伴们一起——借用当代意大利学者阿甘本的说法——“凝视”时代。

最初我是在单纯的表达之欲驱遣下走上文学之路的，正好赶上了20世纪80年代的思想解放、青年诗歌写作运动。我当时的文学梦想很简单，就是通过学习那些现代主义前辈，写出象征主义、超现实主义、意象主义意义上的好诗。但历史和现实在20世纪80年代末90年代初狠狠地纠正了我。自那以后，我不得不诚实地摸索，实验，走弯路，诚实地失败，诚实地困惑，怀疑，厌倦，然后又诚实地投入工作。旧有的文学榜样渐渐失效，我有时会感到自己被自己的写作变成了陌生人，或者，仿佛置身于既是生涯意义上的也是神秘意义上的无人之境。

丹麦哲学家克尔凯郭尔曾经向他的同代人提出这样一个问题：“在上帝缺席的情况下如何做一个基督徒？”将这个问题置换到我本人的写作语境中，就变成了：如果不以习见的“好诗”和“永恒”作为写作标准，我的写作该如何展开？还有没有意义？这样的疑问偶尔会使我长久呆滞，稍微回过神来时，白居易的说法“文章合为时而著，歌诗合为事而作”便会化为一张笑脸浮现在我的面前。

曾听到一些人感叹当代文学写作已经丧失了标准。这种感觉也许是对的，因为旧有文学标准的“丧失”过程可能正是新文学孕育的过程。我这样的看法一定会遭到趣味高雅、富于形式感、自诩深入传统、真理在握的朋友们的反对。一般说来，有标准的生活才让人具有安全感，同样，有标准的文学才让人舒服。但文学，有时恰恰不是为了让人舒服才被写下来的。如果闪开文学“标准”这一容易使我们陷入纠缠不清、老生常谈的话题，我们就会发现，比所谓“标准”更折磨诗人、作家的——而且是历代诗人、作家的——恐怕是文学的高度。

李白说："自从建安来，绮丽不足珍。"韩愈说："齐梁及陈隋，众作等蝉噪。"我百分百理解他们面对前代诗人的工作时的不满，甚至不屑。我百分百理解他们要写出与其所处时代生活所蕴含的历史能量相对称的作品的愿望。我像他们的同代人一样感受到他们对于开拓新的文学空间的需要。多年以来，我和我的同行们不得不尝试新的写作模式，期望带动新的阅读范式、思考范式，建立新的写作伦理。——在多数情况下也许我们做得并不成功，但工作本身还算有趣。有意义的写作需要真正的创造力。我们正在体验，从时代生活获得语言，获得文学形式和文学意识。

我已人到中年。一般情况是，一个人在越过了成长期之后，要么获得历史意识、思辨能力，要么就走上成"仙儿"之路。"仙儿"和"仙"不是一回事。李白是诗仙，不是"诗仙儿"。到目前为止我始终警惕着不要变成个"诗仙儿"，原因是我被多方因素所塑造："文化大革命"、1980 年代的文化政治启蒙、1989 年的天翻地覆、我待过的几所学校、北京这座我生长和游荡的城市、我的国内外旅行、我遇到的男人和女人、传到我耳边的好消息和坏消息等等。我被这一切所塑造。如今我又被"诗歌与人·国际诗歌奖"所塑造。再次感谢。

2015 年 9 月 26 日

# 在北京大学“中坤国际诗歌奖”颁奖仪式上的受奖词

各位亲爱的朋友：

我怀着喜悦、矛盾和忐忑不安的心情接受“中坤国际诗歌奖”。

喜悦就不用说了；矛盾和忐忑是因为，首先，这个奖项是由唐晓渡先生、欧阳江河先生和我在2007年创立的，而且第一届的获奖证书是我找人设计的。记得当时骆英先生看到证书后曾自语道：“希望将来我也能获得这个奖。”但我本人当时根本不曾想到，这个奖有一天会落到我头上。所以谢谢我尊敬的各位评委，谢谢我弄不懂的老天爷。我感到矛盾和忐忑的第二个原因是：如今这个奖项在北京大学颁出。这里是我的母校。虽然多年以前我便离开了北大，而且这些年来北大从建筑到校风多有变化，但我对这个校园还算大概熟悉。此刻我想起当年教我的先生们，当年与我一起写诗的朋友们。我爱你们。我知道你们对文学写作、文化思想建设持有很高的标准，如果我的工作还没有达到你们的标准，请你们原谅，我会继续努力。第三个原因：

今年我已连续获奖，我不该拿这么多奖！我不知道这是因为朋友们终于普遍认可了我的写作，还是这其中存在什么误会。人们真的理解了我的写作吗？我是办小杂志出身的人，从 20 世纪 80 年代初投入诗歌写作，但我的诗集和散文集的集中正式出版要等到 1997 年。这一年我出版了 4 本书。这不是因为我的创造力在 1995 年、1996 年忽然爆发，而是我的写作积累到这一年，与各出版社编辑们的出版意向正好相撞。而今年是 2015 年，我又与什么样的意志相撞了呢？

获奖是一件美妙的事，但我不会因为获奖而改变我对一些事物的看法。这里，我想提出一个问题，那就是：我们离传统的高度究竟相距有多远？

屈原曾经一口气追问出 170 多个问题。

庄子曾经纵论天下学术，并归言“道术将为天下裂”。

韩非子在《亡征篇》中开列出 47 种亡国的征兆。

《淮南子》承袭《吕氏春秋》以其结构性的书写呼应了国家形态。

司马相如把对空间的想象发挥到极致。

陶渊明最大限度地维护了个人完整性，并把“桃花源”钉入人类记忆。

李白，幻象、语言激流、天才的自由的像风一样的无意义言说。

杜甫，将个人时间、自然时间、历史时间筑为一体，以文字创造性地介入了唐宋之变。

韩愈猜想过造物主和人类的起源，接续孟子道统，“文起八代之衰”。

…………

从青年时代起，我便牢记着英国诗人威廉·布莱克在《天堂与地狱的婚姻》第三节《地狱箴言》中所说的话："离经叛道是通向智慧宫殿的必由之路。"

而我现在的问题是：我们离传统的高度究竟相距有多远？

我们都熟悉一个词，叫作"时代精神"。我们不熟悉的一个词可能是"时代能量"。时代能量来自发展、社会结构的调整和再调整、历史生活的矛盾修辞、看似无解的难题、纠缠于苦难的记忆、盲目的冲撞、敌视与和解，以及对自我的疑问和解放，以及对未知的探试。具有能量的写作和纯粹出于审美和娱乐需要的写作从来不是一回事。在时代能量的发动和推动下，我们究竟能够走出多远？

谢谢大家。

2015 年 10 月 27 日

# 在北京大学中国新诗百年纪念大会上的发言

各位尊敬的师长、各位尊敬的同行、各位朋友：

大家早上好。

感谢中国新诗百年纪念大会的组织者给我这样一个荣誉，邀我做一个发言。

我们应该怎样理解 100 年的时光？它到底有多长？我想，从今天回顾这 100 年的感觉，可能与从未来某个时间点上回顾这过去 100 年的感觉略有不同。200 年、300 年甚至更久远的将来，人们回看这 100 年的诗歌写作，可能有点类似于从今天的时间点回看唐代诗歌的第一个百年、宋代诗歌的第一个百年。

唐朝开始于公元 618 年；我们公认的唐朝最伟大的诗人之一李白生于 701 年。这也就是说，李白生于唐朝立国之后的 83 年，而他活跃于诗坛时，恰好也是唐朝开始后的百年时期。而从 1917 年胡适首次发表白话诗算起，到现在恰好是 100 年。但若从 1949 年算起，却只有约 70 年的时光。再看看宋朝的情况：宋朝开始于公元 960 年，那么苏轼生于1037年，即宋朝立国后77年，而他作为一个文人活跃起来，应该也在宋朝立国百年左右的时间。而李白或者苏轼好像都不曾纪念过唐诗百年或者宋词百年。所以我们现在做的可是一件崭新的事——开个玩笑。我知道我这样做比较肯定多有不妥，因为古诗写作的历史模式不同于新诗写作的历史模式，在无论是李白还是苏轼前面，古典诗歌的写作已有相当长的历史。我提到他们与他们各自朝代创立的时间距离，是想反观我们与我们生活的这个历史时段之间的关系。我们谁都不能幸免于时代生活，不论你有多么“高洁”，多么封闭，多么刀枪不入、百毒莫攻。

在过去的100年或者100多年中，中国和她的诗人们经历了民国取代清朝、第一次启蒙及新文化取代旧文化、军阀混战、共产党革命、外来入侵、内战、新中国取代旧中国、移风易俗、社会主义计划经济、“文化大革命”、改革开放、第二次启蒙及市场经济的引入、经济的快速增长、传统价值观念遭遇挑战、消费主义的兴起、全球化和互联网时代的到来。这是一段相当跌宕起伏的历史。其剧烈和密集程度在现代世界上可称罕见。我们的诗人们就是在这样的历史背景中展开写作的。从某种意义上说，这100年来的诗歌写作，我个人认为，不完全是诗人们主动选择的结果，尽管有些诗人个性很强。在讨论诗人们的工作成就时，我们应该注意到，他们的题材、语言方式、写作观念、写作抱负、他们所发展出来并且影响到部分大众读者的审美趣味和写作风格，有被选择的成分。因为“被选择”，这里面就包含了某种宿命的因素。无论诗人们做得好做得不好，甚至写出了禁不起历史审视的糟糕的作品，这其中都包含了历史的明示与暗示。

中国100年来的新诗写作，是现代汉语写作的创世纪。由于语言的变化，更具体地说，在社会和历史危机的刺激下，在外来文化的影响下，由于语言的节奏感、音乐性、词汇表、语法或句子结构、句子长度、语言敏感点，以及它们背后历史观、价值观和世界观的变化，我们感受世界和我们自己的方式、我们思考问题的路数，已经与古人不完全相同。汉语从古汉语经白话文演变成了现代汉语，被写出的诗歌也从文白夹生的所谓“新诗”演变成了现代汉语诗歌。这是现代汉语写作创世纪的100年。但是我不太习惯总是以创世纪的口吻谈论问题。

我本人从20世纪80年代初期开始现代汉语诗歌写作，正赶上了国门刚刚重又打开。那个时代的年轻人带着问题和怀疑疯狂地读书、讨论、组建社团、印刷小杂志，然后又发现了更多的问题。作为诗歌作者，我们努力学习、揣摩刚刚被解放了的20世纪20年代到40年代的中国新诗和外国古典与现代主义诗歌，希望自己成为与世界并肩前进的人。我们都经历了一个自我现代化的过程——自我现代化，这一点很重要。不过后来随着文学经验的增加，我意识到一个问题：我们在20世纪80年代读到的东西，居然与中国诗人们在20世纪40年代读到的东西是一样的！我曾惊讶于这样的阅读“重复”。100年的时间不算长，但不同时代的中国诗人们在阅读、写作、表达中居然已经在围绕着一些相同或者近似的坚硬问题打转转了。一些我们现在遇到的问题，几十年前就已经存在，相信几十年后它们也依然会存在，对将来的诗人们构成困扰。当然，我们一边打转转，一边还是在向前走。

让我试着列举出这些问题中的一部分：

传统和现代的问题（换个说法，现代和前现代的问题；而说到传统，还要包括大传统与小传统的问题）。

现代与当代的问题。

现代性与反现代性的问题。

现代主义与浪漫主义和后现代主义的问题。

民族性与世界性的问题。

中国与西方的问题（有时被表述为东方与西方的问题，但其实我们对伊斯兰教的东方和印度教的东方并不了解）。

汉语的主体性与翻译语体的问题。

语言作为工具和语言作为家园的问题。

为艺术的艺术（纯诗）与为人生的艺术、为社会的艺术的问题。

精英文化与大众文化的问题（经常被置换为懂与不懂的问题。大众文化又分农民文化、小资文化和市井文化）。

主流文化与支流文化或者亚文化的问题。

文化与反文化的问题。

格律诗与自由诗的问题。

现有诗歌形式与对形式的破坏和再发现的问题。

诗与非诗的问题。

诗与跨界的问题。

守成与实验、建设与破坏的问题。

词与物的问题。

书面语言与口语的问题。

普通话与方言写作的问题（有时被置换为北京与外省的问题）。

南方与北方的问题。

中心与边缘的问题。

青年写作与中年写作的问题。

身体书写与精神书写的问题（身体书写连带着日常生活、生活方式书写；精神书写连带着真真假假的流亡书写和拯救与徒劳的话题）。

血性书写与智性书写的问题（血性书写的永恒话题是：生命、青春、反抗、爱、孤独、流浪、苦难与死亡）。

抒情与叙事的问题。

抒情、叙事与思想的问题（诗歌思想不同于思辨式的思想）。

直觉与知识的问题。

知识与特殊知识的问题。

独白与互文性的问题。

短诗与长诗的问题（总会被引申到简洁行文与口若悬河的问题上）。

美文学与野蛮的文学创造的问题（有时被置换为高雅与粗鄙的问题）。

市场、消费与精神持守的问题。

城市与乡村的问题（作为气质，作为题材。乡村问题中包括了农业文明与自然的问题；城市问题中包括了环保问题）。

现实主义与底层书写的问题。

男性书写和女性书写的问题。

文明、普遍性与地方性的问题。

时代和永恒的问题（包括了此地与远方的问题、此刻与未来、过去的问题）。

个人与集体的问题（其中包括个人记忆与集体记忆的问题，以及记忆的标准化的问题。另外，集体又分大集体和社群集体）。

个人与非个人的问题。

我与时代的问题。

我与国家、体制、意识形态的问题。

政治与去政治化的问题。

政治正确与不正确的问题。

娱乐与挑战道德底线的问题。

民间与官方的问题（换种说法：江湖与庙堂的问题）。

好诗和坏诗的问题。

有无诗歌标准的问题。

等等。

所有这些问题，到今天几乎都没有尘埃落定。在不同的时刻和环境，有些问题会被特别拎出，有些问题则略显黯淡，但时候一到或者条件成熟，那些黯淡的问题便会像疾病一样重新发作，构成历史的重复瞬间。尽管这些问题几乎都没有被消化，没有被解决，但我们带着这些问题，或者说被这些问题裹挟着滚滚向前，更形象地说，是屁滚尿流地滚滚向前。兴奋，疲惫，魂不守舍，自我感动，有所发现，有时破口大骂，有时呆若木鸡，有时默默无语，这些感觉和状态每一位诗人都遇到过。我们被问题所塑造，我们被我们说话的对象所塑造——所谓说话的对象包括你、他、自己、影子、文学大人物、时代和历史。我们有时自谦地说自己在“玩儿”，而我们又“玩儿”得过于认真，过于辛苦，我们有时甚至能感到自己被“玩儿”捆住了手脚。中国现当代诗歌写作里充满了问题。甚至可以说中国现当代诗歌由问题构成。但正是由于这些问题的存在，我们的写作才充满了可能性。

在北京大学中国新诗百年纪念大会上的发言

我个人认为在当今世界上有四个地区的诗歌写作充满活力：拉美、北美、中东欧和中国。这种局面与20世纪上半叶的世界诗歌地图略有不同。如果从语言的角度看，一般说来，中文、英文、西班牙文都是最活跃的诗歌语言——中东欧大多数语言属于斯拉夫语族，但它们各自都是小语种。——这不是说20世纪下半叶以来，特别是70年代以来，其他语言没有精彩的诗人和诗歌，我只是从大的方面做整体观察得出这样的判断。

说到这里，我要对中国现代诗歌的先行者们表达一下敬意。我们的写作趣味和写作观念与他们有共同和不同之处，但没有他们就没有我们。

或许外界对当代中国诗歌的评价与我们自己对它的评价有所不同，但它在被塑造、被选择的同时，的确也在某种程度上塑造了人们感受时代、表达自己、思考世界的方式。在这个意义上说，现代汉语诗歌不仅是现当代中国文学史的重要组成部分，它也是现当代中国文化史、社会史、政治史、思想史的一部分。

谢谢大家。

2018年9月21日；2018年9月26日整理